Arno Klönne

Jugend im Dritten Reich

Die Hitler-Jugend und ihre Gegner
Dokumente und Analysen

Eugen Diederichs Verlag

Fotos auf dem Umschlag: Links oben: Widerstandsgruppe ›Weiße Rose‹ (Hans Scholl, Sophie Scholl, Christoph Probst), links unten: Bücherverbrennung am 10. Mai 1933 in Berlin durch NS-Studenten, rechts: Vor der Gleichschaltung (Deutscher Pfadfinderbund beim Mai-Aufmarsch 1933 in Berlin). Alle Fotos aus dem Archiv Gerstenberg, Frankfurt/Main

CIP-Kurztitelaufnahme der Deutschen Bibliothek
Klönne, Arno:
Jugend im Dritten Reich: Die Hitler-Jugend
und ihre Gegner. Dokumente und Analysen.
1. Aufl. – Düsseldorf, Köln: Diederichs, 1982.
ISBN 3-424-00723-4

Erste Auflage

Umschlaggestaltung: Eberhart May
Satz: Heinrich Fanslau, Düsseldorf
Druck- und Bindearbeiten: J. Ebner Ulm
ISBN 3-424-00723-4

Inhalt

IV *Ausblicke*

VI *Anhang*

I Einführung

Zugänge zur Geschichte der Jugend im Dritten Reich

Als im Mai 1945 der deutsche Faschismus zusammenbrach, war dies auch der Untergang der Hitler-Jugend, der ohne Zweifel effektivsten Jugendorganisation der bisherigen Geschichte.
Für etliche Millionen Jungen und Mädchen in Deutschland zwischen 1933 und 1945 war die Hitler-Jugend neben Familie und Schule die entscheidende Sozialisations-Instanz; für den nationalsozialistischen Staat galt diese Jugendorganisation als »Garant der Zukunft«, das heißt der Herrschaftserhaltung. Der Dienst in der Hitler-Jugend sollte die nachwachsende Generation möglichst restlos an die Leitbilder des NS-Systems binden und jene Verhaltensweisen eintrainieren, deren es für den faschistischen Alltag bedurfte. Anziehungskraft jugendverbandlicher Aktivität einerseits, Druck- und Zwangsmittel des NS-Staates andererseits brachten es zuwege, daß in der Tat die übergroße Mehrheit der Zehn- bis Achtzehnjährigen im Dritten Reich von der HJ-Erziehung erfaßt werden konnte.
Die Erinnerungen derjenigen, die damals in der HJ ihren Dienst taten, vermitteln höchst widersprüchliche Eindrücke. Für die einen erschien im Nachhinein die Staatsjugendorganisation des Dritten Reiches als eine nahezu politikferne Veranstaltung, in der Jugendliche ihren Freizeitinteressen nachgehen konnten und dabei staatliche Hilfe fanden. Für andere war der Blick zurück in die HJ-Zeit die Erinnerung an jugendlichen »Idealismus«, an politische Gläubigkeit, die »verraten« oder »mißbraucht« worden sei. Für wieder andere Zeitgenossen blieb von der HJ die Erfahrung eines Drills, dem man sich nur notgedrungen unterwarf, gegen den man sich mitunter auch auflehnte.[1]
Wie war es wirklich um die Jugend und ihre Organisation im Dritten Reich bestellt? Wie vollzog sich die Sozialisation von Jugendlichen in der HJ, was erreichte sie? Mit welchen Widerständen hatte es die NS-Staatsjugend zu tun?

Baldur von Schirach, der erste Reichsjugendführer der NSDAP und Jugendführer des Deutschen Reiches, gab im Jahre 1946 vor dem Internationalen Militärgerichtshof in Nürnberg Erklärungen ab, die mit einer Distanzierung von der NS-Rassenpolitik eine Interpretation der Rolle der Hitler-Jugend verbanden. Darin hieß es:

»Ich habe diese Generation im Glauben an Hitler und in der Treue zu ihm erzogen. Die Jugendbewegung, die ich aufbaute, trug seinen Namen. Ich meinte, einem Führer zu dienen, der unser Volk und die Jugend groß, frei und glücklich machen würde. Mit mir haben Millionen junger Menschen das geglaubt und haben im Nationalsozialismus ihr Ideal gesehen. Viele sind dafür gefallen. Es ist meine Schuld, die ich fortan vor Gott, vor meinem deutschen Volke, vor unserer Nation trage ... Es ist meine Schuld, daß ich die Jugend erzogen habe für einen Mann, der ein millionenfacher Mörder gewesen ist. Ich habe an diesen Mann geglaubt. Das ist alles, was ich zu meiner Entlastung, zur Erklärung meiner Haltung sagen kann. Ich trug die Verantwortung für die Jugend, ich trug den Befehl für sie, und so trage ich auch allein für diese Jugend die Schuld. Die junge Generation ist schuldlos...

Die Grundsätze und Ziele, die ich der Jugend gab und die für die Gemeinschaft maßgebend wurden, die unsere Jugend aus eigener Kraft unter meiner Führung aufgebaut hat, waren: opferbereite Vaterlandsliebe, Überwindung von Standesdünkel und Klassenhaß, planmäßige Gesundheitspflege, Ertüchtigung durch Wandern, Spiel und Sport, Förderung der Berufsausbildung ... Diese Erziehungsgrundsätze, die durch alle meine Reden, Schriften und Weisungen tausendfach bewiesen wurden und denen ich als Reichsjugendführer stets treu geblieben bin, sie sind nach meiner festen Überzeugung Grundsätze jeder Jugendführung, die sich ihrer Pflicht gegenüber Volk und Jugend bewußt ist ...«[2]

Es kann angenommen werden, daß es nicht taktische Überlegungen waren, die Schirach so sprechen ließen, sondern daß hier subjektiv Ehrliches zu Wort kam, im Schuldbekenntnis wie in der Rechtfertigung. Die Denkfiguren, von denen Schirachs Erklärungen in Nürnberg geprägt waren, sind in vieler Hinsicht typisch, und sie enthalten im Kern bereits jene Legenden, die zur Frage nach der Jugend im Dritten Reich bis heute hin als Antworten gegeben werden. Da erscheint die Erziehung in der Hitler-Jugend als eine – für sich genommen – »normale«, an den anerkannten Werten der Nation orientierte, jugendgemäße Angelegenheit; da wird am Charakter der HJ als einer »Jugendbewegung« nicht gezweifelt; da wird allgemeine Begeisterung der Jugendlichen für die HJ unterstellt; schließlich tritt Hitler als der zu spät erkannte Schuldige auf, und die eigene Schuld wird darin gesehen, daß man als Jugendführer des Staatsführers an diesen »geglaubt« habe.

Das faschistische System von Führung und Gefolgschaft wird nicht in Frage gestellt – es war nur leider der falsche Führer ...

Seit dem Zusammenbruch des NS und seiner Jugendorganisation sind Jahrzehnte vergangen. Die Generation, die unter Schirachs Befehlsgewalt aufwuchs, hat, soweit sie nicht im Zweiten Weltkrieg ums Leben gekommen ist, die Rekonstruktion der materiellen Verhältnisse in Westdeutschland wesentlich mitgetragen und die in der Politik der Bundesrepublik herrschende Mentalität mitgeprägt; inzwischen nähert sie sich bereits dem Altenteil. An welche Erfahrungen aus ihrer Jugendzeit im Dritten Reich konnte diese Generation anknüpfen? Trat die Hitler-Jugend spurlos von der Bühne der Geschichte ab, als 1945 der NS-Staat kapitulierte, oder sind, so oder so, Nachwirkungen, Hinterlassenschaften erkennbar, sind womöglich auch Lehren aus der Erfahrung mit der HJ gezogen?

Das Interesse an den deutschen Zuständen unter dem Hitler-Regime hat sich in den letzten Jahren neu belebt. Dabei wirken verschiedene Motivationen mit: Einerseits haben spektakuläre Feststellungen über den Unwissensstand von Schülern bei der Frage nach den Verhältnissen unter dem Nationalsozialismus, fremdenfeindliche oder antisemitische Reaktionsweisen bei jungen Leuten, das verstärkte Auftreten rechtsextremer Jugendgruppen und mehr noch die sozialforscherische Beobachtung eines autoritären, der Demokratie abgeneigten Verhaltenspotentials unter Jugendlichen zu Überlegungen Anlaß gegeben, wie man einer weitverbreiteten Unkenntnis, Verharmlosung oder gar Beschönigung des »Lebens unter dem Hakenkreuz« durch historisch-politische Information und Bildung entgegenarbeiten könne. Andererseits tritt vielfach auch das Argument auf, es sei nun an der Zeit, sich vom Dritten Reich ein »vorurteilsloses« Bild zu machen, von den »Pauschalurteilen« (und Verurteilungen) der Jahre der »Umerziehung« nach 1945 abzurücken, und vielfach verbinden sich damit Bemühungen, die nationalsozialistische Herrschaft wenigstens teilweise zu rechtfertigen.

Beide Motivationen weisen auf einen Sachverhalt hin, der nicht unbekannt ist, dessen geschichtliche Bedeutung aber allzu häufig gar nicht begriffen wird: Anders als der wilhelminische Obrigkeitsstaat, der 1918 von außen wie von innen her, also durch militärische Niederlagen wie durch oppositionelle Volksbewegungen an sein Ende kam, ist das nationalsozialistische System machtpolitisch allein durch den Zugriff von außen her zerschlagen worden. Insofern handelte es sich beim politischen Umsturz in Deutschland 1945 um einen historischen Akt, der zunächst offen ließ, ob er von den Deutschen selbst »verinnerlicht«, d. h. durch eigene Einsicht nachvollzogen – oder nicht nachvollzogen würde. Es versteht sich, daß eine solche »Bewältigung der Vergangenheit« ihre Zeit braucht und sich über mehrere Generationen hin dehnen kann.

Soweit es um die Bundesrepublik geht, ist die Hinnahme der neuen politischen Verhältnisse in den Fünfziger Jahren durch den erstaunlichen und kaum erwarteten materiellen Wiederaufstieg leicht gemacht worden. In der Umkehrung heißt dies aber, daß erneut auftretende wirtschaftliche und soziale Unsicherheiten auch die politische Gefühlswelt irritieren können; am Beispiel gesagt: eine sich ausbreitende Jugendarbeitslosigkeit kann unter Umständen die Frage nach den gesellschaftspolitischen Leitbildern von Jugendlichen und damit auch die Frage nach dem Verhältnis zur faschistischen Vergangenheit Deutschlands auf brisante Weise wieder aktualisieren.

Nun wäre es gewiß naiv, zu meinen, historisch-politische Aufklärung über die Realitäten in Deutschland 1933–1945 sei ohne weiteres in der Lage, neue Verführbarkeit zu verhindern. Politische Sozialisation vollzieht sich nur zu einem begrenzten Teil über wissenschaftliche Information und schulische oder außerschulische Bildung. Dennoch gilt es, die mögliche Funktion historisch-politischer Unterrichtung auszufüllen und auf diese Weise zu Lernprozessen beizutragen. Dabei sind Blickverengungen zu vermeiden, die es vor allem jungen Leuten schwer machen, den Faschismus in Deutschland als das zu erkennen, was er war. Um auf einige Probleme beim Umgang mit der deutschen Vergangenheit wenigstens hinzuweisen:

Noch immer spielt die gerade in Deutschland traditionell befestigte Geschichtsauffassung ihre Rolle, wonach es einige »große Männer« seien, die mit ihren »richtigen« oder »falschen« Ideen und Entscheidungen den Gang des Weltgeschehens bestimmen, wonach – im Hinblick auf das Dritte Reich – die deutschen Zustände zwischen 1933 und 1945 also der negativ wirkenden »Dämonie« Hitlers und einiger seiner Paladine zuzuschreiben seien. Die extremste Ausformung des politischen Charakters des NS-Systems lag darin, daß ganze Gruppen von Menschen innerhalb der eigenen Gesellschaft oder in anderen Ländern zu »Untermenschen« erklärt, mit der Ausrottung bedroht und massenhaft zu Tode gebracht wurden, und ganz gewiß muß eine solche Politik als das definiert werden, was sie war, nämlich als Verbrechen. Aber es ist wenig damit erreicht, wenn Aufklärung über das Dritte

Reich sich damit begnügt, die Führer und Exekutoren der NS-Politik für kriminell zu erklären und moralisch abzuurteilen. Für diejenigen jungen Leute heute, die nach der NS-Vergangenheit fragen, ist leicht erkennbar, daß die Handlungen des NS-Staates die aktive oder passive Zustimmung, zumindest die Duldung durch eine Mehrheit der Bevölkerung zur Voraussetzung hatten. Deren Verhalten ist aber mit einer »Kriminalitätsthese« nicht erklärbar. Zu Recht werden Jugendliche heute wissen wollen, wieso denn »die Deutschen« eher zum politischen Verbrechen neigen sollten als andere Völker, und dieser Gedankengang könnte nur zu leicht zu dem fatalen Fehlschluß führen, daß vielleicht die faschistische Politik selbst doch gar nicht so verbrecherisch gewesen sei, wie die politische Bildung es darstellt. Hier wird die Notwendigkeit sichtbar, die Herkünfte faschistischer Einstellungen im gesellschaftlich-politischen Bewußtsein breiter Teile der deutschen Bevölkerung zu erhellen, also herauszufinden, wo denn die ganz alltäglichen Verhaltensdispositionen lagen, die nach 1933 ein System stützten, dem Massenmord als legitimes Mittel der Politik galt, ohne daß die deutsche Gesellschaft im Faschismus in ihrem Durchschnitt aus Mördern bestanden hätte.
Zutreffend ist auch, daß Machtergreifung und Herrschaftserhaltung des deutschen Faschismus sich auf die interessierte Mithilfe gesellschaftlicher Machteliten verlassen konnten, während demgegenüber nach 1933 die freie Organisation und Vertretung der Bevölkerungsmassen, vor allem der Arbeiterschaft, unterdrückt war, und daß Repression und Verfolgung jeder oppositionellen Meinung ein Grundelement des NS-Herrschaftssystems war. Aber dies allein erklärt wiederum nicht das Zustandekommen und den Bestand des deutschen Faschismus. Ohne die Trägerschaft von Millionen »kleiner Leute«, vor allem aus den Mittelschichten, wäre der Nationalsozialismus nicht an die Macht gekommen, und es war nicht so, daß das Hitler-Regime seine Herrschaft dann nur durch den Terror einer kleinen Macht- und Amtselite von Parteiführern, Wirtschaftsgewaltigen und Staatsfunktionären gegen den Willen der großen Mehrheit der Bevölkerung aufrechterhalten hätte.
Historisch-politische Aufklärung muß also erhellen, was Massen von Deutschen vor 1933 dazu gebracht hat, Hoffnungen in den NS zu setzen; was sie nach 1933 zur Loyalität gegenüber der faschistischen Herrschaft veranlaßt hat, und welche Eigenschaften des Dritten Reiches vielfach auch jenen Zeitgenossen als sympathisch galten, die terroristischen Maßnahmen des damaligen Systems durchaus Vorbehalte entgegenbrachten.

Eine Blickverengung findet sich bei der Beschäftigung mit der NS-Vergangenheit oft auch dort, wo nach den Gegnern des Dritten Reiches gefragt wird. Fixiert auf die »großen Männer«, die gesellschaftlichen »Eliten«, widmet sich dann die Darstellung allzu einseitig dem Kreis um den 20. Juli oder allenfalls noch der Gruppe um die Geschwister Scholl. Das »niedere Volk« kommt in solchen Interpretationen von Geschichte eigentlich gar nicht vor, weder auf der Seite des Faschismus noch auf der Gegenseite, und eben deshalb kann das »Volk« aus historisch-politischer Unterrichtung dieser Art auch keine Lehren, keine Handlungsanregungen gewinnen.

Demgegenüber ist dem Versuch beizustimmen (wie ihn seit einigen Jahren jüngere Historiker zunehmend betreiben), auch die Geschichte des Faschismus über die Untersuchung von »Lebenswelten« zu erschließen, also die Vielschichtigkeit und auch Widersprüchlichkeit der Lebensbedingungen, Gefühle und Verhaltensweisen der »kleinen Leute« in den Blick zu nehmen, der Parteigänger des deutschen Faschismus, der Mitläufer, der Opponenten, der Gegner. Freilich darf die Einbeziehung von »Alltagsgeschichte« nicht in eine anekdotische Beliebigkeit verfallen. Die Entwicklung zum Faschismus und die Herrschaft desselben setzten historische Grundentscheidungen und gesellschaftliche Zwänge, sie schufen Institutionen und verordneten Ideologien, denen das Leben eines jeden Einzelnen unterworfen war, zu denen er sich so oder so verhalten mußte. Die Entdeckung, daß auch der totalitäre Herrschaftsanspruch eines politischen Systems Lücken und Nischen beläßt, sollte nicht dazu führen, vor Bäumen nicht mehr den Wald zu sehen.

Bei der wissenschaftlich fundierten Information über das Dritte Reich ist die Frage nach dem Leben der Jugend unter der Herrschaft des NS-Staates bisher vergleichsweise zu kurz gekommen.[3] Dies ist teils Ursache, teils aber auch Folge von Fehleinschätzungen dieses Kapitels der faschistischen Vergangenheit, die in der öffentlichen oder veröffentlichten Meinung weit verbreitet sind: Erstens wird vielfach angenommen, im Unterschied oder Gegensatz zu anderen Institutionen oder Organisationen des Dritten Reiches sei die staatlich-verbandliche Erfassung der nachwachsenden Generation in der Hitler-Jugend eine im Grunde unpolitische, »jugendgemäße«, in ihren Formen und Folgen gewissermaßen harmlose Angelegenheit gewesen; zweitens wird unterstellt, »die« deutsche Jugend sei zwischen 1933 und 1945 begeistert oder jedenfalls willig dem Angebot der Hitler-Jugend gefolgt. Der Widerstand der »Weißen Rose« wird dabei als die nahezu absolute Ausnahme angesehen, die die Regel der Zustimmung der im Dritten

Reich nachwachsenden Generation zum NS und zur HJ nur bestätige. In den letzten Jahren erschienen etliche Buchpublikationen ehemaliger Hitler-Jugendführer, die sich selbst heute durchaus als Anhänger der demokratischen Grundordnung der Bundesrepublik verstehen, in denen das folgende Bild der Jugend unterm Hakenkreuz vermittelt wird: Die Hitler-Jugend sei die »Vollendung der deutschen Jugendbewegung aus der Zeit vor 1933« gewesen, habe aber deren »Zersplitterung überwunden«, alle sozialen und konfessionellen Abstände und Konflikte zugunsten der »einen Volksjugend« aufgehoben. Die »Einheit der Jugend in der HJ« habe sich ganz und gar freiwillig hergestellt; die HJ habe es »niemals nötig gehabt, irgendeinen Zwang auszuüben«. Die HJ sei nie »Staatsorganisation geworden, sondern eine Jugendbewegung geblieben«, sie habe sich jeder »Obrigkeitshörigkeit« und jedem »politischen Mißbrauch« ferngehalten: »Was eine lebendige, begeisterungsfähige und engagierte Gemeinschaft mit Selbstführung der Jugend sein kann, erfuhr die deutsche Jugend in Stadt und Land bis hin zum kleinsten Dorf erstmals durch die HJ im Dritten Reich. Das gab es vorher nicht und nachher nicht wieder ...«.[4]

Solcherart Glorifizierungen finden ihr Publikum. Aufnahmebereit sind dafür nicht nur Angehörige jener Generation, die im Dritten Reich aufgewachsen ist und in der manche Frauen und Männer das nostalgisch verklärte eigene Jugenderlebnis nicht in den Gesamtzusammenhang des damaligen politischen Systems hineinzudenken vermögen. Auch in der gegenwärtigen jugendlichen Aussteiger-Szene, deren Gefühlswelt gewiß nicht in der Tradition des NS steht, gibt es Bewunderung für die »strahlenden Gesichter« einstiger Hitler-Jugendlicher, kommt Anerkennung dafür auf, daß die Jugend damals doch wenigstens »echt begeistert« gewesen sei.

Mit der Realität des jugendlichen Lebens im NS-Staat stimmen solche Bilder und Vorstellungen nicht überein. Zwar enthalten sie Ausschnitte der damaligen Wirklichkeit, wie ja jedes wirksame falsche Bewußtsein darauf beruht, daß es auch Momente von Wahrheit enthält; aber an der historischen Wahrheit in ihrer komplexen Totalität geht jede derartige Verharmlosung oder Beschönigung der Hitler-Jugend vorbei.

In den folgenden Darstellungen wird versucht, die unterschiedlichen, dennoch zusammengehörigen Seiten jugendlicher Sozialisation im Dritten Reich zu zeigen: die attraktiven und die repressiven Züge der Hitler-Jugendorganisation, die freiwillige Zuordnung und den Zwang, die Eigendynamik einer »selbstgeführten« Jugend und die Funktionalisierung für staatliche Herrschaftszwecke, die »gelungene«

und die »mißlungene« Sozialisation, die Systemkonformität der HJ und das Aufbegehren Jugendlicher gegen die HJ. Es wird untersucht, welchem Wandel die Hitler-Jugend von der Zeit ihrer Entstehung vor 1933 bis zum Staatsjugenddienst unterworfen war und wie sich die sozialstrukturellen, konfessionellen und regionalen Bedingungen auf das Verhältnis Jugendlicher zur HJ auswirkten. Besondere Aufmerksamkeit gilt dem Wirkungszusammenhang von Jugendbewegung und Hitler-Jugend, weil hier ganz offensichtlich ein wichtiger Bestimmungsfaktor für den zeitweiligen und teilweisen Erfolg wie auch für den teilweisen Mißerfolg der Staatsjugend des Dritten Reiches liegt.[5] Die Entwicklung jugendlicher Opposition gegen HJ und NS-Staat wird verhältnismäßig ausführlich geschildert und dokumentiert, weil zu diesem Thema bisher am wenigsten zureichende Information zu finden ist.[6]

Einige interessante Aspekte der HJ-Sozialisation, so vor allem die Rolle des »Bundes Deutscher Mädel«, die Bedeutung der »Kinder-Land-Verschickungs«-Lager, die NS-Elite-Schulen und überhaupt das Verhältnis von Hitler-Jugend und Schule, sind nur knapp behandelt; hierzu liegen aber andere Publikationen vor.[7]

II Die Hitler-Jugend

Der Weg zur Staatsjugend – Entwicklung der HJ im Überblick

Der erste Versuch, aus der NSDAP heraus eine eigene Jugendorganisation aufzubauen, war ein 1922 in München ins Leben gerufener »Jugendbund der NSDAP« (ein Aufruf dazu erschien am 8. März 1922 im »Völkischen Beobachter«), zu dessen Gründung Hitler selbst die Initiative gegeben haben soll.
Diese Jugendorganisation kam offenbar nicht über das Anfangsstadium hinaus und entfiel gleichzeitig mit Verbot und Auflösung der NSDAP im Jahre 1923. In Wien hingegen existierte ab 1923 eine »Nationalsozialistische Arbeiterjugend«.
Nach der Neugründung der NSDAP entstanden um 1925/26 erneut Jugendgruppen der Partei, diesmal jedoch nicht auf Anregung der Parteileitung, sondern durch die Initiative einzelner Parteiangehöriger, so vor allem Kurt Grubers in Plauen/Vogtland. 1926 kam auf Betreiben Grubers der Zusammenschluß einiger solcher Gruppen unter der Bezeichnung »Großdeutsche Jugendbewegung« zustande; diese von Kurt Gruber geleitete Organisation wurde dann auf dem Parteitag der NSDAP 1926 in Weimar offiziell als Jugendarbeit der NSDAP anerkannt. Gruber wurde zum Reichsführer dieser Organisation ernannt und als Referent für Jugendfragen in die Reichsleitung der Partei berufen; gleichzeitig wurde die bisherige »Großdeutsche Jugendbewegung« auf Vorschlag Julius Streichers in »Hitler-Jugend, Bund deutscher Arbeiterjugend« umbenannt.
Die Mitgliedschaft in der HJ begann zu dieser Zeit erst mit vierzehn Jahren; man hat die HJ offensichtlich als eine Art Jugendabteilung der SA angesehen, Gruber und die HJ wurden einige Zeit nach dem Weimarer Parteitag der Obersten SA-Führung unterstellt. Zum Verhältnis zwischen NSDAP und HJ hieß es in den zu Ende 1926 erlassenen Richtlinien: »Alle Mitglieder der HJ, die das 18. Lebensjahr vollendet haben, müssen Mitglieder der NSDAP sein ... Die Führer der HJ,

vom Ortsgruppenführer aufwärts, dürfen nur bestätigt werden, wenn ein schriftliches Einverständnis des entsprechenden NSDAP-Leiters vorliegt.«

Ende 1927 bestimmte ein neuer Erlaß der Parteileitung der NSDAP, daß alle 18jährigen Hitlerjungen aus der HJ in die SA überzutreten hätten. Etwa von diesem Zeitpunkt ab wurde auch innerhalb der HJ größeres Gewicht auf die damals in den anderen deutschen Jugendorganisationen üblichen Mittel der Jugendarbeit gelegt und Heimabende, Fahrten und ähnliches veranstaltet. Zu gleicher Zeit entstanden die ersten Schülergruppen der NSDAP, die 1929 in einem »NS-Schülerbund« unter der Leitung Adrian von Rentelns zusammengefaßt wurden; schließlich wurde um diese Zeit auch mit dem Aufbau nationalsozialistischer »Mädelarbeit« begonnen, die 1930 unter starker österreichischer Beteiligung als »Bund Deutscher Mädel« offiziell konstituiert wurde. Auf dem Parteitag 1929 der NSDAP in Nürnberg marschierten immerhin schon rund 2000 Hitlerjugendliche an Hitler vorbei –, die Hälfte davon Österreicher.

Die formale Einordnung der Jugendaktivitäten der NSDAP sah zu dieser Zeit folgendermaßen aus: Walter Buch (Vorsitzender des Parteigerichts der NSDAP) war Leiter des »Jugendamtes der NSDAP«. Unter ihm arbeiteten Kurt Gruber als Reichsführer der »Hitler-Jugend, Bund Deutscher Arbeiterjugend«, Adrian von Renteln als Leiter des »NS-Schülerbundes« und Baldur von Schirach als Leiter des »NS-Studentenbundes«; Schirach war gleichzeitig Schriftleiter der für alle drei Organisationen gemeinsamen Führerzeitschrift »Die Deutsche Zukunft« (später umgewandelt in »Wille und Macht«).

Im Jahre 1931 trat Gruber als Reichsführer der HJ zurück; 1931 wurde die Reichsführung der HJ von Plauen nach München verlegt und die Lenkung der NS-Jugendarbeit auf diese Weise stärker zentralisiert. Am 27. März 1931 wurde der – vornehmlich durch österreichische Einflüsse zustandegekommene und in seinen Arbeitsformen am ehesten den übrigen deutschen Jugendbünden nahestehende, bisher selbständige – »Bund Deutsches Jungvolk« der Hitler-Jugend angegliedert; gleichzeitig wurde bestimmt, daß Jungen mit 15 Jahren aus dem Bund »Jungvolk« in die eigentliche HJ, Jungen mit 18 Jahren nach wie vor aus der HJ in die SA zu überweisen seien.

Der Herbst des Jahres 1931 brachte eine Neuregelung der Führungspositionen der NS-Jugendarbeit: am 30. Oktober ernannte Hitler den bisherigen Führer des NS-Studentenbundes Baldur von Schirach zum »Reichsjugendführer der NSDAP« (im Range eines SA-Gruppenführers); Schirach führte von jetzt ab im Rahmen der Obersten SA-Füh-

NS-Manifest der Jugend

Proklamation des Reichsführers der HJ Kurt Gruber, 1931:

»Wir, Deutschlands Jugend, wir, das kommende Geschlecht, wir, als die Jungen der Arbeit und der Tat erheben zum Zeichen des erwachenden Deutschlands die rechte Hand zum Gelöbnis deutscher Jugend im Jahre der Unehre, der Schmach und der Versklavung unseres Volkes 1931.
Wir, als Kinder des Krieges, zur Tat und Erkenntnis gereift, senken die Fahnen, gedenken unserer für die freie deutsche Scholle im Felde der Ehre gefallenen Väter und Brüder.
Wir, die wir deutschen Blutes und deutscher Rasse sind, klagen an! Wider Recht und Gesetz wurde Deutschlands Jugend in der Gefolgschaft Adolf Hitlers mit Verbot, Terror und Willkür verfolgt! Trotz allem! Wir bleiben für immer der Fahne treu! Wir sind gewillt, unser rechtmäßiges Erbe anzutreten!
Wir fordern: Los von den Tributen! Nieder mit der Kriegsschuldlüge! Zurückgewinnung der geraubten Scholle! Freiheit dem erwachenden Volke! Soziale Gerechtigkeit aller ehrlich schaffenden deutschen Arbeiter der Stirn und der Faust im Sinne Adolf Hitlers!
Schaffung einer Regierung, die nach urdeutschem Recht vom deutschen Volke und von Deutschlands Jugend vertrauensvoll getragen wird! Nieder mit der Willkür längst abgewirtschafteter Parteien! Nieder mit den volksfremden und jüdischen Einflüssen auf den Staat, das deutsche Wirtschaftsleben und unseres Volkes Kultur!
Wir wollen als die junge Garde des Nationalsozialismus die Fackelträger der deutschen Idee sein!
Im Zeichen des Hakenkreuzes, getrieben vom jungen Blut unserer edlen Rasse, wollen wir kämpfen und siegen für Raum, Brot und Arbeit unserer Nation!
Jugend, hierher, Adolf Hitler führt!«

rung die HJ, den »NS-Studentenbund« und den »NS-Schülerbund«. Im März 1932, als der SA das Verbot drohte, wurde versucht, die HJ durch formale Ausgliederung aus der SA von dem Verbot auszunehmen; Schirach wurde zum Amtsleiter der NSDAP ernannt und das Unterstellungsverhältnis zur SA von Hitler aufgehoben. Trotzdem wurde die HJ durch die Maßnahmen gegen die SA mitbetroffen und am 13. April 1932 für relativ kurze Zeit verboten; sie arbeitete illegal weiter. (Regionale Verbote der Betätigung in NS-Jugendorganisationen, etwa seitens der Schulbehörden, waren schon vorher erfolgt).

Schirach schrieb, daß die HJ in dieser Zeit des Verbots ihr »bestes Menschenmaterial« gewonnen habe und gab eine Steigerung der Mitgliedsziffer in Deutschland während der Verbotszeit auf etwa 35000 an.[1] Nach Aufhebung des SA- und HJ-Verbots wurde Schirach zum Reichsleiter der NSDAP ernannt und ihm bei Ausscheiden Adrian von Rentelns die Gesamtleitung der NS-Jugendarbeit übertragen; die HJ wurde neu gegliedert und in ihrer Führung zentralisiert, der »NS-Schülerbund« wurde der eigentlichen Hitler-Jugend eingegliedert. Der weiteren Ausdehnung der HJ-Aktivität dienten die ab September 1932 aufgebauten HJ-Jugend-Betriebszellen. Den Höhepunkt der HJ-Aktivität vor 1933 gab der »Reichsjugendtag der HJ« am 1. und 2. Oktober 1932 in Potsdam ab; an diesem Treffen, das einer der größten Jugendtage jener Jahre überhaupt war, nahmen rund 80000 Jugendliche teil; über sieben Stunden lang marschierten die Teilnehmerkolonnen an Adolf Hitler vorbei. Trotz erheblicher organisatorischer Mängel des Treffens wies allein schon die Tatsache einer solchen Massenveranstaltung der Jugend der HJ nunmehr eine nicht zu übersehende Rolle im öffentlichen und politischen Leben Deutschlands zu. Das Jahr 1932 stand insgesamt für die HJ im Zeichen einer intensiven politischen Veranstaltungs- und Werbetätigkeit; ein erheblicher Teil der zahllosen Kundgebungen, Märsche, Propagandaaktionen, Straßendemonstrationen, Versammlungskampagnen usw., die zu dieser Zeit die Tätigkeit der Nationalsozialisten ausmachten, wurde von der HJ getragen oder doch mitgetragen. Einundzwanzig Angehörige der HJ kamen bis 1933 bei politischen Auseinandersetzungen ums Leben.
Entwicklung und Betätigung der HJ in ihrer ersten Phase (bis zur Machtergreifung des NS) lassen sich folgendermaßen kennzeichnen: Die HJ, nach ihrer Konstituierung auf dem Parteitag 1926 zunächst auch formal eine Art Jugendabteilung der SA, gewann in den letzten Jahren vor 1933 größere Selbständigkeit gegenüber der SA-Führung, stand aber in ihren Funktionen weitgehend auf der gleichen Ebene wie die SA, d. h. das Schwergewicht der HJ-Arbeit in dieser Phase lag in der Demonstrations- und Agitationstätigkeit. Die HJ dieser Zeit war in ihrem Habitus weder mit den bürgerlichen Jugendbünden und -Organisationen, noch mit der sozialistischen Jugendarbeit des damaligen Deutschland vergleichbar; von eigentlicher Jugendarbeit konnte bei der HJ in diesen Jahren noch kaum die Rede sein – wobei der Bund »Jungvolk« schon hier in gewissem Maße eine Ausnahme darstellte. Diese Charakterisierung wurde von einem führenden HJ-Theoretiker wie folgt bestätigt: »Der Kampf um die Macht im Reich ließ die HJ nicht dazu kommen, eine Jugendarbeit in großem Umfange zu grün-

den. Nur vereinzelt konnten Aufgaben außerhalb der politischen Propaganda und der organisatorischen Formung von ihr in Angriff genommen werden«.[2]

Eine Zusammenarbeit der HJ mit anderen Jugendbünden (außer gelegentlichen gemeinsamen Propagandaaktionen mit kleineren, nationalistischen Jugendgruppen) ist nicht festzustellen; im »Reichsausschuß deutscher Jugendverbände«, der Dachorganisation der damaligen Jugendverbände, war die HJ bis zum Sommer 1932 nicht vertreten. Auch geschlossene Übertritte von Jugendgruppen anderer Organisationen zur HJ in größerem Ausmaße sind in diesen Jahren offenbar nicht vorgekommen; sie wurden auch von seiten der HJ-Publizistik nicht behauptet.

Die Mitgliederzahl der HJ in Deutschland für das Jahr 1932 wurde von den HJ-Publikationen durchweg mit etwa 20000 Beitragszahlenden und etwa der gleichen Zahl, die keinen Beitrag zahlten, angegeben; hinzu käme eine nicht unbeträchtliche Anzahl Sympathisierender. Die soziale Zusammensetzung der HJ wurde für 1931/32 folgendermaßen angegeben: 69 % Jungarbeiter und Lehrlinge, 10 % kaufmännische Berufe, 12 % Schüler. Ein hoher Prozentsatz der Mitgliedschaft sei arbeitslos gewesen.

Die völlige Abhängigkeit der HJ von der Partei bis zu diesem Zeitpunkt und somit in ihrer Aufbauperiode (im Unterschied zu den meisten anderen deutschen Jugendorganisationen), und zwar sowohl im Politisch-Inhaltlichen wie im Organisatorischen, ist unverkennbar. Auch in den Selbstdarstellungen der HJ wird diese Abhängigkeit ausnahmslos stark hervorgehoben. So schrieb z. B. der zweite Reichsjugendführer A. Axmann: »Die HJ ist groß geworden als Gliederung der Partei, – sie hatte stets den gleichen Weg und das gleiche Schicksal«.[3]

Die Machtergreifung des deutschen Faschismus am 30. Januar 1933 brachte für die HJ eine neue Position mit sich und wies ihr neue Funktionen zu. In den damaligen HJ-Publikationen wurde diese neue Aufgabe mit folgender Parole umrissen: »Die Kampfauslese der HJ muß nun zur Volksjugend werden.«

Vom 30. Januar an wurde von der HJ-Führerschaft ausnahmslos und unablässig der Totalitätsanspruch der HJ proklamiert; bei Schirach hieß es: »Wie die NSDAP nunmehr die einzige Partei ist, so muß die HJ die einzige Jugendorganisation sein.« Ein führender HJ-Theoretiker schrieb, daß der Totalitätsanspruch der HJ sich in zwei Richtungen erstrecke: »Die HJ will sowohl die Gesamtheit der Jugend, wie auch den gesamten Lebensbereich des jungen Deutschen erfassen.«[4]

Hieraus ergab sich ab 1933 einerseits das Bestreben der HJ, soviel Jungen und Mädchen in ihre Organisation aufzunehmen wie nur irgend möglich und alle konkurrierenden Kräfte und Bünde der Jugendarbeit auszuschalten, andererseits auch die Tendenz, der HJ und ihrer Arbeit soviel wie möglich an Erziehungsfunktionen, Arbeitsbereichen und Betätigungsmöglichkeiten zuzuweisen. Als konkurrierende Institutionen jugenderzieherischer Art (außer Elternhaus, Schule und Kirche) waren von seiten der HJ vor allem anzusehen: die politischen Jugendorganisationen, die konfessionellen Jugendverbände, die bündischen und autonomen Jugendorganisationen, die Sportjugend und die berufsständische Jugendarbeit. Alle diese Institutionen und Verbände hatten im öffentlichen Leben der Weimarer Republik eine erhebliche Rolle gespielt; die Gesamtmitgliederstärke der im »Reichsausschuß deutscher Jugendverbände« als Dachorganisation zusammengefaßten Jugendverbände belief sich auf rund 5 bis 6 Millionen Jugendlicher. Am 5. April 1933 ließ Baldur von Schirach durch einen HJ-Trupp die Geschäftsstelle des »Reichsausschusses« überrumpeln und usurpierte die Leitung dieser Institution für sich. Bei dieser Aktion gewann die HJ-Führung beträchtliches Material über Stand, Führung und Anschriften sämtlicher anderen Jugendverbände, was ihren Ausschaltungsbemühungen sehr zugute kam. Der letzte Vorsitzende des »Reichsausschusses«, General Vogt, trat eigenmächtig seinen Platz an Schirach ab und begab sich selbst in den Dienst der HJ (die später auch sein Buch »Der deutsche Jugenddienst« als Ausbildungswerk für die Gelände- und Wehrsportausbildung der Hitlerjungen übernahm). Wenige Tage später schloß Schirach die jüdischen und die sozialistischen Jugendverbände aus dem »Reichsausschuß« aus; gleichzeitig wurden die politischen Jugendorganisationen Zug um Zug mit den entsprechenden Parteien selbst aufgelöst und verboten, so u. a. die Sozialistische Arbeiterjugend und der Kommunistische Jugendverband Deutschlands. Dabei gingen die Gruppen rechtsstehender Organisationen (Bismarck- und Hindenburg-Jugend), die die linken Organisationen noch um einige Zeit überleben konnten, großteils geschlossen in die HJ über; auch der »Scharnhorst-Bund«, die Jugendorganisation des »Stahlhelms«, ging im Zuge der Eingliederung des »Stahlhelms« in die SA zur HJ. Zur selben Zeit war – nach übereinstimmenden Aussagen aller beteiligten Organisationen – ein starker Übergang von Gruppen vieler bisher bestehender Jugendorganisationen in die HJ, außerdem auch ein starker Zustrom von bisher keiner Organisation angehörenden Jugendlichen zu verzeichnen. Das Deutsche Jugendherbergswerk, das durch sein ausgedehntes Herbergswesen nicht nur organisatorische Bedeutung, sondern indirekt auch erheblichen erzieherischen

Einfluß hatte, wurde von der HJ auf die gleiche Weise wie der »Reichsausschuß« in Besitz genommen, ebenso die »Mittelstelle Deutscher Jugend in Europa«, die vor allem Zusammenarbeit, Betreuung und Austausch mit der Jugend der deutschen Volksgruppen in anderen Ländern organisierte. Beide Institutionen galten hernach als gewichtige und oft auch von Abseitsstehenden als positiv gewertete Teile der HJ-Arbeit.

Nach der Ausschaltung der politischen Jugendorganisationen und der Übernahme einiger wichtiger überparteilicher Jugendinstitutionen stellte die Eingliederung der berufsständischen Jugendarbeit und der Sportjugend für die HJ kaum noch ein Problem dar und wurde dementsprechend zunächst noch außer acht gelassen. Als eigentlich widerstrebende und durch die Intensität ihrer Arbeit der HJ gefährliche Organisationen waren hingegen einerseits die konfessionellen Jugendverbände, andererseits die Verbände der bündischen und freien Jugendbewegung anzusehen. Ein Großteil der bündischen Jugendorganisationen hatte sich angesichts der Machtergreifung der NS und des wachsenden Drucks der HJ im »Großdeutschen Jugendbund« zusammengeschlossen. Baldur von Schirach stellte die damalige Situation folgendermaßen dar: »Im Reichsausschuß gewannen wir ungeheures Material ... Von dieser Stelle aus erkannte ich die große Gefahr, die vor allem das Sonderdasein des Großdeutschen Jugendbundes für die deutsche Jugend bedeuten mußte. Ich fuhr durch Deutschland, um die Gefahr des Großdeutschen Bundes zu bannen. Die Gegensätze wurden von Tag zu Tag größer, tätliche Auseinandersetzungen waren an der Tagesordnung ... Ich erkannte, daß meine Stellung zur Lösung dieses Problems nicht stark genug war ...«.[5]

Um bei der Gleichschaltung der Jugendarbeit eine bessere Handlungsbasis zu haben, drängte Schirach auf eine institutionelle Befestigung seiner Machtposition. Daraufhin berief eine Verfügung Hitlers vom 17. Juni 1933 Schirach als Reichsjugendführer der NSDAP zum »Jugendführer des Deutschen Reiches«. Die neugeschaffene gleichnamige Dienststelle hatte von nun an die Aufsicht über die gesamte Jugendarbeit in Deutschland (auch über die Jugendorganisationen von Erwachsenenverbänden); sie hatte über die Zulässigkeit der Organisationen und ihrer Führungen zu entscheiden, Neugründungen bedurften ihrer Genehmigung; die Dienststellen des Jugendführers des Deutschen Reiches sollten zugleich die Obliegenheiten der bisherigen staatlichen und kommunalen Ausschüsse zur Förderung der Jugendarbeit übernehmen. Damit war die gesamte Jugendarbeit in Deutschland potentiell unter die Kontrolle und Lenkung der HJ-Führung gebracht.

WILLE UND WERK

PRESSEDIENST DER DEUTSCHEN JUGENDBEWEGUNG

6. Jahrgang, Nr. 25/1933

Berlin, am 22. Juni 1933

Nachrichtendienst.

Auf dem Wege zur Staatsjugend!

Die ersten Anordnungen des neuen Reichsjugendführers.

Ww. Der Jugendführer des Deutschen Reiches, Baldur von Schirach, hat folgende Anordnungen erlassen:

1. Der Großdeutsche Bund mit seinen Unter- und Teilorganisationen ist mit Wirkung vom 17. Juni 1933 aufgelöst. Das Eigentum des Großdeutschen Bundes sowie der angeschlossenen Unter- und Teilorganisationen ist sicherzustellen. Mit dem Großdeutschen Bunde sind demnach aufgelöst: Freischar junger Nation, Deutsche Freischar, Deutscher Pfadfinderbund, Die Geusen, Ringgemeinschaft deutscher Pfadfinder, Ring deutscher Pfadfindergaue, Deutsches Pfadfinderkorps, Freischar evangelischer Pfadfinder.
2. Der Reichsausschuß der deutschen Jugendverbände wird mit sofortiger Wirkung aufgelöst. Die bisherigen Aufgaben des Reichsausschusses werden in die erweiterten Aufgaben der Jugendführung des Deutschen Reiches übernommen.

Die Reichsjugendführung löst auf

Die erste Amtshandlung, die Schirach noch am Tage seiner Ernennung vornahm, war die Auflösung des Großdeutschen Bundes. Neeße, einer der maßgebenden Selbstinterpreten der HJ, schrieb zu dieser Auflösung: »Eine kooperative Eingliederung in die HJ, die von maßgebenden Männern des Großdeutschen Bundes befürwortet wurde, war schroff abzulehnen. Da aber die Führerschaft des Großdeutschen Bundes nicht bereit war, von sich aus durch Selbstauflösung ihres Bundes den Streit zu beenden, beseitigte der Jugendführer des Deutschen Reiches die unerträglich gewordene Lage, indem er noch am Tage seiner Ernennung das Verbot des Großdeutschen Bundes aussprach. Die Auseinandersetzung mit der bündischen Jugend war jedoch damit noch nicht abgeschlossen ...«[6]

Auch die übrigen Organisationen der bündischen und freien Jugendbewegung wurden in dieser Zeit aufgelöst oder verboten. Eine Ausnahme bildete hier lediglich der »Bund der Artamanen« (ein völkischer Jugendbund), der im Oktober 1934 korporativ in die HJ übernommen wurde und den Kern des »Landdienstes« der HJ bildete. Eine zeitweilige Sonderstellung hatten ferner die in der »Reichsschaft Deutscher Pfadfinder« zusammengeschlossenen Pfadfinderbünde inne; die »Reichsschaft« wurde mit Rücksicht auf eventuelle Auslandsbeziehungen der HJ (zum Internationalen Pfadfinderbüro und ähnlichen Institutionen) noch einige Zeit geduldet und dann 1934 ebenfalls aufgelöst.

Nachdem so zumindest die legale Konkurrenz der bündischen und freien Jugendorganisationen ausgeschaltet war, wandte sich die HJ-Führung dem Problem der konfessionellen Jugendverbände zu. Ende 1933 kam durch ein Abkommen zwischen Schirach und dem damaligen Reichsbischof Ludwig Müller (entgegen der Stellungnahme des Vorsitzenden des evangelischen Jungmännerwerks, Dr. Stange) die Eingliederung der evangelischen Jugend Deutschlands (Mitgliedsziffer: 800000) formal zustande.

Das Abkommen zwischen Schirach und dem Reichsbischof Müller beschränkte die evangelische Jugendarbeit auf den rein seelsorgerischen Bereich; alle Angehörigen des evangelischen Jugendwerkes unter 18 Jahren sollten in die HJ eingegliedert werden; wer nicht HJ-Mitglied war, konnte nicht Mitglied des evangelischen Jugendwerkes sein; geländesportliche Ausbildung (wozu auch die Veranstaltung von Fahrten, Sportausübung und ähnliches gerechnet wurden) sowie staatsbürgerliche Erziehung wurden ausschließlich der HJ zugebilligt.[7]

Baldur von Schirach erstrebte eine analoge Regelung auch für die katholische Jugend; der energische Widerstand der Laienführung der ka-

tholischen Jugend ließ jedoch entsprechende Verhandlungen zwischen Schirach und dem Episkopat nicht zustande kommen; in der Folgezeit fand dann die Betätigung der katholischen Jugend durch das Reichskonkordat zwischen Hitler und dem Vatikan zunächst einigen Schutz. Infolgedessen suchte die HJ ab 1934 durch Terrorakte und propagandistische Maßnahmen, durch regionale Verbote, Arbeitsbeschränkungen, Verbote katholischer Einzelbünde und allerlei andere Schritte (so zum Beispiel durch eine Bestimmung, daß Kinder von Beamten nicht Mitglieder konfessioneller Jugendverbände sein dürften), die Arbeit der katholischen Jugend einzuschränken und zu beeinträchtigen.[8]
Durch das Verbot, die Auflösung und zum Teil auch die Übernahme anderer Jugendverbände, durch den Übertritt zahlreicher Gruppen auch aus konfessionellen Jugendbünden (ab 1933) und durch den Zustrom bisher Nicht-Organisierter hatte die HJ in den Jahren 1933/34 einen enormen und sprunghaften Mitgliederzuwachs. So wurde z. B. die Mitgliederbewegung des Obergebietes West (Westdeutschland) der HJ folgendermaßen angegeben:

1925	100 Mitglieder	1930	1800 Mitglieder
1926	200 Mitglieder	1931	2400 Mitglieder
1927	500 Mitglieder	1932	6300 Mitglieder
1928	800 Mitglieder	1933	15000 Mitglieder
1929	1200 Mitglieder	1934	1,5 Millionen Mitglieder

Für die gesamte HJ ergab sich ein Mitgliederzuwachs von 107956 Angehörigen Ende 1932 auf 3577565 Mitglieder Ende 1934.[9]
Im Zusammenhang mit dieser außerordentlichen zahlenmäßigen Erweiterung der HJ waren bereits Mitte 1933 Maßnahmen zur strafferen Durchorganisierung und Vereinheitlichung der HJ getroffen worden; so wurde u. a. die Aufgliederung in »Hitler-Jugend« (im engeren Sinne), »Jungvolk«, »Bund Deutscher Mädel« und »Jungmädel«, sowie der vertikale Aufbau von Gebieten, Gauen und unteren Einheiten nunmehr endgültig festgelegt, die Uniformen der HJ wurden angeglichen und eine zentrale Führerschule geschaffen. Das Jahr 1934, von Schirach als das »Jahr der Schulung und inneren Ausrichtung« proklamiert, brachte eine Forcierung dieser Vereinheitlichungstendenz; gleichzeitig erfolgte die weitere Eingliederung von Jugendlichen in die HJ und die Übernahme weiterer Bereiche und Funktionen der Jugendarbeit durch die HJ. Bis zum Juli 1934 war die Eingliederung der Jugend der »Deutschen Arbeitsfront« abgeschlossen und damit ein ge-

»Werbemethoden« der HJ

Im Herbst 1933 war in südhessischen Städten folgendes Plakat zu sehen:

»Mobilmachung der deutschen Jugend! Stellungsbefehl! Hitlerjugend – Staatsjugend! ...
Meldet euch sofort ...«

Zur gleichen Zeit stand in einem Aufruf des Landeshandwerksmeisters an die hessischen Handwerksmeister:

»In diesen Tagen hat die HJ erneut den Beweis dafür angetreten, daß es Ehrenpflicht aller Väter und Mütter in Deutschland sein muß, ihre Söhne und Töchter der HJ oder dem BDM zuzuführen. Die deutsche Jugend ist das wertvollste Gut der Nation und gehört somit dem Führer. Die Jungen und Mädel, die die weltanschauliche Schulung der HJ in sich aufnehmen, haben einzig und allein die Anwartschaft darauf, in die Lehre des Handwerks aufgenommen zu werden. Von Euch erwarte ich, daß Ihr nur solche Lehrlinge und Lehrmädchen aufnehmt, die den Organisationen der Jugend des Führers angehören ...«

Ein »Werbeschreiben« der HJ:

»Hitlerjugend Wiesbaden, den 3. Mai 1934
Bann 80 Wiesbaden
Zum letztenmal wird zum Appell geblasen!
Die Hitlerjugend tritt heute mit der Frage an Dich heran: Warum stehst Du noch außerhalb der Reihen der Hitlerjugend? Wir nehmen doch an, daß Du Dich zu unserem Führer Adolf Hitler bekennst. Dies kannst Du jedoch nur, wenn Du Dich gleichzeitig zu der von ihm geschaffenen Hitlerjugend bekennst. Es ist nun an Dich eine Vertrauensfrage: Bist Du für den Führer und somit für die Hitlerjugend, dann unterschreibe die anliegende Aufnahmeerklärung. Bist Du aber nicht gewillt, der HJ beizutreten, dann schreibe uns dies auf der anliegenden Erklärung ... Wir richten heute einen letzten Appell an Dich. Tue als junger Deutscher Deine Pflicht und reihe Dich bis zum 31. Mai d. J. ein bei der Jungen Garde des Führers.

Heil Hitler!
Der Führer des Bannes 80.

Erklärung
Unterzeichneter erklärt hierdurch, daß er nicht gewillt ist in die Hitlerjugend (Staatsjugend) einzutreten und zwar aus folgenden Gründen:
....
Unterschrift des Vaters: .... Unterschrift des Jungen: ....
Beruf: .... Beruf: ....
Beschäftigt bei: .... Beschäftigt bei: ....«

wichtiger Teil sozialpolitischer (bisher von Gewerkschaften und Betrieben geleisteter) Jugendarbeit von der HJ übernommen.
Im Jahr 1934 wurden weiterhin Vereinbarungen zwischen Reichsjugendführer, Reichsbauernführer und Reichssportführer zwecks Einbau der Arbeit der Land- und Sportjugend in die HJ getroffen. Die Übernahme der Funktionen der Landjugend war bis zum Juli 1935, die der Sportjugend bis zum Juli 1936 endgültig abgeschlossen. Das Abkommen Schirachs mit dem Reichssportführer sicherte der HJ für die Jahrgänge bis zu 14 Jahren das Betätigungsmonopol in sportlicher Hinsicht; von den älteren Jahrgängen (bis zu 18 Jahren) konnte nur Mitglied eines Turn- und Sportvereins sein, wer zugleich Mitglied der HJ war. (Im Laufe der folgenden Jahre wurden auch noch diese Jugendabteilungen der Turn- und Sportvereine und somit jegliche sportliche Betätigung von Jugendlichen der HJ einverleibt.)
Die Leibeserziehung wurde von nun an zu einem zentralen Bestandteil der HJ-Arbeit, nicht zuletzt auch der »Mädelarbeit«. In den Anweisungen des Reichsjugendführers für den BDM hieß es, bei Schulungskursen und ähnlichen Veranstaltungen sei darauf zu achten, daß ein Drittel der Zeit mit weltanschaulicher Schulung, zwei Drittel mit körperlicher Betätigung und Leibeserziehung zugebracht würden. Für HJ und BDM, also für Jungen und Mädel ab 14 Jahren, wurden 1934 Leistungsabzeichen eingeführt, die Veranstaltung von Reichs-, Gebiets- und Bannsportwettkämpfen wurde stärker betont. 1935 wurden auch für Jungvolk und Jungmädel Leistungsabzeichen geschaffen und die sogenannten Pimpfen- und Jungmädelproben eingeführt. Der »körperlichen Ertüchtigung« der jüngeren Jahrgänge sollte insbesondere auch die Einführung des »Staatsjugendtages« dienen, des schulfreien Sonnabends, der ausschließlich für den HJ-Dienst zur Verfügung stehen sollte; diese Einrichtung erwies sich jedoch aus organisatorischen Gründen als nachteilig und wurde bald wieder rückgängig gemacht. Für die einzelnen Gliederungen der HJ wurden Dienstbücher (»Pimpf im Dienst«, »HJ im Dienst«, »Mädel im Dienst«) eingeführt, die eine einheitliche und reglementierte Ausbildung und Formung der HJ-Einheiten gewährleisteten. Zur Vereinheitlichung der »Weltanschaulichen Ausrichtung« der HJ wurden im gleichen Jahre bei allen deutschen Rundfunksendern sogenannte »Stunden der jungen Nation« als zentrale, von der Reichsjugendführung gestaltete wöchentliche Heimabende eingerichtet. Eine einheitliche und festgelegte Führerschulung der HJ wurde organisiert.
Der Reichsberufswettkampf (RBWK), neben dem Jugendsport einer der gewichtigsten Bereiche der HJ-Arbeit, wurde im Jahre 1934 unter

der Leitung Axmanns, des späteren Nachfolgers von Schirach, erstmalig durchgeführt. Schirach proklamierte: »Das Symbol der Bünde war die Fahrt, das Symbol der HJ ist der Reichsberufswettkampf«. Mit Hilfe der Reichsregierung und der »Arbeitsfront« rief die Jugendführung des Deutschen Reiches die Jugendlichen aller Berufe und Betriebe zu einem beruflichen Leistungswettbewerb auf; die »Reichssieger« dieses Wettkampfes wurden dann jeweils am 1. Mai von Hitler empfangen. Die Zahl der Teilnehmer an diesem Wettkampf wuchs ständig, die Teilnahme wurde schließlich – wenn nicht formell, so doch faktisch – obligatorisch. Im Jahre 1934 waren es 500000, 1939 3500000 Jungen und Mädchen, die sich am RBWK beteiligten.

Die Übernahme der »Artamanen« in die HJ ist bereits erwähnt worden; der auf diese Weise geschaffene »Landdienst« der HJ, zusammen mit Einrichtungen wie »Landhilfe des BDM«, »Landjahr«, »Mädelumschulungslagern« u. ä. gab der HJ Möglichkeiten der Berufslenkung im landwirtschaftlichen Bereich.

Das Jahr 1935 (zum »Jahr der Ertüchtigung« erklärt) brachte die Einführung des zweiten großen Wettkampfes der HJ, des Reichssportwettkampfes. Die Beteiligungsziffer an dieser Veranstaltung stieg von 3,5 Millionen im Jahre 1935 auf 7 Millionen im Jahre 1939. Nicht ohne Einfluß auf die Arbeit der HJ blieb die Einführung der allgemeinen Wehrpflicht in Deutschland am 16. März 1935 und die der Arbeitsdienstpflicht am 26. Juni 1935. Durch diese Maßnahmen wurde ein einheitliches und verpflichtendes Erfassungssystem zumal für die männliche Jugend geschaffen, in dem auch die HJ ihren Platz auszufüllen hatte. Nicht von ungefähr erklärte Schirach im Zusammenhang mit der Einführung der Wehr- und Arbeitspflicht, daß nunmehr die Notwendigkeit einer »Qualifizierten«, d. h. planmäßig, einheitlich und reglementiert ausgebildeten Führerschaft für die HJ noch klarer als zuvor an den Tag träte. Die HJ-Führung erklärte das Jahr 1936 zum »Jahr des deutschen Jungvolks«, mit der Verpflichtung für die HJ, alle im Jungvolkalter befindlichen Jahrgänge möglichst restlos in den Einheiten des DJ zu »erfassen«. HJ-Publikationen gaben an, daß der Jahrgang 1926 dabei zu 95 % organisatorisch eingegliedert worden sei.

Der Eintritt der zehnjährigen Jungen und Mädel in die HJ, d. h. in DJ und JM, fand von jetzt an regelmäßig am 20. April eines jeden Jahres, und zwar in nahezu vollständig erfaßten Jahrgängen statt. Damit wurde ein jahrgangsweiser Aufbau der HJ möglich und nunmehr endgültig eingeführt; es wurde nun jeweils ein geschlossener Jahrgang zu Einheiten zusammengefaßt, jahrgangsweise geschult und bis zum Ausscheiden aus der HJ in dieser Zusammensetzung weitergeführt; dieses

Strukturprinzip und das mit ihm verbundene Schulungssystem wurden gleichzeitig als perfekt und endgültig erklärt.

Gesetz über die Hitler-Jugend

»Von der Jugend hängt die Zukunft des deutschen Volkes ab. Die gesamte deutsche Jugend muß deshalb auf ihre zukünftigen Pflichten vorbereitet werden.

Die Reichsregierung hat daher das folgende Gesetz beschlossen, das hiermit verkündet wird:

§ 1. Die gesamte deutsche Jugend ist in der Hitler-Jugend zusammengefaßt.

§ 2. Die gesamte deutsche Jugend ist außer in Elternhaus und Schule in der Hitler-Jugend körperlich, geistig und sittlich im Geiste des Nationalsozialismus zum Dienst am Volk und zur Volksgemeinschaft zu erziehen.

§ 3. Die Aufgabe der Erziehung der gesamten deutschen Jugend in der Hitler-Jugend wird dem Reichsjugendführer der NSDAP übertragen. Er ist damit ›Jugendführer des Deutschen Reiches‹. Er hat die Stellung einer obersten Reichsbehörde mit dem Sitz in Berlin und ist dem Führer und Reichskanzler unmittelbar unterstellt.

§ 4. Die zur Durchführung und Ergänzung dieses Gesetzes erforderlichen Rechtsverordnungen und allgemeinen Verwaltungsvorschriften erläßt der Führer und Reichskanzler.

Berlin, den 1. Dezember 1936
Der Führer und Reichskanzler
Adolf Hitler

Der Staatssekretär und
Chef der Reichskanzlei
Dr. Lammers«

Ihren Abschluß fand die bisher geschilderte Entwicklung durch das »Gesetz über die Hitler-Jugend« vom 1. Dezember 1936.
Nach diesem von der Reichsregierung, d. h. praktisch von Hitler erlassenen Gesetz war für die gesamte (»körperliche, geistige u. sittliche«) Erziehung der Jugend in Deutschland außerhalb von Schule und Elternhaus allein die HJ zuständig; diese Erziehungskompetenz wurde dem Reichsjugendführer der NSDAP als dem Jugendführer des Deut-

schen Reiches übertragen, der die Stellung einer Obersten Reichsbehörde erhielt und dem Führer unmittelbar unterstellt wurde. Durch das Hitlerjugend-Gesetz war nun auch rechtlich garantiert, daß außer Elternhaus und Schule allein die HJ »Erziehungsträger« war. Schirach verband mit der Bekanntgabe des Gesetzes den Kommentar, daß das Prinzip der freiwilligen Zugehörigkeit zur HJ auch weiterhin erhalten bleiben sollte, was formal bis zur Einführung der Jugenddienstpflicht im Jahre 1939 galt. Diese Rechtslage darf allerdings keine falsche Interpretation erfahren; ein »Freiwilligkeitsprinzip« bei gleichzeitigem Anspruch auf alleinige und – soweit nur irgend möglich – umfassende Erziehungsgewalt kann doch nichts anderes bedeuten, als die rein propagandistische Verhüllung des Totalitätsanspruches bzw. den Verzicht auf ganz bestimmte Zwangserfassungsmittel, – nicht aber den Verzicht auf Erfassungszwang überhaupt.[10]

Im Dezember 1936 wurde für die HJ eine erste große Disziplinarordnung erlassen, die bis zur Ablösung durch die Kriegsdienststrafordnung der HJ von 1940 in Kraft blieb. Diese Disziplinarordnung sicherte die endgültige Zentralisierung der HJ-Führung insofern, als die Personalabteilung der Reichsjugendführung von nun an für die Führerauslese, für die HJ-Gerichtsbarkeit und für die Verbindung der HJ zur Polizei zuständig war; die Personalabteilungen der unteren Organisationsebenen hatten entsprechende Kompetenzen.

Ein Gesamtüberblick über die Jahre 1933 bis 1936 ergibt folgendes Bild der Entwicklung der HJ in dieser Phase:

Die HJ setzte den von ihr sofort bei der Machtübernahme der NSDAP erhobenen Totalitätsanspruch durch:

1. in der Ausschaltung aller legal konkurrierenden jugenderzieherischen Institutionen und Organisationen (ausgenommen die erst später endgültig verbotenen katholischen Jugendbünde);
2. in der Übernahme der Kontrolle möglichst vieler Funktionen und Bereiche der Jugendarbeit (vom Sport bis zur Jugendsozialarbeit, vom Musischen bis zur Jugendgerichtsbarkeit);
3. in dem Bestreben nach Erfassung möglichst vieler Jugendlicher der bisher zugehörigen Jahrgänge und nach restloser Erfassung der jeweiligen Nachwuchsjahrgänge.

Im Einklang hiermit stand eine strukturelle Vereinheitlichung, Durchorganisierung und Zentralisierung der HJ, die Perfektion des jahrgangsweisen und statischen Organisationsaufbaus und der Einbau der HJ-Arbeit in das Gesamterfassungssystem »HJ – RAD – Wehrmacht«

(wobei die beiden letztgenannten Institutionen bereits Pflichtcharakter hatten). Das HJ-Gesetz vom Dezember 1936 schließlich brachte die gesetzliche Fixierung der HJ als einziger und umfassender Institution der Jugenderziehung außer Elternhaus und Schule.

Adolf Hitler über die NS-deutsche Sozialisation

»Diese Jugend, die lernt ja nichts anderes als deutsch denken, deutsch handeln, und wenn diese Knaben mit zehn Jahren in unsere Organisation hineinkommen und dort zum ersten Mal überhaupt eine frische Luft bekommen und fühlen, dann kommen sie vier Jahre später vom Jungvolk in die Hitler-Jugend, und dort behalten wir sie wieder vier Jahre. Und dann geben wir sie erst recht nicht zurück in die Hände unserer alten Klassen- und Standeserzeuger, sondern dann nehmen wir sie sofort in die Partei, in die Arbeitsfront, in die SA oder in die SS, in das NSKK und so weiter. Und wenn sie dort zwei Jahre oder anderthalb Jahre sind und noch nicht ganze Nationalsozialisten geworden sein sollten, dann kommen sie in den Arbeitsdienst und werden dort wieder sechs und sieben Monate geschliffen, alles mit einem Symbol, dem deutschen Spaten. Und was dann nach sechs oder sieben Monaten noch an Klassenbewußtsein oder Standesdünkel da oder da noch vorhanden sein sollte, das übernimmt dann die Wehrmacht zur weiteren Behandlung auf zwei Jahre, und wenn sie nach zwei oder drei oder vier Jahren zurückkehren, dann nehmen wir sie, damit sie auf keinen Fall rückfällig werden, sofort wieder in die SA, SS und so weiter, und sie werden nicht mehr frei ihr ganzes Leben. Und wenn mir einer sagt, ja, da werden aber doch immer noch welche überbleiben: Der Nationalsozialismus steht nicht am Ende seiner Tage, sondern erst am Anfang.«

(Rede am 4. 12. 1938 in Reichenberg)

Bei einigen Autoren – so etwa Paetel, »Das Bild vom Menschen in der deutschen Jugendführung«,[11] – findet sich die These, daß das HJ-Gesetz von 1936 eine »Wende« innerhalb der Entwicklung der HJ darstellte, – daß zu diesem Zeitpunkt erst die Tendenz zur Staatsjugend sich wirklich durchgesetzt habe. Diese These ist irrig; ideologischer Anspruch, Selbstverständnis und tatsächliche Maßnahmen der HJ-Führung beinhalteten sofort von der Machtergreifung an den Totalitätsanspruch der HJ; das HJ-Gesetz von 1936 stellte in der Tat nur die rechtliche Festschreibung dieser Tendenz dar.
Die Maßnahmen der HJ-Führung in den ersten Jahren nach Erlaß des

Hitlerjugendgesetzes dienten im wesentlichen der weiteren Verfestigung von Position und System der HJ. Das Jahr 1937 (als »Jahr der Heimbeschaffung« deklariert) brachte eine Förderung des HJ-Heimbauwesens in großem Maßstab, indem eine reichsgesetzliche Regelung den Kommunen die Pflicht zur Errichtung von HJ-Heimen zuwies. Im gleichen Jahr wurden, getragen von der HJ und dem Reichsorganisationsamt der NSDAP, die sogenannten Adolf-Hitler-Schulen als Vorschulen für die NS-Ordensburgen eingerichtet. Das Führungswesen der HJ wurde noch stärker institutionalisiert, so durch Einrichtung der Reichsführerschule der HJ in Potsdam, durch die Entwicklung der höheren HJ-Führungslaufbahn zu einer regelrechten beruflichen Karriere, schließlich durch die Vorbereitung der »Akademie der Jugendführung« in Braunschweig als zentraler Ausbildungsstätte, die am 20. April 1939 eröffnet wurde. Eine neue Ausbildungsordnung des höheren Führerkorps der HJ, die am 18. Februar 1938 verkündet wurde, enthielt die offizielle Anerkennung des »Jugendführers als Beruf«.
Nachdem die Position der HJ verfassungsrechtlich und machtpolitisch völlig gesichert und die Periode des organisatorischen Aufbaus im wesentlichen abgeschlossen war, wandte die Reichsjugendführung ihre Aufmerksamkeit wieder stärker den gegnerischen nonkonformen Erscheinungen innerhalb der gruppierten Jugend zu. Am 18. Juni 1937 wurde durch einen Erlaß Schirachs die Doppelmitgliedschaft in katholischen Jugendbünden und der HJ verboten; dieser Erlaß war begleitet von einer Reihe anderer Maßnahmen, die die katholische Jugendarbeit – die immer noch relativ geschlossen und organisatorisch fest, da großenteils noch legal, funktionierte – weiter auszuschalten suchten. Etwa zur gleichen Zeit wurden die Verbote bündischer und freier Jugendgruppen (die ja bereits 1933 ausgesprochen waren) erneuert und die Bekämpfung illegaler Weiterführung solcher Gruppen verschärft; das Überwachungswesen der HJ wurde intensiviert, z. B. durch Fahndungslisten für die Jugendherbergen. In diese Zeit fiel auch eine Welle der Ausschaltung ehemaliger bündischer Führer aus den Führungspositionen der DJ-Einheiten, sowie der Ausmerzung stilistischer Eigenheiten und selbständiger »Spielräume« der unteren Einheiten der HJ. Bezeichnend für diese Tendenz waren etwa die Unterdrückung von Trampfahrten und von Fahrten kleinererer Einheiten zugunsten der Veranstaltung von größeren Lagern, die Einführung einer Genehmigungspflicht seitens der HJ-Führung für Auslandsfahrten Jugendlicher, die Einführung eins reichseinheitlichen HJ-Schaukastens und eine Fülle ähnlicher Maßnahmen.
Die Besetzung des Sudetenlandes und Österreichs durch das Dritte

Reich im Jahre 1938 führten der HJ die seit 1933 illegale österreichische HJ (mit 35 000 Mitgliedern) und die NS-beeinflußte und geschlossen in die HJ übernommene sudetendeutsche »Jung-Turnerschaft« (200 000 Mitglieder) zu. Die Mitgliederzahl der HJ betrug damit gegen Ende des Jahres 1938 insgesamt 8 700 000 Jungen und Mädchen.
Die »Mädelarbeit« der HJ gewann um diese Zeit ihre endgültige Gestalt dadurch, daß neben der Sport- und eigentlichen Jugendarbeit nun die »hauswirtschaftliche Ertüchtigung« stärker betont wurde, – Einrichtungen wie der BDM-Landdienst, die BDM-Haushaltungsschulen und ähnliches fanden ihre Ergänzung in der staatlichen Einführung eines weiblichen Pflichtjahres. Schließlich wurde im Juni 1938 das BDM-Werk »Glaube und Schönheit« geschaffen, das nun auch die 17–21jährigen Mädchen in Arbeitsgemeinschaften (vorwiegend für Gymnastik und Hauswirtschaft) erfaßte. Für die Jungen in der HJ trat 1938 die vormilitärische Ertüchtigung stärker in den Vordergrund. Der zweite Reichsjugendführer Axmann schrieb zu dieser Frage: »An die Seite des Leistungssports und der Grundschule der Leibesübungen trat schon in Friedenszeiten immer stärker die Erziehung zur Wehrfreudigkeit und Wehrfähigkeit. Sie erstreckte sich auf die Schießausbildung und den Geländedienst. Es wurden 30700 HJ-Schießwarte ausgebildet, seit 1937 stand eine HJ-Schießschule zur Verfügung. Daneben lief die Ausbildung von Geländesportwarten ... 1,5 Millionen HJ-Jungen machten regelmäßig Schießdienst. Über die Ausbildung der gesamten Führerschaft auf allen Gebieten der Wehrertüchtigung in besonderen Schulungslagern wurde Anfang 1939 zwischen dem Oberkommando der Wehrmacht und der Reichsjugendführung eine Vereinbarung getroffen ... Während sich die Ausbildung im Schieß- und Geländedienst auf die gesamte männliche Jugend erstreckte, erfuhr die Wehrertüchtigung der HJ ihre Erweiterung in Sondereinheiten. Die Marine-HJ umfaßte 1938 50000 Jungen; die Motor-HJ hatte eine Stärke von 90 000 Jugendlichen, in den Fliegereinheiten standen 74 000, in den Modellflugarbeitsgemeinschaften des DJ 73 000 Jungen; die Nachrichten-HJ hatte 29 000 Angehörige.«[12]
Im Laufe des Krieges sind diese Sondereinheiten wie auch die gesamte Wehrertüchtigung der HJ erheblich ausgebaut worden. Zur Effektivität der Sondereinheiten schrieb Axmann: »Wie von seiten der Wehrmacht wiederholt anerkannt wurde, haben sich die frühzeitige Erfassung derjenigen, die sich für Fragen des Motors, Funks, der Fliegerei und Navigation besonders interessieren, und ihre planmäßige Unterweisung noch vor Beginn des aktiven Wehrdienstes, im Laufe des Krieges aufs höchste bewährt.«[13]

Die HJ ist aufmarschiert

Großdeutschlands Jugend in Linz

70.000 hören den Reichsjugendführer Baldur v. Schirach

Der Sonntagvormittag stand in Linz im Zeichen der ersten großdeutschen Kundgebung der Hitler-Jugend vor dem Reichsjugendführer Baldur von Schirach. Siebzigtausend Menschen füllten den im Festesglanz erstrahlenden Adolf-Hitler-Platz. Um 11 Uhr traf der Reichsjugendführer vor dem Rathause ein. Er hielt von dessen Balkon herab eine begeisternde Ansprache an die Hitler-Jugend. Brausender Jubel unterbrach immer wieder seine Rede, mündete in die Worte „Die Jugend dankt dem Führer". Nach der Rede begab sich der Reichsjugendführer zur Unteren Donaulände nächst dem Hotel Weinzinger zum Vorbeimarsch der Hitler-Jugend. Die Abteilungen des BdM. marschierten indes nach Leonding zum Elterngrabe des Führers, auf das um 15.45 Uhr der Reichsjugendführer einen Kranz niederlegte.

Aufmarsch der Jugend.

Schon vor 10 Uhr begann der Einmarsch auf den Adolf-Hitler-Platz. Es versammelten sich aus dem alten Reiche vom Gau Halle-Merseburg 400 Jungen des deutschen Jungvolkes und 400 Hitler-Jungen aus Berlin. Aus ganz Oesterreich, mit Ausnahme von Steiermark, kamen 14.200 Hitler-Jungen und 6000 Angehörige der BdM. Zwei Spielmannszüge und Musikzüge mit je 74 Mann sowie ein Fanfarenzug mit 78 Mann aus dem alten Reiche zeigten stramme Haltung und exaktes Spiel. Mit den erwachsenen Teilnehmern an der Kundgebung füllten schließlich an die Siebzigtausend den weiten Platz.

Baldur v. Schirach spricht.

Nach einem neuerlichen Scharlied sprach Baldur v. Schirach. Er führte aus:

Noch vor wenigen Wochen hätten wir es gar nicht für möglich gehalten, daß wir einst diese Tage mit aller seelischen Wucht erleben würden. Heute kommt es uns vor, wie ein Traum, in dem die alte Sehnsucht unseres Volkes nun verwirklicht worden ist. Wir können noch gar nicht das große Glück fassen, das uns der Führer beschieden hat. Freilich, wenn wir nun träumen, müssen wir auch daran denken, daß auch andere geträumt haben. Auch Herr Schuschnigg hat geträumt. Wenn aber wir geträumt haben, daß wir einst ein einiges Volk werden wollen, hat er geträumt, ein kleiner neckischer Diktator zu sein. Es ist aber gekommen, wie wir geträumt haben, und Herr Schuschnigg kann sich unseren Traum nun im Rundfunk anhören.

Der Frühling ist ins Land gezogen und Deutschland wurde von seinem ganzen Glanz erfaßt. Und meine deutschen Mädels und Jungens stehen hier im Glanze der Sonne als ewige Bürgschaft für das Wort, das der Führer sprach, und für die Tat, die der Führer vollbracht hat.

Wenn ich euch so hier stehen sehe, so denke ich daran, daß hier vordem eine Zwangsorganisation der Jugend, das Jungvolk, geschaffen wurde, in dem angeblich die österreichische Jugend vereint worden war. Ich habe in Wien festgestellt, daß diese ganze Zwangsorganisation 12.000 Mitglieder besaß — wir haben dreimal soviel HJ. in Oesterreich gehabt als diese Zwangsorganisation. (Stürmischer Beifall.)

Die Jugendbewegung Adolf Hitlers braucht keinen Zwang. Soeben erreicht uns die telegraphische Mitteilung aus der Pfalz, daß sich dort 95 v. H. der Pimpfe zur HJ. gemeldet haben. Es ist in ganz Deutschland so wie in Deutschösterreich: der Führer braucht nur zu rufen und alle kommen, um ihm seine Treue zu bekunden.

Ihr Oesterreicher habt der Jugend des ganzen alten Reiches ein gutes Vorbild gegeben und man wird niemals in der kommenden Geschichte von deutscher Treue sprechen können, ohne euer zu gedenken. Im Namen der sieben Millionen, die ich führe, kann ich sagen, daß wir stolz darauf sind, daß ihr euch in harter und schicksalsschwerer Zeit würdig erwiesen habt.

Vor der Fahne des Führers gilt weder Herkunft noch Stand. Solcherart gibt es keine Gegensätze zwischen Parteien, Klassen und Konfessionen und durch die Tat des Führers auch keine Gegensätze der Generationen. Alt und jung sind ergriffen von diesem heiligen Gefühl, das uns auch in dieser Stunde gepackt hat. Es gibt 75 Millionen Deutsche im Reiche, aber nur einen Adolf Hitler. (Langanhaltender Jubel.)

Deutschland ist wieder eine Weltmacht geworden. Ja, aber daß wir eine Weltmacht wurden, danken wir der Tatsache, daß der beste Mann der Welt an der Spitze steht! (Stürmische „Sieg-Heil!"-Rufe.)

Bericht der Zeitung »Salzkammergut-Beobachter« vom 7. 4. 1938 über die erste Kundgebung mit Baldur von Schirach in Österreich

Die Wehrertüchtigung der Jugend durch die HJ in Zusammenarbeit mit der Wehrmacht wurde endgültig geregelt durch ein Abkommen zwischen Schirach und Keitel (OKW) im August 1939. Im Jahre 1938 schon waren einige Vereinbarungen zwischen der HJ und der Reichsführung der SS getroffen worden; im Zusammenhang hiermit wurde in einer Verfügung der Reichsjugendführung vom 7. 10. 1938 angeordnet, daß der »Streifendienst« der HJ (die Überwachungseinheit) ab sofort in jedem HJ-Bann in Stärke einer Gefolgschaft (150 Mann) existieren müsse, zudem wurden eigene Gebietsinspekteure für den »Streifendienst« eingesetzt. Gleichzeitig wurde zwischen Schirach und Himmler ein Abkommen geschlossen, wonach der Nachwuchs der SS-Verbände in erster Linie aus den HJ-Streifendiensteinheiten zu nehmen sei; das Abkommen legte eine enge Zusammenarbeit des Streifendienstes mit der SS bei der Erfüllung seiner Funktionen fest, überdies setzte das SS-Hauptamt einen eigenen Verbindungsführer zur Reichsjugendführung ein. Im Dezember 1938 wurde in einem zweiten Abkommen zwischen Schirach und Himmler vereinbart, daß auch der HJ-Landdienst (die Nachfolgeorganisation der »Artamanen«) als Nachwuchsreservoir für die SS, insbesondere für ihre Wehrbauern-Projekte dienen solle.

Mitgliederentwicklung der HJ
(nach deren eigenen Angaben)

Jahr	Bevölkerung: Gesamtzahl der 10–18-jährigen	Zahl der HJ-Mitglieder	davon Mädchen (JM, BDM)
Ende 1932		107956	24000
Ende 1933	7529000	2300000	593000
Ende 1934	7682000	3577000	1334000
Ende 1935	8172000	3900000	1616000
Ende 1936	8656000	5400000	2485000
Ende 1937	9060000	5800000	2759000
Anfang 1938	9109000	7000000	3304000
Anfang 1939	8870000	8700000	3426000

für 1939 kommen hinzu: 441000 Mädchen im BDM-Werk »Glaube und Schönheit«

Erste Durchführungsverordnung zum Gesetz über die Hitler-Jugend

»Auf Grund des § 4 des Gesetzes über die Hitler-Jugend vom 1. Dez. 1936 bestimme ich:

§ 1. Der Jugendführer des Deutschen Reiches ist ausschließlich zuständig für alle Aufgaben der körperlichen, geistigen und sittlichen Erziehung der gesamten deutschen Jugend des Reichsgebietes außerhalb von Elternhaus und Schule. Die Zuständigkeit des Reichsministers für Wissenschaft, Erziehung und Volksbildung, des Privatunterrichts und des sozialen Bildungswesens bleibt unberührt.

§ 1.2. Auf den Geschäftsbereich des Jugendführers des Deutschen Reiches gehen aus dem Geschäftsbereich des Reichs- und Preußischen Ministeriums für Wissenschaft, Erziehung und Volksbildung über:
Alle Angelegenheiten der Jugendpflege, des Jugendherbergswesens sowie der Unfall- und Haftpflichtversicherung im Interesse der Jugendpflege.
Die Frage für die Zuständigkeit für das Landjahr bleibt einer besonderen Regelung vorbehalten.

§ 1.3. Der Jugendführer des Deutschen Reiches untersteht mit der HJ der Finanzhoheit der NSDAP.

§ 2.1. In der Hitler-Jugend besteht die Stamm-Hitler-Jugend.

§ 2.2. Wer seit dem 20. April 1938 der Hitler-Jugend angehört, ist Angehöriger der Stamm-Hitler-Jugend.

§ 2.3. Jugendliche, die sich mindestens ein Jahr in der Hitler-Jugend gut geführt haben und ihrer Abstammung nach die Voraussetzungen für die Aufnahme in die NSDAP erfüllen, können in die Stamm-Hitler-Jugend aufgenommen werden. Die näheren Anordnungen erläßt der Reichsjugendführer der NSDAP mit Zustimmung des Stellvertreters des Führers.

§ 2.4. Die Aufnahme in die Stamm-Hitler-Jugend kann bei Personen über 18 Jahre, die in der Führung oder der Verwaltung der Hitler-Jugend eingesetzt werden sollen, sofort erfolgen.

§ 2.5. Gliederung der NSDAP ist nur die Stamm-Hitler-Jugend.

§ 2.6. Die Zugehörigkeit zur Stamm-Hitler-Jugend ist freiwillig.

§ 3. Der Reichsminister des Innern bestimmt im Einvernehmen mit dem Jugendführer des Deutschen Reiches und dem Reichsminister der Finanzen die dem Jugendführer des Deutschen Reiches nachgeordneten Dienststellen.

§ 4. Die Mitglieder der Hitler-Jugend sind berechtigt und – soweit es angeordnet ist – verpflichtet, die vorgeschriebene Uniform zu tragen.

Berlin, den 25. März 1939
Der Führer und Reichskanzler: Adolf Hitler
Der Stellvertreter des Führers: R. Heß
Der Reichsminister und Chef der Reichskanzlei: Dr. Lammers«

Den Schlußstein der bisher dargestellten Entwicklung setzten die Durchführungsverordnungen zum »Gesetz über die Hitlerjugend vom 1.12.1936«, die am 25. März 1939 erlassen wurden.
Die erste Durchführungsverordnung stellte noch einmal fest, daß die gesamte Erziehung der Jugend außerhalb von Schule und Elternhaus ausschließlich Sache der HJ sei. Die Zuständigkeit des Jugendführers des Deutschen Reiches (und damit der HJ-Führung) gegenüber dem Reichsminister für Wissenschaft, Erziehung und Volksbildung wurde abgegrenzt und die Unterstellung des Jugendführers des Deutschen Reiches und der HJ unter die Finanzhoheit der Partei ausgesprochen.
Die 2. Durchführungsverordnung, auch Jugenddienstverordnung genannt, leitete aus dem HJ-Gesetz von 1936 eine alle Jungen und Mädchen zwischen 10 und 18 Jahren betreffende Jugenddienstpflicht ab, die öffentlich-rechtlichen Charakter trug und nunmehr gleichgeordnet neben Arbeitsdienst- und Wehrdienstpflicht trat.
Diese Jugenddienstverordnung bildete die rechtliche Grundlage für die von diesem Zeitpunkt an datierenden Maßnahmen zur jahrgangsweisen und pflichtmäßigen Erfassung der gesamten deutschen Jugend durch die HJ.

Jugenddienstpflicht

Aus der zweiten Durchführungsverordnung zum Gesetz über die Hitler-Jugend, 25.3.1939:

»§ 1. DAUER DER DIENSTPFLICHT
(1) Der Dienst in der Hitler-Jugend ist Ehrendienst am Deutschen Volk.
(2) Alle Jugendlichen vom 10. bis zum vollendeten 18. Lebensjahr sind verpflichtet, in der Hitler-Jugend Dienst zu tun, und zwar:
1. die Jungen im Alter von 10 bis 14 Jahren im »Deutschen Jungvolk« (DJ)
2. die Jungen im Alter von 14 bis 18 Jahren in der »Hitler-Jugend« (HJ).
3. die Mädchen im Alter von 10 bis 14 Jahren im Jungmädelbund (JM).
4. die Mädchen im Alter von 14 bis 18 Jahren im »Bund Deutscher Mädel« (BDM).
...

§ 2. ERZIEHUNGSGEWALT

Alle Jungen und Mädchen der Hitler-Jugend unterstehen einer öffentlich-rechtlichen Erziehungsgewalt nach Maßgabe der Bestimmungen, die der Führer und Reichskanzler erläßt.

...

§ 9 ANMELDUNG UND AUFNAHME

(1) Alle Jugendlichen sind bis zum 15. März des Kalenderjahres, in dem sie das 10. Lebensjahr vollenden, bei dem zuständigen HJ-Führer zur Aufnahme in die Hitler-Jugend anzumelden. Treten bei einem Jugendlichen die Voraussetzungen für die Aufnahme in die Hitler-Jugend nach diesem Zeitpunkt ein, (z. B. Entlassung aus der behördlichen Verwahrung, Erwerb der Reichsangehörigkeit, dauernde Niederlassung im Deutschen Reich), so ist der Jugendliche innerhalb eines Monats nach Eintritt der genannten Voraussetzungen anzumelden.

(2) Zu der Anmeldung ist der gesetzliche Vertreter der Jugendlichen verpflichtet.

(3) Die Aufnahme in die Hitler-Jugend erfolgt zum 20. April eines jeden Jahres.

...

§ 12. STRAFBESTIMMUNGEN

(1) Ein gesetzlicher Vertreter wird mit Geldstrafe bis zu 150 Reichsmark oder mit Haft bestraft, wenn er den Bestimmungen des § 9 dieser Verordnung vorsätzlich zuwiderhandelt.

(2) Mit Gefängnis und Geldstrafe oder mit einer dieser Strafen wird bestraft, wer böswillig einen Jugendlichen vom Dienst in der Hitler-Jugend abhält oder abzuhalten versucht.

(3) Die Strafverfolgung tritt nur auf Antrag des Jugendführers des Deutschen Reiches ein. Der Antrag kann zurückgenommen werden.

(4) Jugendliche können durch die zuständige Ortspolizeibehörde angehalten werden, den Pflichten nachzukommen, die ihnen auf Grund dieser Verordnung und den zu ihr ergangenen Ausführungsbestimmungen auferlegt worden sind.«

Um auch nach der Erklärung der Jugenddienstpflicht noch eine gewisse Unterscheidung im Zugehörigkeits- und Freiwilligkeitsgrad zu ermöglichen, wurde die Aufteilung in »Stamm-HJ« und »Allgemeine HJ« konzipiert, dies allerdings nur für die 14–18jährigen. Nur die Stamm-HJ sollte Gliederung der Partei sein; zu ihr gehörten ohne weiteres alle Mitglieder der HJ aus der Zeit vor dem 20. April 1939, weitere konnten nach einem Jahr Bewährung in der Allgemeinen HJ in die

Stamm-HJ aufrücken. Der Dienst sollte zum Teil getrennt durchgeführt werden. Angehörige der Allgemeinen HJ sollten keine Dienstränge bekleiden. Tatsächlich jedoch ist diese Unterscheidung kaum irgendwo zur Geltung gekommen.

Es ist bemerkenswert, daß die Jugenddienstpflicht bereits vor Kriegsausbruch geschaffen wurde und nicht, wie oft angenommen, eine Folge der Kriegsnotlage war. Es kann nach unserer Darstellung der historischen Entwicklung der HJ von der Machtergreifung an kein Zweifel darüber sein, daß der Endzustand einer »Jugenddienstpflicht« schon in den Maßnahmen der HJ-Führung ab 1933 angelegt war.

Die Erfassung der HJ-Mitglieder hatte ihre rechtliche Basis in § 9 der 2. Durchführungsverordnung zum Gesetz über die Hitlerjugend. In der Praxis verfuhr die HJ so, daß anhand der Einwohnerkartei und der polizeilichen Melderegister und in Zusammenarbeit mit den Schulleitungen Erfassungslisten aufgestellt, Erfassungsappelle abgehalten und dann Zuweisungsscheine an die Erziehungsberechtigten ausgegeben wurden. Der weiteren karteimäßigen Erfassung der HJ-Mitglieder dienten sogenannte Jugendstammkarten (analog dem Wehrpaß), später auch Kriegsdienstkarten der HJ.

Der Krieg wies der HJ eine Reihe neuer Funktionen zu, zu deren Erfüllung sie vermöge ihrer nunmehr endgültigen Struktur gerüstet war, u. a.: Partei-Einsätze (Kurier-, Wach-, Propaganda-Dienst); Einsatz für Staat und Kommunen (Meldedienst, Luftschutz, Feuerwehrdienst); sogenannte Technische Nothilfe; Hilfsdienst bei der Post, der Bahn; Einsatz bei der Wehrmacht (Kurier- und Verladedienst, Verpflegungsausgabe, Telephondienst u. a. m.); Einsatz in Wirtschaftsbetrieben und Arbeitskommandos; Sammlungen von Altmaterial, Kleidungsstücken u. ä.; Land- und Ernteeinsatz, NSV-Dienst und »kulturelle Betreuung«. Ein großer Teil dieser Einsätze wurde von Mädchen geleistet. Die kriegswirtschaftliche Bedeutung dieser HJ-Einsätze darf nicht unterschätzt werden; so waren z. B. 1942 600000 Jungen und 1400000 Mädchen im Ernte-Einsatz tätig.

Im Jahre 1940 trat ein Wechsel in der Reichsjugendführung ein; nachdem Baldur von Schirach nach Kriegsbeginn bereits zeitweise durch seinen Stabsführer H. Lauterbacher vertreten worden war, wurde er am 1. September 1940 als Reichsjugendführer und Jugendführer des Deutschen Reiches abgelöst (unter Beibehaltung seiner Position als »Reichsleiter für die Jugenderziehung der NSDAP«) und zum Gauleiter von Wien ernannt; an seine Stelle als Reichsjugendführer der NSDAP und Jugendführer des Deutschen Reiches trat Artur Axmann, damals siebenundzwanzig Jahre alt, bis dahin Leiter des Sozialen Am-

tes der Reichsjugendführung und u. a. Organisator des Reichsberufswettkampfes.
Die Jugenddienstpflicht wurde 1940 zum ersten Male praktisch wirksam; aufgrund der Jugenddienstverordnung von 1939 wurden im Frühjahr 1940 alle zehnjährigen Jungen und Mädchen pflichtweise zur HJ eingezogen, ferner wurde im April 1940 erstmalig der Jahrgang 1923 zur Dienstpflicht aufgerufen. (Die 3. Durchführungsverordnung zum HJ-Gesetz, am 11. November 1939 erlassen, versetzte den Jugendführer des Deutschen Reiches in die Lage, zur Durchführung der HJ-Dienstpflicht die Organe des Staates einzusetzen.)
Um die praktische Wirksamkeit der Jugenddienstpflicht nach innen hin zu garantieren, wurde die bisherige Disziplinarordnung der HJ in eine Dienststrafordnung umgewandelt, die ein Verfahren bei Nichterfüllung der Dienstpflicht vorsah und Verstöße gegen die HJ-Disziplin, »Gefährdung des öffentlichen Ansehens der HJ« und ähnliches mehr verfolgte. Neben die eigentlichen Dienststrafen trat vom Oktober 1940 an der Jugend-Arrest; der Streifendienst der HJ wurde zu noch engerer Zusammenarbeit mit der Sicherheitspolizei und den anderen Polizeiorganen angewiesen.
Mit Fortschreiten des Krieges versuchte die Reichsjugendführung Teile der Verantwortung – soweit es sich nicht um notwendigerweise zentrale Befehlsbereiche handelte – wieder mehr in die einzelnen Standorte der HJ zu delegieren; der spätere Leiter der Parteikanzlei der NSDAP, Reichsleiter Bormann, hatte bereits im Frühjahr 1940 eine Anordnung erlassen, daß dort, wo die lokale HJ-Führung infolge der Kriegssituation nicht funktionierte, die Ortsgruppenleiter der Partei als HJ-Standortführer einzuspringen hätten, was vor allem auf dem Lande praktiziert wurde.
Eine der bedeutendsten Aktionen der HJ in den Kriegsjahren – neben den schon genannten Einsätzen – war die ab 1941 in großem Maßstabe anlaufende »Kinderlandverschickung« (die auf persönliche Anregung Hitlers erfolgt sein soll), d. h. die klassen- bzw. schulweise Evakuierung von schulpflichtigen Jungen und Mädchen aus den luftkriegsgefährdeten Gebieten in andere Bezirke und zum Teil auch in deutsche Besatzungsgebiete, wo sie in schulischer Hinsicht von Lehrkräften, ansonsten von Jungvolk-Führern oder Jungmädelführerinnen betreut wurden. Bis 1944 sollen insgesamt 800000 Jungen und Mädchen durch derartige KLV-Lager erfaßt worden sein.[14]
Einen bevorzugten Platz innerhalb der HJ-Tätigkeit während des Krieges nahm die Wehrertüchtigung (WE) ein. Besondere Vereinbarungen regelten die Nachwuchsausbildung und -lenkung der HJ für

HJ im Krieg

Jahresparolen des Reichsjugendführers:

1940 – Jahr der Bewährung
1941 – Unser Leben ein Weg zum Führer
1942 – Osteinsatz und Landdienst
1943 – Kriegseinsatz der deutschen Jugend
1944 – Jahr der Kriegsfreiwilligen.

Erlaß des Reichsministers der Luftfahrt und Oberbefehlshabers der Luftwaffe vom 26.1.1943:

»Die Schüler der 7. und 6. Klasse der höheren und der 6. Klasse der mittleren Schulen der Geburtsjahrgänge 1926 und 1927 werden zum Kriegshilfseinsatz als Luftwaffenhelfer (Lw.-Helfer) herangezogen, sofern sie an ihrem Schulort eingesetzt werden können oder als Heimschüler einer Internatsschule angehören.
Die Luftwaffe übernimmt mit dem Einsatz der Lw.-Helfer eine hohe Verantwortung. Die Lw.-Helfer sind im rechtlichen Sinne nicht als Soldaten anzusehen. Sie haben auch während des Kriegshilfseinsatzes als Schüler zu gelten. Die jungen Menschen sind stolz darauf, daß sie bereits in noch nicht wehrpflichtigem Alter für den Sieg Deutschlands im Rahmen der Wehrmacht aktiv eingesetzt werden. Diesen Stolz zu vertiefen, die Begeisterung für das Soldatische wachzuhalten und zur Wehrfreudigkeit zu steigern, ist die Aufgabe aller Vorgesetzten und Soldaten, die mit Lw.-Helfern zusammenarbeiten.«

Bericht der NS-Illustrierten ›Signal‹, 1944:

»Wo die jungen Soldaten der SS-Panzerdivision ›Hitler-Jugend‹ auch eingesetzt wurden, immer haben sie sich durchgesetzt und jedem Gegner Achtung abgezwungen. Es mehren sich die Stimmen aus dem Feindlager, die sich darüber verwundern, daß gerade die Achtzehnjährigen ihre unerbittlichsten Widersacher seien und sich mit beispielloser Tapferkeit bis zum letzten Blutstropfen schlügen. Die Soldaten dieser Division sind nicht nur ausgezeichnete Infanteristen und Panzerfahrer. Ihre Leistungen als Pioniere sind um so höher zu bewerten, wenn man berücksichtigt, daß diese Jungen wohl kaum eine größere langjährige technische Vorbildung genossen haben können. Neben dem sicheren Blick und der raschen Hand für die Praxis ist es vor allem die jugendliche Begeisterung und das Feuer eines ungebrochenen Mutes, das allen Aktionen dieser Division erst den letzten hinreißenden Elan gibt. Die Fähigkeit zur letzten Hingabe hat der Materialüberlegenheit des Gegners immer wieder fanatisch verteidigte Dämme und Hindernisse entgegengestellt, und sie wird am Ende die Entscheidung erzwingen.«

die einzelnen Wehrmachtsteile; 1942 wurde dann die Wehrertüchtigung durch die Einrichtung obligatorischer Wochenkurse für die älteren Jahrgänge der HJ (in sogenannten WE-Lagern, in denen Wehrmachtsausbilder mitwirkten) intensiviert. Die Schüler wurden klassenweise in derartige WE-Lager eingewiesen, berufstätige Jugendliche hatten sie während ihres Urlaubs zu absolvieren, ein eigener »K-Ausbildungsschein« wurde als Abschlußnachweis eingeführt und die Wehrertüchtigung in die Bedingungen des HJ-Leistungsabzeichens eingebaut.

Die territorialen Eroberungen Deutschlands während der ersten Kriegsjahre ermöglichten der HJ die Eingliederung großer Teile der sogenannten volksdeutschen Jugend; die Jugendformationen der deutschen Volksgruppen im Ausland, vor allem auf dem Balkan, wurden als Organisation »Deutsche Jugend« (Mitgliederzahl 350000) mit der HJ liiert. Ein Einflußfeld übernationaler Art suchte sich die HJ durch den im September 1942 in Wien von der HJ, der faschistischen Staatsjugend Italiens und einigen Jugendorganisationen mit dem NS-Regime kollaborierender Regierungen anderer Länder begründeten »Europäischen Jugendverband« zu schaffen, dessen ständiges Präsidium durch die Vertreter Deutschlands und Italiens gestellt wurde. (Die Kriegsentwicklung ließ diese Gründung freilich nicht zu größerer Wirksamkeit kommen).

Die weiteren und zumal die letzten Kriegsjahre zeigten eine außerordentlich zwiespältige Entwicklung der HJ. Auf der einen Seite wurde der Kriegseinsatz der HJ in allen seinen Formen intensiviert und erweitert (Wehrertüchtigung, Osteinsatz von HJ und BDM, Luftschutzdienst, Aufstellung von HJ-Luftwaffen- und Marinehelfereinheiten); in der Schlußphase des Krieges wurde die HJ schließlich in Frontnähe zum Schanzeinsatz und als »Drittes Aufgebot« des sogenannen Volkssturms zum Teil direkt in Kampfhandlungen eingesetzt. Diese Einsätze waren zum Teil zweifellos von echter Bereitschaft der HJ-Angehörigen getragen und stellten sozusagen einen der »Kampfzeit« vor 1933 vergleichbaren psychologischen »Höhepunkt« der HJ-Tätigkeit dar. Andererseits nahm gerade in diesen Jahren der Unwille Jugendlicher gegenüber der HJ-Dienstpflicht erhebliche Ausmaße und akute Formen an: In den letzten Kriegsjahren war passiver und aktiver Widerstand gegen die HJ von seiten Jugendlicher in großem Maßstab zu verzeichnen. Dem begegnete die HJ-Führung mit stärkeren Disziplinarmitteln, Ausweitung des Jugend-Arrests, Verschärfung der Kontrollen des Streifendienstes, Forcierung des militärähnlichen Drills und Zuhilfenahme der Staatsorgane und ihrer Mittel.

Hinzu kam der Versuch der HJ-Führung, durch stärkere Betonung einiger in den Vorjahren vernachlässigter Aktivitäten (z. B. Wiederaufnahme des Fahrtenwesens, musische Wettbewerbe u. ä.) den Auflösungserscheinungen innerhalb der HJ entgegenzuwirken.
Das Kriegsende 1945 ließ die Hitlerjugend mit all ihren Betätigungen ebenso von der Bildfläche des Geschehens verschwinden wie phantasievolle Pläne von Teilen der höheren HJ-Führerschaft zur illegalen Weiterführung der HJ-Tätigkeit nach dem verlorenen Kriege.
Zusammenfassend läßt sich die letzte Periode der Geschichte der HJ (ab 1936) folgendermaßen charakterisieren:
Das HJ-Gesetz von 1936 und die ihm zugrundeliegende Tendenz führten in ihren Auswirkungen auf Organisationsstruktur und Arbeitssystem der HJ und schließlich in den Durchführungsverordnungen von 1939 zu einem perfekt-statischen Erfassungssystem mit Zwangscharakter, para-militärischen Organisationsformen und starker Betonung der Wehrertüchtigungsfunktion; die Jugenddienstpflicht der HJ stellte eine Entsprechung und Ergänzung zur Arbeits- und Wehrdienstpflicht dar; im Krieg lag die Funktion der HJ (als einer Art Kriegshilfsdienstorganisation) weitgehend bei der Durchführung von Wehrertüchtigung und Einsätzen an der »Heimatfront«.

Organisationsstruktur der HJ, Verhältnis zu Staat und Partei

Die HJ selbst pflegte ihren Organisationsübersichten folgendes Hitler-Wort voranzustellen: »Eine große Idee kann nur dann zum Ziele geführt werden, wenn eine festgefügte und straffe, mit konsequenter Härte durchgeführte Organisationsform der Weltanschauung die Gestalt gibt.«
Dementsprechend war die Struktur der HJ außerordentlich unbeweglich, hierarchisch und bis ins letzte reglementiert, – auch nach der Selbstinterpretation der HJ.
Starr war schon die (ab Juli 1933 feststehende) Aufteilung in die verschiedenen Untergliederungen:

1. Das »Deutsche Jungvolk« (DJ) in der HJ – es erfaßte die 10–14jährigen Jungen; der Eintritt erfolgte schuljahrgangsweise am Geburts-

tag Hitlers, nach der Beendigung ihrer Dienstzeit im DJ wurden die Jungen (wiederum jahrgangsweise am Geburtstag des »Führers«) in die eigentliche HJ überwiesen.

2. Die eigentliche »Hitler-Jugend« – sie umfaßte die 14–18jährigen Jungen; mit 18 Jahren wurden dieselben in die Partei bzw. ihre Gliederungen überwiesen.
3. Die »Jungmädel« (JM) in der HJ – die 10–14jährigen Mädchen, deren Organisation der des DJ parallel lief.
4. Der »Bund Deutscher Mädel« (BDM) in der HJ – die 14–21jährigen Mädchen, wobei die 17–21jährigen in dem angegliederten Werk »Glaube und Schönheit« erfaßt waren.

Der vertikale Aufbau der Einheiten (Reichsjugendführung – Gebiet – Bann – Stamm – Gefolgschaft usw.) und der Führerstellungen ist aus der folgenden Darstellung ersichtlich.

Der Aufbau und die Einheiten der HJ

REICHSJUGENDFÜHRUNG

(Im Reichsgebiet etwa 35 Gebiete und 35 Obergaue)

Gebiet (jeweils etwa 20 Banne)	Obergau (jeweils etwa 20 Untergaue)
Bann (4–6 Stämme und 4–6 Jungstämme)	Untergau (4–6 Mädelringe, 4–6 JM-Ringe)

HJ:	DJ:	BDM:	JM:
Stamm	Jungstamm	Mädelring	Jungmädelring
Gefolgschaft	Fähnlein	Mädelgruppe	Jungmädelgruppe
Schar	Jungzug	Mädelschar	Jungmädelschar
Kameradschaft	Jungenschaft	Mädelschaft	Jungmädelschaft

(jeweils etwa 10 Mitglieder)

Die Einheiten vom Stamm bis zur Kameradschaft (usw.) umfaßten jeweils 4 Einheiten der nächstunteren Ebene.

HJ	DJ	BDM	JM
Jungen von 14–18 Jahren.	Jungen von 10–14 Jahren.	Mädel von 14–21 Jahren.	Mädel von 10–14 Jahren.

Wesentliches Strukturprinzip war ferner der ab 1936 perfekte, streng jahrgangsweise Aufbau, d. h. die 10jährigen Jungen und Mädchen wurden bei der Aufnahme in DJ und JM in Einheiten zusammengefaßt, die den Schuljahrgängen entsprachen, und in dieser Zusammensetzung durch die verschiedenen Gliederungsstufen geführt.
Als Sondereinheiten innerhalb der HJ existierten vor allem: die Nachrichten-, Marine-, Flieger- und Motor-HJ (die auf speziellen Interessen aufbauten und dementsprechende Ausbildung und Betätigung vermittelten), ferner der Landdienst der HJ und der HJ-Streifendienst (der die Kontrolleinheit innerhalb der HJ darstellte und in enger Zusammenarbeit mit der SS und der Sicherheitspolizei wirkte).
Auf die gesamte Führerschaft der HJ sind zwei Kategorien anwendbar: die der »Dienststellung« und die des »Dienstranges«. Dienststellungen waren abhängig von der jeweiligen Einheitsführungs- oder sonstigen Funktion, mit welcher der betreffende HJ-Führer betraut war; die Dienststellungen konnten höher liegen als der Dienstrang des Betreffenden. Die innerhalb eines politischen Kreises (also dem Partei-Aufbau entsprechend) bestehenden HJ-Einheiten wurden geführt und nach außen hin vertreten vom Bannführer. Ihm stand ein Stab von »Hauptstellenleitern« zur Seite: Personalstelle, Sozialstelle, Stelle für Weltanschauliche Schulung, Presse- und Propagandastelle, Verwaltungsstelle usw. Die nächst höhere Instanz, die Gebietsführung, hatte entsprechend gegliederte »Hauptabteilungen« (Personalabteilung, Kulturabteilung, Abteilung für Weltanschauliche Schulung); eine ähnliche Aufgliederung war bei der obersten Führungsinstanz der HJ, der Reichsjugendführung gegeben; hier waren die entsprechenden Sonderstellen »Hauptämter« benannt. Nicht unwesentlich ist, daß die wichtigsten Funktionen zur Erhaltung des HJ-Systems jeweils in Händen der Personalstellen, Personalabteilungen und des Personalamtes der RJF konzentriert waren: nämlich die Führerauslese, das Disziplinarwesen und die Überwachungsarbeit in Verbindung mit Polizei und Sicherheitspolizei.
Die Beförderung der Führerschaft (Zuerkennung von Diensträngen) sowie die Besetzung der Dienststellungen lag bei den Personalstellen bzw. -abteilungen und dem Personalamt der RJF; zuständig für die höhere Führerschaft bis zum Gefolgschaftsführer waren dabei die Personalabteilungen der Gebietsführungen, zuständig für das Führerkorps ab Stammführer war das Personalamt der Reichsjugendführung, wobei Beförderungen vom Oberbannführer an aufwärts vom Führer bestätigt wurden. Lediglich die Besetzung der Führerränge und -stellungen unterhalb der Position des Gefolgschaftsführers konnte von

den Personalstellen der Bannführungen vorgenommen werden. Die Beförderung erfolgte u. a. anhand interner Dienstleistungszeugnisse, die den Betroffenen nicht ausgehändigt werden durften.

An der Spitze der HJ stand der Reichsjugendführer, bei ihm liefen sämtliche Befugnisse zusammen. Dem Reichsjugendführer direkt unterstellt waren der Stabsführer der RJF (der für die Leitung der »Ämter« der RJF verantwortlich war), die Reichsreferentin für den BDM, der Beauftragte für die Leibeserziehung, der Beauftragte für die HJ-Gerichtsbarkeit sowie weitere Sonderbeauftragte (etwa für die »Akademie der Jugendführung« oder für das Jugendherbergswerk).

Der Führungsaufbau der HJ war somit völlig hierarchisch; eine formelle Verantwortung der Führerschaft war nur jeweils nach oben hin gegeben; die Betrauung mit Führerstellungen erfolgte mit gestaffelter Zuständigkeitsskala allein von der Spitze des Führungssystems aus. Die Befehlsbereiche, Dienstwege und Kompetenzen waren nach militärischem Vorbild bis ins letzte geregelt.

Im allgemeinen waren die HJ-(BDM-)Führer(innen) von der Stellung eines Bannführers bzw. einer Bannmädelführerin an hauptamtlich tätig. Desgleichen waren die Hauptstellenleiter der Bannstäbe besoldet, in den Gebietsführungen fast der gesamte Stab. Während des Krieges wurde die ebenfalls hauptamtliche Dienststellung des Hauptstammführers geschaffen. Weiterhin wurde die Einsetzung von kriegsversehrten Wehrmachtsangehörigen als HJ-Führer praktiziert. Durch diese Vermehrung hauptamtlicher Kräfte sollte die HJ ein noch starreres Kadergefüge erhalten. Hauptamtliche Kräfte waren außerdem in den HJ-Schulen, Sportschulen, WE-Lagern und KLV-Lagern usw. beschäftigt.

Wenn man die Position der HJ innerhalb des Gefüges von NS-Partei und Staat, ihr Verhältnis zu den Gliederungen der Partei, ihre partei- und verfassungsrechtliche Einordnung und die Stellung der Reichsjugendführung untersucht, so kann eine wesentliche Charakterisierung vorweggenommen werden (eine Feststellung, an deren Richtigkeit es auch innerhalb des HJ-Schrifttums selbst nicht den mindesten Zweifel gab): daß nämlich die HJ von ihrem Beginn an politisch nie eine selbständige Bewegung gewesen ist – daß die HJ jederzeit politisch völlig von der NSDAP-Führung abhängig war.

Ein HJ-Jurist formulierte dies so: »Die HJ ist immer eng mit derPartei verbunden gewesen. Wenn sie auch eine Zeitlang rechtlich selbständig war, so ist sie dies politisch nie gewesen ... Von Anfang an ist die HJ die Nachwuchsorganisation der Partei gewesen, hat sie sich nach der Partei ausgerichtet, haben in ihrem Aufbau die gleichen Grundsätze wie in der Partei Gültigkeit gehabt. Insofern ist die Stellung der HJ wesensmäßig unverändert geblieben, wenn sie auch in organisatorischer Hinsicht Änderungen erfahren hat und die Eigengesetzlichkeit der Jugend im Laufe der Zeit mehr betont worden ist.«[15]

Die HJ war Nachwuchsorganisation für die Partei selbst wie für die Gliederungen und angeschlossenen Verbände der Partei. Diese ihre Sonderstellung (die sie als Gliederung von der SA, der SS usw. abhob) ist schon aus der Dienstbezeichnung ersichtlich; während die SA z. B. als »SA der NSDAP« firmierte, wurde die Hitlerjugend als »NSDAP, Hitlerjugend ...« bezeichnet. Ihre Funktion als Nachwuchsorganisation der Partei wurde übrigens auch dadurch versinnbildlicht, daß man HJ-Führer zu Adjutanten der Kreis- und Gauleiter bestellte.

Eine Fülle von Einzelvereinbarungen regelte die Beziehungen zwischen der HJ, der Partei und deren Gliederungen und angeschlossenen Verbänden. Das Verhältnis zur Partei selbst bestimmte u. a. die Anordnung des Stellvertreters des Führers vom 11. August 1937, daß in Zukunft im Regelfall nur in die Partei aufgenommen würde, wer sich bereits in der HJ bewährt habe, – daß der Parteinachwuchs also in Zukunft durch die HJ gestellt werde. Die als geeignet erscheinenden HJ-Angehörigen, insbesondere die Führer, die das 18. Lebensjahr vollendeten, wurden von den Personalstellen der HJ-Banne und den entsprechenden BDM-Stellen an die Kreisleitungen der NSDAP für die Aufnahme gemeldet. Ihre Aufnahme in die Partei fand auf Ortsgruppenebene statt. Der Übertritt in die Partei erfolgte freiwillig, formell gesehen bestand eine Pflicht zum Parteieintritt nicht. Es war jedoch üblich, daß zumindest die HJ-Führer und -Führerinnen in die Partei eintraten. Eine Verfügung des Stellvertreters des Führers vom 30. November 1940 bestimmte hinsichtlich des Führernachwuchses der Partei aus der HJ-Führerschaft: »Die Partei, ihre Gliederungen und angeschlossenen Verbände haben geeignete hauptamtliche HJ-Führer, die nach ihrem Ausscheiden aus dem HJ-Dienst dieses beantragen, in einen ihren bisherigen Dienstleistungen entsprechenden Dienstrang zu übernehmen.«[16]

Was die Gliederungen der Partei angeht, so ist die HJ nicht (wie man nach ihrer Entstehungsgeschichte annehmen könnte) auch späterhin in ein engeres Verhältnis zu SA getreten, sondern sie hat intensivere Beziehungen zur SS aufgenommen, – das Verhältnis der HJ zur SA war offenbar recht reserviert. Wir hatten bereits erwähnt, daß ab 1938 zwischen Schirach und Himmler Vereinbarungen getroffen wurden, die zwischen der HJ (besonders ihrem Führerkorps, ihrem Streifendienst und Landdienst) und der SS eine enge Zusammenarbeit garantierten, wie sie in dieser Intensität mit keiner anderen Parteigliederung und nicht einmal der Partei selbst bestand. So wurde durch Abkommen zwischen dem Reichsjugendführer und dem Reichsführer SS vom 26. August und 7. Oktober 1938 festgelegt, daß HJ-Führer und zumal Mitglieder des eigentlichen Führerkorps der HJ beim Ausscheiden aus dem HJ-Dienst in erster Linie in SS-Positionen übernommen werden sollten; eine engere Zusammenarbeit zwischen HJ-Dienststellen und SS-Führungsstellen sollte in die Wege geleitet werden; der HJ-Streifendienst sollte folgenderweise zur Nachwuchsorganisation der SS ausgebaut werden: »Da der Streifendienst der HJ ähnliche Aufgaben durchzuführen hat wie die SS für die gesamte Bewegung, wird er als Sonderformation zur Sicherstellung des Nachwuchses für die allgemeine SS aufgebaut, doch soll auch möglichst der Nachwuchs für die SS-Verfügungstruppen, Totenkopfverbände und Junkerschulen aus dieser Formation genommen werden. Der Streifendienst wird deshalb ab sofort in jedem Bann als Sonderformation aufgestellt, sein Führer ist dem Bannführer unmittelbar unterstellt ... Zur Aufnahmeuntersuchung für den Streifendienst, die nach den Grundsätzen für die rassische Auswahl der SS geschieht, werden die zuständigen SS-Führer und SS-Ärzte hinzugezogen ...«[17]

Am 8. September 1939 folgte ein Erlaß Himmlers, daß der Streifendienst bei den Dienststellen der Sicherheitspolizei eingesetzt werden solle. Von der Vereinbarung, den Landdienst der HJ ebenfalls als Nachwuchsreservoir für die SS, insbesondere für ihre Wehrbauern-Projekte zu benutzen, wurde schon berichtet. Schließlich versuchte auch die Waffen-SS in den Kriegsjahren, sich vorzüglich der HJ-Freiwilligen zu versichern; eigene HJ-SS-Divisionen wurden aufgestellt, in den WE-Lagern der HJ wurden SS-Ausbilder eingesetzt.

Die Zusammenarbeit zwischen HJ und SS wurde um so intensiver, je mehr die HJ Zwangscharakter annahm und die Jugenddienstpflicht verwirklicht wurde.

Das Verhältnis der HJ zum Staat des Dritten Reiches und ihre verfassungsrechtliche Einordnung wurden bestimmt durch die Beziehung Partei-Staat im Dritten Reich überhaupt, sowie durch den Anspruch der HJ, die totale und alleinige Jugenderziehungsinstitution außer Elternhaus und Schule zu sein. Die historische Durchsetzung dieses Anspruches und die Art der Erfüllung der ihr zugefallenen Funktionen sind bereits geschildert worden. Verfassungsrechtlich läßt sich folgende Entwicklung beobachten:

Die Ernennung Schirachs zum »Jugendführer des Deutschen Reiches« am 17. Juni 1933 brachte dem Reichsjugendführer staatliche Hoheitsrechte; die NS- bzw. Hitler-Jugendführung erhielt hiermit nicht nur über die HJ, sondern über die gesamte deutsche Jugend Befehlsgewalt. Durch diese Ernennung erhielt allerdings zunächst nur der Reichsjugendführer eine staatliche Position (also eine Art Personalunion von Staats- und Parteijugendführung), die Reichsjugendführung an sich blieb eine Parteidienststelle. Schirach verfuhr in diesem Sinne weiter, indem er als Jugendführer des Deutschen Reiches keine neue Behörde und keine weiteren Unterbeauftragten einsetzte, sondern lediglich die Gebietsführer der HJ persönlich zu seinen Landesbeauftragten ernannte. Zu dieser Zeit war Schirach als Jugendführer des Deutschen Reiches dem Reichsinnenministerium unterstellt, außerdem hatte das »Reichsministerium für Wissenschaft, Erziehung und Volksbildung« formal gewisse Aufsichtsrechte über die Jugendarbeit und damit auch über die HJ. Tatsächlich handelte es sich bei der Union von Reichsjugendführung der NSDAP und Jugendführung des Deutschen Reiches um eine zentrale »Schmelzstelle« von Partei und Staat; außerdem standen schon zu dieser Zeit bestimmte staatliche Macht- und Hilfsmittel (auch finanzieller Art) der HJ (und nur ihr!) zur Verfügung. Hinzu kamen die faktische Erfassung eines Großteils der Jugendlichen und die Aneignung fast sämtlicher Funktionen der Jugendarbeit durch die HJ in den Folgejahren; das Hitlerjugendgesetz vom 1.12.1936 bestätigte lediglich den längst schon faktisch bestehenden Zustand nun auch rechtlich, indem es die HJ zur »Reichsjugend« erklärte und ihr das alleinige Jugenderziehungsrecht außerhalb von Elternhaus und Schule zuschrieb. Schirach interpretierte das HJ-Gesetz als »die vom Reich her vollzogene Bestätigung einer bereits vollzogenen Entwicklung«. Das HJ-Gesetz definierte den Reichsjugendführer und den Jugendführer des Deutschen Reiches als eine nicht mehr nur personelle, sondern auch institutionelle Union; der Reichsjugendführer stellte von jetzt an eine oberste Reichsbehörde dar (ohne Unterstellung unter andere Ministerien) mit direkter Verantwortlichkeit gegenüber dem Führer; es handelte sich dabei nicht um ein neues Ministerium, sondern um ein »Führungsamt«, in dem partei- und staatsrechtliche Befugnisse zusammenflossen.

Immerhin wurde von seiten der HJ die eigene Position mitunter auch nach 1936 noch nicht als die einer »Staatsjugend« interpretiert, da die HJ »entstehungsgeschichtlich wie finanziell selbständig sei und sich bei Erfüllung ihrer Aufgaben der staatlichen Organisation in keiner Weise bediene.«[18]

Das traf nur zum Teil zu – und es traf nur solange zu, als wenigstens ein zwar beschränktes Freiwilligkeitsprinzip aufrechterhalten wurde. Die

Durchführungsverordnungen zum HJ-Gesetz, im Frühjahr 1939 erlassen, machten hiermit gänzlich ein Ende. Von nun an stellte die HJ-Dienstpflicht ein Analogon zur RAD- und Wehrdienstpflicht dar, ein Stück des pflichtmäßigen und staatlichen Erziehungsweges, mit öffentlich-rechtlichem Charakter; die HJ konnte und mußte sich zur Durchsetzung der Dienstpflicht nunmehr auch formell der staatlichen Machtmittel bedienen – und sie tat es auch. Von 1939 an wurde die Erfassung und Verteilung der von den Behörden und Kommunalverwaltungen eingesetzten Jugendpflegemittel zentral und von den Kommunaldienststellen bei den HJ-Gebietsführungen vorgenommen. Überdies verfügte die HJ auch an anderen Stellen über institutionelle Einflüsse auf staatliche Funktionen. Die Berufsnachwuchslenkung, einst hauptsächlich von der Reichsanstalt für Arbeitsvermittlung und Arbeitslosenfürsorge und ihren Arbeitsämtern getragen, wurde in der Zeit von 1938 bis 1945 immer mehr von der HJ beeinflußt. Berufsberatung und Lehrstellenvermittlung wurden von Arbeitsämtern nur unter Zugrundelegung der von der HJ erstellten Beurteilungskarten für die Schulentlassenen betrieben. Die Werbung für den Landdienst der Hitler-Jungen wurde in engster Zusammenarbeit zwischen HJ und Arbeitsämtern vorgenommen. Durch entsprechende Vereinbarungen auf Landes- und Gauebene wurden die Leiter der Abteilungen Berufsberatung der örtlichen und Landesarbeitsämter bei den zuständigen HJ-Stäben als Referenten in die Sozial-Stellen und -Abteilungen einbezogen. In den Arbeitsämtern wurden sogenannte HJ-Sachbearbeiter ernannt, die unabhängig von den Dezernaten der Ämter Jugendangelegenheiten zu betreuen hatte. Auch zu anderen staatlichen Institutionen, wie z. B. zu den Gerichten, bestanden enge Beziehungen, die von der HJ zu ständigen Einflußnahmen z. B. auf die Rechtspolitik genutzt wurden. Ein Erlaß des Justizministeriums machte die Unterrichtung der HJ in Fällen von Straftaten ihrer Angehörigen zur Pflicht. Parallel laufende Disziplinarverfahren innerhalb der HJ waren die Folge; auf der anderen Seite schaltete sich die HJ-Sozialabteilung in die Jugendgerichtshilfe ein und wurde in allen Fällen der Schutzaufsicht und Fürsorgeerziehung zwecks Einleitung eigener Fürsorgemaßnahmen unterrichtet. Vielfach gehörten örtliche Beamte der Jugendämter, der Jugendgerichte, der Fürsorge-Erziehungsheime und der Fürsorge-Landesbehörden den zuständigen HJ-Dienststellen als Referenten an.

Staatsjugend und andere Erziehungsinstitutionen

Nachdem die HJ sich als Staatsjugend etabliert hatte, stand sie mit ihrem Machtanspruch vor allem drei anderen Erziehungsfaktoren gegenüber: den Kirchen, den Schulen und dem Elternhaus. Die generelle Auseinandersetzung zwischen den Kirchen und dem Nationalsozialismus kann hier nicht behandelt werden; die Auseinandersetzung speziell der HJ mit den Kirchen mußte sich in erster Linie in der Frage der konfessionellen Jugendverbände und der kirchlichen Jugendarbeit ergeben.

Aus der historischen Behandlung unseres Themas ging bereits hervor, daß die HJ den Anspruch der Kirchen auf eine eigene und über lediglich religiöse Unterweisung hinausgehende Jugendarbeit radikal ablehnte, und es hatte sich gezeigt, daß der HJ die Ausschaltung einer solchen kirchlichen Jugendarbeit weitgehend und die Unterdrückung der legalen Arbeit kirchlicher bzw. konfessioneller Jugendverbände völlig gelang. Da die Auseinandersetzung zwischen den kirchlichen Jugendverbänden und der HJ und die illegale Weiterführung konfessioneller Jugendarbeit an anderer Stelle dieses Buches dargestellt werden, genügt es hier, auf diese Feststellungen hinzuweisen und überdies hervorzuheben, daß für die HJ-Führung die konfessionelle Jugendarbeit ein wesentliches, mit größter Aufmerksamkeit behandeltes und dennoch nie wirklich bewältigtes Problem darstellte. Es ist bezeichnend, daß in den Zeitungen und Zeitschriften der HJ, vor allem auch in ihren Führungsblättern, die Polemik gegen den »politischen Konfessionalismus«, insbesondere den Katholizismus, eines der meistbehandelten Themen war.

Was Schule und Elternhaus angeht, so war diesen beiden Erziehungsinstanzen durch das HJ-Gesetz von 1936 ihre Erziehungsfunktion neben der Hitlerjugend garantiert bzw. bestätigt worden. Es war jedoch weder in der NS-Ideologie noch in der Realität des Dritten Reiches so, daß nun Elternhaus, Schule und Hitlerjugend als jeweils selbständige, originäre und konkurrierende Erziehungsmächte nebeneinander standen; das gesamte Erziehungsrecht an der Jugend galt als primär dem »Volke«, d. h. dem »Führer« und dem NS-Regime zustehend, diese delegierten ihrerseits bestimmte Erziehungsrechte und -Aufträge an besondere Erziehungsgemeinschaften: an Schule, HJ und Elternhaus. Bei einem führenden NS-Jugendrechtler hieß es dazu: »Niemals sind diese Erziehungsfaktoren jedoch etwa eigenwillige Beherrscher der Jugend. Sie bleiben vielmehr stets bloße Beauftragte des Volkes, denn das Volk muß sich um seiner Einheit willen in jedem Fall das Recht vorbehalten, Maßnahmen zu verhindern, die von den völkischen Zielen abführen könnten ... Nicht ein eigenes, ursprüngliches und grundsätzlich unantastbares Recht der Eltern, das nur bei Gefahr in Verzug beschränkt werden darf, anerkennt der völkische Staat, vielmehr überläßt er als die höchste Gewalt ... der Familie den völkischen Nachwuchs zu treuen Händen.«[19]

Diese Auffassung von der staatsabhängigen Funktion der Familie traf in noch höherem Maße für die Schule zu. Eine solche Auffassung und die dementsprechenden Maßnahmen des NS-Staates mußten zur Folge haben, daß ein Gegensatz zwischen Elternhaus, Schule und HJ theoretisch nicht aufkommen konnte, da alle drei Institutionen lediglich Funktionsträger des im Führer repräsentierten »völkischen Erziehungsauftrages« waren, – was natürlich nicht besagt, daß in der Praxis Gegensätzlichkeiten ausgeschlossen gewesen wären. Diese konnten vorwiegend funktional motiviert, also etwa Kompetenzstreitigkeiten sein, und sie konnten zweitens inhaltlicher Art, nämlich durch gegenüber dem NS reservierte Verhaltensweisen und Gesinnungen in Elternhaus oder Schule begründet sein. Die HJ versuchte, zumal nach Abschluß ihrer Aufbauperiode, Kompetenzschwierigkeiten durch allerlei administrative Regelungen zu vermeiden; gleichzeitig suchte sie unvermeidbare Auseinandersetzungen durch Aktivierung des Selbstbewußtseins der HJ-Mitglieder und durch Stärkung des öffentlich-politischen Gewichts der HJ – großenteils mit Erfolg – zu ihren Gunsten zu entscheiden.[20]

In ihrem Verhältnis zur Schule war die HJ einerseits darauf bedacht, eine Einflußnahme der Lehrerschaft auf den HJ-Dienst zu unterbinden. So erklärte Schirach u. a.: »Lehren und Führen sind zwei grundverschiedene Dinge. Der Lehrer als solcher soll nicht HJ-Führer sein. Die Reichsjugendführung erkennt dem Lehrer keineswegs von vornherein eine größere Eignung für das Amt eines Jugendführers zu, als irgendeinem anderen Volksgenossen.«[21]

Andererseits suchte die HJ durch die Einführung der »Schuljugendwalter« als Vertrauenslehrer der HJ (die von den Bannführungen vorgeschlagen wurden und nach Möglichkeit alte HJ-Mitglieder sein sollten), durch die Abordnung von HJ-Führern in die Elternbeiräte der Schulen und durch ähnliche Maßnahmen, die Berücksichtigung der Interessen der HJ im Schulleben auch institutionell zu sichern. Vor allem auf dem Lande war im übrigen der HJ-Dienst oft nur dadurch personell zu garantieren, daß jüngere Lehrer HJ-Führungsfunktionen wahrnahmen.

HJ und Schule

Aus einem Rundschreiben des Düsseldorfer Regierungspräsidenten vom 25.8.1935 an die Kreisschulräte und die Leiter der öffentlichen Schulen:

»Ich habe feststellen müssen, daß sich Lehrkräfte nicht so für die Erfassung der deutschen Jugend durch die Hitlerjugend eingesetzt haben, wie ich das erwartet habe. Unter Hinweis auf den Erlaß vom 26. August U 2 C 1562 ordne ich daher an:

1. Sämtliche Lehrkräfte haben sich unter vollem Einsatz ihrer Persönlichkeit für die restlose Zuführung aller Kinder über 10 Jahre zur Hitlerjugend aufklärend und werbend einzusetzen. Das bedingt, daß kein Lehrer und keine Lehrerin hinfort noch irgendwie direkt oder indirekt für andere Jugendverbände wirbt, arbeitet oder finanzielle Unterstützung gibt.

Ich sehe es im Einklang mit dem vorerwähnten Erlaß als dienstliche Pflicht des Lehrers an, daß die eigenen Kinder des Lehrers als Vorbild für die übrigen Volksgenossen zur HJ gehören. Es ist weiter auch ein Verstoß gegen den Min.-Erlaß R. U 2G Nr. 832–34 K 2 I, vom 27. Februar 1935, wenn Lehrkräfte es nicht unterbinden, daß Kinder unter 10 Jahren schon von irgendwelchen Vereinen oder Verbänden erfaßt und dadurch in eine die Staatsjugend ablehnende Richtung gedrängt werden.

2. In jeder Schule und Klasse sind Werbeplakate für die Hitlerjugend anzubringen, die die nationale Notwendigkeit der Einheit der deutschen Jugend sinnfällig in die Augen springen lassen.

3. In jeder Klasse ist eine graphische zahlenmäßige Darstellung über die Beteiligung der Kinder an der HJ sichtbar anzubringen und monatlich zu ergänzen.

4. In den Grundschulklassen ist ausdrücklich zu vermerken, daß Kinder vereins- und verbandsmäßig nicht organisiert sind. Widersätzliche Eltern sind vorzuladen und aufzuklären, daß ihr Verhalten gegen die Anweisung und die Zucht der Schule verstößt.

5. Um die restlose Zusammenfassung der Jugend durchzuführen, sind von dem Schulleiter in ihm notwendig erscheinenden Zeitabständen Elternversammlungen abzuhalten, in denen eindrücklichst für die notwendige nationale Einheit der deutschen Jugend geworben wird.

6. Lehrkräfte, die es an dem notwendigen Eifer für diesen Zusammenschluß der Jugend mangeln lassen, sind mir durch die Kreisschulräte zur disziplinaren Ahndung wegen mangelnder Pflichterfüllung zu melden.

7. Die Schulleiter haben sofort die Geistlichen davon in Kenntnis zu setzen, daß sie als Lehrer für den Religionsunterricht der Schulordnung unterstehen und sich gemäß obigem Erlaß während der Reli-

gionsstunden jeglicher direkter und indirekter Werbung für andere Organisationen als die Staatsjugend strikt zu enthalten haben. Die Schulleiter lassen sich diese Kenntnisnahme durch die Geistlichen schriftlich bestätigen und nehmen diese Bestätigung zu den Akten. Den Geistlichen, die gegen ihre Pflichten als Lehrer verstoßen, wird von mir die Erlaubnis zur Erteilung des Religionsunterrichts entzogen werden …«

Über Einstellung und Verhaltensweisen der deutschen Lehrerschaft während der NS-Zeit gegenüber der HJ lassen sich erklärlicherweise kaum generelle Feststellungen treffen. Feststehen dürfte, daß ein beträchtlicher Teil der Lehrerschaft der HJ-Arbeit skeptisch oder vorsichtig ablehnend gegenüberstand, wie andererseits auch ein – vermutlich geringerer Teil – die HJ-Arbeit nach Kräften zu unterstützen trachtete. Die Abgrenzung zwischen diesen verschiedenen Verhaltensweisen war dabei nicht in der Regel politisch begründet; Jugendarbeit im Ausmaße der HJ stellte für die Lehrerschaft etwas Neues dar, und es hat gewiß viele Lehrer gegeben, die der HJ aus Standesbewußtsein heraus reserviert gegenüberstanden, auch wenn sie den Nationalsozialismus bejahten. Die Reibungsfläche zwischen der Lehrerschaft und der HJ dürfte wesentlich durch den Umstand verringert worden sein, daß der Dienstablauf und die Arbeitsformen der HJ sich im allgemeinen als reglementiert erwiesen.
Eindeutig weltanschauliche Gegensätze zwischen der HJ und der Lehrerschaft blieben auf Einzelfälle beschränkt; am häufigsten mag in dieser Hinsicht eine mehr oder weniger offen vertretene Tendenz zur Wahrung jener überkommenen Begriffe von Bildung und Humanität bei der Lehrerschaft zu finden gewesen sein, wie sie z. B. der Dichter Ernst Wiechert in seiner bekannten Rede vor Münchner Studenten im Jahre 1935 in aller Deutlichkeit vertrat. Eine breitere und über rein persönliche Einflüsse hinausgehende Wirksamkeit war solchen Haltungen wohl in der Regel nur dort ermöglicht, wo die Lehrer auf die Unterstützung der jeweiligen Elternschaft oder auch von Teilen der Schülerschaft rechnen konnten – also in Fällen relativer weltanschaulicher (etwa konfessionell begründeter) Homogenität. Vermöge der administrativen Beherrschung der Schulen durch das NS-Regime und aufgrund der »Gleichschaltung« zumindest fast sämtlicher Schuldirektoren spielte ein Großteil der höheren Schulen eine ziemlich wichtige

Rolle bei den Zwangsmaßnahmen zur Erfassung der HJ-Mitglieder und bei Repressionen gegen illegale und widerstrebende Jugendkreise (in den ersten Jahren durch Druckmittel zum Eintritt in die HJ, in den späteren Jahren durch Meldung von oppositionellen Schülern, Verweigerung der Zulassung zur Reifeprüfung u. a. m.). Insgesamt hatten die Schulen, auch die Volks- und Berufsschulen, gewichtige technische Hilfsdienste für die HJ zu leisten, so durch die Bereitstellung von Räumen, Ermöglichung der Erfassung von Jahrgängen, HJ-Bekanntgaben in den Schulen und vieles mehr.[22]

Was das Verhältnis der HJ zu Elternhaus und Familie angeht, so ist ohne weiteres einsichtig, daß NS-gegnerische oder doch dem NS nicht entsprechende Beeinflussungen von seiten des Elternhauses (vermöge der intimeren sozialen Sphäre) eher möglich und daher öfter gegeben waren als von seiten der Schulen. Indessen versuchte auch hier die HJ nicht ohne Erfolg, durch Forcierung einer bestimmen Art von Selbstbewußtsein und Selbständigkeit der Jugendlichen, einer Einflußnahme durch das Elternhaus entgegenzuwirken. Wo inhaltlich gegensätzliche Einflüsse durch das Elternhaus nicht versucht wurden, ergaben viele Maßnahmen der HJ auch hier durchaus die Möglichkeit eines relativ reibungslosen Nebeneinanders. In den Jahren von 1933 bis 1936 war die HJ (so etwa durch Radioansprachen Schirachs an die Elternschaft und durch Veranstaltung von HJ-Elternabenden) recht intensiv bemüht, sich der Loyalität der Eltern zu versichern; hinzu kamen indirekte Zwangsmittel (wie z. B. die Notwendigkeit der HJ-Mitgliedschaft für berufliches Vorankommen). Schließlich machte die Durchsetzung des Pflichtcharakters der HJ den HJ-Dienst für das öffentliche Bewußtsein und damit auch für den Großteil der Eltern zu einer – ob willig oder unwillig – ebenso selbstverständlich hingenommenen Erscheinung, wie es RAD und Wehrmachtsdienst bereits waren.

Bezeichnend für die Stellung der HJ-Führung und des HJ-Systems zu Elternhaus und Schule ist der Gedanke, die während des Krieges aufgekommenen »Kinderlandverschickungslager« (KLV) als eine ideale Lösung des Verhältnisses »HJ – Elternhaus – Schule« zur Dauereinrichtung zu machen. HJ-Theoretiker sahen in ihnen die Möglichkeit einer nun wirklich totalen Jugenderziehung durch eine institutionelle Verschränkung von HJ-Dienst und Schule (bei entsprechendem Übergewicht der HJ und bei weitgehender Ausschaltung des Elternhauses). Es hieß dazu: »Die Einrichtung der KLV-Lager bietet die Möglichkeit, Jugendliche in großem Rahmen und für längere Zeit total zu erziehen. Schulische Arbeit, HJ-Dienst und Freizeit lassen sich hier erzieherisch gleichmäßig beeinflussen.«[23]

In den KLV-Lagern war die Möglichkeit einer Einflußnahme des Elternhauses schon rein zeitlich auf ein Mindestmaß beschränkt; die zunächst noch in starkem Maße vorhandenen Einflüsse der jeweiligen Lehrerschaft wurden durch administrative Maßnahmen mehr und mehr ausgeschaltet und die KLV-Lager zu einem Erziehungsinstrument ausgebaut, in dem die HJ der bestimmende Faktor war. Zu diesem Zweck wurden die »Schulbeauftragten der KLV« (Lehrer, die vom NS-Lehrerbund gestellt wurden) gegen Kriegsende dem Stab des KLV-Beauftragten der Hitlerjugend eingegliedert, wodurch diese – für die schulische Betreuung der KLV zuständigen – Kräfte organisatorisch von der HJ-Führung abhängig wurden. Die KLV-Lagermannschaftsführer, ursprünglich unmittelbar dem KLV-Lagerleiter (dem jeweiligen Lehrer der evakuierten Klasse) unterstellt, wurden später dem eigenen Führungsapparat der HJ untergeordnet, d. h. den KLV-Standortführern oder Hauptlagermannschaftsführern, die ihre Weisungen von den Gebietsführungen der HJ erhielten.
Auf diese Weise wurde es der HJ möglich, die eventuelle Selbständigkeit der Lehrer innerhalb der KLV auf die reine Unterrichtstätigkeit zu beschränken und sie im übrigen organisatorisch in das HJ-System einzubeziehen. Der militärische Zusammenbruch des Dritten Reiches ließ weitergehende Planungen der HJ zur Einflußnahme auf das Schulwesen, in Richtung auf eine stärkere Abhängigkeit des Schulwesens von der HJ (wozu das System der KLV-Lager den Ansatzpunkt gab), nicht mehr zur Geltung kommen.

Formen und Inhalte des Jugenddienstes

Der wichtigste Sozialisationraum im Leben der Kinder und Jugendlichen im Dritten Reich sollte nach dem Willen des Staates der HJ-Dienst sein. Ihr Konzept dafür umriß die HJ selbst folgendermaßen: »Mit 10 Jahren kommt der Jugendliche zu uns und verläßt die HJ mit 18 Jahren wieder. In dieser Zeitspanne erfaßt ihn ein Plan wohldurchdachter Schulung ... und Ertüchtigung, der bei seinem Eintritt in die HJ genau so festliegt, wie bei seinem Eintritt in die Schule der Lehrplan ... Der Plan darf nicht nur die bloße Organisation schaffen, sondern er muß auch den ganzen Dienst bis hinunter zu der kleinsten Einheit umschließen.«[24]

Dieses Bestreben nach einem reglementierten System fand seinen Niederschlag in den »Dienstbüchern« der einzelnen Zweige der HJ (»Pimpf im Dienst« usw.), die die Einzelheiten des Dienstablaufs, der Einheitsführung usw. in gleicher Art wie entsprechende Handbücher der Wehrmachtsgattungen regelten.
Innerhalb des Jugenddienstes nahm die körperliche Ertüchtigung den ersten Platz ein, sowohl an dem ihr zur Verfügung stehenden Zeit- und Arbeitsausmaß gemessen, wie auch an dem ihr zugesprochenen Rangwert. In HJ-Veröffentlichungen pflegten zum Zweck der Untermauerung dieses Faktums folgende Hitler-Worte zitiert zu werden: »Die gesamte Erziehungsarbeit des völkischen Staates muß ihre Krönung darin finden, daß sie den Rassesinn und das Rassegefühl instinkt- und verstandesmäßig in Herz und Gehirn der ihr anvertrauten Jugend hineinbaut ... Der völkische Staat hat in dieser Erkenntnis seine gesamte Erziehungsarbeit nicht auf das Einpumpen bloßen Wissens einzustellen, sondern auf das Heranzüchten kerngesunder Körper. Erst in zweiter Linie kommt dann die Ausbildung geistiger Fähigkeiten ...«[25]
Diese völkische begründete »Körperertüchtigungspflicht« wurde auch propagandistisch seitens der HJ stets in den Vordergrund gerückt, so etwa mit Parolen wie »Dein Körper gehört der Nation« und »Du hast die Pflicht, gesund zu sein.«
Wir hatten bereits dargestellt, daß die HJ sofort nach 1933 den Jugendsport in Deutschland in ihren Machtbereich und in ihre Arbeit einzubeziehen suchte. Die gesamte sportliche Betätigung bis zu 14 Jahren wurde ausschließlich dem DJ und den JM zugesprochen; später wurde auch das übrige Jugendsportwesen in die HJ übernommen. In der HJ wurde eine Fülle von verschiedensten Sportwettkämpfen durchgeführt (Bann- und Gebietssportwettkämpfe, Winterkampfspiele, Frühjahrsgeländelauf, Führerzehnkampf – schließlich der Reichssportwettkampf der HJ, der 1939 7 Millionen Teilnehmer zählte).
Sportwarte und Übungsleiter wurden auf besonderen Reichssportschulen ausgebildet; für spezielle Sportarten existierten Motor-, Segelflug- und Seesportschulen; die Sondereinheiten der HJ (Marine-, Flieger- und Motor-HJ) garantierten die Verbindung solcher speziellen Sportarten mit wehrsportlicher Ausbildung. Die Sportarbeit der HJ erreichte zweifellos eine ungeheure Breitenwirkung durch die Einordnung des Sports als Teil des HJ-Pflichtdienstes, außerdem durch das intensive Wettbewerbswesen der HJ und durch den Einbau sportlicher Bedingungen in die allgemeinen Leistungsabzeichen der HJ und in die »Pimpfen-« und »Jungmädel-Proben«, die als Voraussetzung für die endgültige Aufnahme in DJ und JM zu absolvieren waren. (Sowohl die

HJ-Leistungsabzeichen wie die DJ- und JM-Proben liefern dabei gute Exempel für die Verquickung von körperlichen Leistungsgesichtspunkten und Aspekten der »weltanschaulichen« Schulung). Gerade auch bei den Mädchen nahm die Leibesertüchtigung einen zentralen Platz ein; nach den Anweisungen Schirachs sollten zwei Drittel der BDM-Dienstzeit der Leibesertüchtigung, ein Drittel der weltanschaulichen Schulung dienen.

Neben der körperlichen Ertüchtigung hatten (zumal beim DJ und bei der eigentlichen HJ, bis zu einem gewissen Grade aber auch bei JM und BDM) quasi-militärische Ordnungsübungen, Marschdienst von Einheiten, »Antreten«, Exerzierübungen, Appelle und ähnliches bevorzugten Platz; sie dienten der Durchsetzung einer militärähnlichen Formaldisziplin. Betätigungen dieser Art gaben auch den zahlreichen Lagern und Fahrten der HJ das Gepräge. Waren schon in den letzten Jahren der Weimarer Republik in vielen deutschen Jugendbünden straff organisierte Lager mit Dienstcharakter an die Stelle der bis dahin von der Wandervogelbewegung geprägten lockeren und ungebundenen »Fahrten« einzelner Gruppen getreten, so setzte sich nunmehr in der HJ die Tendenz zum Lager (zumal zum Großlager) mit militärähnlicher Disziplin, mit Dienstplan, Marschübungen usw. durch.

Das freie Fahrtenwesen im Stil des Wandervogels und auch noch eines Großteils der Bündischen Jugend wurde durch Maßnahmen der HJ-Führung (Verbot des »Trampens« und der Benutzung von Feuerzelten; Einsatz des HJ-Streifendienstes zur Kontrolle der Fahrtentätigkeit; Einführung von »Fahrtenerlaubnisscheinen«) möglichst zu unterbinden gesucht; an die Stelle der wandernden Horde trat die marschierende Kolonne. Der offiziell erwünschte typische Dienstplan eines DJ-Lagers sah folgendermaßen aus: Wecken – Geländelauf – Flaggenhissen – Weltanschaulicher Vortrag – Leibesübungen bis zum Mittag – dann nach kurzer Pause wieder Leibesübungen – Geländesport – Luftgewehrschießen – abends Flaggenappell – Lagerfeuer – Zapfenstreich. Diese Lagerordnung läßt schon einen weiteren wesentlichen Inhalt des HJ-Dienstes offenbar werden: nämlich die von der HJ gepflegte gelände- und wehrsportliche Ausbildung, die im Laufe der Zeit der Leibesertüchtigung im Rang gleichgesetzt wurde, zum Teil auch unmittelbar mit dieser verbunden war (und dann im Kriege vollends in den Vordergrund trat). Die Wehrertüchtigung begann bei den Pimpfen des DJ, die sich in ihren wöchentlichen Diensten und ihren Wochenend- und Ferienlagern vornehmlich mit Geländekampfspielen, dem Erwerb von Geländedienstkenntnissen (Karte, Kompaß, Melden, Entfernungsschätzen, Zielerkennen usw.) und mit dem Luftgewehrschießen beschäftigten. Dies fand seine Fort-

Eine Flaggenparade

Die Mannschaft ist angetreten. Der Führer vom Dienst meldet sie dem Lagerführer.

„Heil Hitler, Lagermannschaft!"
„Heil Hitler!"

Der Führer vom Dienst sagt die Tageslosung an.

„Augen gerade — aus! — Die Losung des heutigen Tages heißt: Herbert Norkus!"

Ein Junge spricht:

„Wir trauern nicht an kalten Sarkophagen,
wir treten hin und sagen: einer war,
der das gewagt hat, was wir alle wagen.
Sein Mund ist stumm. Wir treten hin und sagen:
die Kameradschaft ist unwandelbar.

Es sterben viele. Viele sind geboren.
Die Welt ist groß, die sie umschlossen hält.
Das Wort jedoch, auf das wir eingeschworen,
das Wort geht auch den Toten nicht verloren;
das macht: die Pflicht ist größer als die Welt.

Die Pflicht, sich zu erinnern, was gewesen,
bevor wir waren. Denn wir werden sein,
was Spätere, wenn wir im Grab verwesen,
aus unserm Leben Lesenswertes lesen.
Das ist gewaltiger als Erz und Stein!"

Der Lagerführer spricht über den gefallenen Kameraden:

„Am 24. Januar 1931 wurde im Beußelkietz in Berlin unser 15jähriger Kamerad Herbert Norkus von Kommunisten erschlagen. Er hatte als Hitlerjunge weiter nichts getan als seine Pflicht, und das eben zog ihm den Haß der Kommune zu. Wir wissen, daß es um unserer toten Kameraden willen niemals eine Verständigung geben wird zwischen dem Bolschewismus und uns!"

Der Führer vom Dienst:

„Stillgestanden!
Wir singen beim Hissen der Fahne: Ein junges Volk steht auf, zum Sturm bereit — — ersten Vers.
Zur Flaggenhissung — — Augen — rechts!
Heiß Flagge!"

Auf das Kommando wird der erste Vers des angesagten Liedes gleich durchgesungen.

Der Führer vom Dienst:

„Augen gerade — aus! Rührt euch!"

Die Führer der einzelnen Lagereinheiten geben sofort das Kommando zum Abmarsch.

setzung in den Einheiten der 14–18jährigen, wobei hier vornehmlich weitere Schießausbildung an KK-Gewehren hinzutrat; den Abschluß dieser Ausbildung bildeten in den Kriegsjahren die schon erwähnten Wehrertüchtigungslager. 1938 hatten bereits 1250000 Jungen im Reich die Schießausbildung absolviert, 20000 waren als Schießwarte tätig. (Die Reichszeitung »Die HJ« verlautbarte am 25. 3. 1939 in einer Schlagzeile: »Monatlich in der HJ ein Regiment von Durchschnittsschützen!«) Es wurden besondere Schießauszeichnungen für HJ und DJ geschaffen (HJ-Scharfschützen- und Meisterschützenabzeichen) und Bann-, Gebiets- und Reichsschießwettkämpfe veranstaltet. Die HJ-Wehrertüchtigung und zumal die Sondereinheiten genossen die Unterstützung der Wehrmacht und der SS; jedoch handelte es sich bei der Wehrertüchtigung der HJ keineswegs um eine von Erwachsenen (Offizieren) durchgeführte übliche vormilitärische Ausbildung Jugendlicher, sondern durchaus um eine Wehrertüchtigung in, wenn man so will, spezifisch jugendgemäßer Art.[26]

Körperliche Ertüchtigung, quasi-militärische Ordnungsübungen, Marsch und Lager sowie Wehrertüchtigung machten zusammen mit der weltanschaulichen Schulung den eigentlichen Dienstinhalt der HJ- und DJ-Arbeit aus; hinzu kamen die verschiedenartigsten Einsätze, Aktionen und Außenbetätigungen dieser Einheiten. Zu den wichtigsten »Einsätzen« gehörten u. a. die zahlreichen, von der HJ durchgeführten Sammlungen, die Teilnahme von HJ-Einheiten an Propaganda-Veranstaltungen der Partei, der Ernteeinsatz, der Einsatz von BDM-Mädchen in der Sozialarbeit und schließlich die vielfältigen Kriegseinsätze.

Sammlungen waren eine permanente Erscheinung im Dritten Reich; ihre Durchführung lag in der Regel bei der HJ. Es handelte sich dabei sowohl um Geldsammlungen (»WHW«, »NSV« usw.) wie auch um Sammlungen von Altmaterial, Kleidungsstücken, Heilkräutern und ähnlichem.

Die Beanspruchung und Teilnahme von HJ-Einheiten an Propaganda-Veranstaltungen der Partei war periodenmäßig unterschiedlich intensiv; während sie in den Anfangsjahren des Dritten Reiches breiten Raum einnahm, wurde sie in den letzten Jahren vor dem Kriege eingeschränkt; selbstverständlich blieb die Teilnahme der HJ-Einheiten an den gemeinsamen Parteiveranstaltungen im Jahreslauf der NS-Feiern, die Teilnahme an den Reichsparteitagen u. a. Der HJ-Landdienst

Links: eine »Mustervorlage« aus dem HJ-Handbuch »Freude-Zucht-Glaube«, Potsdam 1937

(Einheiten von freiwilligen, auf einige Jahre verpflichteten Landhelfern) hatte nicht nur wirtschaftliche oder berufliche Ziele – die Entwicklung des Landdienstes zu einer Vorschule für »SS-Wehrbauern« zeigt den politischen Aspekt dieser Aktion. 1942 hatte der Landdienst etwa 30000 Freiwillige (Altersdurchschnitt 16 Jahre).
Der HJ-Ernteeinsatz hingegen war ein nur zeitweiliger (Ferien)-Einsatz geschlossener Schulklassen in der Landarbeit, der im Sommer 1937 begonnen und dann während des Krieges aus kriegswirtschaftlichen Gründen in großem Maßstabe durchgeführt wurde. Der Einsatz der Mädchen stellte sich im Ernteeinsatz, vor allem aber im Landjahr, Haushalts-Pflichtjahr, im NSV-Einsatz u. ä. dar und stand vorwiegend unter berufspolitischem Aspekt.
In den DJ- und JM-Einheiten kamen noch der Modellbau, das Spielzeugbasteln u. ä. hinzu; diese Beschäftigungen, im Verein mit den dauernden Sammlungen, hielten die schulpflichtigen HJ-Jahrgänge im Zustand einer permanenten Aktivität.
»Weltanschauliche Schulung« sollte der wichtigste Inhalt der regelmäßigen Heimabende aller HJ-Einheiten sein. Die jeweiligen Themen und ihre Behandlung waren zentral geordnet und festgelegt durch die Schulungsmappen »Jungenschaft«, »Kameradschaft«, »Mädelschaft« und »Jungmädelschaft«, die bei 14tägigem Erscheinen den genauen Inhalt für die Heimabende der vier HJ-Gliederungen lieferten; daneben existierte der »reichszentrale Heimabend« per Rundfunk in der »Stunde der Nation«. Für besondere Vorträge standen »Reichsredner der HJ« zur Verfügung, die von der Reichsjugendführung zentral eingesetzt und »verteilt« wurden; es war für untere Einheiten und für die mittlere Führerschaft unzulässig, sich etwa mit bestimmten Rednern direkt in Verbindung zu setzen.
Als besonders wirkungsvoll galt die ständige und institutionelle Verquickung von Gesichtspunkten weltanschaulicher Schulung mit anderen Tätigkeiten, vor allem sportlicher und beruflicher Art, und mit hier zu erwerbenden Auszeichnungen; so war z. B. beim Erwerb des Pimpfen-Leistungsabzeichens die Beantwortung folgender Fragestellungen erforderlich: Der Lebenslauf Adolf Hitlers – Geschichte der NSDAP und der HJ – »Deutschtum im Ausland« – »Was bedeutet Versailles, welche Reichsgebiete gewann Hitler zurück?« – »Welche nationalen Feiertage gibt es?« Beim HJ-Leistungsabzeichen – also bei den 14–18jährigen – kamen noch folgende Fragen hinzu: »Die bedeutendsten Gestalten der nordischen Heldensagen? – Was war die Ursache des Weltkriegs-Zusammenbruchs – Welche Maßnahmen hat der NS-Staat zur Reinerhaltung des deutschen Blutes getroffen?«

Zur Beantwortung konnten dabei an verschiedenen Stellen mitgeteilte und vorgedruckte »Mindestantworten« herangezogen werden.
Das gleiche Prinzip finden wir bei dem Einbau von Schulungsvorträgen in Lagerprogramme und bei der Ausgabe von Lager-Tagesparolen, wie etwa: »Horst Wessel«, »Gegen den Weltfeind!«, »Der Führer!« usw. Auch hier handelte es sich um ständig wiederkehrende, gleichförmige »Kurzlehrgänge«.
Für die gesamten HJ-Einheiten in ihren verschiedenen Gliederungen (und das hieß ab 1938 praktisch: für die gesamte deutsche Jugend) war die Absolvierung eines statischen, in Art eines Schullehrplanes festgelegten Schulungsplanes vorgeschrieben. Die Themen dieses Jahrgangs-Schulungsplanes waren folgende:

1. Jahr: Germanische Götter und Helden
2. Jahr: Große Deutsche (u.a. Armin der Cherusker, Widukind, Friedrich der Große, Andreas Hofer, Karl Peters, Bismarck).
3. Jahr: »20 Jahre Kampf um Deutschland« (Schlacht von Tannenberg, Kreuzer-Fahrten, U-Boot-Krieg, Kampfflieger, Albert Leo Schlageter, Kampf um Oberschlesien, Die ersten SA-Abteilungen, Kampf um Berlin, HJ in der Kampfzeit)
4. Jahr: Adolf Hitler und seine Mitkämpfer (Horst Wessel, Herbert Norkus, Göring, Schirach)

Diesen Themen für die vier Jahrgänge des DJ und der JM folgten Themenstellungen für die HJ und den BDM:

1. Jahr: »Der Kampf ums Reich (Germanische Zeit, Kaiser und Papst, Bauernkrieg, Deutsche Siedlung in Europa, Freiheitskriege, Bismarcks Reich, Deutsches Volkstum und deutsche Leistungen in aller Welt, Vom Weltkrieg bis zum Dritten Reich).
2. Jahr: Das Volk und sein Blutserbe (Kampfauslese in der Natur, Die Gesetze der Vererbung, die Blutsgemeinschaft Volk, Die Reinerhaltung des Blutes, Die Gesunderhaltung des Blutes, Die Vermehrung des Blutes ...) Das Volk und sein Lebensraum (Deutschland war größer, Der Kampf um den Osten, Wir brauchen Lebensraum, Wir fordern Kolonien)«
3. und 4. Jahr: Behandlung zeitpolitischer Fragen sowie der Themen: Das Werden der Bewegung, das Aufbauwerk des Führers, Deutschland und die Welt.[27]

Die speziellen Tendenzen einiger dieser Themen (die Behandlung der Themen wurde durch die Herausgabe der Heimabendmappen von der Reichsjugendführung einheitlich geregelt) verlagerten sich dabei durchaus nach der jeweiligen politisch-aktuellen Lage und Stoßrichtung des Dritten Reiches, – also in der Tendenz entweder gegen den »Imperialistischen Westen«, oder stärker gegen den »Brandherd Moskau«, oder – sozusagen beides vereinend – gegen den »Brandstifter Weltjude« (so lauteten die Rahmenthemen einiger Heimabendmappen).

Deutsche Geschichte für die Hitlerjugend:

»... Einer aber fand den Weg, erfüllte die deutsche Sehnsucht: Bismarck. Durch Blut und Eisen band er das deutsche Volk in der gemeinsamen Abwehr der Fremden zu neuer Einheit. Im Spiegelsaal zu Versailles angesichts des deutschen Sieges wurde der König von Preußen Deutscher Kaiser.

Das zweite Reich der Deutschen wurde zu einer Weltmacht. Über allen Meeren wehte die deutsche Flagge, unvergleichlich war unsere schimmernde Wehr.

Aber im Innern war das Volk noch immer zerspalten. Fremde Verführer machten sich uralte Fehden der Stämme und des Glaubens zunutze und wußten furchtbare neue Klüfte aufzureißen. Maschinen dröhnten überall in den großen Städten Deutschlands, Millionen Menschen dienten ihnen in schwerer Arbeit, sie erlagen der Verlokkung der fremden Irrlehre und wußten nichts vom gemeinsamen Vaterland.

Wie es um Deutschland stand, das erwies sich, als die Welt sich anschickte, das Reich der Deutschen zu vernichten. Zuerst schien es in jenen herrlichen Augusttagen von 1914, als erhebe sich das ganze Volk wie ein Mann, als wären die Mächte der inneren Zerstörung verschwunden. Vier Jahre lang erwehrte sich der Riese Deutschland des furchtbarsten Ansturms der Geschichte. Sieg türmte sich auf Sieg. Hindenburgs Name dröhnte im Schritt der feldgrauen Millionenheere. Aber während an der Front, im Grabenkrieg, im Luftkampf, auf allen Meeren der Erde Wunder der Tapferkeit verrichtet wurden, zerstörten die feindlichen Geister den Widerstandswillen der Heimat. Verrat lieferte das zweite Reich in die Hände seiner Feinde. Deutschland blutete an allen Grenzen. Die Fremden wurden Herren im Reich, ihre Büttel bezeichneten sich als Regierung.

In den vierzehn Jahren tiefer Erniedrigung wuchs aber aus dem Willen der Frontkämpfer und der gesunden Jugend die Bereitschaft zum Widerstand. Die Besten des Volkes sammelten sich unter Adolf Hitler und sagten den Gewalthabern Kampf an. In einem ersten Ansturm wurden sie abgeschlagen, aber unbeirrt erhoben sie von neuem die Fahne mit dem uralten Siegeszeichen der nordischen Rasse, dem Hakenkreuz.

In schwerem Ringen gewannen sie endlich den Sieg und gründeten das Dritte Reich der Deutschen, in dem es nur einen Führer gibt, Adolf Hitler, und ein einziges einheitliches Volk, in dem es nur einen Adel gibt, den Adel der Arbeit, und nur ein Ziel – die Erhaltung unserer Rasse, unseres Blutes.

Deutscher Junge, der du einmal in feierlicher Stunde den Weg deines Blutes zurückverfolgst bis zu deinen frühesten Ahnen, sei stolz auf dieses Erbe, bedenke alle Kämpfe, die deine Vorfahren um Gut und Blut und Ehre geführt haben, vergiß nicht die schweren Stunden, in denen Alles auf dem Spiele stand, richte dich auf an den Augenblikken des Sieges, in denen das Schicksal seine ganze Gunst verschenkte.

Nun ist es an dir, die Ehre deines Blutes, des deutschen Namens zu verteidigen. Sei darauf bedacht, daß künftige Geschlechter auf dein Werk und auf das deiner Kameraden mit Stolz zurückblicken.«

(Heinrich Banniza von Bazan, vor 1933 Führer des ›Bundes der Reichspfadfinder‹; in: Gerhard Ramlow (Hrsg.): Deutsche Jungens auf Fahrt, Berlin 1934)

Eine besondere Rolle spielten die ständig beanspruchten Mythen der HJ bzw. des NS (»Horst Wessel«, »Herbert Norkus«, »In München sind viele gefallen« und »Kampf um Berlin«). Die gesamte Schulungsarbeit, die Heimatabendthemen usw. umfaßten ausschließlich »deutsche« Themen, – diese Tatsache wurde von der HJ-Führung besonders betont und mußte in Teilen des DJ in den Anfangsjahren des Dritten Reiches mühsam gegen andere, von der HJ als »fremdvölkisch« bezeichnete und aus der Tradition einer bestimmten Richtung der freien Jugendbewegung herkommende Tendenzen durchgesetzt werden.
In der Führerschulung (in den Schulungsarbeitsgemeinschaften, in den Bann- und Gebietsführerschulen, den Reichsführerschulen und später der Akademie für Jugendführung) bewegten sich die Themen in den gleichen Linien: auch hier standen »Rassenkunde«, bestimmte Legenden der deutschen Geschichte, die Geschichte der NS-Bewegung, die Ideologie der »Volksgemeinschaft« und die Fragen des »Grenz- und Auslandsdeutschtums« (letztere besonders geeignet, um die jeweilige außenpolitische Stoßrichtung des NS-Regimes zu begründen) im Vordergrund.
Der »Weltanschaulichen Ausrichtung« diente auch das Monopol, das sich die HJ im Bereich der Jugendpresse schuf; lediglich die konfessionelle Jugend konnte noch für einige Jahre nach 1933 ein eigenes Schrifttum aufrechterhalten. Außerhalb der HJ gab es schließlich kei-

nerlei Jugendzeitschriften und Publikationen der Jugendarbeit mehr; außerdem baute die HJ sich nach und nach auch ein Zuständigkeitsmonopol (in Art eines Lizenzsystems) für Jugendbücher auf. An Zeitschriften der HJ erschienen u. a. »Der Pimpf« (als Jungvolkzeitschrift), »Die Hitlerjugend« und später »Junge Welt« als Zeitschrift der HJ, »Das Deutsche Mädel« als Mädelzeitschrift, die Führungszeitschrift »Wille und Macht«, die sozialpolitische Zeitschrift »Das junge Deutschland«, ferner eine Jugendherbergszeitschrift »Jugend und Heimat«, eine Landjugendzeitschrift »Die junge Dorfgemeinschaft«, – außerdem regionale HJ-Zeitschriften (etwa der HJ-Gebiete) und Zeitschriften spezieller Arbeitszweige. Hinzu kam eine Flut von periodischen Veröffentlichungen, Kalendern, Schulungsmaterialien, erzählendem Schrifttum, Ausbildungsschriften u. ä.; die Schülerzeitschriften und die Jugendbeilagen und Jugendbeiträge der Tageszeitungen und sonstiger Zeitschriften waren durch die HJ (so z. B. durch ihren zentralen »Reichsjugendpressedienst«) beherrscht oder gesteuert. Es war für die HJ nicht schwierig, die Publikationen neutraler Jugendverlage nach 1933 vermöge ihrer Machtposition (und durchaus bei Wahrung formeller Eigenständigkeit dieser Verlage) inhaltlich auszurichten; Jugendverlage, die bis 1933 durch eine eigene Linie bekannt waren, ließen sich entweder völlig im Sinne der HJ gleichschalten und gingen eine engere Verbindung mit ihr ein (so etwa der bekannte Jugendverlag Voggenreiter) oder aber sie wurden im Falle des Widerstandes völlig ausgemerzt (so z. B. der um 1933 bedeutsame, 1937 liquidierte Jugendverlag Günther Wolff-Plauen). Durch die zentrale und straffe Zusammenfassung aller Zuständigkeiten auf dem Gebiet der Publizistik im »Amt für Presse und Propaganda« der Reichsjugendführung wurde die Einheitlichkeit des von der HJ herausgebrachten oder von ihr gesteuerten Schrifttums garantiert und die Entwicklung stilistischer oder gar inhaltlicher »Abweichungen« verhindert.
Auch der Film wurde in den Dienst der HJ gestellt; in Zusammenarbeit mit der RJF wurden HJ-Spielfilme hergestellt (»Hitlerjunge Quex« u. ä.), die RJF stellte eine Reihe von eigenen Kulturfilmen und schließlich in den letzten Jahren eine eigene HJ-Monatsschau »Junges Europa« her; zudem hatte sie durch die von ihr organisierten Jugendfilmstunden gewichtigen Einfluß auf die Spielfilmproduktion.
Besonderer Wert wurde auf die Einführung von HJ-Bildgeräten in den einzelnen Einheiten gelegt, für die seitens der RJF Bildbänder herausgebracht wurden; für die HJ-Schaukästen der lokalen Einheiten erschien eine reichseinheitliche Vorlage. Der Rundfunk wurde unmittelbar von der Machtergreifung an in die HJ-Arbeit einbezogen. Bei Schi-

rach hieß es dazu: »Ich selbst hätte niemals die Schwierigkeiten, die sich draußen im Lande dem Einigungswerk der Jugend entgegenstellten, überwinden können, wenn ich nicht vom Frühjahr 1933 an immer wieder die Gelegenheit gehabt hätte, mich über alle deutschen Sender an die Jugend zu wenden.«[28]

Neben der wöchentlichen »Stunde der jungen Nation« brachten die deutschen Rundfunksender eine Reihe anderer HJ-Sendungen (so z. B. Rundfunk-Morgenfeiern der HJ); auch der Schulfunk wurde von der Reichsjugendführung betreut.

Die »Kulturarbeit« der HJ gipfelte in den Feiern und Veranstaltungen eines regelrechten HJ-»Feierjahres«; die wichtigsten Daten waren hier der 30. Januar (Tag der »Machtergreifung«), der 20. April (Geburtstag

2. Denn mögen wir auch fallen – wie ein Dom steht unser Staat. Ein Volk hat hundert Ernten und geht hundertmal zur Saat.

3. Deutschland, sieh uns, wir weihen dir den Tod als kleinste Tat, grüßt er einst unsre Reihen, werden wir die große Saat.

4. Drum laßt die Fahnen fliegen in das große Morgenrot, das uns zu neuen Siegen leuchtet oder brennt zum Tod.

Eines der meistgesungenen HJ-Lieder

des Führers und Aufnahmetag in die HJ), der 1. Mai, das Fest der Jugend zur Sommersonnenwende (21. Juni), der Tag der Jugend auf den Reichsparteitagen, die Teilnahme am Erntedankfest, die Beteiligung an den Feiern des 9. November (Jahrestag des gescheiterten Hitler-Ludendorff-Putsches 1923) und schließlich die »Wintersonnenwende«. Hinzu kamen die großen Reichsveranstaltungen speziell der HJ: die Reichssportwettkämpfe, der Reichsberufswettkampf, die Reichsmusiktage der HJ u. ä. Dabei wurde versucht, diese Veranstaltungen entweder durch ihren Charakter als Massenveranstaltungen oder aber durch eine Art »Magie der Riten«, die hier entfaltet wurden, zu bleibenden Eindrücken im Leben der HJ-Angehörigen zu machen.
Die »Kulturarbeit« der HJ konnte an die völkische Linie bestimmter Teile der alten Jugendbewegung und der mit ihr zusammenhängenden Kultur- und Musikbewegung anknüpfen. Die HJ unterhielt in größeren Städten zumeist eigene Chöre, Musikzüge und Spielscharen, wobei vielfach bis dahin neutrale Schulchöre, freie Spielscharen u. ä. mittels der ihnen von der HJ gebotenen großzügigen Arbeitsmöglichkeiten »gleichgeschaltet« wurden. Die HJ verfügte über eine große Zahl von Liedwerken und Musikeditionen, über eine Schar von HJ-Dichtern und -Komponisten (u. a. Baumann, Spitta, Schumann, Stumme); es wurden Reichsmusiktage der HJ veranstaltet und für die Fragen der Feiergestaltung existierte eine eigene Zeitschrift »Die Spielschar«. Die besondere Sympathie Schirachs genoß die Theaterarbeit; es wurden »Reichstheatertage der HJ« und »Weimar-Festspiele« veranstaltet.

Der Verbandstypus der HJ

Fragt man nach dem Verbandstypus der HJ und nach dem System der innerverbandlichen Willensbildung der Staatsjugend des Dritten Reiches, so ist zunächst festzuhalten, daß hier militärisch-bürokratische Strukturmuster vorherrschten. Die NS-staatliche Jugenderziehung vollzog sich ausschließlich in einem Verband, der in sich wiederum keinerlei föderative Struktur duldete. Die vier Gliederungen der HJ (DJ, HJ, JM, BDM) waren von einer zentralen Führungsstelle abhängig und auch in den mittleren Führungsebenen bereits einheitlich geführt; jede Art Konkurrenz dieser vier Untergliederungen war also von vorneherein unmöglich gemacht. Dieses Prinzip der unbedingten Ein-

heitlichkeit und Zentralisierung der HJ schloß auch vertikale Absonderungen aus; die Sondereinheiten innerhalb der HJ waren entweder der einheitlichen Verbandsstruktur der HJ und ihren Führungsverhältnissen völlig eingeordnet, oder, wie etwa der »Streifendienst«, bloße Exekutivorgane der oberen Führungsstellen. Ebenso ließ das Gefüge der HJ keine Entwicklungsmöglichkeiten zu für neue Gliederungen innerhalb des Verbandes oder für organisatorische Umwandlung; das System der HJ galt zumindest von 1936 an als perfekt, wobei der straffe jahrgangsweise Aufbau eine besondere Rolle spielt.
Wenn wir nach der Führungsstruktur der HJ fragen, so können wir eine völlige Hierarchisierung und Zentralisierung konstatieren; d. h. die Auslese, Beauftragung, Beförderung und Abberufung der Führer in der HJ geschah ohne jede Einflußmöglichkeit der Einheiten selbst, in unbedingter Abhängigkeit von der jeweils höheren Führungsinstanz und in den höheren Führungspositionen auch in Abhängigkeit von der Partei bzw. dem »Führer«. Wichtig war hierbei auch die Konzentration der Führungsgewalten in den Personalstellen, Abteilungen und schließlich im Personalamt der Reichsjugendführung; von außerordentlicher Bedeutung schließlich war, daß die HJ-Führerschaft von einer bestimmten Ebene an, die ständig weiter herabgesetzt wurde, von hauptamtlichen, von der HJ-Führung (und das hieß: von der NSDAP) besoldeten Kräften gestellt wurde.
Die »Führerlaufbahn« innerhalb der HJ sah folgendermaßen aus: Sobald Jungen und Mädchen auf der untersten Ebene durch die Führer ihrer kleinen Einheiten zur »Führernachwuchsschulung« gemeldet wurden, begannen sie, ein normiertes und normierendes Gefüge von Voraussetzungen und Schulungen für die Führungsposition innerhalb der HJ zu durchlaufen.
Den eigentlich tragenden Teil der HJ-Führerschaft stellte das sogenannte »Führerkorps« dar, das vom Bannführer (später vom Gefolgschaftsführer) und entsprechenden Diensträngen bis zur Reichsjugendführung reichte. Für diesen Teil der HJ-Führerschaft galt ausnahmslos das Konzept Schirachs vom »neuen Beruf« der höheren HJ-Führerschaft, das er bei Einführung des »Jugendführerpatents« 1933 ansagte.[29]
Die Erklärung der höheren HJ-Führungspositionen zum »Beruf« und die Regelung der Berufsbedingungen erfolgte in einer Verfügung Schirachs vom 18. Februar 1938. Voraussetzungen für die Zugehörigkeit zum HJ-Führerkorps waren: Wehrdienst (im Kriege Frontbewährung), Parteimitgliedschaft, Kirchenaustritt, Nachweis arischer Abstammung, HJ-Leistungsabzeichen, Absolvierung der eigentlichen

HJ-Führerausbildung, Tätigkeit in einer Gebietsführung und einjähriger Besuch der Akademie für Jugendführung in Braunschweig. (Vorgesehen war außerdem eine Auslands-Dienstzeit).
Die Zahl der hauptamtlich tätigen HJ-Führer wurde von der HJ selbst für das Jahr 1939 mit 8017 angegeben, das Durchschnittsalter des Führerkorps habe zu dieser Zeit bei 23 bis 35 Jahren gelegen. Es bedarf keiner weiteren Erörterung, um klarzumachen, daß die organisatorische Position des HJ-Führers, seine normierte Ausbildung und seine finanzielle Abhängigkeit von der Reichsjugendführung (die um so schwerer wiegt, als ja ein Angewiesensein auf die Zustimmung der Mitglieder nicht vorlag) die HJ-Führerschaft zu einem Gebilde machte, das kaum eine Möglichkeit für Spontaneität oder die Entwicklung eigener Positionen inhaltlicher Art zuließ.
Die HJ verkehrte also einerseits das Führungsprinzip der früheren Jugendverbände und -bünde – (das in jedem Fall eine freiwillige, gegenseitige Bindung oder Zusammenarbeit von Führer und Gruppe voraussetzte, eine formelle oder informelle Wahl des Führers durch die Gruppe oder doch zumindest die Bereitschaft zur Mitarbeit) – unter Beibehaltung einiger Äußerlichkeiten im Regelfall in ein ganz anderes Verhältnis, nämlich in die zum Teil hauptberufliche Position des allein von seiner vorgesetzten Dienststelle abhängigen, eingesetzten und ihr verantwortlichen Führers. In anderer Hinsicht freilich hatte die HJ viel weitergehende Ansprüche auf »Selbständigkeit« der Jugend durchgesetzt, als sie von den alten Jugendbünden jemals geltend gemacht worden waren: nämlich in der Verwirklichung des vordergründig gemeinten Grundsatzes »Jugend soll von Jugend geführt werden«. Dieser Grundsatz – obschon auch innerhalb des Nationalsozialismus von vielen Parteigenossen skeptisch beurteilt – wurde als Errungenschaft der NS-Jugenderziehung und der HJ propagiert; Hitler selbst hatte ihn wiederholt formuliert und damit als undiskutierbar festgelegt. Sämtliche Einheiten der HJ in ihrer vertikalen Staffelung hatten Einheitsführer, deren Durchschnittsalter jeweils nur ganz gering über dem Alter der von ihnen Geführten lag; dies begann bei den Jungzugführern des DJ, die in der Regel ein oder zwei Jahre älter waren als die Jugendlichen selbst, und setzte sich fort bis zu den obersten HJ-Führern, deren Alter – gemessen an dem Gewicht ihrer Funktion und der Bedeutung des ihnen unterstellten Verbandes – erstaunlich niedrig lag. Das Durchschnittsalter der Bannführer lag unter fünfundzwanzig, das der Gebietsführer unter dreißig Jahren; Schirach selbst war bei der Ernennung zum Reichsjugendführer siebenundzwanzig Jahre alt, sein Nachfolger Axmann war 1941 ebenso alt. Bei den Jugendbünden vor 1933

konnte von einer solchen Praktizierung des Prinzips der »Selbstführung der Jugend« keine Rede sein; zwar waren auch hier recht oft junge Gruppenleiter tätig, daneben aber wurden auch kleinere Gruppen oft von Älteren (etwa Studenten) geführt – und das nicht nur in den Jugendpflegeunternehmungen der Erwachsenen-Verbände, sondern auch bei den freien Jugendbünden. Die Führer der – an einem HJ-Gebiet gemessen – relativ kleinen Bünde der freien Jugendbewegung vor 1933 waren durchweg Erwachsene. Im Gegensatz hierzu existierten in der Hierarchie der HJ und den HJ-Einheitsführungen nirgendwo wirklich spürbare Altersunterschiede zwischen Leitern und Geleiteten.

Allerdings wurde das Prinzip »Jugend von Jugend geführt« innerhalb des Führungssystems der HJ in einer Beziehung durchbrochen; dort nämlich, wo innerhalb der Stäbe der HJ-Führungen, von der Bannführung bis zur Reichsjugendführung, ältere Fachkräfte als Sachbearbeiter eingesetzt waren. So waren die Sozial-, Gesundheits- und Rechtsabteilungen vielfach mit Leitern oder Referenten im reifen Mannesalter besetzt, die – im Privatberuf vielleicht Volksschulrektoren, Ärzte usw. – der Disziplinar- und Beförderungsordnung der HJ unterworfen waren. Auch die Kultur- und Musikreferenten waren meist Ältere. Diese Erscheinung ändert jedoch am Gesamtcharakter des HJ-Führungssystems nichts, da es sich hier fast ausschließlich um Fach-Positionen handelte, nicht aber um politische Führungspositionen.

Die Art der Mitgliedererfassung und der Gruppenbildung der HJ entsprach in ihrem Grundcharakter den oben gekennzeichneten Prinzipien der Führungsstruktur der HJ. Wir hatten schon gesehen, daß die HJ nach ihrer Perfektion (d. h. etwa von 1936 an) ihre neuen Mitglieder jahrgangsweise und nahezu »total« aus den betreffenden Jahrgängen rekrutierte.

Während der HJ der »Kampfzeit« neue Mitglieder aufgrund ihrer Demonstrations- und Agitationstätigkeit zugeströmt waren, während die Einheiten des »Deutschen Jungvolks« in ihrer halb-bündischen Periode bis etwa 1935/36 noch zu einem guten Teil das in den früheren Jugendbünden übliche Prinzip der persönlichen Werbung und der Werbung durch die Anziehungskraft des jeweiligen Gruppenlebens beibehielten, unterschied sich die Aufnahme neuer HJ-Mitglieder (in allen Gliederungen) ab 1936, also vom Zeitpunkt der Annäherung an den »idealtypischen« Zustand der Staatsjugend, de facto und ab 1940 (Durchführung der Jugenddienstpflicht) auch formal nicht mehr von der Erfassung anderer Jahrgänge durch den Arbeitsdienst und die Wehrmacht. Die Parallelität war auch rein äußerlich gegeben; man

Durchführung der Jugenddienstpflicht

»GESTELLUNGSAUFRUF.
Jugendappell 1944.

Auf Grund des Gesetzes über die Hitler-Jugend vom 1. 12. 1936 in Verbindung mit § 1 der 2. Durchführungsverordnung vom 25. 3. 1939 (Jugenddienstverordnung RGBl. I. S. 710) werden hiermit folgende Jugendliche zum Jugendappell 1944 der Hitler-Jugend aufgerufen:

1) Alle Jugenddienstpflichtigen deutscher Staatsangehörigkeit männlichen oder weiblichen Geschlechts der Geburtsjahrgänge 1927–1933 einschließlich und die in der Zeit vom 1. 1.–30. 6. 1934 geborenen Jugendlichen, soweit sie sich nicht zur Zeit des Appells bei der Wehrmacht oder dem RAD befinden.
2) Alle anderen Jugendlichen männlichen und weiblichen Geschlechts, die zur Zeit die 4. Grundschulklasse der Volksschulen besuchen und noch nicht in der Hitler-Jugend erfaßt sind. Die Erziehungsberechtigten sind für die Teilnahme dieser Jugendlichen am Appell verantwortlich.
3) Alle weiblichen Angehörigen deutscher Staatsangehörigkeit der Geburtsjahrgänge 1924–1926 einschließlich, die dem BDM-Werk angehören, soweit sie sich nicht zur Zeit des Jugendappells im RAD bzw. KHD befinden.

Anträge auf Zurückstellung oder Befreiung von der Jugenddienstpflicht nach §§ 4–6 der Jugenddienstverordnung sind auf den Meldestellen schriftlich abzugeben.
Juden und solche Mischlinge, die nach § 5 der Ersten Verordnung zum Reichsbürgergesetz vom 14. November 1935 (RGBl. I S. 1933) als Juden gelten, haben am Appell nicht teilzunehmen.
Jugenddienstpflichtige, die an dem Jugendappell nicht teilnehmen und Erziehungsberechtigte, die der Anmeldepflicht nicht nachkommen, werden nach den geltenden Bestimmungen zur Verantwortung gezogen. Ferner werden zur Teilnahme an dem Jugendappell aufgefordert:

1) Alle volksdeutschen Jugendlichen männlichen und weiblichen Geschlechts der Geburtsjahrgänge 1927–1933 einschließlich und die in der Zeit vom 1. 1.–30. 6. 1934 Geborenen.
2) Alle germanischen Jugendlichen männlichen und weiblichen Geschlechts der Geburtsjahrgänge 1927–1933 einschließlich und die in der Zeit vom 1. 1.–30. 6. 1934 Geborenen.

Den Zeitpunkt des Jugendappells gibt die zuständige Dienststelle der Hitler-Jugend örtlich bekannt.
Zum Appell sind mitzubringen:

1) Ausweise über die bisherige Zugehörigkeit zur Hitler-Jugend (Dienstkarte)

2) Ein Lichtbild (Halbprofil linkes Ohr ohne Kopfbedeckung) Größe 5,2 x 3,7:
 a) von allen Jugendlichen, die bisher noch keine Dienstkarte der Hitler-Jugend besitzen,
 b) von allen Angehörigen des 4. Dienstjahres (DJ u. JMB)
 c) von allen Neuaufzunehmenden.

Name und Wohnung sind auf der Rückseite des Lichtbildes zu vermerken. Das Bild soll nicht älter als 3 Monate sein.

Ronnenberg, den 20. September 1944.
Der Landrat

Ortsüblich bekannt gemacht. Seelze, den 30. September 1944
Der Bürgermeister«

denke an die Erfassungs-Benachrichtigungen, Erfassungs-Appelle, Dienstkontrollbücher der HJ, an die polizeilichen Zwangsmittel bei der Dienstvernachlässigung und ähnliches mehr. Im Zusammenhang hiermit gab es auch innerhalb der HJ vom gleichen Zeitpunkt an keine »Wahlgruppen« mehr, sondern nur noch »Zwangsgruppen«, d. h. die einzelnen Jungen und Mädchen konnten sich weder die Gruppen, noch die Gruppenleiter, noch die anderen Jungen und Mädchen auswählen, denen sie sich zuordnen mochten, sie wurden ohne jede eigene Wahlmöglichkeit von oben her zu Einheiten zusammengestellt. Damit war jede spontane Gruppenbildung, jede Wahl- oder Sympathiegruppe ausgeschlossen. Wie sich die Gruppe ihren Leiter nicht wählen konnte, so konnte auch der Leiter nicht seine Gruppe wählen oder nach eigener Wahl bilden; der Führer in der HJ, gleich in welcher Stufe der Organisation, wurde von seiner vorgesetzten Dienststelle mit der Führung einer Einheit betraut und gegebenenfalls von diesem Auftrag wieder entbunden, versetzt oder mit anderen Aufgaben versehen, ohne daß ihm irgendeine eigene Wahlmöglichkeit blieb.
Es ist nach diesen Feststellungen nicht schwierig, die Frage nach der Eigenständigkeit unterer Einheiten der HJ zu beantworten. Die HJ-Publikationen zitierten gern eine Erklärung, die Adolf Hitler auf dem Parteitag 1935 in einer Ansprache an die HJ gegeben hatte: »Unser Volk wird zusehends disziplinierter, straffer und strammer ..., und die Jugend beginnt damit. Deutschland ist kein Hühnerstall, in dem alles durcheinanderläuft und jeder gackert und kräht, sondern wir sind ein Volk, das von klein auf lernt, diszipliniert zu sein.« Im Sinne dieses Anspruches gab es eine Eigenständigkeit der HJ-Einheiten und ihrer Führer nur insoweit, als es sich um den verschiedenen Grad, um die verschiedenen Ausführungen derselben Bemühung um dieselben Er-

ziehungsziele und Betätigungsarten handelte. Das System der HJ war nicht nur daraufhin angelegt, die Entwicklung politischer, weltanschaulicher oder kultureller Sonderpositionen zu verhindern, sondern es enthielt auch das Prinzip, die Entwicklung eigener Stilformen innerhalb der Einheiten und eine auch nur äußerliche Eigenständigkeit oder Mannigfaltigkeit auszuschließen. Die Organisationsstruktur und die Arbeitsformen der HJ, die Bindung auch der geringfügigsten Tätigkeiten an zentral diktierte »Dienstpläne« und festgelegte Verhaltensmuster, der para-militärische Organisationsstil und die Genehmigungspflicht für sämtliche Initiativen unterer HJ-Einheiten – all dies schien geeignet, die Einheitlichkeit des reglementierten HJ-Dienstbetriebs zu garantieren und auch den äußeren Habitus der HJ-Einheiten völlig zu normieren. Dem dienten auch die zahllosen »Dienstbücher« und Anweisungen, von der »Bekleidungsvorschrift« der Reichsjugendführung bis zur »Lagerverpflegungsordnung«.
Der Charakter des Para-Militärischen war verständlicherweise bei BDM und JM nicht in dem Maße gegeben wie bei HJ und DJ. Gleichwohl sollte man aus einer gewissen äußeren Aufgelockertheit des Dienstbetriebes im BDM nicht auf die Möglichkeit einer Eigenständigkeit der einzelnen »Mädel-Einheiten« schließen.[30] Festhalten läßt sich, daß die Verbands- und Führungsstruktur der HJ das Einzelmitglied des Verbandes im Durchschnitt zu einer Verhaltensweise anleitete, die keine inhaltliche Entscheidung und Initiative zuließ, sondern lediglich funktionale »Verantwortung« umschloß, – daß also das einzelne Mitglied die HJ nicht als einen Raum eigener Gestaltung ansah, sondern als ein vorgegebenes und festgelegtes Erfassungs- und Betätigungssystem, dem man sich durch eine Art Identifikation zuzuordnen hatte, das dann aber innerhalb seiner einmal feststehenden Struktur und seiner ebenso feststehenden Inhalte die Möglichkeit bot, sich durch den Grad der Identifikation Vorränge und Kompetenzen zu verschaffen.
Wenn wir nach dem in der HJ herrschenden Typ von »Gruppe« fragen, so ist zunächst darauf hinzuweisen, daß die HJ die Gruppenformen aus der Bündischen Jugend übernommen hatte, so etwa den Einheitenaufbau von der »Kameradschaft« bis zum »Stamm«, die Aufteilung in parallele Jungen- und Mädchenschaften und ähnliches mehr; die HJ hatte überdies auch Lebensformen der Jugendbewegung (z. B. Heimabend und Lager) übernommen. Die »Gruppe« war allerdings als solche kein Spezifikum der Bündischen Jugend; seit der Jugendbewegung der Wandervogelzeit hatte sich ein bestimmter Typ von Gruppe als in etwa durchgängige Form jugendlichen Gemeinschaftslebens quer

durch alle sonst recht verschiedenartigen Jugendverbände und Jugendbünde durchgesetzt. Dem Typ der sozialen Interaktion nach bestanden allerdings klare Unterschiede zwischen der Gruppe der freien Jugendverbände vor 1933 und der »Gruppe« der Hitlerjugend als Staatsjugend. Wir hatten schon gesagt, daß es in der HJ keinerlei Wahl-Gruppen gab, – ebenso brach die HJ mit dem Prinzip der Freiwilligkeit der Gruppenzugehörigkeit und sie mußte – nach ihrer ganzen Anlage – auch den Vorrang der Selbstgestaltung der Jugendlichen in der Gruppe und schließlich den Vorrang der »Gruppe« als unterster, aber wichtigster Sozialform des Jugend-Verbands ausschließen; die Zwangserfassung in der HJ ließ eine Möglichkeit der Selbstgestaltung und der freiwilligen Gruppenzugehörigkeit schon in der Ausgangssituation der Gruppe nicht aufkommen.
Da die HJ-»Gruppe« in ihren wesentlichen Zügen der Jugend-Gruppe, wie sie in den Jugend-Verbänden bis 1933 vorherrschte, nicht entsprach, da die HJ in der Struktur ihres Verbandes eine weitgehende Übereinstimmung mit anderen Zwangserfassungssystemen des Dritten Reiches (so etwa der Wehrmacht) aufweist, dürfte es – um der begrifflichen Unterscheidungsmöglichkeit willen – zweckmäßig sein, bei der HJ (auch bei ihren untersten Zellen) von »Einheiten« zu sprechen, – nicht aber von »Gruppen«.
Wie in der HJ von »Gruppenbildung« nicht mehr die Rede sein konnte, sondern nur noch von »Kommandierung«, so war auch an die Stelle des Gruppenleiters, wie er sich früher in deutschen Jugendverbänden darstellte, ein neuer Typ getreten, der die reale Funktion eines paramilitärischen Vorgesetzen mit besonderen, der jugendlichen Psyche des Leiters und der Geleiteten angepaßten äußeren Formen zu verbinden suchte. Auch die praktische Durchführung des Prinzips »Jugend soll von Jugend geführt werden«, wie wir sie geschildert hatten, tat das ihre, um in der HJ eine wesentlich andere Qualität des Einheitsführers herauszubilden, als sie in den Jugendgruppen vor 1933 üblich war; der von der HJ geprägte Führertyp war auf unterer Ebene der seinen Gefolgsleuten altersmäßig nur wenig überlegene, sie aber durch äußere Aktivität, Anpassungsfähigkeit an die Ansprüche der Organisation und womöglich durch körperliche und technische Gewandtheit übertreffende »Rädelsführer« – er hatte also über Eigenschaften zu verfügen, die Hitler bereits in seinem Buch »Mein Kampf« als für die Jugendführung maßgeblich herausgestellt hatte. Auf den oberen Ebenen der HJ-Führung handelte es sich im Prinzip um dieselbe Führungsqualität, allerdings mußten hier bestimmte äußere (etwa körperliche und technische) Fähigkeiten gegenüber dem Organisationsgeschick und

der Fähigkeit organisationsspezifischer Anpassung und Durchsetzung zurücktreten.

Führungseigenschaften wurden innerhalb der HJ nicht individuell entwickelt und zunächst durch die jeweilige Einheit anerkannt, sondern sie waren Teil eines starren Systems, sie wurden an durchaus vordergründigen Normen gemessen und sie wurden eingeschult und kontrolliert. Das System der HJ ließ – zumindest von 1936 an – im Normalfall keinen Raum für individuell begründete oder auf freiwilliger, persönlicher Zustimmung beruhende Bezüge zwischen Leitern und Einheiten, – was natürlich nicht heißt, daß derartige Bezüge nun nicht hier und dort zu finden gewesen wären (so vor allem in Jungvolk-Einheiten), dann allerdings im Gegensatz zur Anlage und zur Intention der HJ. Gleichwohl legte die HJ einigen Wert darauf, bestimmte Eigenschaften des in früheren Jugendbünden üblichen Führer-Gruppe-Bezugs als existent vorzugeben; so wurde z. B. in vielen HJ-Publikationen versucht, den HJ-Führern (vom kleinsten Einheitsführer bis zum Reichsjugendführer) so etwas wie einen »charismatischen« Zug beizumessen; allerdings handelte es sich hier nicht um ein an die Person gebundenes, sondern um ein abgeleitetes »Charisma«, das als Mittel zur Einheitsaktivierung gemeint war und – als ein Mittel unter vielen anderen – gegebenenfalls durch andere Kriterien abgelöst wurde.

Zur von der HJ erstrebten Normierung des Führer-Typs schrieb ein führender Mann der HJ: »Das Korps bildet nach außen hin stets eine lückenlose Front ... Fragt man einen, so weiß man, was alle sagen. Die Schaffung eines Führerkorps in der HJ bedeutet, daß die Führerschaft auf einen Typ gebracht wird. Der Typ läßt es zu, daß der Führer wechselt, ohne daß die Gefolgschaft erschüttert wird.«[31]

Im Zusammenhang mit der Position des Führers in der HJ als eines typisierten Exekutiv-Organs stand der vorherrschende Zug, der sich in der »Meinungsbildung« innerhalb der HJ abzeichnete, nämlich der Trend zur Dogmatisierung der Schulungsinhalte der HJ. Bei den weltanschaulichen Schulungen auf den Heimabenden der HJ handelte es sich nicht um Diskussion oder »Lehre«, sondern um die unreflektierte Darstellung, Entgegennahme und »Anwendung« einiger weniger immer wiederkehrender Schulungsinhalte. Infolgedessen gab es in der HJ kaum eine aktive Beschäftigung und Auseinandersetzung auch nur mit dem »NS-Gedankengut« und den politischen Anschauungen des Dritten Reiches, keine Herausbildung von meinungsmäßigen »Flügeln« oder Sonderpositionen innerhalb des NS-Systems, geschweige denn die Entwicklung politischer oder sonstiger gedanklicher Auseinandersetzung in Distanz zur NS-Weltanschauung. Das gleiche Prinzip be-

»Ehre, Treue, Blut«

»Deutsches Mädel, Deine Ehre ist die Treue zu Deinem Blute! Die Reichsreferentin Dr. Jutta Rüdiger weist mit diesem Wort, das über der Mädelerziehung steht, gleichzeitig auf das Ziel unserer Arbeit im ›Bund Deutscher Mädel‹ hin. Die Erziehung an dem deutschen Mädel ist wichtig und ausschlaggebend für das gesamte Volk und seine Zukunft. Von der Haltung des Mädels als künftige Frau, der inneren Einstellung zu allen Fragen des Lebens, hängt die Größe und Kraft des Volkes ab. Sie beeinflussen entscheidend die Männer und vor allen Dingen ihre Kinder. Deswegen können wir in unserer Erziehungsarbeit gar nicht gründlich, vorsichtig und vorbildlich genug sein, um die Mädel auf eine natürliche und gerade Bahn zu lenken. Wir appellieren also an ihre Ehre, die in der Treue zu ihrem Blut begründet liegt. Nun stellt sich uns die Frage: Ist die Ehre schon immer das Höchste für den Menschen gewesen? Denken wir an unsere ältesten Vorfahren, die Germanen. Wenn ein Mann gekränkt wurde, verlangte er sofort Genugtuung, um seine Ehre und die seiner Sippe wieder herzustellen. Die Frauen besaßen soviel Stolz, daß sie sich nur mit dem Manne vermählten, der von ihrem Stamm, gesund, kraftvoll und mutig war, und diesem Manne hielten sie die Treue. Wir wissen, daß Frauen, die ›ehrlos‹ handelten, aus der Sippe oder dem Stamm ausgestoßen wurden. Im Verlauf der Geschichte sehen wir, wie Männer oder Völker um ihre Ehre zu kämpfen hatten. Die tiefste Erniedrigung erlitt das deutsche Volk nach dem 1. Weltkrieg. Dem jüdischen Einfluß gelang es, das Ehrgefühl des deutschen Volkes so zu untergraben, daß man es schwer dabei packen konnte. Die Zeit, die dann folgte, zählt wohl zu der traurigsten überhaupt. Wie kann man Freude am Leben haben, wenn einem die höchsten Werte nichts mehr bedeuten?!
Eine entscheidende Veränderung trat erst ein, nachdem Hitler die Führung des Reiches übernommen hatte. Er verstand es, das Volk aufzurütteln, seine Charakterwerte wachzurufen. Durch sein Vorbild, seine Taten und die stetige Arbeit um sein Volk, die Lebenswerte wie Ehre und Treue wieder zu erwecken.
Auch die Treue, von der ich bisher noch nicht sprach, spielt eine große Rolle in unserem Leben. Ohne sie fehlt uns die letzte, tiefe Bindung zur Gemeinschaft. ›Die Treue ist das Mark der Ehre‹ hat Hindenburg gesagt. Kein anderes Wort kennzeichnet mehr die enge Verbundenheit zwischen diesen beiden Begriffen.
Nun gilt es, den Ehr- und Treuebegriff in Beziehung zu unserer Anschauung vom Blut zu bringen. Unser Blut gehört nicht uns allein, sondern es kommt aus unendlichen Zeiten her. Es ist uns von unseren Ahnen gegeben. Wir müssen es weitergeben an unsere Nachkommen. Nur das Beste, Edelste und Stärkste soll weiterleben, darum müssen wir unser Blut hüten und es reinhalten. Um die Erhaltung müssen wir kämpfen. In der Natur finden wir immer wieder Beispiele.

Das Stärkste jeder Art bleibt bestehen und pflanzt sich weiter fort, alles Minderwertige wird ausgemerzt. Es hat Zeiten gegeben, in denen sich die Völker nicht der Heiligkeit ihres Blutes und damit der Aufgabe der Reinerhaltung bewußt waren. So ein Volk ist dann immer dem Untergang geweiht gewesen. Ich denke dabei besonders an die Römer im Altertum und an Frankreich in der heutigen Zeit. Sie vergaßen ihre nationale Ehre und vermischten sich mit anderen Völkern. Diese Gefahr besteht für ein Volk, wenn es entweder zügellos nach einer Niederlage dahinlebt oder sich als Siegermacht mit dem Besiegten einläßt. Der Nationalsozialismus hat ganz klar die Bedeutung des Blutes für unser Volk erkannt und weist immer wieder darauf hin. Es nützt auch nichts, wenn wir das Blut reinhalten, aber am Aussterben sind. Ich denke dabei an das Wort ›Halt Dein Blut rein, es ist nicht nur Dein, es kommt weit her, es fließt weit hin, es ist von 1000 Ahnen schwer und alle Zukunft ruht darin! Halte rein das Kleid Deiner Unsterblichkeit‹.«

(Aus einer Hausarbeit einer 20jährigen BDM-Führerin an der »Akademie für Jugendführung«, 1943; Quelle: Roswitha Paysen, Als ich zwanzig war; Norderstedt 1974)

herrschte die Führerschulung der HJ; auch hier waren die Inhalte und Behandlungsformen der »Weltanschaulichen Schulung« in einem lückenlosen Gefüge zentral (d. h. von der Reichsjugendführung) gesteuerter Schulungszwecke, »Führerdienste« u. ä. vorgeschrieben. Wie sehr das Moment der politischen Auseinandersetzung (wenn auch im Rahmen unbedingt nationalsozialistischer Inhalte!) der Form der Exegese weichen mußte, erweist sich nicht zuletzt am Beispiel der HJ-Publikationen; so wurde etwa das Zentralorgan der HJ bis 1937, die Wochenzeitung »Die HJ« (die zumindest in der Form noch Elemente politischer Auseinandersetzung enthielt –, wenngleich eindeutig nationalsozialistischer Tendenz), von 1938 an in eine Monatszeitschrift »Junge Welt« umgewandelt, die ganz offenbar dieses Stilelement der »Auseinandersetzung« ausschaltete und lediglich weltanschauliche und aktuelle Schulung in der üblichen exegetischen Form zu publizieren hatte.

Leitbilder: Der HJ-Junge, das BDM-Mädel

Fragt man nach den jugendlichen Interessen, Motiven und Gefühlsrichtungen, die durch die HJ angesprochen und beansprucht wurden, so lassen sich einige recht deutliche Kennzeichnungen treffen: Zuerst zu nennen ist die Erziehung zum Aktivismus, die ständige Inanspruchnahme des jugendlichen Betätigungsdranges, die von der HJ gepflegt wurde. Ein führender HJ-Publizist schrieb: »Eine Jugend, die aktivistisch erzogen ist, kann gar nicht anders, als in den Krieg einzutreten mit der unstillbaren Begierde, möglichst viele Aufgaben übertragen zu bekommen«, – eine Äußerung, die übrigens schon darauf hinweist, daß die Erziehung zum Aktivismus ihre Zielsituation gerade im Krieg fand.

Die Forcierung und zugleich »Zähmung« jugendlichen Aktivitätsdranges äußerte sich auch in der permanenten Veranstaltung von Sammlungen und Wettbewerben durch die HJ – gerade die Sammlungen wurden dabei von Schirach ausdrücklich als Arbeitsinhalt der HJ mit den »romantischen Fahrten« der alten Jugendbünde konfrontiert –, und der erwähnte HJ-Publizist schrieb in seinem Aufsatz weiter: »Die HJ ist nicht in Wäldern groß geworden und nicht unter romantischem Himmel, sondern auf den Straßen der Großstadt, im Kampf um die Macht ... Der Waffendienst scheint ihr das einzig erstrebenswerte Ziel.«[32] Der von der HJ gepflegte Aktivismus stand dabei in seiner Praxis in engem Zusammenhang mit Möglichkeiten der Technik und der Motorisierung, die von der HJ vorzugsweise benutzt wurden und die – zumal in ihrer kriegshandwerklichen Erscheinungsform – im Dritten Reich unter der Jugend starke psychologische Prägekraft gewannen. Diesem »Aktivismus« der HJ wurden die »romantische Haltung« des einen Teils und der »diskutierende, zersetzende Intellektualismus« anderer Teile der deutschen Jugendbewegung vor 1933 als verabscheuungswürdige Gegenbilder gegenübergestellt; Hand in Hand mit dieser Erziehung zum Aktivismus ging die Erziehung zum »Kämpferischen« im Sinne des NS und der Ansporn zur »Leistung«. Man kann annehmen, daß der Appell an »Aktivismus« und »kämpferische Haltung« geeignet schien, die tatsächliche Starre des NS- und HJ-Systems durch vordergründige Befriedigung jugendlicher Bedürfnisse nach »Dynamik« zu kaschieren.

Die »Leistungserziehung« der HJ manifestierte sich vor allem in den zahllosen Wettkämpfen der HJ, ihr bezeichnender Ausdruck war das in der HJ enorm ausgebaute System der verschiedensten Leistungsabzeichen; ein in der HJ außerordentlich beliebter Slogan war das Wort von der »Auslese der Tüchtigsten«. An den Wettbewerben und den Leistungsabzeichen der HJ zeigte sich auch das Prinzip der HJ-Führung, berufliche, technische und sportliche Interessen der Jugendlichen in das HJ-System zu integrieren und der Organisation der HJ auf diese Weise eine breite Motivationsbasis zu verschaffen. Der Sport nahm als Mittel zur Realisation der genannten HJ-Erziehungsziele einen ganz wichtigen Platz ein; mit der Linie »Aktivismus-Leistung-Kampf-Sport-Körperertüchtigung« ergab sich zugleich der Zugang zu der grundlegenden NS-Ideologie, nämlich der Rassenlehre bzw. der »biologischen Weltanschauung« des NS. In einer Dissertation eines HJ-Führers über die Aufgaben der NS-Jugendarbeit hieß es: »Die Rassenlehre ist Ausgangspunkt des nationalsozialistischen Erziehungsprogramms, aus ihren Erkenntnissen sind die Folgerungen für die NS-Jugenderziehung zu entnehmen ... Entsprechend dem Willen des Führers ist daher die körperliche Ertüchtigung erste und höchste Pflicht der jungen Generation. Das Streben jedes Jungen muß dahin gehen, bei Sport und Spiel körperlich stärker und vollkommener zu werden. Sein Ehrgeiz soll darauf gerichtet sein, seine gleichaltrigen Kameraden an Gewandtheit und Stärke zu überflügeln. Das Messen der Kräfte bedingt den Kampf, der allein zu einer rassischen Auslese der Besten führt ... Der kämpferische Gedanke ist es also, der den Sport als einzigartiges Erziehungsmittel erscheinen läßt. Nur Kampf und Sieg gibt dem Einzelnen wie auch einem ganzen Volk Stolz und Selbstvertrauen gegenüber seinen Widersachern. Dieses Selbstvertrauen aber muß schon von Kindheit an dem jungen Volksgenossen anerzogen werden. Seine gesamte Erziehung und Ausbildung muß darauf angelegt sein, ihm die Überzeugung zu geben, anderen unbedingt überlegen zu sein. Er muß in seiner körperlichen Kraft und Gewandtheit den Glauben an die Unbesiegbarkeit seines ganzen Volkstums wiedergewinnen. Diese Erziehung zeitigt beim jungen Menschen Auswirkungen: er gewöhnt sich frühzeitig daran, die Überlegenheit des Stärkeren anzuerkennen und sich ihm unterzuordnen.«[33]

Ähnliche Gedankengänge finden sich – zum Teil nahezu wörtlich – auch in Hitlers »Mein Kampf«, ferner bei Schirach und bei dem wichtigsten Vertreter der NS-Erziehungswissenschaft, Ernst Krieck.

Unser Zitat weist schon auf einen weiteren, mit den bisher behandelten Grundzügen der NS-Sozialisation zusammenhängenden Aspekt der erzieherischen Programmatik und Wirklichkeit der HJ hin: auf die Erziehung zu einer bestimmten Art von Selbstbewußtsein, den Appell an den Geltungsdrang der Jugendlichen. Die Funktionen, die den HJ-

Adolf Hitler über die Aufgabe der HJ:

»Ihr müßt nun das in eure Jugend aufnehmen und lernen, was wir dereinst in ganz Deutschland sehen möchten. Wir wissen, es wird nichts im Völkerleben geschenkt. Alles muß erkämpft und erobert werden. Man wird dereinst nicht beherrschen, was man nicht vorher gelernt und sich anerzogen hat. Wir wollen ein Volk sein, und ihr, meine Jugend, sollt dieses Volk nun werden.

Wir wollen einst keine Klassen und Stände mehr sehen, und ihr dürft schon in euch diesen Klassendünkel nicht groß werden lassen!

Wir wollen einst ein Reich sehen, und ihr müßt euch dafür schon erziehen in einer Organisation!

Wir wollen einst, daß dieses Volk treu ist, und ihr müßt diese Treue lernen!

Wir wollen, daß dieses Volk einst gehorsam ist, und ihr müßt euch in Gehorsam üben!

Wir wollen, daß das Volk friedliebend, aber auch tapfer ist, und ihr müßt deshalb friedfertig sein und mutig zugleich!

Wir wollen, daß dieses Volk einst nicht verweichlicht wird, sondern daß es hart sei, daß es den Unbilden des menschlichen Lebens Widerstand zu leisten vermag, und ihr müßt euch in der Jugend dafür stählen!

Ihr müßt lernen, hart zu sein, Entbehrungen auf euch zu nehmen, ohne jemals zusammenzubrechen!

Wir wollen, daß dieses Volk dereinst wieder ehrliebend wird, und ihr müßt euch schon in den jüngsten Jahren zu diesem Begriff der Ehre bekennen!

Wir wollen aber, daß ihr einst auch wieder ein stolzes Volk werdet, und ihr müßt in eurer Jugend in einem wehrhaften Stolz leben, müßt stolz sein als Junggenossen eines stolzen Volkes, auf daß dereinst eurer Jugendstolz zum Stolz der Nation wird.

Alles, was wir vom Deutschland der Zukunft fordern, das, Jungen und Mädchen, verlangen wir von euch. Das müßt ihr üben, und das müßt ihr damit der Zukunft geben. Denn was immer wir auch heute schaffen und was wir tun, wir werden vergehen.

Aber in euch wird Deutschland weiterleben, und wenn von uns nichts mehr übrig sein wird, dann werdet ihr die Fahne, die wir einst aus dem Nichts herausgeholt haben, in euren Fäusten halten müssen.

Und ihr müßt daher feststehen auf dem Boden eurer Erde und ihr müßt hart sein, auf daß euch diese Fahne nie entfällt, und dann mag nach euch wieder Generation um Generation kommen, und ihr könnt von ihr dasselbe fordern und verlangen, daß sie so wird, wie ihr gewesen seid.

Und dann blickt auf euch auch Deutschland mit Stolz, uns allen geht das Herz über vor Freude, wenn wir euch sehen und wir in euch das Unterpfand erblicken können, daß unsere Arbeit nicht umsonst gewesen ist, sondern daß sie fruchtbringend wird für unser Volk.

Dann erfaßt uns alle das stolze Glück, in euch die Vollendung unserer Arbeit sehen zu können, und damit das Bewußtsein, daß die Millionen des großen Krieges, die zahlreichen Kameraden unter uns, nicht umsonst ihr Opfer für Deutschland gebracht haben, daß uns in allem am Ende doch ersteht wieder ein einiges, freies, stolzes, ehrliebendes Volk.

Ihr könnt nicht anders sein als mit uns verbunden, und wenn die großen Kolonnen unserer Bewegung heute singend durch Deutschland marschieren, dann weiß ich, ihr schließt euch den Kolonnen an, und wir wissen alle: Vor uns liegt Deutschland, in uns marschiert Deutschland, und hinter uns kommt Deutschland!«

(Rede auf dem Reichsparteitag Nürnberg 1934, dem »Parteitag der Einheit«)

Einheiten übertragen wurden, die Rolle, die die HJ im öffentlichen Leben der NS-Zeit spielte, das Gewicht, das ihr von der NS-Führung beigemessen wurde und schließlich auch die (zwar nicht inhaltliche, aber doch formale) Machtposition selbst der jüngsten HJ-Führer, – all das war durchaus imstande, den Jugendlichen im Dritten Reich ein bis dahin nicht gekanntes Selbstbewußtsein besonderer Art zu vermitteln, sofern sie sich mit der HJ identifizierten. Hinzu kam die Möglichkeit, sich nicht nur nach außen hin und gegenüber der Erwachsenenwelt, sondern auch unter Gleichaltrigen Geltung zu verschaffen – so etwa durch die Erlangung von Kommando-Positionen und Beförderungen in der HJ-Organisation, innerhalb eines Erziehungsraumes also, der Teil des damaligen Staates war.

Die HJ kam solchen Motiven durch das von ihr sehr intensiv und ausgiebig entwickelte System der Rangstufen, Beförderungen, Rangabzeichen usw. tunlichst entgegen. Auch hier ist wieder die kompensatorische Funktion dieser Möglichkeiten zu beachten: Das so forcierte Selbstbewußtsein und das auf diese Weise befriedigte Geltungsbedürfnis dienten dazu, über die – bei genauerer Betrachtung evidente – Abhängigkeit und Unselbständigkeit der Jugend im System des Dritten Reiches und der HJ hinwegzutäuschen. Es kann kein Zweifel daran sein, daß diese für das HJ-System bezeichnenden Appelle (die Beanspruchungen des Tätigkeitsdranges, des Leistungsbedürfnisses, des Geltungsstrebens und des jugendlichen Dranges nach Selbstbestätigung) entwicklungspsychologisch wesentliche Gegebenheiten und Motivationen jener Altersstufe, die von der HJ erfaßt wurde, aufgreifen und vordergründig befriedigen konnten.

Die Jugendarbeit, wie sie bis 1933 in Deutschland bestand, hatte sich – angeregt vor allem durch die Jugendbewegung – einen eigenen pädagogischen Raum geschaffen, in dem einige pädagogische Prinzipien und Mittel nahezu in sämtlichen Jugendverbänden gleiche Gültigkeit hatten, so vor allem die Erziehung zur Selbsttätigkeit, die Gemeinschaftserziehung (Gruppenerziehung), die Erziehung durch Gespräch und Aussprache, die Erziehung durch Fahrt und Lager – und manche anderen Erziehungsmittel, die man unter dem Begriff der »Erziehung am Erlebnis« zusammenfassen könnte. Es wurde schon darauf hingewiesen, daß die HJ die meisten ihrer Arbeitsformen aus Bünden der freien Jugendbewegung übernahm; wir hatten allerdings auch am Exempel der »Gruppe« gesehen, daß trotz der Übereinstimmung in der Form die erzieherische Wirklichkeit in der HJ mit der der alten Bünde kaum etwas zu tun hatte. Die Charakterisierung der HJ-Einheit und der Vergleich mit der »Gruppe« in der Jugendarbeit vor 1933 geben uns eine Antwort auf die Frage, inwieweit in der HJ noch von einer »Gemeinschaftserziehung« im Sinne der einstigen Jugendbünde die Rede sein konnte. Die HJ hatte an die Stelle der freiwilligen Zuordnung zu einer Gruppe als einem Raum eigener Gestaltung die Zwangseinziehung in eine »Einheit« gesetzt, deren Inhalte und Formen in völliger Abhängigkeit von der zentralen Führung standen. Gleichwohl verzichtete die HJ keineswegs auf den Appell an »Kameradschaftlichkeit« und an gemeinsame Leistung: im Gegenteil wurde die Erziehung zur »Einheitsleistung« und zum »Einheits-Kampfwillen« von der HJ – so etwa beim Gelände- und Wehrsport – stark hervorgehoben.

Einzelne Elemente der Gemeinschaftserziehung der früheren Jugendgruppen spielten in den HJ-Einheiten eine große Rolle, allerdings wurden sie jederzeit in ihrer Abhängigkeit vom Organisationszweck der HJ gesehen und von diesem auch gegebenenfalls außer Kraft gesetzt; zusammen mit der Erziehung der HJ zum Militärisch-Zuchtmäßigen, zur Formal- und Einheitsdisziplin dienten sie dazu, in der HJ so etwas wie »Truppengeist« zu gewährleisten – ein Erziehungsziel, das in seiner Durchführung zwar pädagogisiert sein mag, das man aber gewiß nicht als eine pädagogische Kategorie ansehen kann.

Die Erziehung in Aussprache und Gespräch – für die Jugendgruppen bis 1933 eine der wesentlichen Erscheinungen – hatte, wie schon unsere Darstellung der »Schulung« in der HJ zeigte, in der NS-Jugenderziehung keinen legalen Platz mehr. Ein wenig anders stand es um die »Erziehung am Erlebnis«. Die Veranstaltung von Lagern und Fahrten und die Benutzung von erzieherischen Möglichkeiten, die mit diesen Arbeitsformen verbunden sind, nahmen in der HJ großen Raum ein, sie wurden stark systematisiert und unter Beibehaltung vieler Äußerlichkeiten der früheren Jugendbewegung von einer freien Erlebnis- und Selbsterziehungschance in eine zentral dirigierte und kontrollierte Dressur umgewandelt; bezeichnend hierfür war die zielstrebige Zurückdrängung der »Fahrt« der kleinen Gruppe zugunsten des Massenlagers in der HJ, ebenso der Schritt von der »einfachen Lebensform« (wie sie in den Jugendbünden üblich war) zur »Härte« im Dienst einer militärähnlichen Zucht. Immerhin behielten manche dieser Arbeitsformen durch die Restbestände früherer Inhalte, die die HJ noch duldete, erhebliche Anziehungskraft auf Jugendliche; sie waren freilich nunmehr Instrumente, die nach den Organisationszwecken der HJ eingebaut, umgewandelt, fallengelassen und durch andere Mittel ersetzt werden konnten.

Insofern ist es völlig richtig, wenn ehemalige Führer (etwa bündischer) Jugendverbände von vor 1933 äußerten, daß die HJ die Formen der Jugendbewegung »pervertiert« habe; wenn auch zwischen den Einheiten der HJ und ihrer Betätigung und dem Leben bündischer Jugendgruppen viele Gemeinsamkeiten feststellbar sind, so war doch die pädagogische Bedeutung dieser Gegebenheiten in der HJ eine gänzlich andere als in den Jugendbünden.

K. O. Paetel schrieb hierzu: »Es ist nicht so, daß mit der Omnipotenz der totalen Partei pädagogische Impulse außer Kraft gesetzt wurden; aber sie wurden relativiert, sie wurden zugeordnet der einzigen politischen Realität der NS-Partei.«[34]

Wenn man das »Muster« des HJ-Jungen und des BDM-Mädchens beschreiben will, d. h. des Jugendlichen, wie er am ehesten den Intentionen der HJ-Erziehung entsprach, so läßt sich der Typus des HJ-Jungen folgendermaßen charakterisieren: Es war der äußerlich aktivierte und leicht aktivierbare, körperlich leistungsfähige, beruflich tüchtige, an Organisationsdisziplin gewöhnte Junge, der – von der Formaldisziplin bis zur Ideologie – an die Einhaltung der von der Organisation gelieferten Normen sich unreflektiert binden, Initiative nur im Rahmen dieser Normen entfalten und sein Selbstgefühl auf die Stellung seiner Organisation und seine Position innerhalb derselben beziehen sollte, – der zugleich weder mit dem Typ des (von der HJ so genannten) »romantischen« oder »intellektualisiert-problematischen« Jugendlichen früherer Jugendbünde, noch mit dem »sozialrevolutionären« und politisch-aktiven Typ verschiedener Jugendorganisationen (und zum Teil auch der HJ selbst) vor 1933 etwas gemeinsam hatte. Es ist interessant, daß die Prägung dieses HJ-Typs bis in den äußeren Habitus ging und dies auch der HJ-Führung durchaus bewußt war; so wurden z. B. in

Selbstbild des BDM

»Der Bund Deutscher Mädel, heute der größte Mädelbund der Welt, ist nur aus dem Nationalsozialismus heraus zu verstehen. Die alte Jugendbewegung, gleichgültig ob wir jetzt an Jungen- oder Mädelbewegung denken, entstand um die Wende des 20. Jahrhunderts aus einer Opposition; Opposition gegen die enge, bürgerliche, kleinliche Welt, gegen die materialistische Zeitauffassung. So wie die ganze Zeit unschöpferisch war und keinen eigenen Stil besaß, so finden wir auch in der Jugendbewegung keine eigentliche Idee.

Wertvolle Menschen fanden sich oft zusammen. Sie vergaßen aber, daß nicht die Opposition das Primäre sein darf, sondern daß nur eine stärkere Idee Altes überwinden und neue Werte schaffen kann. So verloren sie sich oft in romantischen Träumereien und Diskussionen am Lagerfeuer ...

Die erste und einzige Jugendbewegung, die erkannt hat, daß der Tod von zwei Millionen Soldaten im Weltkrieg eine Verpflichtung bedeutet, war die Hitler-Jugend; die Verpflichtung bedeutet: der Idee Deutschland zu dienen durch die Tat.

Sie wußte, daß die Jugend nicht das Recht zu Kritik und Opposition besitzt, sondern daß sie die verantwortlichste Aufgabe trägt, die Zukunft des Volkes ...

Schon in der Kampfzeit tritt der Unterschied, auch bei den Mädeln, gegenüber den alten Jugendbünden klar hervor. Hier war die Idee zuerst da, die Idee Deutschland, die sie mit einer Notwendigkeit in ihren Bann zwang ...

Daß die Hitler-Jugend heute die stärkste Jugendorganisation der Welt ist, ist nur zu verstehen, wenn wir wissen, daß unser Ausgangspunkt Adolf Hitler ist. Wir wissen heute alle, daß Männer und Frauen – und Jungen und Mädel zusammen erst das Volk ausmachen, und daß jeder seine Pflicht seiner Art gemäß im Volk zu erfüllen hat. Die Jungen werden zu politischen Soldaten und die Mädel zu starken und tapferen Frauen erzogen, die diesen politischen Soldaten Kameradinnen sein sollen – und unsere nationalsozialistische Weltanschauung später in ihrer Familie als Frauen und Mütter leben und gestalten – und so wieder großziehen eine neue Generation der Härte und des Stolzes.

Wir wollen darum bewußt politische Mädel formen. Das bedeutet nicht: Frauen, die später in Parlamenten debattieren oder diskutieren, sondern Mädel und Frauen, die um die Lebensnotwendigkeiten des deutschen Volkes wissen und dementsprechend handeln.«

(Dr. Jutta Rüdiger, BDM-Reichsreferentin, Berlin 1939; Quelle: Paul Meier-Benneckenstein, Das Dritte Reich im Aufbau, Bd. 2; Berlin 1939)

Anweisungen für die Kontrolltätigkeit des Streifendienstes der HJ die äußeren Merkmale des zu beobachtenden und zu verfolgenden »Gegentyps« geschildert und anhand von Fotomaterial illustriert.
Der Typ des BDM-Mädchens war in einigem modifiziert. Der biologische Anspruch hatte auch hier den Primat; das Grundthema der BDM-Erziehung war die Synthese von körperlicher und hauswirtschaftlicher Ertüchtigung. Die »Gegen-Bilder« des BDM-Mädels waren erklärtermaßen die »junge Dame«, das »Sport-Girl« und das »Wandervogel-Mädel«; größtes Gewicht wurde in der BDM-Erziehung auf die künftige »Mutter-Funktion« des BDM-Mädchens im Rahmen der »völkischen Erneuerung« gelegt.
Allerdings erfuhr die BDM-Arbeit durch eine bestimmte Art von »Kulturpflege« eine größere Auflockerung als der Jungendienstbetrieb der HJ, eine Tatsache, die auf den Typus des BDM-Mädchens nicht ohne Wirkung blieb. Dies besagt jedoch nicht, daß es gelungen wäre, die uniforme Grundlage der BDM-Arbeit (und die daraus entstehende Typologie) wesentlich zu durchbrechen; der Kern der BDM-Arbeit blieb die »Mutter«- und »Einsatz-Erziehung« im Dienste des NS-Regimes. Ein HJ-Theoretiker beschrieb die Funktion des BDM wie folgt: »Die intensiv betriebene Körperschulung des BDM ist in vielen Teilen Deutschlands ein nahezu revolutionäres Ereignis geworden ... In der Gesundheit unserer Frauen und Mütter liegt das ewige Leben unseres Volkes begründet. Der Erziehungsarbeit des BDM kommt die Aufgabe zu, den Zucht- und Auslese-Gedanken der gesamten weiblichen Jugend zu Bewußtsein zu bringen. Der Typ der deutschen Frau tritt ergänzend neben den Typ des deutschen Mannes, ihre Vereinigung bedeutet die rassische Wiedergeburt unseres Volkes.«[35]

Jugend von Jugend geführt?

Der Nationalsozialismus hat sich, zumal in den Jahren vor und in den ersten Jahren nach 1933, wie keine andere gleichzeitige politische Bewegung den Charakter der »Jugendlichkeit« zugesprochen und hat in seinem Agitationsstil größten Wert auf Formen gelegt, die diesen Anspruch auf »Jugendlichkeit« zu stützen geeignet schienen; zum anderen haben verschiedene Autoren nach 1945 den Nationalsozialismus als wesentlich von einem Generationsgegensatz getragen zu interpre-

tieren versucht. So hieß es z. B. 1946 bei dem Publizisten Rudolf Schneider-Schelde: »Hitlers Sache war die Sache der Jugend, – Hitler war Repräsentant der Jugend und ihrer Revolution.«[36] Ein Generationsproblem als eine Art Spannung zwischen den jeweils gesellschaftlich etablierten Erwachsenengenerationen und der nachrückenden Generation der Jüngeren kann in der modernen Gesellschaft als eine sozialpsychische Konstante angesehen werden, die aus der Notwendigkeit für die Einzelnen der Jüngerengeneration resultiert, sich einen geistigen, sozialen und gesellschaftlichen Standort zu verschaffen. Allerdings handelt es sich hier um eine Erscheinung, deren Konstanz auf recht wenige Züge beschränkt ist, die im übrigen aber in ihrem Ausmaß, ihrer Erscheinungsform und ihrem Inhalt außerordentlich variabel ist. Wie schon die Pubertät des einzelnen jungen Menschen über relativ wenige invariable Züge des körperlichen Reifungsprozesses hinaus in ihrem konkreten Auftreten, ihrer Dauer und ihren Erscheinungsformen von den jeweiligen sozial-historischen und kulturellen Umständen abhängig ist, so wird in noch weit höherem Maße ein Generationsproblem – also die Frage, ob eine Generationenspannung zu typischen Verhaltensweisen, einem Generations-Bewußtsein und »innovativen« Tendenzen der entsprechenden Generation führt – von den jeweiligen sozialhistorischen Umständen und insbesondere von der jeweiligen gesellschaftlichen Problematik abhängig – und damit zugleich für diese Problematik symptomatisch sein.
Die zunächst individualpsychisch begründete Mobilität der Jugendlichen wird unter bestimmten Umständen die Neigung zeigen, mit gesellschaftlich-mobilen Kräften zu koaliieren und dieserart generationstypische Verhaltensweisen hervorzubringen; von hierher wird es verständlich, daß – wiederum unter bestimmten Voraussetzungen – Jugend als Generation oft genug den Raum für eine Hoffnung auf gesellschaftliche Erneuerung abgibt (man denke etwa an Fichte, Wyneken u. a.), und andererseits die Jugend als Generation ihren Protest gegen bestimmte gesellschaftliche Tatbestände mit dem Protest gegen die »alte Generation« an sich identifiziert. Es leuchtet ein, daß eine solche »Aufwertung« der jungen Generation zu einer gesellschaftlichen Regenerationschance in der Regel eine akute gesellschaftliche Problemsituation zur Voraussetzung hat, was freilich nicht besagt, daß in einer solchen Situation unter allen Umständen eine Generationsproblematik zutage träte.
Recht aufschlußreich ist in dieser Hinsicht der Unterschied zwischen dem Generationsbewußtsein der bürgerlichen Jugendbewegung und dem der Arbeiterjugendbewegung in Deutschland vor 1920. Während

in den Jahren von 1900 bis 1920 die bürgerliche Jugendbewegung durchweg von einem starken Aufbegehren gegen die Erwachsenengeneration als solche gekennzeichnet war, fehlte diese Protesthaltung generationsspezifischer Art bei der Arbeiterjugendbewegung vor 1920 weitgehend auch dort, wo diese ansonsten bereits Verhaltensweisen, Gruppenformen und Stilelemente der bürgerlichen Jugendbewegung übernommen hatte, – ein Anzeichen dafür, daß das Generationsbewußtsein nicht nur von der jeweiligen Gesellschaftsstruktur, sondern auch von der Herkunftsschicht innerhalb ein und derselben Gesellschaft abhängig ist. Eine Art Generationenspannung innerhalb der Arbeiterbewegung Deutschlands läßt sich hingegen für die Jahre nach dem ersten Weltkrieg bzw. nach 1920 sehr wohl feststellen; sie ging hier überein mit bestimmten inhaltlich-politischen Gegensätzlichkeiten im Raum der Arbeiterbewegung überhaupt. Eine Parallele hierzu gaben Erscheinungen innerhalb des deutschen Katholizismus ab; auch hier hatten »progressive« Richtungen in den Jahren von 1918 bis 1930 zumal in der katholischen Jugend Anhang finden können.[37]
Für nahezu sämtliche Jugendverbände (die politischen Organisationen so gut wie die konfessionellen und freien Jugendbünde) in der Zeit der Weimarer Republik läßt sich sagen, daß sie generationsspezifische, von Gegensätzen zu den jeweiligen Erwachsenengruppen oder zur Erwachsenengeneration überhaupt bestimmte Verhaltensweisen zeigten und solcherart »Jugendbewußtsein« offensiv vertraten.
Man muß diese Situation sehen, wenn man die Erfolge erklären will, die der Nationalsozialismus mit seinem Anspruch auf »Jugendlichkeit« seiner Ideologie, seiner Politik und seiner politischen Formen, sowie mit seiner Berücksichtigung jugendspezifischer Motivationen und Reaktionsweisen verzeichnen konnte. So hatte sich der NS und so hatte sich zumal die HJ in den Jahren bis 1933 vorhandene Generationsspannungen und Elemente eines Generationsbewußtseins der »Jungen« (dem oft eine recht unklare und ressentimentgeladene Tendenz gegen das »System von Weimar« als Verkörperung und Wirkungsfeld der »Alten« innewohnte) nach Möglichkeit zunutze gemacht; auch für den Aufbau und Zuwachs der HJ in den ersten Jahren nach 1933 war dieses vor allem bei der bürgerlichen Jugend weithin herrschende Gefühl einer »Einheit der jungen Generation« unter dem Aspekt eines Gegensatzes zu den »Alten« von erheblichem Stellenwert.
Allerdings lassen sich schon bald nach der Machtübernahme und mehr noch in der Zeit ab 1935 Bemühungen der HJ-Führung erkennen, bestimmte Seiten des Generationsbewußtseins und Sonderansprüche der

»Jungen Generation«, wie sie bis dahin vorhanden gewesen waren, zu liquidieren; in HJ-Publikationen der Jahre 1934/35 wurde vielfach scharf gegen »jugendliches Opponieren« Stellung bezogen, die Jugendbewegung als Generationsbewegung für tot erklärt und die Einheit der Generationen im Dritten Reich betont. Aus Anlaß der Verkündung des HJ-Gesetzes von 1936 erklärte Schirach: »Der Gegensatz der Generationen ist heute überwunden. Und das ist gut so. Denn Jugendbewegungen haben nur insoweit Daseinsberechtigung, als sie fähig sind, ihre Tätigkeit für den Staat positiv zu gestalten. Sie sind nicht berechtigt als Organisationen unreifer oppositioneller Kräfte gegen die Führung ihrer völkischen Gemeinschaft.«[38]

Während die HJ-Führung so auf der einen Seite jugendliches Opponieren auszuschalten trachtete, blieb andererseits ein »Jugendbewußtsein« ganz bestimmter Art doch wesentlicher Teil der HJ-Ideologie und des HJ-Systems; derart nämlich, daß ein Gegensatzgefühl zur »Reaktion« (der »Alten«) als bloßes Aktivierungsmittel gegenüber jeweils auftauchenden gegnerischen Positionen benutzt wurde. Verständlicherweise konnte auch der Appell an die »Junge Generation« innerhalb der HJ nicht ganz so schnell abgebaut werden wie sonst innerhalb der NS-Propaganda – so wie auch die soziale Demagogie in der HJ länger eine Rolle spielte als in den übrigen NS-Organisationen.

Von großer Bedeutung ist in diesem Zusammenhang, daß die HJ, wie schon dargestellt wurde, die Einsatz- und Verantwortungsmöglichkeiten junger Menschen, vordergründig betrachtet, enorm steigerte. (Man denke an das Prinzip »Jugend soll von Jugend geführt werden«, an das Gewicht der HJ-Führungspositionen in der Öffentlichkeit von Partei und Staat und anderes mehr). Ebenso wurde das Selbstbewußtsein der Jugend – wiederum vordergründig betrachtet – durch bestimmte Eigenschaften des HJ-Systems außerordentlich forciert. Die Möglichkeit für Jugendliche im Dritten Reich, weit eher und in weit höherem Maße (geliehene) Macht auszuüben denn jemals vorher, wurde schon 1947 von Theodor Litt konstatiert, der schrieb: »Jugend hätte nicht Jugend sein müssen, um nicht das Hochgefühl der neuen Verfügungsgewalt mit Wonne auszukosten ... Und als die Wellen der ersten Erregung abgeebbt waren, da blieb es doch bei einem System der organisierten Überwachung, das die Jungen als Aufseher, Ankläger und Richter über die Älteren setzte ...«[39] Litt hat freilich auch erkannt, daß zumindest die psychologischen Wirkungen dieser Möglichkeiten, wenn nicht sogar die Möglichkeiten selbst, im weiteren Verlaufe der NS-Jahre erheblich zurückgingen.

So hatte also die HJ an das Generationsbewußtsein und an die Opposition der »Jungen« appelliert, hatte später derartige Regungen weitgehend auszuschalten versucht und an ihre Stelle die Steigerung und Verbreiterung der Verfügungs- und Funktionsbereiche der Jugend gesetzt und durch ein – offenbar bewußtes – Arrangement organisatorischer Möglichkeiten institutionalisiert; die Folge davon war, daß jedenfalls das Generationsbewußtsein der Jungen zunächst von der HJ und vom NS größtenteils aufgefangen und integriert und der Versuch unternommen werden konnte, dieses Jugendbewußtsein zu einem bloßen und institutionalisierten Mittel umzuwandeln und so zugleich Generationenkonflikte als Entstehungsfeld und »Übersetzung« NS-gegnerischer Tendenzen zu verhindern. Ob freilich die Erhaltung des »Jugendbewußtseins« als eines für den NS wertvollen Instruments in den späteren Jahren des Dritten Reiches noch durchweg gelungen ist, kann mit gutem Grund bezweifelt werden; als Effekt der von uns bis hierhier geschilderten Entwicklung läßt sich wohl eher die Auflösung des Bewußtseins einer »Jungen Generation« als spezifischer und inhaltlich bestimmter Einheit und die weitgehende Verwischung der sozialpsychischen Generationsgrenzen im Verlaufe des Dritten Reiches feststellen. Hierzu beigetragen hat vermutlich auch, daß das HJ-System jegliche Trennung von »Jugendarbeit« (als einer wesentlich von der Initiative der Jugendlichen selbst getragenen Erscheinung), von »Jugendpflege« (der Wahrnehmung von Aufgaben der Jugendbetreuung, des Jugendschutzes, der Jugendsozialarbeit usw.) und von »Jugendpolitik« (als der Vertretung der politischen Interessen der jeweiligen Erwachsenengruppe im Felde der jungen Generation) ausschloß, – eine Eigenschaft, die dem totalen Charakter der HJ außerordentlich zugute kommen mußte, die aber einer Entwicklung von jugendlichem Generationsbewußtsein im Wege stand.

HJ und »Sozialismus«

In ihren Selbstdarstellungen hob die HJ stets hervor, daß sie in den Jahren bis 1933 als »Arbeiterjugend« groß geworden sei – eine Auffassung, die z. B. in Schenzingers Buch »Hitlerjunge Quex« ihren literarischen Ausdruck fand. In der Tat entstammten die HJ-Mitglieder der sogenannten »Kampfzeit« von 1926 bis 1933 vorwiegend einem proletarisiertem Milieu. Demselben Milieu gehörte offenbar auch ein großer Teil der damaligen HJ-Führerschaft an.

Aus unserer Darstellung der historischen Entwicklung der HJ ging hervor, daß vor der Vereinigung der verschiedenen nationalsozialistischen Jugendorganisationen zu einem einheitlichen Verband das Schwergewicht der NS-Jugendarbeit bei der damaligen eigentlichen HJ lag, die sich als »Bund deutscher Arbeiterjugend« bezeichnete und auch in dementsprechenden Sozialformen arbeitete, während der NS-Schülerbund demgegenüber – zahlenmäßig wie auch seinem Rang in dem Gefüge des NS nach – viel weniger gewichtig war.

Als einigermaßen gesicherte Feststellung kann gelten, daß dieser vorwiegend »werktätige« Charakter der Kampfzeit-HJ einen spezifischen Akzent hatte: das Schwergewicht lag nämlich einerseits bei Jugendlichen aus den proletarisierten Mittelschichten (kleinen Angestellten, Kleingewerbetreibenden, Kaufleuten u. ä.) und andererseits bei Jugendlichen ohne Lehrstelle bzw. Arbeitsverhältnis.[40]

Die Machtergreifung 1933 und die ihr folgende Umwandlung der HJ veränderten deren soziale Zusammensetzung grundlegend. Mit der Übernahme anderer Jugendverbände und -Gruppen, vor allem der nationalen Jugendorganisationen, der Sportjugend und der bündischen Jugend, wurde ein starker Einbruch in die besser situierten Mittelschichten und nicht zuletzt in die mittlere und höhere Beamtenschaft erzielt (deren Kinder vorwiegend in den genannten Organisationen zu finden waren). Die rasche Ausbreitung der HJ, die Übernahme anderer Institutionen und Bereiche der Jugendarbeit und vollends die Einführung der Jugenddienstpflicht machen schließlich für die Folgejahre eine soziale Analyse der HJ-Mitgliedschaft überflüssig, da die HJ zumindest in den jüngeren Jahrgängen nahezu restlos alle Jugendlichen umfaßte und somit in ihrer Zusammensetzung der Sozialgliederung des deutschen Volkes überhaupt entsprach.

Bemerkenswert ist allerdings, daß das Deutsche Jungvolk, also die Organisation der 10–14jährigen, in den ersten Jahren nach 1933 – den Jahren einer noch relativ großen Freiwilligkeit der HJ-Mitgliedschaft – weit eher und weit mehr den Zuspruch der höheren Schüler fand als die eigentliche HJ der 14–18jährigen, und daß auch in den späteren Jahren der Zwangsmitgliedschaft die höheren Schüler offenbar zumeist die Tätigkeit als Jungvolk-Führer der als HJ-Führer vorzuziehen geneigt waren. Diese Tatsache hängt zweifellos zu einem guten Teil mit der partiellen Sonderrolle des DJ zusammen. Weiterhin sind Anzeichen dafür vorhanden, daß sich Jugendliche »gehobener« Schichten und höhere Schüler vorzugsweise in bestimmten Sondereinheiten der HJ zu konzentrieren suchten (etwa Flieger- oder Marine-HJ), wobei die Wahl der jeweiligen Sondereinheit offenbar je nach den lokalen Führungsverhältnissen unterschiedlich war. Jedenfalls ist in dieser Beziehung eine Tendenz zu Absonderung bestimmter sozialer Schichten zu vermuten, die freilich im Unterschied zu der Sonderrolle des Jungvolks kaum zur Entwicklung oder Bewahrung eines eigenen Arbeitsstils und pädagogischer Sonderpositionen hinneigte.

Über die berufliche Zusammensetzung der HJ-Führerschaft im Jahre 1939 sind folgende Angaben veröffentlicht: 16 % der Führerschaft waren Schüler, 5,9 % Studenten, 3,4 % landwirtschaftliche, 8,7 % technische, 25,5 % kaufmännische Berufe, 20,9 % Jungarbeiter, 5,4 % Lehrer, 11,3 % »Sonstige«, 2,5 % ohne Beruf.[41]

Zu beachten ist hierbei der – verglichen mit Jugendbünden vor 1933 – nicht übermäßig hohe Prozentsatz von Schülern und Studenten, die in Führungspositionen tätig waren, ferner der relativ hohe Prozentsatz von Führungskräften aus kaufmännischen Berufen; der Anteil der Jungarbeiter war zwar nicht übermäßig hoch, aber doch recht beachtlich. Gleichwohl ist diese einzelne statistische Angabe nicht allzu aufschlußreich. Kennzeichnender scheint mir die – einhellig festgestellte – Tatsache, daß ein Großteil der aus proletarisiertem Milieu stammenden und die HJ in den Jahren bis 1933 weitgehend bestimmenden Führertypen der »Kampfzeit« nach 1933 entweder ausgeschieden oder aber in einflußlose Randstellungen und fiktive Führungspositionen zurückgedrängt wurde.

Diese Tatsache, ergänzt um die Feststellung, daß gleichwohl nach 1933 die HJ-Führerschaft nicht eigentlich von Jugendlichen aus »gehobenen« Schichten bestimmt war, ergänzt schließlich auch noch durch die Angabe von 25,5 % »kaufmännischen Berufen« in der HJ-Führerschaft um 1939, dürfte einige – wenn auch vorsichtige – Rückschlüsse auf den vorherrschenden sozialen Standort großer Teile der HJ-Führerschaft in der späteren Phase der HJ nahelegen:

Allem Anschein nach hat seit der »Verstaatlichung« der HJ sich die HJ-Führerschaft zu einem wesentlichen Teil aus Jugendlichen bestimmter Mittelschichten und ihnen adäquaten Berufen zusammengesetzt, die sich aber von den Typen der eigentlich deklassierten Mittelschichten (die vor 1933 vorwiegend in der HJ zu finden waren und die zum Teil auch aufgrund der Härte ihrer sozialen Lage zu sozialrevolutionären Gedankengängen tendierten) mehr und mehr abgrenzten. Ein Erfahrungsbericht aus der HJ-Zeit notiert: »Welche sozialen Gruppen und Typen machten den Schwerpunkt der oberen HJ-Führerschaft aus? Hier vollzog sich in der Zeit von 1934 bis 1936 eine sichtliche

Wandlung. Waren vor und bis 1936 noch weitgehend die ›Arbeiterjugendführer‹ aus der Kampfzeit – autodidakt geschulte Arbeiter, Bauernjungen, ferner Werkstudenten und aus bürgerlichen Kreisen ausgestoßene Persönlichkeiten – im hauptamtlichen Dienst der HJ tätig, so setzte etwa um diese Zeit eine Entwicklung ein, die zum ›Berufsbild‹ des HJ-Führers (mit Akademie- und Auslandsschulung) hinführen sollte. Der Anteil der Abiturienten und Akademiker innerhalb des HJ-Führerkorps wird größer, HJ-Führer zu sein ist salonfähig geworden. Das Führerkorps der Bann- und Jungbannführer dürfte sich seit 1936 zu mehr als 50 % aus gut-bürgerlichen Kreisen rekrutiert haben. Jedoch sind hier nur Schätzungen aufgrund persönlicher Eindrücke möglich. In der Jungvolkführerschaft war von jeher das Element des ›höheren Schülers‹ stärker vertreten als in der HJ. Eine grobe Schätzung dürfte für die Zusammensetzung des HJ-Führerkorps ab Bannführer etwa folgendes Bild ergeben: 25 % Arbeiter, Bauern und Berufslose (die »Revolutionären«), 25 % Akademiker und Studenten, 50 % gut-bürgerlicher Mittelstand. Mit den zunehmenden Anforderungen an den ›Beruf des Jugendführers‹ bestand die Tendenz, die ›revolutionären‹ Typen in Verwaltungsposten, z. B. als Leiter von Erholungsheimen, abzudrängen oder aber diese an die NSDAP oder NSV (DAF-Jugendwalter) abzugeben.«[42]

Die HJ beanspruchte für sich, »Tat gewordener Sozialismus« zu sein. Ohne Zweifel wurde auf den vorgeblich sozialistischen Gehalt des NS in der HJ stärkeres und wesentlich länger Gewicht gelegt als in anderen Parteigliederungen oder der Parteiorganisation selbst.

Die Bedeutung der sozialen Demagogie für die Machtergreifung des NS ist bekannt; es scheint nach der Analyse des Habitus, der Publikationen und der propagandistischen Slogans der HJ gewiß zu sein, daß die Inanspruchnahme sozialrevolutionärer Motive und die Verwendung sozialrevolutionären Pathos und dementsprechender Formen und Verhaltensweisen, sowie die Aggressivität gegenüber der sogenannten »Reaktion«, innerhalb der HJ der »Kampfzeit« und – in mancher Beziehung modifiziert – auch noch über den Zeitpunkt der Machtergreifung hinaus eine weit bedeutsamere Rolle gespielt haben als irgendwo sonst innerhalb der NS-Verbände.

Selbst Schirach bedachte in seinem programmatischen Buch »Die Hitlerjugend« das Thema »Jugend und Sozialismus« mit einem eigenen Kapitel. Dort hieß es u. a.: »Eine einzige Fahne flattert der HJ voran. Der Millionärssohn und der Arbeitersohn tragen ein und dieselbe Uniform. Denn allein die Jugend ist in diesem Sinne vorurteilsfrei und einer echten Gemeinschaft fähig, ja, Jugend ist Sozialismus.«[43]

Aufgaben der Schulen im NS

»Die Volksschule hat nicht die Aufgabe, vielerlei Kenntnisse zum Nutzen des einzelnen zu vermitteln. Sie hat alle Kräfte der Jugend für den Dienst an Volk und Staat zu entwickeln und nutzbar zu machen. In ihrem Unterricht hat daher nur der Stoff Raum, der zur Erreichung dieses Ziels erforderlich ist. Sie muß sich daher von all den Stoffen frei machen, die auf Grund überwundener Bildungsvorstellungen in sie eingedrungen sind.«
(Aus den Richtlinien für Erziehung und Unterricht in der Volksschule, 1939)

»Bei der notwendigen Betonung der Gegenwartsnähe hat die Mittelschule ihre Arbeit mit wirtschaftlichen Betrachtungsweisen im nationalsozialistischen Geiste zu durchdringen. Sie soll dadurch ein Geschlecht erziehen helfen, das in sich die Verpflichtung fühlt, dafür zu sorgen, daß von den wahren Volksgütern nichts vergeudet wird. Gewissenhaftigkeit, Gründlichkeit, Ordnungssinn, Sauberkeit, Sparsamkeit und jene feste Gewohnheit, auch die kleinsten Arbeiten sorgfältig, sach- und zweckgemäß auszuführen, sollen zu Grundtugenden der Schüler und Schülerinnen werden.«
(Aus den Bestimmungen über Erziehung und Unterricht in der Mittelschule, 1939)

»Deutschland ist arm an Raum und an Schätzen des Bodens, sein wahrer Nationalreichtum liegt in der Kraft, in der Gläubigkeit und in der Tüchtigkeit seiner Männer und Frauen. Aufgabe der deutschen Schule ist es darum, Menschen zu erziehen, die in echter Hingabe an Volk und Führer fähig sind, ein deutsches Leben zu führen, ihre geistigen Kräfte zu entfalten und zur höchsten Leistungsfähigkeit zu entwickeln, damit sie an ihrer Stelle die Aufgaben meistern, die Deutschland gestellt sind …
Aufgabe der Höheren Schule ist es daher, aus allen Kreisen des Volkes die zum Dienst unter einer gesteigerten Verantwortung fähigen und bereiten jungen Deutschen auszulesen und sie zu jener Entscheidungs- und Leistungsfähigkeit zu erziehen, die sie brauchen, um später die Verantwortung des Arztes und Richters, des Offiziers und Lehrers usw. tragen zu können …
Die neue Höhere Schule wird den jungen Menschen in eine strenge Zucht des Geistes nehmen, sie wird nicht davor zurückscheuen, den jugendlichen Geist durch den Zwang, Tatsachen, Regeln und Zahlen zu lernen, zu kräftigen und geschmeidig zu erhalten, aber sie wird immer darauf achten müssen, daß nicht ein totes Wissen, sondern ein lebendiges Verstehen und Können das Ziel allen Unterrichts ist.«
(Erziehung und Unterricht in der Höheren Schule, 1938)

Auch in den anderen programmatischen HJ-Publikationen, zumindest der Jahre bis 1936, wird dieser quasi-sozialistische Charakter der HJ stark hervorgehoben. Der Betonung des sozusagen »klassenlosen« Charakters der HJ entsprach z. B. auch die – an anderen NS-Organen gemessen – scharfe Gegnerschaft der HJ gegen das Korporationsstudententum als Erscheinung einer ständischen Sozialgliederung. Die HJ vor allem war es, die die Auflösung der studentischen Korporationen veranlaßte; zuvor hatte sie eine heftige Pressekampagne gegen derartige Korporationen geführt, die sie als »arbeiterfeindliches Feudalwesen« titulierte.

Die starke Akzentuierung des sozialen Charakters der HJ (die im Habitus ihrem ursprünglichen Namen »Bund deutscher Arbeiterjugend« eher entsprochen hatte als die NSDAP dem Begriff »Arbeiterpartei«) fand ihren Ausdruck unter anderem auch in der Bedeutung, die die HJ der sozialpolitischen Arbeit beimaß – wenn auch diese sozialpolitische Arbeit der HJ und ihr unbestreitbarer Effekt eine abhängige und vom machtpolitischen Nutzen her relativierte Größe darstellten. Es kann nicht bezweifelt werden, daß die Tätigkeit der HJ zu einem Abbau sozialpsychischer, in der sozialen Herkunft begründeter Schranken innerhalb der Jugend beitrug und in der HJ-Zeit eine bis dahin nicht gegebene sozialpsychische Nivellierung innerhalb der Jugend erreicht wurde, die freilich auch (wie schon gezeigt wurde) ihre Ausnahmen und Entzugssituationen hatte.

Die von uns zitierte Äußerung Schirachs zeigt allerdings schon an, daß diese sozialpsychische Nivellierung keineswegs auf eine echte (bewußte oder unbewußte) Auseinandersetzung der HJ mit sozialen Problemen oder gar auf eine sozialrevolutionäre Dynamik der HJ hinauslief, sondern im Gegenteil (zumal nach der Ausschaltung des »sozialrevolutionären Typs« in der HJ nach 1933) darauf angelegt war, sozialrevolutionäre Ansätze zu verhüten.

Jugendverbände der Weimarer Republik und HJ

Als die HJ in den Jahren zwischen 1926 und 1933 ihre Tätigkeit begann, waren im Kräftefeld der deutschen Jugendarbeit im wesentlichen drei Typen von Jugendverbänden vorhanden: die politisch orientierten

Jugendverbände, die konfessionellen Jugendorganisationen und die Bünde der freien Jugendbewegung.

Was etwaige ideologische Beziehungen zwischen der HJ und solchen Verbänden angeht, so bedarf es keiner näheren Beweisführung, um zu konstatieren, daß Gemeinsamkeiten zwischen der HJ und den sozialdemokratisch orientierten Jugendverbänden (»Sozialistische Arbeiterjugend – SAJ«, »Kinderfreunde« usw.) sowie den kommunistischen Jugendorganisationen (»Kommunistischer Jugendverband Deutschlands – KJVD«, »Rote Pfadfinder«, »Rote Pioniere«) nicht gegeben waren. Die ideologischen Beziehungen der HJ zu den Jugendorganisationen der Rechtsparteien (etwa der »Bismarck-Jugend«) dürften dem jeweiligen Verhältnis der NSDAP zu den betreffenden Parteien entsprochen haben.

Wichtiger erscheint die Frage, ob die HJ aus solchen Verbänden vor 1933 in erheblichem Maße Führungskräfte oder Mitgliedergruppen übernommen habe – was zumal hinsichtlich des KJVD des öfteren behauptet worden ist. Dazu läßt sich zunächst einmal feststellen, daß ein solcher Wechsel der Mitgliedschaft vom KJVD zur HJ – sofern er tatsächlich stattgefunden hat – nicht jene Breite und Repräsentanz besessen haben kann, die ihm gelegentlich zugesprochen wird; es wäre sonst kaum erklärbar, daß in den höheren Führungspositionen der HJ (Reichsjugendführung, Gebietsführungen) sich kein ehemaliges Mitglied des KJVD befand. Aber auch in unteren Führungspositionen (etwa in Bannführungen) der HJ waren nach den uns zugänglichen Erfahrungen und Aussagen kaum irgendwo ehemalige Mitglieder (geschweige denn ehemalige Funktionäre) kommunistischer Jugendorganisationen feststellbar, – aufschlußreich ist auch, daß sich in der HJ-Publizistik bis 1933 keine propagandistische Auswertung solcher Übertritte aus dem KJVD (entweder größerer Mitgliedergruppen oder bedeutender Funktionäre) findet.

Daß eine gelegentliche und lokal begrenzte Fluktuation von Mitgliedern zwischen der HJ und kommunistischen Jugendgruppen, zumal in den Jahren 1931/32 und begünstigt durch die soziale Demagogie beider Verbände stattfand, dürfte feststehen; nur muß diese Fluktuation als in ihrem Ausmaß begrenzt und in ihrer Auswirkung auf die Führungskräfte der HJ minimal gesehen werden. Es dürfte sich hierbei zudem in der Regel um den Übertritt nicht fest integrierter Kräfte gehandelt haben, – also etwa eher um ehemalige Mitglieder der (locker organisierten) »Roten Jungfront«, als des KJVD; eine Parallele hierzu findet sich auf dem Felde der Erwachsenenverbände im Verhältnis von SA und »Rotfrontkämpferbund«.

Die Übernahme von ehemaligen Funktionären oder Mitgliedern des »völkischen« Lagers bzw. der Jugendorganisationen der Rechtsparteien und des »Stahlhelm« in die HJ scheint hingegen in einigem Umfange stattgefunden zu haben. So entstammten z. B. Stabschefs der Reichsjugendführung, Nabersberg und Lauterbacher, nationalen bzw. national-bündischen Jugendorganisationen; auch Gotthart Ammerlahn, einer der maßgeblichen Führer und Schriftleiter der HJ, kam aus einem völkischen Jugendbund.
Wenn wir nach dem Verhältnis der HJ zu den Sozialformen der politisch orientierten Jugendverbände fragen, so lassen sich hier Gemeinsamkeiten zwischen HJ und diesen Verbänden insofern feststellen, als es sich dabei um für die meisten damaligen deutschen Jugendverbände mehr oder weniger gültige Formelemente der Jugendarbeit handelt. Ferner sind, über diese allgemeinen Übereinstimmungen hinausgehend, bestimmte gemeinsame Formen bei der HJ und der kommunistischen Jugendarbeit zu erkennen, die aber nicht eigentlich Übernahmen solcher Betätigungsformen durch die HJ darstellten, sondern den Notwendigkeiten des »Massenappells« entsprangen, die für HJ und KJVD wie für NSDAP und KPD gleichermaßen galten, so z. B. Formen der Agitation, der Straßendemonstration, der Versammlungskampagne usw.
Zwischen der HJ und den konfessionellen Jugendverbänden sind, über allgemeine Üblichkeiten damaliger Jugendarbeit hinausgehend, begrenzte Gemeinsamkeiten ideologischer oder struktureller Art erkennbar, was vor allem für die protestantischen Jugendverbände gilt. Eine Übernahme von mittleren Führungskräften dieser Jugendverbände durch die HJ hat in größerem Maßstab allerdings offenbar erst von der Machtübernahme an stattgefunden, ohne jedoch inhaltliche Einflüsse auf das HJ-System zu zeitigen. Es bleibt also vor allem das Verhältnis der HJ zu den freien Jugendbünden (die sich als eigentliche Fortsetzung der »Jugendbewegung« empfanden) vor und um 1933 zu untersuchen.
Da dieses Problem – das sei vorweg gesagt – wesentliche Aufschlüsse über das System der HJ überhaupt beinhaltet, da es überdies für einige weitere Fragestellungen (so zur Sonderrolle des Jungvolks, zum Thema »HJ und Generationsproblem« und zur Frage nach der Jugendopposition gegen den NS) von großer Bedeutung ist, mag es angebracht sein, hierauf näher einzugehen.
Die Literatur über die deutsche Jugendbewegung ist außerordentlich umfangreich, hat indessen bisher noch keine unumstrittene Darstellung des Gesamtphänomens erbracht.[44] Gleichwohl sind die meisten

kritischen Arbeiten über dieses Thema in dem Urteil einig, daß die Jugendbewegung weder Ausdruck einer bloßen Generationsproblematik war, noch etwa nur Reformbewegung für »gesunde Lebensführung« oder eine reine »Kulturbewegung«, sondern zugleich Symptom einer gesellschaftlichen (und damit auch politischen) Problematik überhaupt; daß die der Jugendbewegung entstammenden Bünde und Kreise – ganz gleich, um welche Richtung und welche Phase der Jugendbewegung es sich handeln mag – als Einflußfeld und als beeinflussender Faktor bewußt oder unbewußt durchweg auch eine politisch-gesellschaftliche Rolle gespielt haben, daß sich von der Jugendbewegung aus die mannigfachsten Querverbindungen zu politischen Gruppierungen und Programmen ergeben und daß die recht unterschiedlichen Epochen der Jugendbewegung in Korrespondenz stehen mit der jeweiligen politischen Entwicklung. So hat u. a. Eduard Spranger gesagt, daß die »Jugendbewegungsphasen, die man scharf unterscheiden muß ..., unser deutsches Schicksal in hohem Grade beeinflußt haben, und zwar keineswegs nur günstig.«[45]

Neben dieser Einbeziehung der Jugendbewegung in die gesellschaftlich-politische Problematik ist noch eine andere Tatsache zu beachten, wenn man die Rolle der freien Jugendbünde in Deutschland bis 1933 zutreffend einschätzen will. Die Jugendbewegung als »Altersklassenbewegung« hat durch ihr Auftreten zu einer außerordentlichen Steigerung der Selbständigkeit und Aktivität der betreffenden deutschen Jugendgenerationen überhaupt geführt; zudem haben die Jugendbünde in Deutschland zumindest ab 1913 und mehr noch nach Beendigung des Ersten Weltkrieges durch ihr Gewicht als Vereinigungen der aktiveren Teile der deutschen Jugend und auch durch die vielfältigen Einflüsse auf das öffentliche (pädagogische, kulturelle, soziale und politische) Leben, die von ihnen ausgingen, eine ungewöhnlich bedeutende gesellschaftliche Funktion besessen; die Jugend bzw. die junge Generation hat infolgedessen im öffentlichen Bewußtsein der Weimarer Republik eine größere Rolle gespielt, als sie ihr in anderen Ländern und anderen Gesellschaften im allgemeinen zuerkannt wurde.[46]

Um das Verständnis der weiteren Darstellung zu erleichtern, seien zunächst jene drei Epochen genannt und in ihren gesellschaftlich-politischen Bezügen charakterisiert, die sich in der Entwicklung der freien Jugendbewegung in Deutschland einigermaßen deutlich voneinander abheben.

Die erste Epoche der Jugendbewegung war die des »Wandervogels« und des »Freideutschtums« (etwa zwischen 1900 und 1923); hier standen der Einzelne und die einzelne Gruppe im Vordergrund; Gruppe und zumal »Bund« waren damals relativ offene Gebilde. Gegenüber dem damaligen Staat und den in ihm herrschenden Gruppen wurde weitgehend die »Autonomie« der Jugendbewegung betont, trotz vieler Romantizismen waren zumindest ab 1913 Diskussion von und Beschäftigung mit gesellschaftlichen Fragen zu einem Teil gegeben, und es wurden vielfältige Kontakte zur politischen Wirklichkeit gesucht. Formen, Inhalte und Personenkreise der zunächst bürgerlichen freien Jugendbewegung gewannen Einfluß auf die konfessionelle Jugendarbeit, die Arbeiterjugendbewegung und – zumal nach dem ersten Weltkrieg – auf die Institutionen der Sozialarbeit, der freien Volksbildung und ähnliche Einrichtungen. Trotz einiger völkischer und nationalistischer Gruppierungen hatten beim Wandervogel-Freideutschtum Tendenzen zum Republikanischen, »antiautoritäre« und »linke« Bestrebungen immerhin Raum; scharfe Worte wider Vernunftverzicht des »Völkischen« und wider den nationalen Chauvinismus fanden sich z. B. in der programmatischen Rede Gustav Wynekens auf dem Meißner-Fest 1913.

Von 1923 an trat innerhalb der bürgerlichen Jugendbünde (nicht der Arbeiterjugend und noch nicht der konfessionellen Verbände, die zunächst weiterhin unter dem Einfluß der Impulse des Freideutschtums standen) und zumal innerhalb ihrer Jüngerenschicht eine neue Richtung in den Vordergrund; die Epoche der – im engeren Sinne – »Bündischen Jugend« begann. Die Form des Wandervogel-Gemeinschaftslebens war die ganz auf personale Beziehungen gestellte und leicht auflösbare »Horde« gewesen, wobei diese nicht bloße Übergangsstufe zu einem größeren Gebilde war, sondern die größeren Gebilde – die »Bünde« – lediglich eine Stütze für den Einzelnen und die einzelnen Gruppen darstellten. Dies wurde in der bündischen Epoche anders. An die Stelle der »Horde« traten weit festere und zentrische Gruppenformen, so etwa der »Stamm«, – die wiederum nur die Vorstufe für ein größeres und ranghöheres Gebilde, den Bund, abgaben. Zugleich trat an die Stelle des Wandervogel-»Nestabends« weitgehend der »Dienst«, an die Stelle der schweifenden »Fahrt« vielfach das »Lager« in streng-geregelten Formen, und an die Stelle des »Vaganten«-Typs des Wandervogels trat der Typ des »Knappen« oder »Ritters«.

Zusammen mit der »Bund«-Ideologie, dem Zurücktreten des Einzelnen und seiner Einbeziehung in einen »Dienst«, gingen immer wiederkehrende Versuche eines »Lebensbundes« einher, d. h. der Weiterführung der Jugendgruppe auch in der Erwachsenengesellschaft – und das in ganz anderer Art, als sie bei den lockeren Älteren-Zusammenschlüs-

sen oder Werkgemeinschaften der »Freideutschen« vorlag. Wenn das Wandervogel- und Freideutschtum eine Revolte gegen bestimmte Züge der damaligen Gesellschaft, d. h. der kapitalistisch dominierten, arbeitsteiligen industriellen Massengesellschaft in ihrer spezifisch wilhelminischen Erscheinungsform gewesen war, die im Meißner-Gelöbnis ihre defensive Formel fand und von dieser Protesthaltung aus teilweise einen romantischen Rückzug aus der Gesellschaft, teilweise jedoch auch die Suche nach einer gesellschaftlichen Alternative wählte, wenn das Wandervogel-Freideutschtum sich jedenfalls als »Bewegung auf etwas hin« empfang, so nahm demgegenüber die Bündische Jugend in vielem eine wesentlich andere Position ein. Die Bündische Jugend verzichtete auf die erwähnte Protest-Haltung weitgehend, sie etablierte sich als besonderer »Stand« innerhalb der Gesellschaft, enthob sich der »Suchbewegung« und entwickelte stattdessen ihre innerbündischen Struktur- und Lebensformen mit dem Anspruch, Muster für eine »volkliche Ordnung« darzustellen. Jugendbewegung war für die bündische Jugend eher Erfüllung als Übergang.
Warum diese Bündische Jugend (deren Struktur und deren vielfach zum »Völkischen« hinneigende Positionen hier nur vage gekennzeichnet werden können) der HJ in Arbeitsformen, Aktivitäten, Ideologien und Personal Anknüpfungspunkte bot, wird später beschrieben werden. Zunächst bleibt noch die dritte Epoche der freien Jugendbünde zu charakterisieren, die in mancher Hinsicht einen deutlichen Kontrast zur Epoche der Bündischen Jugend darstellte, die um 1929 aufkommende »Jungenschaftsrichtung« (auch autonome Richtung genannt). Diese entwickelte neue Formen der Gruppe und des Jugendlebens; inhaltlich wiederholte sie zum Teil Positionen der Freideutschen bzw. des Wandervogels, also der ersten Epoche der Jugendbewegung. Die Jungenschaftsrichtung vollzog noch einmal die Protesthaltung der Meißner-Jugend, sie betonte die »Autonomie« der Jugendbewegung und stellte dem Lebensbund-Prinzip der Bündischen die These vom Übergangs-Charakter der Jugendbewegung entgegen; sie bildete einen dem »Völkischen« konträren (vom NS als »gegenvölkisch« bezeichneten) Kulturstil heraus und fand von hier aus zum Teil Verbindung mit der politischen Linken bzw. der Arbeiterjugend. Allerdings wurde die Entwicklung dieser dritten Epoche schon nach relativ kurzer Zeit durch die Machtübernahme des NS abgebrochen.
An die Formenwelt dieser »Jungenschaftsbewegung« knüpfte zumindest das »Jungvolk« der HJ 1933 teilweise an; eigentlich prägend waren aber für die HJ eher Strukturelemente und ideologische Muster der »Bündischen«.

Die Bündische Jugend setzte sich aus zwei, in ihren Herkünften unterschiedlichen Richtungen zusammen. Die eine dieser Richtungen knüpfte an den Wandervogel an und arbeitete in den Nachkriegsjahren im Stil (und zum Teil auch unter dem Namen) des Wandervogels, gab diesen Formen aber zum Teil einen spezifisch völkischen Inhalt und setzte damit die Tradition einiger Gruppen fort, die bereits im Wandervogel vor dem Weltkrieg eine Rolle spielten, wenn auch nicht vorherrschend waren. Diese Gruppen im Vorkriegs-Wandervogel trugen Elemente des Antisemitismus, nationalistischer Politikkonzepte und der Lebensreformbewegungen in sich und hatten vor allem in Österreich und den Sudetengebieten Gefolgschaft gefunden; der Wandervogel in Österreich war schon vor dem Weltkrieg »im wesentlichen national, schönerianisch und antisemitisch gewesen«, und Fritz Kutschera, Führer des österreichischen Wandervogels, hatte diesen »als ein Stück Allgermanentum« erklärt. Den völkischen Kräften in der Jugendbewegung der Vor-Weltkriegszeit standen jene anderen Kräfte gegenüber, die sich etwa im Wyneken-Kreis, in der »Akademischen Freischar«, im »Jungwandervogel« usw. zusammenfanden, zu jener Zeit tonangebend innerhalb der Jugendbewegung waren und das eigentliche »Freideutschtum« repräsentierten. Diese Gruppen wurden von den völkischen Kräften im WV schon damals vielfach als »liberal« und »verjudet« attackiert.[47]
Als nach dem ersten Weltkrieg das Freideutschtum größtenteils eine positive Stellung zur Republik einnahm, wesentlichen Anteil an der Reform der Sozialarbeit und Pädagogik nahm, sich zum Teil in sozialistischen Parteien und in der Arbeiterbewegung engagierte und mit fortschrittlichen Gruppen auch des jungen Katholizismus zusammenarbeitete (als typischer Ausdruck solcher Tendenzen sei die Zeitschrift »Junge Menschen« genannt), distanzierten sich die völkischen Gruppen vom Freideutschtum und schlossen sich im »Jungdeutschen Bund«, im »Wandervogel-Völkischer Bund«, der »Deutsch-akademischen Gildenschaft« und ähnlichen Kreisen zusammen. Diese Älterenkreise fanden ihre Fortführung unter anderem in den Jüngerenbünden »Adler und Falken«, »Geusen«, und in einigen völkisch orientierten Wandervogelbünden. (Von hier aus waren auch die »jungnationalen« Bünde mitgeprägt).
Diese und ähnliche Bünde waren schon in den Zwanziger Jahren überwiegend nationalsozialistisch eingestellt, wenn auch ihr Verhältnis zur Organisation der NSDAP wechselhaft und zum Teil distanziert blieb.
Die nationalsozialistische Position dieser Bünde wird bestätigt auch

von Schirach; er berichtet u. a. von Verhandlungen zwecks Eingliederung in die NSDAP, die Alfred Rosenberg mit der Führerschaft dieser Bünde – die z. T. auch in der NSDAP organisiert war – geführt habe. Diese Eingliederung sei jedoch an dem Wunsch der Bünde nach jugendbündischer – nicht politischer – Eigenständigkeit gescheitert.[48]
Dem Umkreis dieser Bünde, die antisemitisch und »großdeutsch« dachten, eine »nordische Kultur« konzipierten und Grenzland- und Volkstumsarbeit pflegten, entstammte auch der Bund »Artamanen«, der 1934 als Kern des Landdienstes in die HJ übernommen wurde. Auch Bünde wie die »Fahrenden Gesellen« (die dem DHV angeschlossen waren) und die »Turnerjugend« der Deutschen Turnerschaft waren dieser Richtung zuzurechnen – mögen sie auch politisch sich nicht ganz so eindeutig verhalten haben wie die zuerst genannten Bünde, die wohl nicht zuletzt aufgrund ihrer Hauptverbreitungsgebiete (die »Adler und Falken«, »Geusen« und der »WV-Völkischer Bund« hatten wichtige Stützpunkte in Österreich, im Sudetenland und in Grenzregionen des Reichs) zu radikaleren politischen Positionen hinneigten. Die »Turnerjugend« hatte unter der Führung von E. Neuendorff und Thilo Scheller einen »nationaleren« Kurs gesteuert als der Gesamtverband der Turnerschaft; so hatte z. B. die Turnerjugend gegen den Widerspruch der »liberalistischen Erwachsenen« die »Marxisten ausgeschlossen«, Wehrsport und straffen Geländedienst eingeführt und Aktionen gegen den Remarque-Film »Im Westen nichts Neues« durchgeführt.
Die zweite Richtung der Bündischen Jugend hatte ihren Ursprung in der Begegnung der deutschen Pfadfinderei (die bis dahin eine jugendpflegerische Wehrerziehung betrieb) mit der Jugendbewegung, die in den ersten Jahren nach 1918 zur Neugründung von – nun »jugendbewegten« – Pfadfinderbünden führte.
Tonangebend war hier vor allem der »Bund der Neupfadfinder« (gegründet 1920), der eine strenge Ideologie des Bundes, des Führer-Gefolgschaftsverhältnisses und des »Neues Reiches« entwickelte und in seiner »Stammeserziehung« Gruppenformen vorbildete, die in vielen anderen Jugendbünden – bis zur Hitlerjugend – zumindest formal übernommen wurden. Der »Bund der Neupfadfinder« schloß sich 1926 mit den Traditionsbünden des Wandervogels zur »Deutschen Freischar« zusammen, die fortan bis 1933 den größten Verband der Bündischen Jugend bildete; daneben existierten – in Formen und Ideologie nicht allzu sehr voneinander verschieden – der »Deutsche Pfadfinderbund«, »Bund der Reichspfadfinder«, »Jungnationaler Bund« und »Großdeutscher Jugendbund«; die beiden letztgenannten natio-

nalbündischen Organisationen schlossen sich später unter Admiral von Trotha zur »Freischar junger Nation« zusammen. Von hier aus gab es auch enge Verbindungen – im Zeichen der »Wehrhaftmachung« – zur Reichswehr und zum national-jugendpflegerischen Dachverband »Jungdeutschland-Bund«.

Von all diesen Bünden war die »Deutsche Freischar« der einzige Verband, der in größerem Umfange, in Fortführung bestimmter freideutscher Traditionen, republikbejahende Kreise umschloß und auch Mitglieder der Deutschen Demokratischen Partei und der Sozialdemokratischen Partei in seinen Reihen hatte. (Von daher wird es verständlich, daß gerade in der »Deutschen Freischar« Ideen einer »Politik der Jungen« quer durch die Parteifronten aufkamen). Im Gegensatz hierzu war die Festlegung auf völkische und die Weimarer Republik verneinende Positionen in den national-bündischen und pfadfinderisch-bündischen Organisationen vorherrschend; dies macht es auch erklärlich, daß die Deutsche Freischar von diesen Organisationen oft als »liberalistisch« angegriffen wurde.[49]

Eine Sonderstellung innerhalb der Bündischen Jugend nahmen die zahlenmäßig schwachen sogenannten »Nationalrevolutionären Bünde« ein, so u. a. die »Deutsche Jungenschaft-Jungnationaler Bund« unter Hans Ebeling und die »Freischar Schill« sowie die »Eidgenossen«, – die Übergänge zu den vorher schon genannten nationalbündischen Organisationen waren dabei zum Teil fließend.

Immerhin gelangte ein Teil der Angehörigen dieser nationalrevolutionären Gruppen über die Berührung mit der politischen Realität (zu der die pfadfinderisch-bündischen Gruppen kaum Kontakt hatten) zu NS-gegnerischen Positionen; einige Gruppen standen in Zusammenhang mit dem politischen Kreis um K. O. Paetei (Gruppe Sozialistische Nation), der auch in der HJ der »Kampfzeit« sich Einfluß zu verschaffen suchte; andere tendierten zur KPD und nahmen nach 1933 an der Arbeit illegaler kommunistischer Gruppen teil; wieder andere arbeiteten mit jung-katholischen Gruppen zusammen und gelangten hier zu gemeinsamen NS-gegnerischen Haltungen und Aktionen. Allerdings können diese nationalrevolutionären Gruppen nicht als repräsentativ für die Bündische Jugend angesehen werden.[50]

Für einen großen Teil der Bündischen Jugend vor 1933 gilt, daß völkisch-nationalistische oder nationalsozialistische Vorstellungen hier einen günstigen Boden vorfanden, auch wenn viele Bündische aufgrund einer anderen Mentalität und anderer persönlicher Verhaltensweisen, als sie in der NSDAP vorherrschten, der NSDAP als Organisation skeptisch gegenüberstanden.

Eduard Spranger kennzeichnete die Situation der Bündischen Jugend in den Jahren 1930–1933 wohl recht zutreffend so, daß die Bündischen »bis auf wenige Ausnahmen von nationalem Pathos berauscht« waren.[51] Da die Bündischen auch dort, wo sie konkretem politischem Engagement innerhalb der nationalsozialistischen oder nationalistischen Gruppierungen fernblieben, sich nicht der Mitarbeit im Staate von Weimar verschrieben hätten und ohne politische Gegenposition, wenn auch pädagogisch und menschlich von anderer Gesinnung als der NS gewesen seien, habe die NSDAP sie leicht einfangen können.

Das Verhältnis der Bündischen Jugend zur HJ vor 1933 war unterschiedlich; während die eigentlich völkischen Bünde (wie z. B. Adler und Falken, Geusen usw.) engeren Kontakt zur HJ hatten und die HJ in Österreich, Südostdeutschland und im Sudetenland offenbar in größerem Umfange vor 1933 Führungskräfte dieser Bünde übernahm, standen die pfadfinderisch-bündischen und auch die national-bündischen Verbände, zumal in ihren Gruppen innerhalb des Reichsgebietes, der HJ als Organisation zu einem großen Teil reserviert gegenüber; wenn sie auch dem NS weltanschaulich und vielfach politisch zustimmten und ein Teil ihrer Führer den NS-Organisationen angehörte, so lehnten sie doch bestimmte »plebejische« Eigenschaften der HJ ab und standen dem Gedanken einer Eingliederung ihrer Bünde in die HJ ablehnend gegenüber, da die HJ eine »Massenorganisation« darstellte, den pädagogischen Anforderungen der Bünde nicht entsprach und der Typ des damaligen Hitlerjungen (der noch in erster Linie von der Notwendigkeit der Massenagitation geprägt war) von dem des Bündischen sich deutlich unterschied.

Wenn K. O. Paetel meinte, der Habitus des Hitlerjungen sei bis zum 30. Januar 1933 kaum von dem des Bündischen zu unterscheiden gewesen, so scheint mir das für die Jahre bis 1933 recht unzutreffend; zutreffender dürfte diese Kennzeichnung für Teile der HJ, d. h. des Jungvolks in den Jahren nach 1933 bis etwa 1937 sein.[52]

Wenn also die HJ vor 1933 aus der Bündischen Jugend nur in geringem Maße Personal übernahm, so ist sie doch ohne die Vorläuferschaft der Bündischen und ohne die Übernahme vieler im Raum der Bündischen Jugend entwickelter Sozialformen, Leitbilder und Aktivitäten nicht zu denken, wie ja überhaupt der NS nicht ohne die Anknüpfung an völkische Traditionen erklärbar ist. Ein Großteil der Methoden und Gestaltungsmittel der NS-Jugendarbeit, der Gruppenformen und des Verbandsaufbaus der HJ hatte im Bündischen seinen Ursprung; »Vorgaben« für die HJ nach 1933 boten die bündischen Strukturen innerverbandlicher Gliederung (mitsamt einem Großteil der Bezeichnungen),

das Führungs-Gefolgschafts-Prinzip, die Formen von Fahrt, Lager, Geländespiel und Heimabend, das »Liedgut« und der Kultstil, – bis hin zur Symbolsprache und den »Zeichen« der HJ.
Neben der Übernahme von Sozialformen der Bündischen Jugend ist kennzeichnend für den NS wie für die HJ die Anknüpfung an bestimmte »Werke«, die im Raum der bündischen Jugend entwickelt wurden: so u. a. an den Landdienst, die »Volkstumsarbeit« und den (damals noch freiwilligen) Arbeitsdienst.
Auch der Gedanke des »Osteinsatzes« der Jugend entstammte in erster Linie bündischen Kreisen. Arnold Littmann, ein maßgeblicher Führer der Bündischen, schrieb dazu: »Die Jugend entdeckte den Osten als das Land ihrer neuen Kreuzzüge, als heiliges Land, das nur auf den Richtigen wartete ...«[53]
Eine Reihe anderer Projekte, die später für den NS und vor allem für SS und HJ von Bedeutung waren, hatte desgleichen seine Herkunft in der Bündischen Jugend; so fanden sich z. B. in der Zeitschrift »Der weiße Ritter«, die die bündische Ideologie wesentlich mitbestimmte, im Jahre 1923 Vorschläge wie »Wehrbauernerziehung«, Jugendweihe, Pflicht zum Nachsuchen von Ehekonsens u. a., die geradezu verblüffend auf die spätere SS-Ideologie hinweisen, – die freilich in manchem andere Vorstellungen beinhaltet haben mögen, als sie später verwirklicht wurden.
Zusammenfassend meinte Littmann im Jahre 1934: »So läßt sich die Geschichte der bündischen Jungmannschaft sehr einfach schreiben. Sie ist die Geschichte einiger Werke, die mit dem Sieg der nationalsozialistischen Revolution Gemeingut der gesamten Jungmannschaft des Volkes geworden sind.«
Für die Einstellung der Bündischen Jugend zum NS, die zum erheblichen Teil das »Dritte Reich« Hitlers und die weltanschaulichen und politischen Auffassungen des NS begrüßte, jedoch die pädagogische, verbandsmäßige Eigenständigkeit ihrer Bünde gewahrt wissen wollte, ist das Verhalten bei Machtantritt Hitlers recht aufschlußreich. Von der völkischen Grundstimmung der Bünde her ergab sich eine fast einhellige Welle der Zustimmung zur »nationalen Erhebung«, von der sich nur wenige Kreise der freien bürgerlichen Jugendbewegung ausnahmen.
Neeße, einer der führenden HJ-Theoretiker, schrieb 1936 in der HJ-Führerzeitschrift »Wille und Macht«, daß der Großdeutsche Bund bereitwillig und überzeugt der HJ beigetreten wäre, wenn man ihm korporative Zugehörigkeit und die Weiterführung bestimmter bündischer Formen garantiert hätte.[54] Diese Tatsache wird auch anderenorts zur

Genüge bestätigt. Insofern kann man Spranger beistimmen, wenn dieser meinte, daß die Bündische Jugend in dieser Situation allenfalls so opponiert habe, »wie man die Selbständigkeit einer eigenen Vereinigung ungern aufgibt«.[55]
Daß die von der HJ aufgenommenen bündischen Formen und Begriffe dann nach 1933 und zumal nach 1936 andere Inhalte erhielten und sich von ihren bündischen Herkünften entfernten, daß insbesondere die pädagogischen Prinzipien der bündischen Gruppen- und Lebensformen anderen weichen mußten, soll hierbei nicht verkannt werden. Karl Seidelmann, ehemals einer der führenden Leute der Bündischen Jugend, bestätigte die Übernahme bündischer Formen durch die HJ und ihre inhaltliche Umwandlung wie folgt: »Die nationalsozialistische Staatsjugend hat sich allenthalben der Schöpfungen der Jugendbewegungszeit bedient, besonders jener aus der bündischen Epoche, aber sie hat sie doch meist um ihren eigentlichen Glanz gebracht ... Obwohl die Parteiaristokratie der Hitlerjugend alles tat, um das Andenken früherer Entwicklungen zu entehren, entlieh sie sich aus der vormaligen Bündischen Jugend nicht nur die Methoden und Gestaltungsmittel des Jugendlebens, sondern auch deren Sozialformen. Im Rahmen der Massenorganisation wurden dann allerdings aus den gewachsenen Einheiten junger Menschen organisierte und reglementierte Jugend-Kader. Mochte man immer noch von Horden, Jungenschaften und Stämmen sprechen, sie hatten mit der früheren Wirklichkeit dieser Gebilde nichts oder nur wenig gemein ...«[56]
Daß es unmöglich war, dem NS an sich zuzustimmen und doch eigene, dem HJ-System zuwiderlaufende Positionen im Pädagogischen und im »Menschenbild« aufrechtzuerhalten, erwies sich für die in der HJ tätigen ehemaligen Bündischen vor allem nach den »Säuberungen« der Reichsjugendführung im Jungvolk; es zeigte sich, daß keine andere Wahl blieb, als sich – möglicherweise bei Wahrung nun völlig privater Reservate – ganz und gar mit HJ und NS zu identifizieren, oder aber von der pädagogisch motivierten Sonderposition her auch den Schritt zur weltanschaulichen oder gar politischen Ablehnung des NS zu tun.

Jugendbewegung und Nationalsozialismus

In den ersten Jahren nach 1933 wurde von vielen und maßgeblichen Führern der bürgerlichen Jugendbewegung der Versuch gemacht, die bündische Jugend als Wegbereiterin und Vorläuferin des NS und der HJ hinzustellen und die HJ als legitime Fortsetzung und zugleich »Aufhebung« der Jugendbewegung zu interpretieren, so etwa in dem Sammelband »Deutsche Jugend«, herausgegeben von Will Vesper, 1934 erschienen.[57]

Es ist interessant, daß diese Deutungsversuche sofort auf energischen Widerspruch der führenden HJ-Leute stießen. Baldur von Schirach selbst widmete in seinem 1934 erschienenen Buch »Die Hitlerjugend« dem Problemkreis Jugendbewegung zwei Kapitel, – der erste Satz seines Buches lautete: »Das, was man früher als deutsche Jugendbewegung bezeichnete, ist tot ...« Von dieser Feststellung ausgehend konzedierte Schirach zwar, daß die Jugendbewegung einige Voraussetzungen und Formen geschaffen habe, derer sich die HJ bediene (so etwa den Gedanken der Selbstführung von Jugend); die Grundlage der HJ jedoch sei völlig von der Jugendbewegung verschieden und einzig und allein vom Nationalsozialismus herzuleiten. Schirach beschrieb weltanschauliche Gemeinsamkeiten zwischen großen Teilen der Bündischen Jugend und dem NS, wertete diese freilich als Zustimmung zum NS, nicht als »Teilhaberschaft«, und behauptete weiter, daß eine Einigung an dem Hang der Bündischen zur »Sektiererei« (also an den von uns als »pädagogisch« bezeichneten Unterscheidungen) gescheitert sei; er wandte sich in den schärfsten Wendungen gegen den »Typ« des bündischen Führers, nannte ihn einen »größenwahnsinnigen Romantiker«, – als einzig »realdenkenden« Bund ließ Schirach die korporativ in die HJ übernommenen »Artamanen« gelten. Im übrigen versuchte er, die Vor-Weltkriegszeit der Jugendbewegung, also die erste Epoche der Jugendbewegung (die den HJ-Mitgliedern weitgehend unbekannt war), als die »positive« Epoche der Jugendbewegung zu interpretieren, die sich um eine »Erneuerung des Volkstums« und völkische Reform bemüht habe, während von ihm die Zeit der Bündischen Jugend als die negative und vor allem durch ihr »Problematisieren« schädliche Epoche beurteilt wurde.

Diese Interpretation kehrte die historische Wahrheit in manchem genau um (und das wohl nicht ohne Grund); es wurde völlig unbeachtet gelassen, daß gerade die erste Epoche der Jugendbewegung (des Wandervogels und der Freideutschen) allerlei politische, und zwar auch

»Vernichtet die Bünde!«

Unter dieser Schlagzeile hieß es im Leitartikel des Führerblattes der HJ, »Junge Nation«, im Mai 1933:

»... Wir kennen keine Auch-Nationalsozialisten. Man ist Nur-Nationalsozialist oder kein Nationalsozialist. Es muß einmal völlig eindeutig festgelegt werden: der junge deutsche Aktivist steht in HJ. oder SA. Ein junger Deutscher, der nicht in HJ. oder SA. kämpft, hat einfach nicht das Recht, sich Nationalsozialist zu nennen – und mag er noch so klug über die ›Idee‹ zu schwafeln wissen!

Ebensowenig wie es keinen Nationalsozialismus ohne Hitler gibt, so keinen Jung-Nationalsozialismus außerhalb der Hitler-Jugend! Wir sprechen jedem Mitglied eines Bundes das Recht ab, mit nationalsozialistischem Zungenschlag und Tonfall über Fragen der Jugend ein Urteil zu fällen ...

Wir haben an den Gräbern und Grüften unserer ermordeten Kameraden gelobt, daß wir mit brutalstem Einsatz die Reinheit des Nationalsozialismus gewährleisten wollen! Wir proklamieren rücksichtslosen Kampf gegen die Bünde, um treu bleiben zu können jener historischen Aufgabe der Hitlerjugend, die in der Vollendung der nationalen Revolution zur sozialistischen Umwälzung im Sinne Hitlers zu sehen ist. Wir entfesseln diesen Kampf nicht, weil die ›Bünde‹ der HJ. gefährlich werden könnten. Der Kampf muß sein, weil die Hitlerjugend eine neue Welt darstellt und eine neue Haltung fordert, der wir schlackenrein zum Gesamtdurchbruch verhelfen wollen.

Das Menschenmaterial der Bünde soll damit nicht getroffen werden. Aber das Sondertum der Bünde. Der gespreizte Dünkel ihrer Führerklüngel. Die ekelerregende Frechheit, über Hintertreppen zur Einflußnahme auf die Jugendgestaltung kommen zu wollen.

Wir appellieren in dieser Stunde noch einmal an alle anständigen und wertvollen Kräfte innerhalb der Bünde. Wir appellieren an die, denen wie uns die Sorge um die Zukunft der Nation brennend am Herzen liegt. Wir appellieren an Ehrgefühl und Sauberkeit! Wir stehen auf und rufen:

Werdet Nationalsozialisten und damit Hitlerjungen!

Glaubt nicht, daß wir eure Sonderheiten verlachen. Glaubt nicht, daß wir euch zur Masse stempeln wollen. Seid überzeugt: wer den Mut hat, sich unterzuordnen, der wird einmal übergeordnet werden, wenn er Leistungen aufzuweisen hat!

Seid aber auch überzeugt: die Bünde werden ausgerottet! Sie haben keine Daseinsberechtigung! Allein die Hitlerjugend ist ›die neue Idee in der neuen Gestalt‹. Reiht euch ein und helft mit, die neue Form zu vollenden!«

republikanische, sozialistische, internationalistische Bestrebungen hervorgebracht hatte, während die zweite – bündische – Epoche weitgehend die politisch-gesellschaftliche Problematik auszuklammern versuchte und sich auf die Pflege inner-bündischer Ideologie beschränkte, dabei aber gerade durch diese Position und durch die in der Bündischen Jugend – im Gegensatz zu Wandervogel und Freideutschtum – durchweg vorherrschende »völkische« Einstellung im Grunde den NS-Anschauungen politisch nichts entgegenzusetzen hatte. Es ist bemerkenswert, daß dieses falsche und auch recht undifferenzierte Bild von der Jugendbewegung, wie es bei Schirach und in den auf Schirachs Buch aufbauenden Massenpublikationen der HJ sichtbar wurde, sich in den mehr internen Publikationen der HJ-Führung, in Führerzeitschriften und auch in Dissertationen führender HJ-Leute keineswegs fand. Im Gegenteil: in derartigen Schriften wurden die verschiedenen Epochen der Jugendbewegung und ihre tatsächliche Bedeutung oft eingehend und im Sachverhalt durchaus zutreffend dargestellt, hier wurde auch die Wirkung der ersten Epoche der Jugendbewegung richtig eingeschätzt und man setzte sich mit der dritten »Welle« der Jugendbewegung, der »Jungenschafts«- oder autonomen Bewegung, ausführlich auseinander.[58]
Die Frage nach dem Verhältnis von Jugendbewegung und Nationalsozialismus ist nach 1945 von den Nachfahren der alten Bünde, von jungen Leuten und von der zeitgeschichtlichen Publizistik häufig gestellt, der Zugang zu einer Antwort aber auch allzu oft verstellt worden. Da gab es lange Zeit hindurch einerseits eine Art Rechtfertigungsstrategie mancher ehemaliger Angehöriger der Jugendbewegung. Diese lief darauf hinaus, ideologische oder strukturelle Parallelen zwischen der deutschen bürgerlichen Jugendbewegung und dem Nationalsozialismus als durchweg äußerlich hinzustellen und die These zu vertreten, Nationalsozialismus oder Hitlerjugend hätten Ideen, Begriffe und Sozialformen der Jugendbewegung gegen den Willen dieser Bewegung selbst an sich gerissen. Da gab es andererseits eine Art Beschuldigungsstrategie, vornehmlich von jungen Kritikern aus der Nachkriegsgeneration repräsentiert, und diese zielte darauf hin, daß die Jugendbewegung wesentlich zur Machtergreifung und -befestigung des Nationalsozialismus beigetragen habe.[59]
Die zweitgenannte Vorgehensweise stellte auch eine Äußerung des Unwillens gegenüber der ersten dar; diese wiederum hatte ihre Gründe unter anderem in der politischen Konstellation der Jahre nach 1945. Unter den Bedingungen einer von außen kommenden Umwälzung des politischen Systems in Deutschland (der NS-Staat war ja nicht durch

eine Bewegung im eigenen Lande, sondern durch die militärische Niederlage machtpolitisch an sein Ende gelangt) und einer bürokratischen Entnazifizierung (die alles andere als eine »Bewältigung« der Vergangenheit mit sich brachte) lag es für die ältere Generation nahe, der offenen Auseinandersetzung mit der nationalen Vergangenheit tunlichst auszuweichen und »verwandtschaftliche Beziehungen« zum deutschen Faschismus um jeden Preis von sich zu weisen. Demgegenüber hatten junge Leute, die selbst nicht »belastet« waren, das Gefühl, irgendwo müßten doch Wegbereiter des Nationalsozialismus zu identifizieren sein, schließlich könne das Dritte Reich nicht nur dem Individuum Hitler zuzuschreiben sein; und da lag es nahe, Protagonismen dieser Ideologie in einem Terrain zu suchen, wo schwärmerische Äußerungen aller Art hinreichend zu finden waren, nämlich im Feld der bürgerlichen Jugendbewegung.

Inzwischen dürften die Zeiten, in denen zu dieser Frage Rechtfertigung oder Schuldvorwurf die Pole der Argumentation bildeten, vorüber sein. Bei den noch lebenden Angehörigen der alten Jugendbewegung, gerade auch denjenigen, die sich zum Teil oder ganz mit der »nationalen Erhebung« des Jahres 1933 identifizierten, gibt es heute eher die Möglichkeit und die Bereitschaft, sich mit den politischen Problemen der eigenen Entwicklung kritisch und »ungeschützt« auseinanderzusetzen; und den zeitgeschichtlich Interessierten der nachgewachsenen Generationen geht es heute nicht mehr darum, »Rechenschaft« zu fordern, sondern Erklärungen zu finden.

Der Nationalsozialismus in Deutschland war als politische Bewegung Teil einer Strömung, die zwischen den beiden Weltkriegen in vielen Ländern Europas in dieser oder jener Variante zu finden war; die heutige Sozialwissenschaft setzt hierfür zumeist, von der Selbstbezeichnung der ersten machtpolitischen Ausformung dieser Strömung ausgehend, den Begriff »Faschismus«. Mit einem solchen Oberbegriff sollen nicht die nationalspezifischen Differenzen der einzelnen hier gemeinten Bewegungen oder Staatssysteme (etwa die Unterschiede zwischen dem »Mussolini-Staat« und dem »Hitler-Staat«) geleugnet werden. Der generalisierende Begriff »Faschismus« trägt aber einem historischen Sachverhalt Rechnung: Es gab bei diesen politischen Bewegungen einen Grundbestand ideologischer, politisch-organisatorischer und sozialstruktureller Übereinstimmungen quer durch die verschiedenen betroffenen Länder. Davon soll später noch die Rede sein; an dieser Stelle sei zunächst festgehalten, daß die spezifisch deutsche Jugendbewegung nicht Ursache einer politischen Strömung sein kann, die in vielen anderen Ländern ebenfalls ihre Rolle spielte, auch in solchen Ländern, wo von dieserart Jugendbewegung nichts zu spüren war. Damit ist allerdings die Frage nach dem Wirkungszusammenhang von Jugendbewegung und deutschem Faschismus nicht abgetan. Eine entscheidende Komponente des Faschismus war, daß es sich hier nicht um den Alleingang von Machteliten handelte, sondern um eine soziale oder politische Bewegung; wo der Faschismus zum Erfolg kam (wie in Italien und Deutschland), war er von Massen der Bevölkerung aktiv getragen. Eine Massenbewegung als Vorbereitung des faschistischen Staates ist aber nicht denkbar ohne längerfristige Herkünfte, ohne Traditionen, ohne tiefverwurzelte Kontinuitäten gesellschaftlichen Bewußtseins und politischer Leitvorstellungen.

Exakt an dieser Stelle ist der Blick auf die Jugendbewegung zu richten. Für die organisations- und machtpolitische Durchsetzung des faschistischen Staates in Deutschland war die Jugendbewegung ohne Bedeutung; nicht die Bünde waren es, die Hitler in den Sattel verhalfen oder die von der NS-Diktaturstaatlichkeit profitierten. Aber ohne Zweifel gehörte die Jugendbewegung zu jenen Strömungen in der deutschen Sozial- und Geistesgeschichte, die Dispositionen bereitstellten, also Denkweisen, Leitbilder und Lebensformen, an die der Faschismus anknüpfen, die er zum Teil integrieren konnte und die einen erheblichen Teil seiner »idealistischen« Seite ausmachten.[60]

Würde man mit der sozialwissenschaftlichen Methode der quantitativen und qualitativen Inhaltsanalyse an Standardbegriffe der bürgerlichen (zum Teil übrigens auch der proletarischen) Jugendbewegung in Deutschland und des Nationalsozialismus vergleichend herangehen, also die Häufigkeit und den Stellenwert bestimmter darin sich artikulierender Gesellschaftsbilder feststellen, so würde man gewiß sehr viele Kongruenzen finden, die sich schon in jeweiligen Schlüsselworten andeuten: Führer und Gefolgschaft, Volk und Reich, Ehre und Treue, Blut und Boden, Nation und Sozialismus, Volksgemeinschaft. Man würde auch herausbekommen, daß mit gleichen Begriffen sich nicht unbedingt immer völlig identische Vorstellungen verbanden, dies weder innerhalb der Jugendbewegung selbst, noch zwischen Jugendbewegung und Nationalsozialismus. Der Erfolg der faschistischen Bewegungen lag eben darin, daß sie »symbolisch« integrierten und zusammenschlossen, was bei näherem Hinsehen keineswegs restlos und unbedingt ein und dasselbe meinte; insofern ist also mit der Feststellung, daß der Begriff »Führer« – dies nur als Beispiel – in der Jugendbewegung andere Inhalte hatte als in der NSDAP, die Anziehungskraft des gemeinsamen Begriffs für die Zwecke des Nationalsozialismus nicht außer Geltung gesetzt.

Bei der eben angedeuteten Betrachtungsweise bleibt unberücksichtigt, daß die Jugendbewegung in ihren verschiedenen Phasen und Richtungen gesellschaftspolitisch kein einheitliches Bild bot. Es wurde vorn schon versucht, Differenzierungen dieser Art darzustellen; im Ergebnis läßt sich aber wohl sagen, daß Leitbilder, die vom NS her integrierbar waren, in der gesellschaftspolitischen Vorstellungswelt der freien Bünde zwischen 1923 und 1933 zumindest dominierten. Ausgeklammert bleibt hier auch die Frage nach dem unmittelbaren, organisationspolitischen Verhältnis der einzelnen Bünde zur NSDAP oder zur HJ; darüber sind an anderer Stelle Details zu finden.

Zunächst geht es uns um die »ideengeschichtliche« Nähe oder Distanz zwischen Jugendbewegung und Nationalsozialismus. Zu dieser Frage schrieb 1934 ein ehemaliger Führer der bündischen Jugend: »Das Jahr 1933 brachte ja nicht nur die Erfüllung der Träume aller der nationalsozialistischen Kameraden, die seit zehn Jahren in engster Kampfgemeinschaft zum Führer gestanden haben. Die rauschende Symphonie der deutschen Erhebung hat noch eine andere Ouvertüre, zu der sich die gesamte Jugend von 1900 bis 1933 in allen ihren Lebensaltern zusammengefunden hat. In ihr klingen die zünftigen Volkslieder der ersten Wandervögel an den Feuern im Nuthetale auf, wilde Landsknechtsgesänge und vaterländische Sonnenwendlieder; der vielstimmige Chor des Hohen Meißner mit seinem sehnsüchtigen Ruf nach wahrer Freiheit löst sie ab; da – noch in seine letzten verklingenden Stimmen hinein brausen die Fanfarenklänge des Krieges, das Lied der Deutschen ertönt, und wir hören ergriffen und stumm den Sterbesang der auf Langemarck stürmenden Jugend ... Dann singen die jungen Burschen, die der Krieg in ihren Gruppen zu Hause hielt, das Lied vom guten Kameraden. Eine Weile ist es still, bis plötzlich wieder aus jungen Kehlen die alten Soldatenlieder erklingen: die Kolonnen der heimkehrenden und der neu aufgestandenen Jugend formieren sich, an heimlichen Feuern wird zum Sammeln geblasen, der Führer tritt unter sie, das große Feuer der Nationalen Revolution wird entzündet, und am 30. Januar des Jahres 1933 tritt die ganze junge Generation geschlossen zu jenem Fackelzug an, der mit dem Liede des gefallenen Sturmführers Horst Wessel den Einleitungssatz der Jugend zu der nun mit rauschenden Akkorden einsetzenden Symphonie des ganzen Volkes zum Abschluß bringt.«[61]

Trifft diese Schilderung, sieht man von ihrem emphatischen Tone ab, die historische Wirklichkeit? Führte die deutsche Jugendbewegung konsequent von der Wandervogelhorde zur Marschkolonne der SA oder der HJ und fand im Dritten Reich ihre Erfüllung? Und war es die

Auf dem Weg in den Faschismus

»... Diesen Staat lehnen wir als uns nicht wesensgemäß ab. Dasselbe gilt von der Parole, die heute geflügeltes Schlagwort geworden ist: ›Hinein in den Staat‹! – Einen Korb fauler Äpfel, um ein Beispiel zu nehmen, macht man auch nicht zu gesunden, indem man einige gute dazwischen legt!

Nicht Reaktion, Änderung irgendwelcher Äußerlichkeiten, sondern Revolution, grundstürzende Erneuerung, ist unser Ziel! Diesem streben wir fanatisch zu!

Wir kennen keinen Klassen-, wohl aber einen Rassenstaat! Für uns gibt es keine Schichtung ›Bürger‹ – ›Proletarier‹; wir kennen nur ehrlich für das Volkswohl Schaffende und auf der anderen Seite die am Volkstum Schmarotzenden, die Raffenden! So reißen wir die Kluft ein, die eine fanatische Hetze durch das deutsche Volk gezogen hat. Unsere Parole lautet: ›Arbeiter der Stirn und der Faust steht zusammen‹! Deutschlands Freiheit ist nicht die Angelegenheit des Proletariats, nicht des Bürgertums, – Deutschlands Freiheit ist eine deutsche Angelegenheit!

Aus der Erkenntnis heraus, daß ein unterjochtes Sklavenvolk trotz größter Arbeit stets das kärgliche Hungerbrot wird essen müssen, sind wir fanatische Nationalisten! Erst unser Volk, dann die Welt! Erst unseren hungernden Volksgenossen Brot, dann ›Wiedergutmachung‹! – Und aus der Erkenntnis heraus, daß ein Nationalstaat nur seiner Aufgabe gerecht werden kann, wenn jeder einzelne Volksgenosse in dem Rahmen des großen Ganzen aufgeht, sind wir fanatische Sozialisten! – ›Gemeinnutz geht vor Eigennutz‹ ist der sittliche Grundsatz unseres deutschen Sozialismus!

Hieraus ergibt sich auch unsere Stellung zu den ganzen Erfüllungsparteien von Rot bis Schwarz-weiß-rot! – Wir sind nicht gewillt, zuzusehen, wie man uns mitten im angeblichen ›Frieden‹ bis zum Weißbluten ausplündert. Wenn heute ein Streik den anderen jagt, ein Konkurs, ein Selbstmord dem anderen folgt, wenn heute ein ganzer Mittelstand zerschmettert am Boden liegt, wenn uns heute kaum noch das Hemd auf dem eigenen Leibe gehört, dann danken wir dies diesen Parteien!

Des weiteren wächst aus dieser Einstellung als Nationalsozialisten unsere Stellung zum Marxismus, der Lehre des Juden Karl Marx. Gelingt es nicht, die Reihen der marxistischen Massen zu zerschlagen, sie aus ihren Wahnbildern herauszureißen, so wird unser ganzer Kampf um Deutschlands Freiheit vergeblich sein. Solange der Marxismus mit seinen volksauflösenden, rassezerstörenden Tendenzen nicht zerschmettert am Boden liegt, wird Deutschland nie frei werden! ...

Daß die einmal aufgebrochene Bewegung in der Jugendbewegung nicht wieder zum Erliegen kommt, dafür werden wir Geusen sorgen! Wir werden fanatisch unseren Weg gehen; wir werden nicht eher ruhen, bis auch von den letzten Positionen innerhalb der Jugendbewegung die Sturmfahnen des neuen Deutschlands wehen!

Euch Aktivisten, Euch Nationalsozialisten in der Jugendbewegung rufen wir zu: ›Hinein in die Front, in die Ihr gehört! Werft die Eigenbrödelei, die Ichsucht beiseite! Stellt Eure Arbeitskraft in den Dienst einer zielklaren Sache!‹

Wenn die braunen Kolonnen antreten, sollen die Straßen erdröhnen!

Richard Bülk.«

(Aus »Die Geusen – Jungvölkische Blätter«, Heft 2/1929)

einzige Konsequenz der Jugendbewegung, daß sie gesellschaftspolitisch »im gleichen Schritt mit der NS-Bewegung ging« (wie bündische Führer es 1933 bei ihrem Eintritt in die NSDAP formulierten)?
Zweifellos haben sehr viele Angehörige und Führer der Jugendbewegung dies zum Zeitpunkt der »nationalen Erhebung« geglaubt. Ungeachtet späterer Rationalisierungen wird man davon ausgehen können, daß 1933 das Gros der Bünde und ihrer Führer ehrlichen Herzens gewillt war, sich in den Dienst des Dritten Reiches zu stellen. Und ebenso zweifellos wären der rasche Aufbau der Hitlerjugend ab 1933 und der Ausbau vor allem musisch-kultureller Aktivitäten im NS-Staat ohne die Anknüpfung an Vorarbeiten der Jugendbewegung nicht denkbar.
Dennoch sind an dem eben ausgemalten Bild Korrekturen notwendig. Erstens ist die Vorstellung zu korrigieren, die ideologische Affinität zum Nationalsozialismus sei ein Spezifikum der Jugendbewegung gewesen. Tatsächlich stimmte damals nämlich die Mehrheit des ganzen deutschen Bürgertums, insbesondere seiner jungen Generation, mit den gesellschaftspolitischen Vorstellungen des Nationalsozialismus weitgehend überein; schließlich kam der Wahlerfolg der NSDAP in dieser Schicht nicht versehentlich zustande. Insofern war also in diesem Punkte die bürgerliche Jugendbewegung nur ein Ausdruck – und quantitativ oder kräftemäßig nicht einmal ein sonderlich wichtiger – bürgerlich-deutscher politischer Gefühlswelt im Vor-Faschismus.
Man kann dies sehr eindeutig ablesen an den politischen Deklarationen der bürgerlichen und konfessionellen Jugendverbände in Deutschland, also auch der nicht-»jugendbewegten« Organisationen, zur »nationalen Erhebung«. Fast ausnahmslos ordneten sich 1933 zum Beispiel die

protestantischen Jugendverbände den politischen Zielen des neuen Staates ein, und dies keineswegs aus »Anpassung«, sondern aus voller Überzeugung. (Konflikte ergaben sich erst auf anderen Ebenen, dort nämlich, wo es um die Eigenständigkeit der Jugendarbeit und dann später um die Vereinbarkeit von NS-Ideologie und evangelischer Überlieferung ging.) So appellierten denn auch die beiden wichtigsten Repräsentanten der evangelischen Jungmännerorganisationen im Frühjahr 1933 an ihre Gruppen: »Ein Jämmerling wäre jeder junge deutsche Mann, der in diesen Tagen gleichgültig mit den Händen in der Tasche dem zuschaut, was um ihn herum geschieht, statt daß er mit ganzem Herzen an dem Aufbruch der Nation teilnimmt ... – Deutschland ... erlebt seit Wochen eine große Freiheitsbewegung, wie sie ein Volk nur alle paar Jahrhunderte einmal geschenkt erhält ... Die großen Gottesordnungen von Volk und Staat werden wieder als Gottes Schöpfung neu erkannt ... Es ist einfach eine Selbstverständlichkeit, daß jeder, der auf deutschem Boden sein Leben erhalten hat, immer bereit sein muß, sich für diesen deutschen Boden mit leidenschaftlichem Herzen einzusetzen ...«.[62]

Selbst bei den katholischen Jugendverbänden, bei denen aufgrund der spezifischen politischen Geschichte des Katholizismus in Deutschland und der Nähe zur Zentrumspartei noch am ehesten Sympathien für die Weimarer Demokratie und Vorbehalte gegenüber dem Nationalsozialismus existierten – (die sozialistischen und kommunistischen Jugendorganisationen bleiben hier ausgeklammert, weil sie nicht zum Vergleich politischer Orientierungen innerhalb des deutschen Bürgertums herangezogen werden können) –, dominierte im Jahre 1933 zunächst eine weitreichende Zustimmung zu den politischen Zielsetzungen der »nationalen Regierung« unter Hitler. Bei einer Leitungskonferenz des katholischen Schülerbundes »Neu-Deutschland« im Sommer 1933 beispielsweise wurden folgende Positionen vertreten, die als typisch für das politische Denken der Majorität des damaligen deutschen Bürgertums gelten können: »Wir Neudeutsche Jugend bejahen den neuen Staat:

a) als die Überwindung des Parteienstaates, der Deutschland in verschiedene unversöhnliche Lager und Fronten zerriß und so eine Volkwerdung unmöglich machte;
b) als die Überwindung des liberalen Staates, der keine feste und allgemein verbindliche Wertordnung mehr kannte, sondern unter Politik nur noch den taktischen Kompromiß der verschiedenen Weltanschauungen verstand;

c) als eine Überwindung des parlamentarischen Staates, in dem es nur noch Verhandlung und Abstimmung, nicht aber letzte, klare Entscheidung und allein zu tragende Verantwortung gab;
d) als eine Überwindung des Klassenstaates, in dem Interesse nackt auf Interesse stieß und der Wirtschaftskampf alle Formen des öffentlichen Lebens beherrschte.

In dieser vierfachen Überwindung des alten Staates durch den neuen Staat sehen wir die echte deutsche organische Reichsidee gegenüber den westlichen Verabsolutierungen eines abstrakten Staates wieder zur Geltung kommen ...«.

Als Grundprinzip der neuen Politik wurde dann in diesem Text formuliert: »Gegliederte Zusammenfassung unter einem Führer, der mit letzter Autorität die Fülle des Volkstums in staatlicher Gemeinschaft eint.«[63]

Die Beispiele für solcherart Politikvorstellungen ließen sich endlos fortsetzen; jeder Blick in das historische Material zeigt, wie sehr die überwiegende Mehrheit des deutschen Bürgertums und seiner verschiedenen Verbände und Gruppen um 1933 von einer antiliberalen, antiparlamentarischen, auf »Volksgemeinschaft« und »Führerstaat« ausgerichteten politischen Gefühlswelt bestimmt war. Die Jugendbewegung bildete in diesem breiten, gleichgerichteten Strom nur einen kleinen, mitunter besonders sprudelnden Nebenlauf.

Es ist hier leider nicht möglich, auf die sozialen und politischen Herkünfte dieser Gesellschaftsauffassungen des deutschen Bürgertums im einzelnen einzugehen. Es sei nur darauf hingewiesen, daß allgemeine soziale und ökonomische Verunsicherungen der Mittelschichten und spezifische Belastungen der deutschen Nationalgeschichte in der Vorbereitung des Faschismus zusammenwirkten. Die Hochindustrialisierung hatte gerade das Kleinbürgertum, auch die Beamten und die arrivierten Angestellten, aus überkommenen gesellschaftlichen Vorrangpositionen verdrängt und stattdessen das große Kapital einerseits, die organisierte Industriearbeiterschaft andererseits zu den maßgeblichen Kräften werden lassen. Die Mittelschichten sahen sich gewissermaßen von beiden Seiten her bedroht und suchten nun Rettung in einem politischen Konzept »jenseits der Kämpfe der sozialen Klassen«, beim »starken Staat«; von daher erklärt sich auch die doppelte Frontstellung der faschistischen Bewegung sowohl gegen das »raffende Kapital« (das dann vielfach mit dem jüdischen Besitz identifiziert wurde) als auch gegen die »marxistische Arbeiterbewegung«.

Das ersehnte »Dritte Reich« trug der Vorstellung (nicht unbedingt der

späteren Realität) nach mittelständische Züge; gedankliche Bezugspunkte bot dafür der Rückgriff auf (vermeintliche oder tatsächliche) Lebens- und Gesellschaftsverhältnisse vor der Herausbildung des Industriekapitalismus. Solche Tendenzen waren nicht nur bei den deutschen Mittelschichten zu finden; sie wurden aber in Deutschland noch radikalisiert durch die wirtschaftlichen Verluste, die diese Schichten hier durch den Ausgang des Ersten Weltkriegs und durch die Inflation erlitten hatten. Hinzu kam, daß aufgrund der politischen »Sonderentwicklung« Deutschlands (Niederlage der bürgerlichen Revolution, Verspätung des Nationalstaats, Reichseinigung von oben her, Fortbestand feudaler Politikprivilegien) der Liberalismus im hiesigen Bürgertum ohnehin kaum verankert war und die politische Demokratie, die man selbst nicht hatte durchsetzen können, nun als »welscher Demokratismus« ins Negative umgedacht wurde. Der »nationale Sozialismus« als Antithese zum »Individualismus« der Freiheitsideale der Revolution von 1789, oder der »heroische deutsche Staatsgedanke« als Antithese zur »händlerisch-liberalen Zivilisation Englands« – das waren Leitbilder, die der Nationalsozialismus nicht erst entwickeln mußte, sondern die bereits vor und um 1914 im deutschen Bürgertum und bei seinen intellektuellen Wortführern weithin anerkannt waren.[64]
Die Jugendbewegung in Deutschland war eine Bewegung bürgerlicher Jugend auch insofern, als sie sich (wenngleich nicht widerspruchsfrei) diesen politischen Vorstellungen des Bürgertums vielfach einfügte, aber es bedurfte nicht der Jugendbewegung, um die eben skizzierten Denkweisen in die Welt zu setzen.
Das Bild, wonach speziell die Jugendbewegung den deutschen Faschismus vorbereitet und ihre Erfüllung im Dritten Reich gefunden habe, ist aber noch unter einem zweiten Aspekt zu korrigieren. Man kommt an das Problem, um das es hier geht, am besten heran, wenn man sich noch einmal vergewissert, wie eigentlich NS- und HJ-Führung im Dritten Reich die Frage nach ihrem Verhältnis zur Jugendbewegung beantwortet haben. Aus einer Fülle von ähnlich argumentierenden Materialien, die vor allem der Begründung für die im Laufe des Dritten Reiches mehrfach wiederholten Verbote bündischer Organisationen und die Verfolgung der Führer und Angehörigen illegaler jungenschaftlicher und bündischer Gruppen dienten, sei hier eine Beschreibung von Jugendbewegung und bündischer Jugend herausgegriffen, die im Jahre 1941 eine als »Streng vertraulich! Nur für den Dienstgebrauch!« gekennzeichnete Schrift der Reichsjugendführung gab. Darin heißt es unter anderem:
»Die von Karl Fischer um 1900 gegründete Jugendbewegung entstand

aus der Sehnsucht der Jugend, sich von der bürgerlichen Verflachung des wilhelminischen Staates zu lösen und beim Wandern, in der Natur, innerhalb einer Gemeinschaft der Jugend wirkliches Erleben zu finden und eine eigene Weltanschauung zu bilden. Dieser sogenannte Aufbruch der Jugend war damals zweifellos berechtigt, denn weder Staat noch Kirche – als die derzeit bestimmenden Faktoren – konnten dem jungen Menschen ein ihn wirklich ergreifendes Erlebnis oder eine bewußte und klare Weltanschauung geben. Das war mit die Ursache, daß bereits die Jugendbewegung der Vorkriegszeit – verteilt auf eine Anzahl allmählich entstehender Gruppen – nach selbst geschaffenen Gesetzen völlig abseits vom Volksganzen lebte ... Während die Hitler-Jugend als Aufbruch der aktiven deutschen Jugend mit dem Ziel entsteht, Führer und Volk im Freiheitskampf zu helfen, wurde im Chaos der Nachkriegszeit die ungesunde und unnatürliche Trennung der Jugend vom Volksganzen eines der wesentlichen Merkmale der Bündischen Jugend ...
Es muß noch betont werden, daß die Hitler-Jugend nicht, wie manchmal angenommen wird, eine Nachfolgeorganisation der Bündischen Jugend ist. Daß vielfach bündische Elemente zu ihr übergetreten sind, besagt nichts. Die Hitler-Jugend ist unabhängig von der Bündischen Jugend als selbständige Einheit auf der Grundlage der nationalsozialistischen Idee von der deutschen Jugend gegründet worden mit dem Ziel, die Einheit der deutschen Jugend herzustellen und die alten Jugendverbände zu zerschlagen. Sie ist ebensowenig eine Nachfolgeorganisation der früheren Bünde, wie die NSDAP eine Nachfolgeorganisation der von ihr zerschlagenen alten Parteien ist ... Die Bündische Jugend ging ... den falschen Weg. Sie schuf eine Jugendbewegung, bei der nicht nur die Erziehungs- und Führungsgrundsätze falsch waren, sondern die ... den Jugendlichen in der Zeit, in der er natürlicherweise allmählich für seine späteren Aufgaben als Staatsbürger hätte vorbereitet werden müssen, völlig vom Volksganzen loslöste, ihn nur für die Jugendbewegung selbst erzog. Die Hitler-Jugend ist von vornherein ... den richtigen Weg gegangen: Jugendgemeinschaft, von der Jugend selbst geschaffen und geführt, aber die Erziehung ausgerichtet auf das Ziel der Schaffung des Staatsbürgers des nationalsozialistischen Staates ...«[65]

Es waren, von einigen kleinen politischen Gruppierungen der Jugendbewegung hier abgesehen, nicht etwa »antifaschistische« Politikkonzepte, die nach 1933 Konflikte zwischen dem NS-Staat beziehungsweise der HJ-Führung und denjenigen hervorriefen, die innerhalb oder außerhalb der HJ das Milieu der Jugendbewegung aufrechterhal-

ten wollten. Es wurde gezeigt, daß die politischen Anschauungen der Bünde zumindest überwiegend mit den Ideen der »nationalen Erhebung« durchaus zusammenliefen. Aber es saß ein Stachel im Fleisch, der sich unter den Bedingungen des NS-Staates zwangsläufig politisch auswirken mußte: Der Autonomie-Anspruch der Jugendbewegung, ganz praktisch gemeint und gelebt als Anspruch auf eigene Gestaltung der jugendlichen Gruppe und ihrer Aktivitäten, war nicht vereinbar mit dem Sozialisationssystem des faschistischen Staates.
So erklärt es sich, daß die Fortexistenz bündischer und jungenschaftlicher Tendenzen im Jungvolk der HJ oder in illegalen Jugendgruppen für die NS-Führung zu einem Problem wurde, mit dem sie trotz aller repressiven Mittel ebenso wenig fertig wurde wie mit der gegen alle Verbote immer wieder neuen Herausbildung spontaner Jugendgruppen, die sich an Überlieferungen der bündischen Jugend orientierten, dies zunehmend gerade innerhalb der Arbeiterjugend. In einer aus NS-Sicht geschriebenen, kenntnisreichen Dissertation über die deutsche Jugendbewegung, 1939 veröffentlicht, wird die Differenz zwischen Nationalsozialismus und Jugendbewegung auf folgende Formel gebracht: »... Die Jugendbewegung ... hat zu einseitig den genössischen Gedanken verwirklicht. Sie hat der ... Unterordnung unter den Befehl eines Führers zu wenig Raum gegeben ...«[66]
Zusammenfassend: Die bürgerliche deutsche Jugendbewegung bis 1933 war in ihren politischen Denkweisen oder Gefühlswelten überwiegend so weit in der Nähe des Nationalsozialismus, daß sie sich 1933 als Teil der »nationalen Erhebung« verstehen mußte. Diese Politikvorstellungen der Jugendbewegung beziehungsweise ihrer Mehrheit waren Symptom einer allgemeinen politischen Fehlentwicklung des deutschen Bürgertums – aber eben nur ein Symptom neben vielen gleichgerichteten, und gewiß nicht die Ursache der Bewegung hin zum Faschismus. Als aber der Faschismus in Deutschland staatlich etabliert war, zeigte sich, daß in der Tradition der Jugendbewegung zugleich eine wichtige Chance systemoppositionellen Verhaltens lag. Das »autonome« Milieu jugendlichen Gruppenlebens blieb zumindest zum Teil widerstandsfähig auch gegenüber dem totalitären Zugriff der staatlichen Jugenderziehung im Faschismus.

Die Sonderrolle des »Deutschen Jungvolks«

Im Verlauf der bisherigen Darstellung ist wiederholt darauf hingewiesen worden, daß bei bestimmten Charakterisierungen der HJ eine Gliederung dieser Organisation, nämlich das »Deutsche Jungvolk« (DJ) zumindest zu einem guten Teil und zumindest für die Jahre bis 1936/37 eine Ausnahme darstellte – eine Ausnahme, die nicht allein durch die altersmäßige Zusammensetzung der DJ erklärt werden kann. Schon vor 1933 war das »Jungvolk« von ehemaligen Führern bündischer Gruppen aufgebaut worden, im Unterschied zur eigentlichen HJ; nach der Machtübernahme des NS und zumal nach der Zwangsauflösung der bündischen Jugendverbände im Frühjahr 1933 gingen die Führer und Gruppen dieser Bünde so gut wie ausnahmslos in die Gliederung des Deutschen Jungvolks, nicht in die Älteren-HJ über und versuchten – mit verschiedenen Intentionen – auf das DJ maßgeblichen Einfluß zu gewinnen, was ihnen zunächst auch weithin gelang. Das DJ, bis dahin ein relativ unbedeutendes Anhängsel der HJ, wurde binnen kurzer Zeit zu einem großen Jugendbund eigenen Stils bündischer und zum Teil auch jungenschaftlicher Art, dem sich die bisherigen DJ-Führer anpaßten. Das DJ übernahm eine Reihe von Äußerlichkeiten der Jungenschaftsbünde (so etwa die Tracht), Publikationen des jungenschaftlichen Verlags Günther Wolff gewannen im DJ breiten Einfluß, die Jungvolkzeitschrift wurde vorwiegend von ehemaligen bündischen Führern gestaltet.
Die Unterschiede, hier und dort auch Gegensätze zwischen eigentlicher HJ und DJ waren zu dieser Zeit ganz offensichtlich; der außerordentliche – auch zahlenmäßige – Aufschwung des DJ in den Jahren 1933–35 dürfte nicht zuletzt auf die Anknüpfung an die Jugendbewegung zurückzuführen sein.
Sobald dieser Aufschwung dem DJ eine starke zahlenmäßige Position und organisatorische Festigkeit verschafft hatte, wurden Maßnahmen der Reichsjugendführung sichtbar, die jungenschaftlichen Stilelemente und dann auch die bündischen Traditionen aus dem DJ zu entfernen. Im Herbst 1934 wurde die Schriftleitung der Jungvolk-Zeitschrift umbesetzt; außerdem erschienen in dieser Zeitschrift nun Beiträge des von der Reichsjugendführung gestellten Schriftleiters, die sich in scharfer Form gegen die aus der Jungenschaftsrichtung ins DJ übernommenen Formen und Tendenzen wandten und sie als »fremdvölkisch« angriffen.
In einem Artikel gegen die »bündische Erziehung«, in der Zeitschrift

»Deutsches Jungvolk«, hieß es, daß »die Unterordnung alles Persönlichen unter die Härte der Führung« notwendig sei; in derselben Zeitschrift wandte sich ein Beitrag »Unser Stil« gegen die »Zersetzung des deutschen Lebensgefühls« durch den jungenschaftlichen Kulturstil; schließlich war im »Deutschen Jungvolk« in einem Artikel »Aus der Geschichte des Jungvolks« folgendes zu lesen: »Da kamen die, die ihr altes Leben fortsetzen wollten ... Und sie versuchten Einfluß zu nehmen auf die Führung im Jungvolk. Wir wollen ehrlich sein: es ist diesen Menschen gelungen, selbst alte Jungvolk-Führer auf ihre Seite zu ziehen. Doch der Versuch, das Deutsche Jungvolk in fremde Welten hineinzuziehen, es durch kulturelle Zersetzung von seiner Idee abzubringen, ist gescheitert ...«[67] Vom gleichen Zeitpunkt an war auch der Inhalt der Jungvolkzeitschrift, der bis dahin bündischen Charakter trug, von den üblichen NS-Schulungsinhalten beherrscht; das Lied- und Schriftgut der früheren Jungenschaftskreise und großenteils auch der bündischen Organisationen wurde für die DJ-Einheiten verboten; Dienstanweisungen der Reichsjugendführung untersagten aufs schärfste die weitere Verwendung von Requisiten der Jungenschaftsrichtung im DJ (so etwa die Benutzung bestimmter Zeltformen, den Gebrauch von der Jungenschaft übernommener ausländischer Instrumente usw.)[68]

Nachdem auf diese Weise die Ausmerzung jungenschaftlicher Elemente aus der DJ-Arbeit gelungen war, wurden in der Folgezeit auch die vom DJ übernommenen bündischen Formen weitgehend verdrängt, der Stil der Gruppenarbeit noch mehr zum Soldatischen hin entwickelt und das auf freiwilliger Übereinstimmung beruhende bündische Verhältnis von Führer und Gruppe Zug um Zug in ein sozusagen jugendgemäßes Vorgesetztenverhältnis verwandelt; pädagogische Vorbehalte ehemaliger bündischer Führer (die nicht einmal mit politischen Gegenpositionen verbunden waren) wurden nicht mehr toleriert und die bündischen Führer nach Möglichkeit völlig »gleichgeschaltet«; ehemalige Bündische, die in dieser Hinsicht den Richtlinien der HJ-Führung nicht Folge leisteten, wurden in großer Zahl aus der Jungvolk-Arbeit entfernt.

Ende 1935 erschien in den Führerblättern der HJ nochmals ein Artikel, der die Kulturformen der Jungenschaftskreise attackiert, sich gegen die Idee des DJ als eines relativ selbständigen und von der HJ distanzierten Jungenbundes und auch gegen bestimmte bündische Formen wandte. Gleichwohl waren auch in den Jahren 1936/37 vielfach noch starke Relikte bündischer Jugendarbeit und Kreise bündisch bestimmter Führer im DJ vorhanden.[69]

Im Jahr 1936 brachte die Reichszeitung »Die HJ« einen Beitrag »Jungvolk kontra HJ?«, in dem Behauptungen der in der Tschechoslowakei erscheinenden Strasser-Zeitung »Schwarze Front« dementiert wurden – des Inhaltes, daß weite Kreise im DJ in teils bewußter Opposition gegen die Reichsjugendführung bündische Erziehung weiterführten; vom Zentralorgan der HJ konnten in diesem Falle nicht die Tatsachen selbst, sondern lediglich ihr Ausmaß und ihre Bedeutung bestritten werden.[70]

»Säuberung« des Jungvolks

Aus einem ›Sonderbefehl‹ des Berliner HJ-Gebietsführers Axmann, 1935:

»In der Anlage übergebe ich allen Fähnlein- und Stammführern einen Sonderbefehl des Obergebietsführers Axmann und erwarte von den Fähnleinführern genaueste Ausführung des Befehls in allen Einzelheiten. Nichtausführung irgend eines Teiles dieses Befehles kommt der Befehlsverweigerung gleich.
Es ist verboten:

I. Jeder Gebrauch von Kohten und Jurten, soweit diese als Formationseigentum vorhanden sind, sind dieselben vom Jungbann zu beschlagnahmen und beim Gebiet 3 einzusenden.

II. Soweit diese Privateigentum einzelner Jungen sind, ist das Vorhandensein bis zum 15. 11. 35 beim Gebiet zu melden.

III. Sämtliche DJ Jungenschaftsjacken dürfen nur mit blanken Knöpfen getragen werden. Das gleiche gilt auch, soweit diese außerdienstlich, ohne Armscheibe und Dreieck getragen werden.
Schwarze Knöpfe sind verboten.
Jedes Tragen von Uniformteilen früherer bündischer Gruppen, des Werwolfes, Jungstahlhelm, Bismarckjugend, und marxistischer Verbände ist verboten.
Lilienknöpfe sind zu entfernen. Das Tragen der großkarierten Schottenhemden zu kurzen Hosen ist verboten.
Jedes Beziehen von Ausrüstungsgegenständen aus dem Rüsthaus ›St. Georg‹ ist verboten. Das Beziehen von Druckschriften, Liederbüchern etc. vom Günter Wolff-Verlag ist verboten.
...

IV. Wer nach dem 15. 11. 35 noch mit verbotenen Uniformteilen angetroffen wird oder noch im Besitz oben angeführter Schriften ist, wird der Gestapo übergeben.
Stichproben bei alten bündischen Führern werden unternommen.
Die Gegenstände unter I genannt sind stets der Polizei zu übergeben.«

Daß das »Bündische« trotz all dieser Repressionen auch in den folgenden Jahren nicht völlig aus dem Jungvolk auszuschalten war, erweist sich unter anderem an weiteren Maßnahmen der Reichsjugendführung, die bezweckten, das DJ noch fester in die Gesamt-HJ einzubeziehen und eine selbständige Führung des Jungvolks zu verhindern. Hatte es ursprünglich einen »Reichsjungvolkführer« gegeben, dessen Position abgebaut wurde, so wurden in der Folgezeit auch die Stellungen der Gebietsjungvolkführer und der Jungvolkführer auf Bann-Ebene abgeschafft; die DJ-Stämme wurden dem HJ-Bannführer unterstellt. Da dennoch lokale Selbständigkeitsbestrebungen und »Abweichungen« sichtbar wurden, führte man schließlich noch während des Krieges Jungvolkbeauftragte der Banne ein, denen nunmehr die Gleichschaltung der DJ-Einheiten vom Bann aus oblag. Bestimmte, auch in den Jahren nach 1936 noch zum Teil lokal auftretende Besonderheiten des Jungvolks und nicht in das sonstige System der HJ sich einfügende Formen der Jungenarbeit sind somit durch die Tatsache der Weiterexistenz bündischer Tendenzen im DJ zu erklären.
Eine Parallele zu dieser Sonderrolle des DJ auf seiten der »Jungmädel« ist nicht erkennbar; dies wird erklärlich angesichts der Tatsache, daß in der »Mädelarbeit« der HJ unvergleichlich weniger Übernahmen bündischer Führerinnen erfolgten (schon deshalb, weil die Bündische Jugend nicht über allzu viele Mädchengruppen verfügte) und daß innerhalb der JM-Arbeit nicht jene krasse Umwandlung eintrat, wie sie sich beim DJ in der Entwicklung vom Bündischen (und zunächst auch noch Jungenschaftlichen) zum Reglementiert-Soldatischen hin vollzog. Aus beiden Gründen war das Verhältnis von »Jungmädel«-Organisation und Gesamt-HJ nicht so konfliktreich wie – zumindest zeitweise – das von DJ und HJ.

Die Absicht: HJ als totale Institution

Versucht man, die »Systematik« der HJ-Sozialisation zusammenfassend zu beschreiben, so ergibt sich folgendes Bild: Der Blick auf die Geschichte zeigt, daß die HJ von Beginn an eine parteiabhängige und in ihrer Substanz unselbständige Organisation war und dies auch immer geblieben ist, – daß die Funktion, die ihr innerhalb des Gesamtsystems des Nationalsozialismus und von der Führung des Regimes zugewiesen wurde, sich jedoch bei der Machtergreifung grundlegend än-

derte: Bis 1933 eine Art Jung-SA mit sozialrevolutionärem Anstrich, erhielt die HJ nach der Machtergreifung die Aufgabe des wichtigsten Erziehungsfaktors in der NS-Gesellschaft und wurde zu einem totalen System der Erfassung und Beeinflussung der Jugend entwickelt, einem der wesentlichen Mittel zur Herrschaftserhaltung des NS-Regimes.
Diese Entwicklung der HJ zur Staatsjugend vollzog sich unmittelbar von der Machtergreifung an, jedoch in Phasen: Ab 1933 erfolgte zunächst die Durchsetzung des Totalitätsanspruches der HJ im Wege der Ausschaltung konkurrierender Kräfte im Raum der Jugendarbeit und durch Absorbierung und Usurpation möglichst vieler Institutionen und Betätigungsfelder der Jugenderziehung und Jugendarbeit. Die Jahre bis 1936 dienten der weiteren Monopolisierung der HJ-Arbeit, der institutionellen Verfestigung und der Hierarchisierung des HJ-Systems; sie brachten schließlich im HJ-Gesetz vom Dezember 1936 auch die rechtliche Verankerung des Totalitätsanspruchs der HJ. Die Jahre nach 1936 schlossen die Entwicklung zu einem statisch-perfekten Erfassungssystem mit Zwangscharakter und Betonung der Kriegshilfsdienstfunktion ab; die Jugenddienstpflicht in der HJ stand nun in der Reihe der Dienstpflichten wie Arbeitsdienst und Wehrdienst.
Die Organisationsstruktur der HJ war hierarchisch, statisch und reglementiert, der Umfang der Arbeitsbereiche und Arbeitsmittel der HJ so total wie nur möglich; die Stellung der HJ gegenüber Partei und Staat nahm sich auf unterer Ebene zwar relativ selbständig aus, tatsächlich aber war die HJ in ihrer Führung völlig von der Führung des Regimes abhängig und stellte lediglich eine Art erzieherischer Exekutive derselben dar; innerhalb der HJ selbst dominierten die hauptamtlichen Führungskader. Bei den Tätigkeiten der HJ, so hatten wir gesehen, hatte die »Körperertüchtigung«, zumal im Zeichen der Wehrertüchtigung, den Vorrang.
Wir hatten festgestellt, daß der sozialrevolutionäre Typ, der in der HJ vor 1933 eine gewichtige Rolle spielte, aus der HJ-Führerschaft nach 1933 verdrängt wurde; ferner, daß der rasche Aufbau der HJ nach 1933 nicht zuletzt dadurch möglich wurde, daß die HJ in ihren Arbeitsformen, in Personalbestand und Ideologieelementen an die Bündische Jugend anknüpfen konnte. Die HJ als Jugendverband wurde dann jedoch zu einem starren Gebilde, das keinen Raum für Spontaneität, für freiwillige Gruppenbildung ließ; die Führer der HJ waren allein von der Organisationshierarchie abhängig und ihr allein verantwortlich. Allerdings ermöglichte die HJ Jugendlichen im Dritten Reich – als Funktionsträgern der Organisation – zeitige Übernahmen von Machtpositionen vordergründiger Art, mehr als irgendein Jugendverband

jemals zuvor. Die HJ duldete keinerlei inhaltliche Auseinandersetzung, eigene Meinungsbildung oder die Entwicklung besonderer Positionen (wenn auch nur innerhalb der NS-Weltanschauung); ihre Schulung war dogmatisiert und mit ihren übrigen Arbeitsbereichen und -Mitteln zu einem nahezu lückenlosen und unabänderlichen System von Zwängen und Chancen ausgebildet, das ebensosehr auf seinem Zwangs- und Dienstcharakter basierte wie auf seiner geschickten Inanspruchnahme und vordergründigen Befriedigung jugendpsychischer Gegebenheiten und Motivationen (Wetteifer, Betätigungsdrang, Geltungsdrang). Die HJ stellte einen Erziehungsraum dar, dem man sich nicht freiwillig und mit der Intention der Selbstgestaltung, sondern nur in einem Akt bedingungsloser Identifikation zuordnen konnte. Diese Charakterisierungen treffen allerdings auf Teile des »Jungvolks« zumal in den Jahren 1933 bis 1935 nicht zu; im DJ konnten sich eine Zeitlang Reste pädagogischer Sonderpositionen halten, die jedoch von der HJ-Führung um der Erhaltung des HJ-Systems willen tunlichst und mit einigem Erfolg ausgetilgt wurden.
Wir hatten weiterhin zu zeigen versucht, daß für die HJ zwei ideologische Probleme eine besondere Rolle spielten: nämlich das Verhältnis zu »Jugendbewegung« und »Sozialismus« – die Antworten, die die HJ auf diese beiden Fragen gab, machten zwei spezifische Akzente der HJ-Arbeit aus: die Durchführung des Prinzips »Jugend soll von Jugend geführt werden« und die sozialpsychologische Nivellierung in der HJ. Bei beiden Fragen handelte es sich um Auswirkungen einer gesellschaftlichen Problematik, die gerade die HJ – in gewissem Unterschied zu der Erwachsenen-Partei – nicht unbeachtet lassen konnte, die sie daher bewußtseinsmäßig zu kaschieren versuchte durch Lösungen, die das Problem scheinbar radikal zu Ende führten, um es real unbeantwortet lassen zu können.
Unsere Überlegungen zur Frage des Generationsproblems im Dritten Reich hatten uns zu der These veranlaßt, daß sich die HJ durch ihren Appell an »Jugendlichkeit« zunächst vorhandene Generationsspannungen zu Nutze machte, daß sie dann aber ein besonderes Generationsbewußtsein – als mögliches Entstehungsfeld von »Systemkritik« – nach Möglichkeit auszuschalten versuchte und in der Tat eine weitgehende Auflösung produktiver Spannungsverhältnisse zwischen den Generationen mit herbeiführen konnte.
An diesem Punkt unserer Erörterung stellt sich nun die Frage nach dem Effekt, nach der tatsächlichen Auswirkung der HJ-Sozialisation auf jene Jugendlichen, die ihr während des Dritten Reiches überlassen waren oder sich ihr unterwarfen.

Hier sei zunächst noch einmal daran erinnert, daß das Erziehungssystem der HJ wesentlich auf der Methode der Manipulierung bestimmter Antriebe beruhte, d. h. es wurden Interessen von Jugendlichen insofern manipuliert, als sie systematisch zur Befestigung anderer, gelegentlich geradezu entgegengesetzter Zwecke eingebaut und nutzbar gemacht (man denke etwa an die Funktion des Sports in der HJ-Arbeit) oder aber durch vordergründige Inanspruchnahme und Befriedigung von ihrer eigentlichen Motivation und ihrer weitergehenden Entwicklung abgelenkt wurden.
Es hängt hiermit zusammen, daß jenes System von Zwängen, Chancen und Appellen, wie es die HJ herausbildete, gewiß von einer breiten, typenbildenden und Verhaltensmuster prägenden Wirkung war – dies aber nicht so sehr durch die direkt vertretenen Erziehungsziele und Programme, sondern viel mehr durch die auf politische Herrschaft hin gerichtete Integration und Normierung bestimmter Antriebe. Wenn man dies auf eine Formel bringen will, so kann man wohl sagen, daß der Effekt der HJ-Erziehung – im Durchschnitt – nicht so sehr in der Herausbildung eines »positiven« Typs lag, sondern vielmehr in der Schaffung »negativer« typischer Reaktions- und Verhaltensweisen. Hierfür noch zwei Beispiele: Die »politische Erziehung« der HJ stellte eine »Erziehung zum Staat« nicht im Sinne einer Aktivierung zu politischem Denken und Tun dar, sondern – im Durchschnitt gesehen – im Sinne der Disziplin und bloß funktionalen Aktivität im Rahmen der jeweils vorgelegten Richtlinien. Und die HJ-Erziehung unter dem Aspekt der Rasse-Ideologie wird gewiß keine allzu große Gefolgschaft für die Rassenlehre des NS geschaffen haben, wohl aber machte das Prinzip vom »Recht des Stärkeren« das durch die Rasse-Ideologie gedeckt wurde, in großem Umfange Schule bei Jugendlichen.
Die Auswirkung der HJ-Erziehung lag demnach weniger in der Herausbildung einer breiteren Schicht von fanatisch-aktiven jungen Nationalsozialisten, als vielmehr in der Dressur der Jugendlichen zur Systemanpassung, zum Verzicht auf politische und gesellschaftliche Willensbildung und Spontaneität, in der Verhinderung sowohl der eigentlich politischen Erfahrung, als auch der gesellschaftlichen Utopiebildung – kurz: in der politisch-gesellschaftlichen und, oft genug damit zusammenhängend, ethischen Neutralisierung der Jugend.
Diese Neutralisierung der Jugend im Dritten Reich durch die HJ-Erziehung mußte um so nachhaltiger sein, als die HJ die Jugendgeneration total zu erfassen suchte und ihr Zugriff mit jenem Stadium im Leben des Jugendlichen zusammenfiel, das in erster Linie die künftige Richtung der Soziabilität des Einzelnen bestimmt.

Die entwicklungspsychologisch bedingte Labilität des Jugendlichen, die Tatsache, daß er und seine Generation noch nicht endgültig in die soziale, wirtschaftliche und politische Struktur eingeordnet sind, daß ihre Etablierung in der Gesellschaft noch bevorsteht oder eben erst stattfindet – all dies führt zu einer unter Umständen wirksam werdenden Bereitschaft der Jugendlichen, sich mit historisch-gesellschaftlich dynamischen Kräften zu verbinden. Diese Bereitschaft allerdings kommt keineswegs immer zur Wirksamkeit; sie wird stärker sein, wenn innerhalb der betreffenden Gesellschaft eine akute Problematik offenbar wird. Karl Mannheim hat einmal die These aufgestellt, daß »stationäre« Gesellschaften bzw. politische Systeme ohne die Mobilisierung dieser Bereitschaft der jüngeren Generation auskommen können, daß »dynamische« Gesellschaften und politische Systeme hingegen darauf angewiesen seien, diese Beweglichkeit von Jugend anzusprechen – wobei die Frage bleibt, welcher Art die Mobilisierung nun im einzelnen Falle ist.[71] Es läßt sich also sagen, daß es vom jeweiligen Zustand einer Gesellschaft abhängt und für diesen und für die jeweilige gesellschaftliche Problematik bezeichnend ist, ob der Jugend innerhalb einer Gesellschaft eine besondere Funktion zufällt, und welche dies ist.
Das Bewußtsein von einer besonderen gesellschaftlichen Rolle der Jugend, wie es die um die Jahrhundertwende entstandene deutsche Jugendbewegung kennzeichnete, entsprang einem – gewiß oft recht unklaren – Bewußtsein von einer gesellschaftlich-historischen Problematik; insofern war das »Jugendbewußtsein« dieser Jugendbewegung eine Art Experimentierfeld sozialen Wandels; ganz gleich, ob man die gesellschaftlichen Reformprogramme, zu denen die politisch engagierten Richtungen der Jugendbewegung dann tendierten, als produktiv oder als verfehlt ansehen mag. Ein »Jugendbewußtsein« war auch für die HJ kennzeichnend – nur wurde es hier inhaltlich entleert und gleichzeitig vordergründig enorm gesteigert; aus dem Anspruch der Freideutschen Jugend auf einen Raum der »Selbstgestaltung«, der »eigenen Verantwortung« und der »inneren Wahrhaftigkeit« (also einen autonomen Raum, der außer pädagogischen Möglichkeiten auch ganz offenbar die Tendenz einer gesellschaftlichen Regeneration durch die Jugend reklamierte), wurde der Anspruch der HJ, daß »Jugend von Jugend geführt werden müsse« – im Sinne einer frühen und vom Staat »geliehenen« Machtentfaltung. War das Jugendbewußtsein in der Jugendbewegung Symptom und zugleich Entwicklungsenergie gesellschaftlicher Unruhe gewesen, so wurde es nun in der HJ zu einem institutionalisierten Mittel staatlicher Herrschaft.
Ein zu bloßem Machtbewußtsein pervertiertes »Jugendbewußtsein«

Das letzte Aufgebot

»Die Mehrzahl der militanten HJ-Angehörigen, durchweg Jungen im Alter von 15 bis 17 Jahren, stellten gegen Ende des Krieges das dritte Aufgebot des Deutschen Volkssturms dar. Sie kamen vorwiegend aus Wehrertüchtigungslagern, trugen Wehrmachtuniformen und waren mit Gewehren, Panzerfäusten und Handgranaten bewaffnet. Im allgemeinen achtete man darauf, Verbände der Hitler-Jugend geschlossen zu halten. Es sollte nicht sein, ›daß durch Mischung mit alten Landsern und Volkssturmmännern die Erziehung und der Geist der Hitlerjungen durch Landsergeist und Landserschliche gewandelt wird‹, wie Himmler sich in einem Schreiben vom 6. März 1945 General Busse gegenüber ausdrückte. Dieser beruhigte Himmler, indem er sofort am nächsten Tag auf eine bereits mit Reichsjugendführer Axmann getroffene Absprache verwies, nach welcher ›die Hitlerjungen in geschlossenen Gruppen unter ihren HJ-Führern ... zum Einsatz kommen‹.
Viele Stimmen sprachen aber auch mehr oder weniger unverhohlen von Aufopferung der Jugend und ›Aderlaß‹ ...
Im März 1945 standen alleine im zertrümmerten Berlin 5000 siebzehnjährige HJ-Jungen ganz offiziell unter Waffen, von der Masse noch jüngerer, zugelaufener und stillschweigend geduldeter, miteingesetzter Jungen ganz zu schweigen.
Im Endkampf um die Reichshauptstadt befehligte zum Beispiel der damals sechsundzwanzigjährige Dieter Kersten, ehemaliger Napola-Schüler, Träger des Goldenen Verwundetenabzeichens und des Deutschens Kreuzes in Gold, im Range eines Hauptmanns ein Bataillon von dreihundert HJ-Jungen. Davon waren nach schweren Häuserkämpfen bald nur noch fünfzig übrig ...
Vielfach glaubte nationalsozialistisch erzogene Hitlerjugend, bestärkt durch leidenschaftliche, geschickte Aufrufe und Parteiparolen, nur sie sei noch imstande, das Vaterland zu retten. Ahnungslos und infolgedessen völlig ohne Furcht warf sie sich, oft nur dürftig bewaffnet, haushoch überlegenen Feinden entgegen, ohne jedoch mehr als ein paar, wenn auch beachtliche Einzelerfolge zu erzielen – gegen einen unverantwortlich hohen Blutzoll. Von einer Ideologie erfüllt, ohne Vergleichsmöglichkeiten, sprangen fanatisierte Jungen und Mädchen bedenkenlos in die Bresche – und ins Verderben – wenn erwachsene Soldaten aufgaben und sich zurückzogen ...«

(Aus: Arno Rose, Werwolf 1944–1945; Motorbuch-Verlag, Stuttgart 1980, S. 114)

und bloß funktionale Eigenständigkeit hatten die reale Unselbständigkeit der Jugend im Dritten Reich, – scheinbare und äußerliche Dynamik, Aktivierung und Agressivität hatten die reale Starre des HJ-Dienstes zu verdecken. Das System der HJ hatte die Intention, der Jugend totalen Objektcharakter bei gleichzeitig forciertem Subjektbewußtsein zu geben und die tatsächliche Machterhaltungsfunktion der Jugend-Organisation mit dem Anschein einer »dynamischen Rolle« zu versehen. Das NS-System konnte sich nicht auf eine langsame Gewinnung der Jugend verlassen, sondern mußte notwendigerweise zur raschen Etablierung einer totalen Jugenderziehung schreiten. Den einzelnen Phasen und der Gesamtentwicklung der HJ wohnte dabei, trotz aller Besonderheiten, die sich aus der sozial- und kulturhistorischen Entwicklung im Feld der deutschen Jugend ergaben, insgesamt eine objektive Zielstrebigkeit inne, die sich aus dem Charakter und den Notwendigkeiten eines faschistischen Herrschaftssystems ergab; ebenso waren die Mechanismen der »totalen Erziehung«, der Bewußtseinsmanipulierung und Neutralisierung der Jugend, wie sie zuvor im einzelnen dargestellt wurden, in ihren wesentlichen Zügen notwendige Erscheinungen innerhalb eines solchen Systems. Alle diese Herrschafts- und Beeinflussungstechniken, wie auch die Kaschierung gesellschaftlicher Problematik durch scheinbare und vordergründige Lösungen und funktional-abhängige Aktivierung, wie schließlich auch die Tatsache, daß vormilitärische Ausbildung und para-militärischer Einsatz der Jugendlichen eine Art Höhepunkt (und zwar den einzig möglichen) der faschistischen Jugendarbeit darstellten, – alle diese Kennzeichnungen lassen wesentliche Rückschlüsse auf den Charakter des nationalsozialistischen und eines faschistischen Systems überhaupt zu und zeigen wichtige Grundzüge und Praktiken derart organisierter Gesellschaften an.

Die Realität: Widersprüche der HJ-Sozialisation

Die in den vorhergehenden Kapiteln beschriebene organisatorische Durchsetzung der HJ bis zur Realisierung eines auch inhaltlich weit über das Maß früherer Jugendverbandstätigkeit hinausgehenden Staatsjugend-Monopols mußte, wie schon angedeutet, erhebliche Auswirkungen bei der Prägung der Jugendmentalität im Dritten Reich

haben und war insofern keineswegs harmlos. Die allgemeine Gleichschaltungs- und Organisationsgeschichte der HJ würde aber – für sich genommen – ein einseitiges und falsches Bild perfekter totalitärer Jugenderfassung im Dritten Reich erzeugen. Die Wirklichkeit der HJ-Integration und -Sozialisation sah oft anders aus. Die Attraktivität, die die HJ zeitweise für große Teile der Jugend im Dritten Reich gewann, lag nicht zuletzt in dem Angebot begründet, das die Staatsjugend des Dritten Reiches denjenigen Jungen und Mädchen machte, die bis 1933 kaum Gelegenheiten hatten, in Jugendgruppen mitzutun. In Anknüpfung an Errungenschaften der Jugendbewegung vor 1933 offerierte die HJ »jugendgemäße« Lebensformen und stieß damit in eine »Bedarfslücke« vor, die insbesondere in ländlich-provinziellen Regionen und zum Teil auch bei den konfessionell und politisch nicht engagierten Teilen der Arbeiterjugend oder der Mittelstandsjugend bestand.
Gerade in der Provinz, wo vor 1933 die kirchliche Jugendarbeit häufig die einzige Form organisierter Jugendtätigkeit darstellte, vermochte unter bestimmten Umständen die ungezwungenere, eher jugendgemäße Form der HJ vielfach anziehend zu wirken. Das galt insbesondere für den BDM, weil hier den Mädchen auf dem Lande oft zum ersten Mal überhaupt die Möglichkeit einer »modernen«Jugendarbeit einschließlich sportlicher Aktivitäten geboten wurde.
Zu den sozialen Attraktivitäten der HJ gehörte es zum Beispiel auch, daß Jungen und Mädchen aus armen Bevölkerungsschichten, die außerstande waren, ihren Söhnen und Töchtern Ferienreisen zu ermöglichen, im Rahmen der HJ an Sommerlagern oder im Winter an Skilagern teilnehmen konnten, die sie auch aus der engeren heimatlichen Umgebung herausführten, und daß die HJ-Führung die staatliche Verwaltung wie die Partei zu finanziellen Zuschüssen für solche Ferienlager zu veranlassen wußte. Auch die von der HJ organisierten sportlichen und beruflichen Leistungswettbewerbe waren sicherlich nicht ohne Attraktivität gerade für bis dahin in Jugendgruppen nicht engagierte Jugendliche.
Aber der Totalitätsanspruch, der sich mit derlei Angeboten der HJ verband, stand, langfristig betrachtet, einem Erfolg der Staatsjugend im Wege; die HJ scheiterte gewissermaßen an ihren Ambitionen, die freilich im System des Faschismus Zwangsläufigkeit hatten.
Melita Maschmann, vor 1945 Mitarbeiterin in der Reichsjugendführung, beschreibt in ihrem autobiographischen Bericht »Fazit« die Eigendynamik der in der HJ forcierten Wettbewerbs-Aktivität:
»Altersbedingter Überschuß an Tatendurst und Bewegungsdrang fand in dem ständig auf Hochtouren laufenden Aktionsprogramm der HJ

ein weites Feld. Es gehörte zur Methodik der nationalsozialistischen Jugendführung, daß fast alles in Form von Wettkämpfen abgewickelt wurde. Man kämpfte nicht nur im Sport und im Beruf um die beste Leistung. Jede Einheit wollte das schönste Heim, das interessanteste Fahrtenbuch, das höchste Ergebnis bei der Spendensammlung fürs Winterhilfswerk haben oder sollte es doch haben wollen. Im ›musischen Wettstreit‹ kämpften Chöre, Spielmannszüge, Kammerorchester und Laienspielgruppen der HJ ... Dieser ständige Kampf um die Leistung brachte schon in Friedenszeiten ein Element der Unruhe und forcierter Betriebsamkeit in das Leben der Gruppen. Er fing den jugendlichen Aktionsdrang nicht nur auf, er fachte ihn an, wo es sinnvoller und notwendiger gewesen wäre, dem einzelnen in seiner Gruppe und der Gruppe als Ganzem Zonen einer behüteten inneren Reifungs- und Entfaltungsmöglichkeit zu schaffen ... Die Führerschaft einer solchen, auf Aktivität und Leistung gedrillten Jugend bildete allmählich einen eigenen Managerstil heraus. Sie wurde selbst von einer Aktion in die andere gejagt und jagte ihre Gefolgschaft von einer Aktion in die andere ...«[72]

Von den Jugendverbänden der Zeit vor 1933 unterschied sich die HJ auch dadurch, daß ihr zunehmend gesellschaftliche und staatliche Aufgaben übertragen wurden. Dementsprechend entwickelte sich auch der HJ-Führer zunehmend zum Funktionär des NS-Systems. Seine Selbständigkeit und Improvisionsmöglichkeit als Jugendführer wurde mehr und mehr begrenzt durch »hoheitliche« Funktionen, sei es im »Streifendienst« der HJ, im HJ-Landdienst, beim Reichsberufswettkampf, später im Krieg, z. B. auch bei der »Kinderlandverschickung« aus bombengefährdeten Gebieten.

Die erfolgreiche Karriere innerhalb der HJ prädestinierte zu späteren höheren Funktionen in der NSDAP, SS, im Reichsarbeitsdienst u. a. m. In dem Maße, in dem das HJ-Führerkorps zur jugendlichen Eingangsstufe in das Karriere-System des NS wurde, verlor der ursprüngliche Impuls von »Jugendführung« an Bedeutung.

Am Beispiel der jugendlichen Führer der HJ offenbart sich ganz deutlich die Widersprüchlichkeit zwischen jugendgemäßen Strukturen und regimekonformer Funktionalität, die für die HJ schon ab Mitte der dreißiger Jahre charakteristisch wurde. In den kleinen Einheiten lokaler Jungvolk- oder Jungmädel-Gruppen hing Erfolg oder Mißerfolg, Integrationsfähigkeit und Anziehungskraft der HJ in hohem Maße von den jeweiligen Führern und Führerinnen, ihrer Begabung, Beliebtheit, ihrem »Schwung« und Erfindungsreichtum ab. Und es kann nicht bezweifelt werden, daß es zahlreiche jugendliche Führer und Führerin-

nen von HJ-Einheiten gab, die sich oft auch ohne sonderliches weltanschauliches Engagement mit ansteckender Begeisterungsfähigkeit gerade den jugendgemäßen Aktivitäten, der Organisation von Fahrten und Lagern, von Lese- und Musik-Heimabenden, der Inszenierung von Sport und Spiel hingaben. Vor allem im Jungvolk, dessen Führer sich in den Groß- und Kleinstädten zum größten Teil aus höheren Schülern rekrutierten, die früher auch das Hauptrekrutierungsfeld der bündischen Jugend abgegeben hatten, blieben Züge dieser »bündischen« Verfaßtheit – der um den anerkannten Führer gescharten Kleingruppen – teilweise noch bis in die Kriegsjahre hinein erhalten. Daß junge Leute zwischen 15 und 18 Jahren, die im Gymnasium selbst noch auf der Schulbank saßen, im Rahmen der HJ als Jungzug- oder Fähnleinführer mit großer Selbständigkeit das »Kommando« über 40 oder 100 Jugendliche führen konnten, übte naturgemäß besonderen »Reiz« auf diese jugendlichen Führer aus und konnte einerseits mit der frühzeitigen Einübung in sehr weitgehende Verantwortlichkeit durchaus günstige charakterbildende Konsequenzen haben. Andererseits: da die jugendlichen Führer »von oben« eingesetzt wurden, infolge des strengen Führerprinzips für jugendliche Mitbestimmung kaum Raum blieb, erhielten 15- bis 18jährige eine Befehlsgewalt, der sie in diesem jugendlichen Alter vielfach nicht gerecht zu werden vermochten, die zum Mißbrauch, zur jugendlichen Großmannssucht und zur jugendlichen Provokation der Erwachsenen reizte.
In der lokalen Berichterstattung werden solche Fälle so häufig erwähnt, daß sie kaum mehr als Ausnahmen betrachtet werden können: Das Braunhemd und das Führer-Abzeichen verliehen der Aggressionslust zahlreicher jugendlicher HJ-Führer gleichsam amtliche Sanktion, verschafften der Unreife und jugendlichen Brutalität eine Weltanschauungs-Legitimation und trugen erheblich dazu bei, daß sich in der HJ vielfach eine mit Selbstgerechtigkeit gepaarte Normenverwilderung breit machte, die Lehrer und Eltern mit Entsetzen erfüllte.
Dabei waren es sicherlich weniger die Schulungskurse der HJ, in denen die NS-Weltanschauung in der Regel mehr oder weniger pflichtgemäß und dürftig wiedergegeben wurde, die solche Gesinnung erzeugten, als die starke Ausrichtung der ganzen HJ-Tätigkeit auf Kampfspiele, Wettstreit und Wettbewerb, die die Ideale der Stärke, des »Siegers«, des »Erfolgreichen« wirksam vermittelte und dabei zugleich Gefühllosigkeit gegenüber Schwächeren, Minderheiten und Unterlegenen und mithin eine tiefgreifende Inhumanität des Denkens und Fühlens hervorbrachte. Hinzu kam die Unmöglichkeit, für den alle erfassenden HJ-Dienstbetrieb überhaupt hinreichend geeignete jugendliche Füh-

rer zu finden – ein Problem, das durch die Professionalisierung der HJ-Führerrolle eher verschärft als gelöst wurde.
Während für die Jungvolk-Gruppen zumindest im städtischen Bereich im allgemeinen ein größeres Reservoir von ehrenamtlichen »Einheitsführern« im Alter von 15 bis 17 Jahren zur Verfügung stand, waren für die Gliederung der 14- bis 18jährigen HJ-Jungen nur schwer ehrenamtliche Führer zu finden, vor allem nach der Einführung der allgemeinen Arbeitsdienst- und Wehrdienstpflicht in den Jahren 1935/36. Hinzu kam, daß die Oberschüler, die über relativ viel Freizeit verfügten, vielfach zur Absonderung in den erwähnten Sondereinheiten neigten oder sich am ehesten noch als Pimpfen-Führer für das Jungvolk bereitfanden. Lehrlinge und Jungarbeiter waren durch Berufsausbildung und Arbeit beansprucht und nicht so leicht in der Lage, der zeitaufwendigen Tätigkeit als ehrenamtlicher HJ-Führer nachzugehen; die ganz anderen Lebenserfahrungen, über die sie verfügten, machten sie wiederum zu einer schwierigen »Gefolgschaft« für gleichaltrige oder nur wenig ältere Oberschüler als Führer.
Für den BDM standen Führerinnen in größerem Umfang zur Verfügung, weil hier nur die Arbeitsdienst-, nicht die Wehrdienstzeit das Reservoir einschränkte; außerdem ließ sich die ehrenamtliche Führerinnen-Rolle mit Berufs- oder Ausbildungssituationen, in denen der Anteil von Frauen besonders hoch war (Volksschullehrerinnen, Sozialberufe), leicht verbinden.
Insofern läßt sich festhalten, daß die Untergliederung der 14- bis 18jährigen Jungen, die HJ im engeren Sinne, das schwächste Glied im System der NS-Jugendorganisation darstellte, obwohl dem politisch-erzieherischen Anspruch der HJ nach gerade diese Untergliederung den Kern des »jungen Nationalsozialismus« ausmachen sollte.
Aufs Ganze gesehen, erwies sich die Ambition, über die HJ die Gesamtheit der Jugend zu organisieren und im NS-Sinne zu sozialisieren, als pädagogisch unrealistisch.
Wenn die Jugendlichen bis in jedes Dorf und möglichst ohne Ausnahme in den HJ-Dienst einbezogen werden sollten, dann setzte dies ein Reservoir an HJ-Führern bzw. -Führerinnen voraus, das zumindest auf dem Lande so nicht zur Verfügung stand; in den städtischen Regionen konnte die HJ dieses Personalproblem in den Jahren 1933 bis 1935 noch am ehesten lösen, als sie in größerem Umfange »vorqualifizierte« Jugendleiter oder Gruppenführer aus den aufgelösten oder in Auflösung befindlichen bündischen und konfessionellen Jugendverbänden an sich heranzuziehen vermochte. Auch diese Quelle versiegte aber, ironischerweise durch die Unterdrückungsmaßnahmen und

»Säuberungsaktionen« der HJ-Führung selbst; und der HJ-Betrieb, wie er sich nach dem Gesetz über die Hitler-Jugend von 1936 und endgültig mit der Jugenddienstverordnung von 1939 entwickelte, war keineswegs dazu angetan, pädagogisch motivierten Nachwuchs an Jugendleitern für die HJ herauszubilden.
Gerade im ländlichen Bereich schwankte das Konzept der HJ zwischen Jugenddienst als »Alternative« zur Schule und HJ-Betrieb als »Verlängerung« von Schulunterricht hin und her.
Die erklärte Absicht der Reichsjugendführung war es, Schule und HJ-Dienst nicht ineinander verschwimmen zu lassen, wohl auch deshalb, weil sie vermutete, daß die HJ nur als strukturelles »Gegenangebot« zur Schule attraktiv werden könne. Schirach hatte in seinen Stellungnahmen hierzu stets verkündet, »Lehren und Führen« seien grundverschiedene Tätigkeiten, und in der HJ-Publizistik fanden sich immer wieder Äußerungen, die HJ und Schule in einen Vergleich setzten, der zugunsten der Staatsjugendorganisation ausfiel. Selbst die NS-gebundenen Teile der Lehrerschaft reagierten hierauf häufig sehr empfindlich. In einem Tätigkeitsbericht des NSLB des Gaues München-Oberbayern wurde z. B. folgende Kritik an der HJ-Führung geübt: »... Wir Erzieher, die wir wie kein anderer Stand neben unserer nervenaufreibenden beruflichen Tätigkeit in ehrlichster und anständigster Weise unsere ganze Freizeit, teilweise sogar einen Teil unserer wohlverdienten Ferien, der Arbeit in der Partei, ihren Gliederungen und angeschlossenen Verbänden ... freudig opfern, haben es nun endlich satt, uns und unsere ehrliche Arbeit in der Öffentlichkeit mit Dreck beschmeißen zu lassen. Der HJ muß endlich einmal und deutlichst zum Bewußtsein gebracht werden, daß die Frontkämpfer der Jahre 1914 mit 1918 – und die meisten Erzieher waren ja Soldaten des Weltkrieges! – zwar stärkste Disziplin zu halten verstehen, die sie nicht in der HJ gelernt haben, daß in ihnen aber auch noch der alte Frontgeist der Jahre 1914 mit 1918 lebt, der vor allem eines nicht kannte und auch heute noch nicht kennt: Feigheit!«[73]
Einige Zeit später schrieb eine NSDAP-Ortsgruppe im Gau Franken in ihrem Monatsbericht: »... Unsere größte Sorge auf dem Lande bereitet uns die Jugenderziehung, denn sie droht uns ganz aus der Hand zu gleiten. BDM z. Zt. gute Führung, aber das Jungvolk verlottert von Tag zu Tag mehr, denn die Lehrer haben ihre seitherige Mitarbeit fast völlig eingestellt. Sie gehen sogar dazu über, den Schülern an den Jugendtagen (schulfreier Sonnabend für HJ-Angehörige) Hausaufgaben zu geben, so daß die Jungen dem Dienst fernbleiben. Ein Hauptgrund, warum die Lehrer nicht mehr mitarbeiten, ist der, daß der Reichsju-

gendführer sowohl in Reden als auch in seiner Presse fortwährend die Lehrer angreift. Die Gründe der Lehrer sind verständlich und ich bitte, im Interesse der Jugend mit größtem Nachdruck dahin zu wirken, daß die Angriffe eingestellt werden. Es ist ausgeschlossen, daß die Führer des Jungvolk auf dem Lande sich durchsetzen, von der HJ überhaupt zu schweigen. Die HJ besteht nur mehr dem Namen nach, da ein gleichaltriger HJ-Führer mit diesen in den besten Lümmeljahren stehenden Kameraden nur in ganz seltenen Fällen sich durchsetzen kann.«[74] Im gleichen Jahr berichtet ein NSDAP-»Amt für Erzieher« aus Oberbayern: »In unserem Kreise liegt die Führung des Jungvolk fast 100 % in den Händen der Lehrerschaft, und es zeigt sich erfreulicherweise, daß die Lehrerschaft sehr wohl imstande ist, auch außerschulisch die deutsche Jugend ohne Pedanterie und falsche Schulmeisterei zu führen. Überall dort, wo die Jugend sich selbst überlassen bleibt, zeigt sich ein erschreckender Mangel an geeigneten Führerpersönlichkeiten. Entweder wird die Appellzeit hilflos vertrödelt oder die Appelle finden überhaupt nicht statt ...«.[75]
Die zitierten Äußerungen lassen erkennen, daß Reibereien zwischen Lehrern und der HJ-Führung auch dort an der Tagesordnung waren, wo beiderseits NS-loyale Kräfte standen. Für die Mehrzahl der NS-Lehrerschaft mußte im übrigen eine Lockerung der »Schulzucht« auch dann bedenklich sein, wenn sie auf die Staatsjugend zurückzuführen war. Sie sahen die Aufgabe der Schule noch immer vor allem darin, Kenntnisse zu vermitteln. Je größer und »perfekter« die HJ wurde, desto mehr büßte sie auch auf für sie günstigem sozialen Boden ihre anfängliche Attraktivität allmählich ein.
Wir zitieren hierzu noch einmal Melita Maschmann: »Die Hitler-Jugend war, wenn man von ihren Anfängen in der Kampfzeit absieht, keine ›Bewegung‹, sie wurde mehr und mehr ›Staatsjugend‹ d. h. sie institutionalisierte sich mehr und mehr und wurde schließlich ein Instrument, mit dessen Hilfe die nationalsozialistische Staatsführung ihre weltanschauliche Ausrichtung der Jugend und den Kriegseinsatz bestimmter Jahrgänge dirigierte. Gründe für diese Entwicklung lassen sich auch in gewissen äußeren Zwangssituationen finden. Etwa darin, daß die HJ nach 1933 einen Zuwachs an Mitgliedern integrieren mußte, der jedes gesunde Größenwachstum unmöglich machte. Die Massen, deren Zustrom bewältigt werden sollte, konnten nicht nach dem Prinzip der Jugendbewegung innerlich langsam gewonnen und von einer Auslese qualifizierter Führer in die Gemeinschaft einbezogen werden. Das Äußerste, das geleistet werden konnte, war ihre organisatorische ›Erfassung‹ und eine primitive weltanschauliche ›Abrichtung‹

nach Schema F. Bei Kriegsausbruch war dieser Prozeß der Einschmelzung noch nicht beendet ..., und schon drohte eine neue Nötigung zum Verzicht auf das eigentlich jugendgemäße Gruppenleben: der praktische Kriegseinsatz, der im Laufe der Jahre fast alle anderen Betätigungen der HJ überwucherte. Ich möchte behaupten, daß es in der HJ Ansätze zu echter Jugendbund-Arbeit gegeben hat, aber sie wurden von der Ungunst der geschichtlichen Entwicklung an ihrer Entfaltung gehindert, und es ist mehr als fraglich, ob sie – ohne diese Behinderung – hätten wachsen dürfen ...«.[76]

Diese Beschreibung dürfte recht treffend sein, anzumerken ist allerdings, daß die sogenannte »Ungunst der geschichtlichen Entwicklung« Resultat der politischen Handlungen des NS-Systems selbst war ...

Was die HJ im Zuge ihrer Institutionalisierung als Pflichtorganisation an jugendbündischer Attraktivität verlor, suchte sie zu kompensieren durch den Ausbau eines ganzen Systems jugendlicher Leistungskonkurrenzen und – bei den Jungen – durch das Angebot militärähnlicher, zumeist mit technischen Interessen verquickter Möglichkeiten jugendlicher Aktivität.

Man wird allerdings annehmen können, daß die hier in Gang gesetzte Motorik die Jugendlichen nicht unbedingt langfristig anzog; insbesondere die militärähnlichen Übungen, die ja zwangsläufig durch Gleichförmigkeit gekennzeichnet waren, büßten für viele Jungen ihre Anziehungskraft ein, wenn sie zur Gewohnheit geworden waren. In Erlebnisberichten Nürnberger Schüler, die unmittelbar nach 1945 aufgeschrieben und gesammelt wurden, findet sich eine Aussage, die wohl nicht untypisch ist: »Im April 1940 wurde ich in das Jungvolk aufgenommen. Wir waren alle mit großem Eifer dabei, Gleichschritt, Wendungen und Robben zu lernen. Es war, wie alles Neue, am Anfang sehr schön. Später jedoch, als man zweimal in der Woche zum Dienst mußte, um wieder einmal mit lautem Gesang die Straßen zu durchlaufen, verlor es für mich seinen Reiz. Dazu kam, daß ich keine Führernatur war, nicht angeben und schreien konnte. Folglich war mir das Los bestimmt, ewig ein Glied der Herde zu sein, die stumpfsinnig Befehle ihrer Führer ausführt. Das war keine Aufmunterung für mich ...«.[77]

Eine dauerhafte Attraktion boten vermutlich am ehesten die technisch oder sportlich ausgerichteten Sondereinheiten der HJ, also die Motor-, Flieger-, Nachrichten-, Reiter- und Marine-HJ. Allerdings waren solche Sondereinheiten nicht überall zur Verfügung, zudem entwickelten sie sich häufig zu Ansammlungen von privilegierten Jungen, also Gymnasiasten oder Jugendlichen aus dem gehobenen Mittelstand, die ihre Sonderstellung gegen »Eindringlinge« zu schützen wußten.

Wie sehr die Organisation der HJ während der Kriegszeit infolge der geschilderten Entwicklung vielerorts zu wünschen übrig ließ, zeigen exemplarisch die Berichte bayerischer Staats- und Parteidienststellen, aus denen wir im folgenden zitieren[78]:

NSDAP-Ortsgruppenleiter aus Nassenfels im Juli 1939: »... HJ, Jungvolk, BDM und Jungmädel halten einen Dornröschenschlaf. Trotz aller meiner Bemühungen habe ich noch keine Besserung herbeiführen können. Wenn die Mitglieder der HJ und des BDM aus der Schule entlassen sind, dann kümmern sie sich nicht mehr um HJ und BDM, sondern bleiben einfach weg von den Heimabenden. Scheinbar sind sie der Ansicht, daß mit ihrer Schulentlassung auch ihre Entlassung aus der HJ und dem BDM getätigt ist ...«.

Gendarmerieposten Oberneukirchen im Januar 1940: »... Bei den HJ- und BDM-Appellen ist festzustellen, daß diese von den Jungen und Mädchen nur unvollständig besucht werden. Als Grund hierfür wird meistens vorgebracht, daß die Jungen und Mädchen mangels geeigneter Arbeitskräfte vollauf zu Hause in der Landwirtschaft beschäftigt sind und deshalb ihre wenige freie Zeit zum Ausruhen benötigen würden; auch wird geltend gemacht, daß von HJ- und BDM-Führern und -Führerinnen der Jugend nichts Lehrreiches angeboten werde ...«.

Landrat des Kreises Mühldorf im Dezember 1940: »... Die Schwierigkeiten mit der Pflicht-HJ sind jetzt geringer geworden, seitdem die Teilnahme durch eine gewisse Strafgewalt erzwungen werden kann. Besonders gut sind die Erfahrungen jetzt in Mühldorf selber, seit ein Feldwebel sich der Sache angenommen hat ...«.

NSDAP-Kreisleitung Augsburg-Stadt im Oktober 1941: »... Die Meldungen von HJ und BDM zur Partei stehen in gar keinem Verhältnis zur Stärke der Jugend, selbst wenn man berücksichtigt, daß ein Teil und vielleicht gerade die Besten aus der HJ schon zum Arbeitsdienst oder zur Wehrmacht eingerückt sind. Scheinbar hat sich nun diese Erscheinung nicht nur in Augsburg gezeigt, sondern im ganzen deutschen Reich, da man ja eine Fristenverlängerung für die Eingliederung vorgenommen hat. Es muß in diesem Zusammenhang immer wieder darauf hingewiesen werden, daß so, wie jetzt die Jugend geführt wird, sich auf die Dauer gesehen kein günstiges Ergebnis herauskristallisieren wird und sich unter Umständen sogar eine eigene Auffassung über Nationalsozialismus breitmachen kann ...«.

Gendarmerie-Posten Aschau im Mai 1942: »... In letzter Zeit ist es bei den HJ-Appellen aufgefallen, daß dort bei den Übungen, die jeden Dienstag von 20.30 bis 22.30 Uhr angesetzt sind, Mißstimmung herrscht und nicht einmal die Hälfte der Pflicht-HJ anwesend ist ...«.

NSDAP-Kreisleitung Neustadt/Aisch im Februar 1943: »... Jugend: hier liegt die Sache nach eigenen Erfahrungen und nach Berichten von allen Seiten sehr im argen. Es fehlt an geeigneten Führern. In manchen Ortsgruppen ist überhaupt keiner da. In den meisten anderen ›wirken‹ als Führer Jungens, die ihrer Aufgabe nicht gewachsen sind. Sie lassen zwar fleißig antreten, aber der Dienst hat nicht den geringsten Wert. Von einer erzieherischen Wirkung kann keine Rede sein. Vielmehr ist das Gegenteil festzustellen ...«.
NSDAP-Kreisleitung Lauf/Pegnitz im April 1943: »... Durchwegs wird festgestellt, daß die Jugend die meiste Zeit führerlos dasteht, wodurch eine Auflockerung der Disziplin festzustellen ist. Dadurch leidet das Ansehen der HJ. Schule und Berufsschule sind noch die zuverlässigsten Stützen jugendlicher Erziehung. Es erscheint notwendig, daß der Ortsgruppenleiter der Partei die Verantwortung übernimmt ...«.
NSDAP-Kreisleitung Rothenburg o. d. Tauber im Juni 1944: »... Bei der Jugend kann überhaupt nicht von einer weltanschaulichen Erziehung gesprochen werden. Es liegt dies hauptsächlich an dem dauernden Führermangel. Die weltanschauliche Schulung der HJ müßte durch die Partei durchgeführt werden. In letzter Zeit machen sich auch bereits stärkere Anzeichen von Verwilderung bemerkbar ...«.
Die Aufreihung solcher Berichte über Funktionsschwächen oder gar den Ausfall der HJ-Erziehung ließe sich fortsetzen. Es wird deutlich, daß in den agrarisch oder kleinstädtisch geprägten Regionen die HJ-Sozialisation vielfach nur sehr begrenzte Realität hatte. In den industriellen Zentren oder in den Großstädten wiederum entwickelte sich zunehmend ein Gegenmilieu zur Hitler-Jugend, worüber noch berichtet wird. Es wäre jedoch falsch, daraus pauschal abzuleiten, daß die HJ in weiten Teilen des Landes ohne jeden Effekt geblieben sei. Die Reaktionen der Jugendlichen auf Angebot und Zwang der HJ-Organisation waren je nach den lokalen und sozialen Voraussetzungen und den Bedürfnissen des einzelnen höchst unterschiedlich.
Wie widersprüchlich die Zeit in der HJ erlebt wurde, zeigen beispielhaft die folgenden Erinnerungen:
»... Diese Kameradschaft, das war es auch, was ich an der Hitlerjugend liebte. Als ich mit zehn Jahren in die Reihen des Jungvolks eintrat, war ich begeistert. Denn welcher Junge ist nicht entflammt, wenn ihm Ideale, hohe Ideale wie Kameradschaft, Treue und Ehre entgegengehalten werden. Ich weiß noch, wie tief ergriffen ich dasaß, als wir die Schwertworte des Pimpfen lernten: ›Jungvolkjungen sind hart, schweigsam und treu; Jungvolkjungen sind Kameraden; des Jungvolkjungen Höchstes ist die Ehre!‹ Sie schienen mir etwas Heiliges zu sein.

– Und dann die Fahrten! Gibt es etwas Schöneres, als im Kreis von Kameraden die Herrlichkeiten der Heimat zu genießen? Oft zogen wir am Wochenende in die nächste Umgebung von K. hinaus, um den Sonntag dort zu verleben. Welche Freude empfanden wir, wenn wir an irgendeinem blauen See Holz sammelten, Feuer machten und darauf dann eine Erbsensuppe kochten! Es war uns eine Genugtuung, daß wir diese Fahrten möglich machten trotz des Krieges! Immer wieder gehörte die ganze Überredungskunst dazu, um von unserer Mutter die 50 g Fleisch oder 25 g Fett, die wir für unser Essen benötigten, zu bekommen. Aber unsere Begeisterung entlockte der Mutter zuletzt ein Lächeln, sie gab uns das Gewünschte und freute sich mit uns. – Und es ist immer wieder ein tiefer Eindruck, abends in der freien Natur im Kreis um ein kleines Feuer zu sitzen und Lieder zu singen oder Erlebnisse zu erzählen! Diese Stunden waren wohl die schönsten, die uns die Hitlerjugend geboten hat. Hier saßen dann Lehrlinge und Schüler, Arbeitersöhne und Beamtensöhne zusammen und lernten sich gegenseitig verstehen und schätzen. – Daneben freute es mich, daß auch der Sport im Jungvolk beachtet wurde. Bei unseren Fahrten fehlte nie ein Ball oder sonst ein Sportgerät. Es war dann eine Entspannung und zugleich ein Stählen des Körpers, wenn wir fern der lärmenden Stadt auf einer grünen Wiese ein Handball- oder Fußballspiel machten oder in einem See badeten. – Später allerdings, als ich Führer im Jungvolk wurde, da traten auch die Schattenseiten stark hervor. Der Zwang und der unbedingte Gehorsam berührten mich unangenehm. Ich sah wohl ein, daß Disziplin und Ordnung herrschen mußten bei dieser Anzahl von Jungen, aber es wurde übertrieben. Am liebsten wurde gesehen, wenn man keinen eigenen Willen hatte und sich unbedingt unterordnete. Diese Methode aber konnte die Jungen nicht zu willensstarken Männern erziehen! Als ich dann als Einsatzführer auf den Bann berufen wurde und so schon einen etwas größeren Einblick gewann, da kamen mir die ersten schwereren Bedenken. Überall griff jetzt die Hitlerjugend in das private Leben ein. Hatte man private Interessen neben denen der Hitlerjugend, dann wurde man schief angesehen...«[79]

»... Die Schrecken des Krieges störten uns Knaben nicht, sie zogen uns an. Daß unsere Väter einberufen wurden, schien nur recht und billig. Und der ›Heldentod‹ gehörte dazu. Viele der Lieder, die wir in der Schule und später in der Hitlerjugend lernten, handelten von der Ehre, fürs Vaterland zu sterben: Die Fahnen wehten ins Morgenrot und leuchteten zum frühen Tod, heilig Vaterland war in Gefahren, mochten wir sterben, Deutschland stürbe nicht, und fern bei Narvik lag ein kühles Grab. Bei der ›Flaggenparade‹ hörten wir ehrfürchtig den abgewandelten Spruch des preußischen Kriegsdichters Walter Flex: ›Wer auf die Fahne Deutschlands schwört, hat nichts mehr, was ihm selber gehört!‹

Wir waren Hitlerjungen, Kindersoldaten, längst ehe wir mit 10 Jahren für wert befunden wurden, das Braunhemd zu tragen. Schon vorher waren wir dauernd ›im Einsatz‹. Wir sammelten Altpapier und Altmetalle, suchten Heilkräuter, schwangen fürs Winterhilfswerk die Sammelbüchse, bastelten Spielzeug für Babys, führten zur Erheiterung der Soldatenfrauen politische Spielchen auf (›In England wohnt ein alter Mann, der nie die Wahrheit sagen kann‹), waren aufs ›Dienen‹ vorbereitet, ehe wir als Pimpfe zwei- oder dreimal die Woche und oft auch noch am Sonntag zum ›Dienst‹ befohlen wurden: ›Du bist nichts, dein Volk ist alles!‹

Wenn andere von der Pimpfenzeit schwärmen (als sei das Ganze nur ein Pfadfinderklub mit anderem Vorzeichen gewesen), so kann ich diese Begeisterung nicht teilen. Ich habe beklemmende Erinnerungen. In unserem Fähnlein bestanden die Jungvolk-Stunden fast nur aus ›Ordnungsdienst‹, das heißt aus sturem militärischem Drill. Auch wenn Sport oder Schießen oder Singen auf dem Plan stand, gab es erst immer ›Ordnungsdienst‹: endloses Exerzieren mit ›Stillgestanden‹, ›Rührt euch‹, ›Links um‹, ›Rechts um‹, ›Ganze Abteilung – kehrt‹ – Kommandos, die ich noch heute im Schlaf beherrsche. Es ging zu wie bei Unteroffizier Himmelstoß auf dem Kasernenhof: Zwölfjährige Hordenführer brüllten zehnjährige Pimpfe zusammen und jagten sie kreuz und quer über Schulhöfe, Wiesen und Sturzäcker. Die kleinsten Aufsässigkeiten, die harmlosesten Mängel an der Uniform, die geringste Verspätung wurden sogleich mit Strafexerzieren geahndet – ohnmächtige Unterführer ließen ihre Wut an uns aus. Aber die Schikane hatte Methode: Uns wurde von Kindesbeinen an Härte und blinder Gehorsam eingedrillt. Auf das Kommando ›Hinlegen‹ hatten wir uns mit bloßen Knien in die Schlacken zu werfen; bei Liegestützen wurde uns die Nase in den Sand gedrückt; wer bei Dauerlauf außer Atem geriet, wurde als ›Schlappschwanz‹ der Lächerlichkeit preisgegeben.

Wie haben wir das nur vier Jahre ertragen? Warum haben wir unsere Tränen verschluckt, unsere Schmerzen verbissen? Warum nie den Eltern und Lehrern geklagt, was uns da Schlimmes widerfuhr? Ich kann es mir nur so erklären: Wir alle waren vom Ehrgeiz gepackt, wollten durch vorbildliche Disziplin, durch Härte im Nehmen, durch zackiges Auftreten den Unterführern imponieren. Denn wer tüchtig war, wurde befördert, durfte sich mit Schnüren und Litzen schmücken, durfte selber kommandieren, und sei es auch nur für die fünf Minuten, in denen der ›Führer‹ hinter den Büschen verschwunden war. Jugend muß durch Jugend geführt werden, lautete die Losung. In der Praxis hieß das: Wer oben ist, darf treten. ...«[80]

»Als wir in die Sexta gingen, forderte man von unseren Vätern ihr Einverständnis zum sofortigen Eintritt der Töchter in den Bund Deutscher Mädchen (BDM). Ich war die letzte in der Klasse, der man die Mitgliedskarte aushändigte –: die Spötteleien der Schulobrigkeit waren schließlich unerträglich geworden, zu Hause gab man nach. So kam ich in den BDM. Ich lernte, daß ein deutsches Mädchen ›frisch, fröhlich und frei‹ zu sein, sich in Zucht zu üben und tapfer zu sein hatte. Und noch vieles mehr.

Ich setzte meinen Ehrgeiz darein, mich sowenig wie möglich von anderen zu unterscheiden, ich wollte nicht mehr auffallen. Und so bastelte ich aus vorhandenen Kleidungsstücken ein Improvisorium von ›Kluft‹ zusammen und beschaffte mir heimlich Anstecknadel, Halstuch und Knoten. Ich legte plötzlich den größten Wert auf Zöpfe und bat den Schuster dringend darum, mir Eisenplättchen unter die Sohlen der braunen Halbschuhe zu nageln. Ich wurde plötzlich sportlich, legte gelegentlich Forschheit an den Tag und war nicht wenig stolz darauf, hochgewachsen und blondhaarig zu sein; denn man proklamierte allenthalben den Idealtyp des nordischen Menschen. Die Gruppenstunde, der Staatsjugendtag, sonntägliche Aufmärsche, Musizieren im BDM-Orchester und Theaterspielen, Rezitieren – es war eine Ehre, an vielen Stellen engagiert zu sein. In den Liedern, die wir sangen, in Gedichten, die wir rezitierten, war alles ›hell, leuchtend und klar‹, ›die Sonne und die Erde waren unser‹, und ›morgen‹ würde es ›die ganze Welt‹ sein. Und es war viel die Rede von der hohen Aufgabe, die uns Mädchen zufiel: wir würden Mütter einer künftigen Generation sein, wir hatten zu hüten und zu wachen über ›das Gut, das aus Urväterzeiten uns überkommen ...‹ Eifer und Stolz, vielleicht auch einige Begeisterung war unter uns zu finden – solange wir Kinder waren ...

Bis man schließlich die Schafe von den Böcken zu scheiden verstand ... Es fing damit an, daß einer sagte: ›Dein Vater, der ist auch einer von denen –‹, und man schwieg betreten, wagte keinen Widerspruch. Es fing damit an, daß die katholische Freundin das Meßbuch in die Mappe steckte: ›Du verpetzt mich doch nicht?‹ Daß wir – an einem Samstagabend vom ›Dienst‹ heimkommend und immer noch Lieder schmetternd – die Nachbarn im Hause gegenüber bei dem verbotenen Zeremoniell aufspürten: die jüdische Familie feierte bei Kerzenschein und Kultgeräten ihren Sabbat. Und der Finger legte sich auf den Mund: ›Du hast nichts gesehen, du mußt das vergessen!‹

Mit einemmal entdeckte man unter den Kameraden noch andere, die auch zu den ›Schafen‹ zählten, und war plötzlich hellwach, argwöhnisch, trotzig: Wer hatte uns zu verbieten? Wer hatte das Recht, uns zurechtzuweisen? Taten wir nicht genauso gut unsere Pflicht wie andere? Wir ›frommen Schafe‹ hatten uns nichts zuschulden kommen lassen ... Da war plötzlich die Welt nur noch in Kontraste getaucht – eine bedrängende Einsicht. Zu Hause und in der Schule, die Freundschaft und der Gruppendienst – das waren zwei völlig entgegengesetzte Zonen. Eigenartig, daß wir nicht darüber redeten und trotzdem voneinander wußten, was wir dachten ...«[81]

Zusammenfassend läßt sich sagen:

Wer bis zur Einführung der HJ keine Möglichkeit gehabt hatte, »aus dem Haus zu kommen«, Sport zu treiben, an Fahrten und Lagern teilzunehmen, der empfand den HJ-Dienst gewiß positiver als der Gleichaltrige, dem solche Aktivitäten nichts Neues waren, der sie vor dem Verbot durch den NS-Staat in freien Jugendgruppen längst weniger reglementiert hatte wahrnehmen können. Wer aus einem »national« oder nationalsozialistisch eingestellten Elternhaus kam, geriet durch Teilnahme an der HJ-Erziehung möglicherweise in kleine Reibereien mit häuslichen Anforderungen, jedoch nicht in Normenkonflikte; anders war es bei jenem Jugendlichen, der aus einer Familie kam, die durch die Arbeiterbewegung oder durch konfessionell motivierte Ablehnung des NS geprägt war. Auch hier hat es sicherlich in Einzelfällen die Entscheidung des Jugendlichen gegen die Herkunftsnormen und damit gegen die Eltern gegeben; aber häufiger war wohl eine Verhaltensweise, die der HJ nur das zubilligte, was sich nicht vermeiden ließ, nämlich passive Hinnahme, und die womöglich eine alternative Form jugendlicher Gesellung suchte, zumal die Altersgenossen oft aus demselben, NS-resistenten Milieu kamen.

Wer in der HJ seine persönlichen Neigungen, technische oder sportliche Hobbies, »Aufstiegs-« oder »Befehlschancen« berücksichtigt sah, der identifizierte sich eher mit dieser Organisation als derjenige, der solche Angebote dort nicht suchte oder nicht vorfand. Und wem in der HJ ein angenehmer oder gar pädagogisch begabter Führer und freundschaftliche Beziehungen zu Gleichaltrigen zufielen, der hat diese Organisation anders erlebt als derjenige, dem sie nur als Drill und Zwangsgruppe entgegentrat.

Insgesamt kann man davon ausgehen, daß die Wirklichkeit des HJ-Betriebs und der HJ-Erziehung »unten« auch nicht annähernd dem Bild entsprach, das der NS-Staat und die NS-Jugendführung als Anspruch entworfen hatten. Gerade nach dem Wandel zur Staatsjugend und zur

Kriegserlebnisse in der HJ

»... Im November 1944, darauf wieder im Spätwinter begannen die Einberufungen zum sogenannten ›Volkssturm‹. In seiner I. Phase (1944) wurde er von militärischen Ausbildern geleitet. In seiner II. Phase (Winter und Frühjahr 1945) kam der Volkssturm unter Parteileitung. Ausbilder wurden u. k.-gestellte, ›unabkömmliche‹ HJ-Führer und von der Wehrmacht zur Verfügung gestellte, da entbehrlich gewordene ›Etappenkräfte‹. In dieser Phase trat bei uns ein Widerstand in Aktion, wie er so bewußt vorher nicht bestanden hatte. Zum offenen Ausbruch kam er, als Zwangs-›Freiwilligenmeldungen‹ zur SS vorgenommen werden sollten.
Der Vorgang erfolgte im März 1945. Sämtliche HJ-Volkssturmangehörige wurden in einem Gemeinschaftsraum versammelt, der daraufhin verriegelt und von außen bewacht wurde! Unser Bannführer hielt, in Anwesenheit der Ausbilder, eine Ansprache. Er erklärte wörtlich, laut Geheimem Führerbefehl seien sämtliche Kriegsfreiwilligenmeldungen, ausgenommen die zur SS oder zur Einmanntorpedowaffe, hinfällig geworden. Er forderte die Anwesenden auf, sich deshalb geschlossen zur SS zu melden, das sei ›Ehrensache‹. Falls aber dies nicht geschehen sollte, ›habe er Zeit‹. Der Raum werde dann bis zum Abend verschlossen bleiben, die Mahlzeiten würden ausbleiben, und wer sich nicht melde, habe eine Einberufung ins ›Wehrersatzlager‹ zu gegenwärtigen ...
Anfänglich schloß sich eine Diskussion an. Aufforderungen, den sogenannten ›Geheimen Führerbefehl‹ vorzulegen bzw. zumindest vorzulesen, lehnte der Bannführer unter Berufung auf dessen ›Geheimnischarakter‹ ab; außerdem gelte sein ›Ehrenwort‹, schrie er. Die weitere Forderung, den zuständigen Wehrersatzoffizier des Heeres herbeizurufen, damit dieser die Angaben bestätige und die einzelnen von ihrer bereits geleisteten Freiwilligenverpflichtung entbände, lehnte er gleichfalls ab. Als er merkte, daß er mit seiner Überredungsmethode nichts erreichte, ließ er ›den ganzen Verein‹ aufstehen und ›Haltung annehmen‹. In solcher ›Haltung‹, Hände an der Hosennaht, stehend, haben die Reste bis zum Abend, d. h. über acht Stunden ausgeharrt. Der Bannführer, assistiert von den Ausbildern, begann Mann für Mann in schärfstem Kommandoton vorzunehmen, wobei für jeden ›Fall‹ etwa zehn Minuten Zeit aufgebracht wurden. Dabei hagelte es, wenn er auf Ablehnung stieß, Injurien wie ›Feigling‹, ›Versager‹ oder auch – bei Ablehnung der SS als Weltanschauungstruppe – ›so ein frommer Christ‹ ... Ergebnis bis zum Abend: rd. 90 % der Anwesenden hatten sich ›gemeldet‹ und wurden entlassen, die übrigen in einem engen Raum zusammengepfercht, dessen Licht abgeschaltet wurde; Essen bekamen sie nicht.
Die folgende Nacht wurde unvergeßlich. Gehobene Stimmung und Niedergeschlagenheit, bedrückende Ungewißheit über das Weitere hielten sich die Waage. Es kam zu langen Gesprächen von einer Offenheit und Entschiedenheit wie bis dahin nie. Zuletzt gaben sich alle ihr Wort, daß sie nicht ›umfallen‹ würden!

Kaum waren wir erschöpft eingeschlafen, wurde für uns ›Alarm‹ gegeben. Eine Stunde wurden wir im Dunkeln ›geschliffen‹. Das wiederholte sich zwei-, dreimal die Nacht. Gegen Morgen wurden wir – total übernächtigt – einzeln in die Schreibstube gerufen und erhielten unter entwürdigenden Umständen unsere Einberufung ins ›Wehrersatzlager‹. Vorher mußte jeder noch eine eidliche Verpflichtung unterschreiben, daß er über die Vorfälle des Tages strikt schweigen werde! Für kurze Zeit sollten wir nämlich noch nach Hause und unsere Sachen packen ... – Einen Monat darauf löste sich der Volkssturm durch die Desertion seiner hauptamtlichen Ausbilder auf. Auch ein in letzter Minute noch eingeleitetes Strafverfahren gegen einen von uns (öffentlich geäußerter Zweifel am Endsieg – im April 1945!) kam nicht mehr zur Durchführung. In der sich überstürzenden Flucht der Naziprominenz erlosch auch der letzte Ungeist, der sich auf ›Geheime Führerbefehle‹ und sein ›Ehrenwort‹ zu berufen liebte.«

(Aus: Arno Klönne, Gegen den Strom; Hannover u. Frankfurt 1958, S. 113)

Jugenddienstpflicht und insbesondere in den Kriegsjahren wies die HJ keineswegs die von oben mit allen denkbaren Mitteln angestrebte Effektivität und Sozialisationsdichte auf. Der totalitäre Anspruch des NS-Staates auf Erziehung und Erfassung der Jugend ist im Laufe des Dritten Reiches auf vielfältige Widerstände bei Teilen der jungen Generation gestoßen. Der zunehmende Zwangscharakter der NS-Jugenderziehung und die Reglementierung jugendlichen Lebens durch die HJ waren auch Reaktionen auf oppositionelles Verhalten jugendlicher Gruppen, und sie riefen selbst wieder neues Widerstreben hervor. Bei vielen jungen Leuten, die im Dritten Reich aufwuchsen, war die NS-Sozialisation nicht gelungen. Das Spektrum »abweichenden« Verhaltens Jugendlicher im NS-Staat reichte von Jugendbanden, die sich dem Drill der HJ entzogen, bis zu illegalen Fortsetzungen NS-gegnerischer, jugendbündischer Gruppen. Der NS-Staat sah in dieser jugendlichen Opposition eine Gefährdung des Systems.
Die Gruppierungen und Strömungen in der Jugend des Dritten Reiches, die sich dem politischen und organisatorischen Zugriff des Staates und der HJ gegenüber als widerständig erwiesen, stellten gewiß eine Minorität dar – aber auch die von der NS-Ideologie wirklich »erfaßten« Jugendlichen, die aktiv für die Ziele des Dritten Reiches einstanden, bildeten offenbar nicht die Mehrheit der damaligen Jugendgeneration. Der nationalsozialistische jugendliche »Idealismus« der ersten Jahre nach 1933 war bald abgebröckelt; um so bedrohlicher mußte dem NS-Staat jede für Jugendliche attraktive Oppositionsrichtung erscheinen.

III Die Gegner

Widerstand aus der Arbeiterjugendbewegung

Die erste Phase der Opposition Jugendlicher gegen den NS-Staat war geprägt durch den unmittelbar politischen Widerstand aus den Reihen der vor 1933 bereits in der Auseinandersetzung mit dem Nationalsozialismus engagierten politischen Jugendorganisationen der Arbeiterbewegung, in erster Linie des Kommunistischen Jugendverbandes (KJVD) und vieler Gruppen der sozialdemokratischen Sozialistischen Arbeiterjugend (SAJ) oder der »Naturfreunde«. Gebietsweise traten hier auch junge Widerstandszirkel auf aus dem Bereich linkssozialistischer Organisationen (SAP, ISK) oder aus antifaschistischen »nationalrevolutionären« Jugendbünden (Jungnationaler Bund).
Motivation für diese Opposition war nicht so sehr die Auseinandersetzung mit der NS-Jugenderziehung und -Jugendorganisation (die HJ war zu dieser Zeit noch im Anfangsstadium ihrer Entwicklung zur Staatsjugend), sondern der Abwehrkampf gegen die endgültige Durchsetzung der NS-Herrschaft, wobei in den Jahren 1933 bis spätestens 1935 vielfach bei jungen Sozialisten und Kommunisten noch die Hoffnung bestand, der NS-Staat sei auf kurze Sicht durch die illegale Arbeiterbewegung machtpolitisch aus dem Felde zu schlagen. Die Perspektive des Widerstandskampfes lag in diesem Zusammenhang in der Fortführung der verbotenen Organisationen der Arbeiterbewegung und in der Verbreitung von Agitationsmaterial, das in der Arbeiterschaft über den NS aufklären und für die illegalen Parteien der Linken werben sollte. Hauptträger dieser Form des Widerstandes waren die Kommunisten. Als der NS-Staat im Jahr 1933 die Kaderstruktur der KPD terroristisch zerschlug, rückten überall Angehörige des KJVD nach, und vielfach schlossen sich auch junge Sozialdemokraten der – gemessen an den sozialdemokratischen illegalen Aktivitäten – sehr aktivistischen kommunistischen Opposition an. Die politischen Erwartungen, die sich mit dieser Form des Widerstandes verbanden, waren

illusionär, was sich um 1935 auch in der KPD als Einsicht durchsetzte; angesichts der gnadenlosen Verfolgung solcher Aktivitäten durch den NS-Staat blutete die junge kommunistische Opposition in dieser Zeit buchstäblich aus. In den Jahren 1933/34 wurden hunderte von antifaschistischen, überwiegend kommunistischen Jugendfunktionären ermordet, viele Tausende von jungen Kommunisten und Sozialisten kamen in die Zuchthäuser und Konzentrationslager des NS-Staates. Im Jahr 1935 war diese organisierte Weiterführung kommunistisch-sozialistischer Organisationen durchweg zerschlagen.

Die illegale Fortsetzung kommunistisch-sozialistischer Jugendorganisationen unterschied sich von anderen, meist später auftretenden Formen der Jugendopposition dadurch, daß sie von vornherein eine klare politische Frontstellung gegen den NS-Staat beziehen konnte. Allerdings war ihre Einschätzung der weiteren Entwicklung des Dritten Reiches, wie schon angedeutet, auf gefährliche Weise unrealistisch; hinzu kam, daß sie in den Anfangsjahren des NS-Staates viele Möglichkeiten einer neuartigen Opposition Jugendlicher nicht hinreichend erkannte. Als die Führungen von KPD und SPD im Exil ihre Strategie auf die tatsächlichen Kampfbedingungen unter dem deutschen Faschismus umzustellen begannen und damit auch die Chancen einer zunächst »vorpolitischen« oppositionellen Strömung in der Jugend des Dritten Reiches zur Kenntnis nahmen, waren ihre eigenen Verluste auch unter jungen Leuten schon so hoch, daß sich kaum noch personelle Anknüpfungspunkte für Verbindungen zu dieser »neuen« Opposition boten.[1]

Wie sehr die politischen Konzepte der kommunistischen Partei im Untergrund zunächst noch durch katastrophale Fehleinschätzungen geprägt waren, die schon zu Zeiten der Weimarer Republik Unheil angerichtet hatten, wird aus Verlautbarungen der Leitungsgremien des illegalen KJVD in den Jahren 1933/34 deutlich. Darin hieß es u. a.:

»... Die Weimarer Hungerdiktatur war für Deutschlands werktätige Jugend ein Zuchthaus, ihre fluchwürdige Versailler Erfüllungspolitik eine Verhöhnung der nationalen Empfindungen aller Werktätigen. Millionen von Jugendlichen sahen in den faschistischen Verheißungen des Arbeitsdienstes eine Flucht aus der Qual der Arbeitslosigkeit, Millionen von Jugendlichen sahen im Wehrsport des Dritten Reiches eine Erlösung aus sozialer und nationaler Knechtung. Ohne die wegbereitende Politik der Hermann-Müller- und der Brüning-Regierung gäbe es kein ›Drittes Reich‹, ohne den sozialdemokratischen Klassenverrat wären nicht Millionen von Jugendlichen das Opfer der faschistischen Volksbetrüger und Henker. Severing, Braun, Brüning und Stegerwald

raubten euch die Erwerbslosenunterstützung, preßten euch zuerst in den Arbeitsdienst.
SAJ- und Katholische Jugendführer verhandelten euch, einträchtig mit den Führern der Hitler-Jugend im Reichsausschuß der Jugendverbände. Über den Gräbern unserer gemeuchelten Kameraden sprengten sie die antifaschistische Kampfeinheit. Sie bespuckten die Sowjetunion, wo die Jugend zum ersten Male das Tor unserer Zukunft aufgestoßen hat. Eine Bande von Kapitulanten und Verrätern predigt heute das Abwarten, eine Bande von Bankrotteuren will euch mit ihrem Gerede von der Notwendigkeit der Verjüngung der Führung abermals an den Wagen der Katastrophe spannen. Schluß mit den Wegbereitern des Faschismus. Sozialdemokratische und christliche Jungarbeiter schlagt ein in die Bruderhand, die wir euch reichen.
Werktätige Hitlerjugend, Jungarbeiter in der SA, im Arbeitsdienst, in der NSBO! Ihr solltet ›in heiliger Begeisterung für ein neues Deutschland‹ marschieren. Der Staat machte aus euch ein einziges Rekrutendepot. Militarisierung und Arbeitsdienst, Militarisierung der SA. Wehrsport in den Betrieben und Schulen hat das Dritte Reich der Hitler und Konsorten gebracht. Hitler und Göring kriechen vor Versailles zu Kreuze. Sowjet-Hetze wird betrieben. Ist das unsere nationale Wiedergeburt? ...
Das Vaterland, wofür sie euch zu Rekruten des kommenden Völkermordes machen, bleibt unter dem Hungerkreuz das Vaterland der Bankiers und Junker, das soziale Zuchthaus der Nation; der großen kapitalistischen Profitmacher. Aber wir, die werktätige Jugend Deutschlands, wollen wissen, wofür wir das Waffenhandwerk erlernen und gegen Versailles zu Felde ziehen sollen. Wir wollen unsere Massenkraft, unsere Begeisterung einsetzen für den Aufbau der Nation, in der die soziale Knechtung ein Ende hat ...
Wo ist der Ausweg aus der Katastrophe, wie müssen wir marschieren? Nieder mit dem Versailler Schandpakt! Das ist auch unser Losungswort. Aber nieder mit Versailles, das heißt aufzuräumen mit dem Feind im eigenen Lande. Wenn wir für Deutschland kämpfen, muß es unser Vaterland sein, müssen uns die Fabriken und das Land gehören ...«.[2]
Von solcherart Appellen an »nationalbolschewistische« Gefühle erhoffte sich im August 1933 das Zentralkomitee des illegalen KJVD Erfolge unter den »Massen«. Und eine Erklärung der Reichskonferenz desselben Verbandes vom Dezember 1934 beschrieb die Situation in Deutschland illusionär folgenderweise:
»... In der Arbeiterklasse und unter den übrigen Werktätigen wächst die Autorität der erstarkten, heldenhaften Partei Ernst Thälmanns. Die

Kommunistische Partei wird in den Widerstandsbewegungen der Arbeiterklasse mehr und mehr zum organisierenden Faktor, und mit ihr wächst unter den Massen der Arbeiterjugend die Autorität des KJVD ...
Die faschistische Diktatur hat in zwei Jahren bewiesen, daß sie der Jugend keine Existenz, keinen Lichtblick, daß sie ihr nur eine trostlose Zukunft zu geben vermag: Sklavenarbeit, Hunger, das imperialistische Schlachtfeld, den ›Heldentod‹ zu Ehren des Profits.
Wie Tag und Nacht unterscheidet sich davon das Leben und die Zukunft der Jugend des Sowjetlandes. Die Hitler-Diktatur steigert die materielle und geistige Not des werktätigen Volkes und seiner Jugend. Die Sozialistische Sowjetunion aber, unter Führung der Bolschewiki, mit dem Genossen Stalin an der Spitze, hebt den Wohlstand der Massen auf eine immer höhere Stufe. Die Jugend der Sowjetunion kennt keinen Hunger, keine Sklaverei, keine Erwerbslosigkeit, weil sie keinen Kapitalismus kennt. Die Jugend der Sowjetunion ist heroischer Stoßtrupp beim Aufbau und bei der Vollendung des Sozialismus ...
Der KJV konnte mit Hilfe und unter der Führung der ZK der Partei und des EK der KJI eine Reihe von Erfolgen erzielen. Besonders im Zusammenhang mit dem Kampf gegen die Schacht-Verordnung sehen heute schon größere Teile der werktätigen Jugend im KJV ihren Wegweiser und Führer. Diese Fortschritte und der Heroismus der deutschen Jungkommunisten sind nur möglich, weil der KJV als politisch einheitliche, zentralisierte Organisation auf der Linie seiner kommunistischen Partei marschiert ...«[3]
In derselben Erklärung wurde freilich auch schon Kritik an »sektiererischen« Seiten der eigenen bisherigen Politik geübt und eine »Volksfront« aller Gegner des NS-Regimes unter der Jugend angezielt. Aber solche, ohnehin zunächst sehr zaghaften Kursveränderungen der offiziellen Politik der Kommunisten kamen zu spät ...

Aus vielen Berichten der Jahre 1933/34 geht hervor, daß die jungen Kommunisten zu diesem Zeitpunkt überzeugt waren, daß ein entschlossener Widerstand das NS-Regime schon bald in eine Krise treiben und einen Umschwung nach links hin bewirken könne. Daß ein solcher Widerstand harte Sanktionen und viele Opfer nach sich ziehen würde, war den jungen Illegalen durchaus klar. Ihre Strategie zielte darauf ab, den KJVD als »Massenorganisation« weiterzuführen, aber durch Aufgliederung der Stadtteilgruppen in kleine Fünferkreise den NS-Organen den Zugriff zu erschweren. Vielfach rückten aber auch zu dieser Zeit die jungen Kommunisten in die Kader der Erwachsenenpartei ein. Die KPD hatte schon in den ersten Monaten des Dritten Rei-

Jahrgang 1933 Lesen und Weitergeben! Nr. 21
Preis 15 Pfg.

Die junge Garde

Organ der werktätigen Jugend in Stadt und Land
Zentralorgan des KJVD Sektion der KJI

Kämpft um die Freilassung des Führers aller Antifaschisten, unseres Genossen Thälmann

Bruno Tesch ermordet!

Die faschistische Klassenjustiz hat unseren Genossen Bruno Tesch und seine tapferen Kampfgefährten Lütgens, Möller und Wolf legal ermordet.

Bruno war aktiver Funktionär, Zellenleiter des KVJ in Altona. Er hat als aufrechter Proletariersohn das kapitalistische Blutsystem gehaßt und bekämpft — von frühester Kindheit an. Er hat Leben und Ehre der Arbeiterschaft am Altonaer Blutsonntag gegen die braunen Banden und den sozialdemokratischen Polizeipräsidenten mutig und kühn verteidigt.

Er war ein tapferer Soldat des kommunistischen Jugendverbandes, der kommunistischen Jugendinternationale.

Brunos Leben und Tod ist uns, allen seinen Kameraden Vorbild. Er, der 21jährige Jungkommunist, hat voll Haß geschwiegen, als ihn die braunen Henker zum Denunzianten machen wollten.

Selbst Lehrer und Meister alle die ihn kannten, haben bewiesen, haben vor dem faschistischen Klassengericht ausgesagt, daß er ein tapferer, ehrlicher Kerl war, daß seine Ankläger Verleumder und Lügner sind.

Tage vor der Mordvollstreckung hat Bruno Tesch nur an unsere Sache, an seine Genossen, seine tapferen Eltern gedacht, hat ihnen sein Bild geschickt.

Die braunen Mörder haben ihn enthauptet, weil er ein junger Revolutionär war. Ihre Wut, ihr Haß, ihre Brutalität kennt keine Grenzen im Kampf für die Verteidigung ihres verfaulenden kapitalistischen Systems, im Verzweiflungskampf gegen das revolutionäre Proletariat. Dem feigen Meuchelmord fügen sie den legalen Justizmord hinzu.

Die erste Plenartagung des Zentral-Komitees des illegalen KJVD erklärt im Namen von 40000 Jungkommunisten, im Namen des revolutionären Jungproletariats.

Dein Bild, Bruno Tesch, Dein Leben, Dein Heldentod soll unauslöschlich eingegraben sein in die Geschichte der Revolution, in die Geschichte unseres kommunistischen Jugendverbandes.

„Die Todesstrafe — von Euch ausgesprochen — ist eine Ehre für den Revolutionär. Ich sterbe für die proletarische Revolution, es lebe Sowjet-Deutschland, Rot Front!"

Des waren Deine und des Genossen Lütgens letzten Worte und Gedanken auf dem Schafott.

Wir wollen leben und unser Leben einsetzen — so mutig wie Du — für die proletarische Revolution — für Sowjet-Deutschland.

Der tödliche, mörderische Schlag gegen unseren Genossen Bruno Tesch gilt uns, dem KJVD, dem klassenbewußten Jungproletariat.

Die Hitler und Göring säen Mord. Nicht Abschreckung — sondern flammende Wut, nicht Vernichtung — sondern Stärkung der Kampfkraf und Aktivität, nicht Mutlosigkeit — sondern bolschewistische Entschlossenheit, nicht individuellen Terror — sondern Massenmobilisierung zu Kämpfen bis zum Aufstand, bis zum gewaltsamen Sturz ihrer mörderischen, faschistischen, kapitalistischen Diktatur werden sie ernten.

Vorwärts Jungkommunisten, Jungarbeiter im Geiste Bruno Teschs!

Vorwärts im Kampf um die Befreiung unseres Genossen Ernst Thälmann und aller eingekerkerten Antifaschisten!

Vorwärts zum Tag, da wir uns rächen!

Dann werden wir die Richter sein!

Erste Plenartagung des ZK
des verbotenen kommunistischen Jugendverbandes Deutschlands, Sektion der kommunistischen Jugendinternationale

Das erste Plenum des ZK des illegalen KJVD hat getagt

Ein Faustschlag mitten in das Gesicht der Hitler-Goering und Co, ein Faustschlag in die brutale Fratze der deutschen Bourgeoisie:

Zur gleichen Zeit, als mit Wagner-Festspielen von dem grausamen Terror des Faschismus gegen die klassenbewußte Arbeiterschaft abgelenkt werden sollte, ja, noch mehr, in dem gleichen Ort, wo anläßlich der Wagner-Feiern die Großschnauze Goebbels in einer über fast alle Sender der Welt verbreiteten Radio-Rede von der Vernichtung des Kommunismus in Deutschland faselt, führte der Kommunistische Jugendverband Deutschlands die erste Plenartagung seines Zentral-Komitees in der Illegalität durch. Vom 1.–4. August waren in Bayreuth Jungkommunisten aus allen Teilen des faschistischen Deutschland versammelt, um die Linie ihres Kampfes gegen die faschistische Diktatur festzulegen.

„Der Kommunismus ist tot?", „seine Organisationen sind zertrümmert?" — im Gegenteil, wir leben kräftiger als je. Der VJVD hat seine Reihen überprüft und festgestellt:

Mitten im wütenden faschistischen Terror haben wir unsere Feuerprobe bestanden.

Illegale Ausgabe der Zeitung des Kommunistischen Jugendverbandes, Sommer 1933

ches durch den Terror des NS so hohe Verluste gehabt, daß sie nun versuchte, durch junge Leute die Erwachsenenorganisation wieder handlungsfähig zu machen. Da gleichzeitig der KJVD weitergeführt werden sollte, lagen nun häufig die Leitungen der KPD und des Jugendverbandes bei denselben Personen, was im Falle der Aufdeckung beide Organisationen schwächen mußte. Die kurze Perspektive des Kampfes

zum Umsturz des Regimes, von der die KPD fälschlicherweise ausging, ist wohl mitverantwortlich für diese im Resultat verheerende Vorgehensweise. Die Literaturverteilung, die Kurierdienste, die Vervielfältigung eigener Flugblätter und die Kassierung der Mitgliederbeiträge wurden nun vielfach von jungen Leuten besorgt; die KPD propagierte 1933 unentwegt, die »entscheidende Klassenschlacht« stünde kurz bevor, eine von den Kommunisten geführte revolutionäre Bewegung werde Hitler hinwegfegen und den Sozialismus errichten.
Im größeren Maßstab jedenfalls war der Versuch der illegalen Fortführung kommunistischer Jugendorganisationen Ende 1934 bereits gescheitert. Die Mitarbeit einzelner junger Menschen, darunter auch ehemalige Mitglieder der SAJ und der Naturfreundejugend, in illegalen Gruppen der KPD brach damit allerdings nicht ab, sondern ist auch für die späteren Jahre aus Prozeßakten vielfach nachweisbar. Erzwungenermaßen beendet war jedoch mit dem Jahre 1934 die spezifische Organisationsform und Untergrundaktivität kommunistischer Jugend. In den Jahren danach gelang es nicht mehr, illegale kommunistische Jugendarbeit in herkömmlicher oder neuer Form in breiterem Umfange aufrechtzuerhalten oder neu zu entwickeln. Die Gründe dafür liegen auch darin, daß die NS-Organe gegen kommunistische Gruppen mit besonderer Intensität der Beobachtung und Brutalität der Verfolgung vorgingen; daß der kommunistischen Jugend in der Illegalität jener halblegale, institutionalisierte Rückhalt fehlte, wie ihn die konfessionellen Jugendgruppen in den Kirchen fanden; daß schließlich die Kommunisten auch nicht ein jugendspezifisches, auf Organisation kaum angewiesenes »Jugendmilieu« anzubieten hatten, das die bündischen und die »wilden« illegalen Jugendgruppen langfristig existenzfähig machte. Bei allem Mut, den die Jungkommunisten in den Jahren nach 1933 bewiesen, stand dem Erfolg ihrer illegalen Arbeit die eigene, illusionäre Einschätzung der Entwicklung des NS-Regimes im Wege: Ein revolutionärer Sturz Hitlers und seines Systems war entgegen den Erwartungen von KPD und KJVD in den Jahren 1933/34 überhaupt nicht zu realisieren; das Konzept der illegalen Fortführung des KJVD als einer traditionellen, politisch-kämpferischen Massenorganisation führte zu extremen Verlusten und blieb doch ohne längerfristigen Effekt.
Auf der Seite der sozialdemokratischen und linkssozialistischen Jugendorganisationen stellt sich das Bild der Entwicklung nach der Machtergreifung komplizierter dar als auf seiten der Kommunisten. Bereits im März 1933 waren auch die (sozialdemokratisch orientierte) SAJ, der SJVD (Jugendorganisation der SAP) und die Naturfreundejugend verboten worden. Die SPD hatte zunächst, anders als die KPD,

keine einheitliche Vorstellung über die Weiterführung der politischen Arbeit unter dem NS-System.[4] Viele junge Sozialdemokraten zogen sich resigniert aus der Politik zurück; andere suchten Anschluß an die aktivistischen Widerstandskreise der Kommunisten.

Erst mit der politischen Stabilisierung der Emigrations-SPD, dem neuen Auftreten radikaler Richtungen innerhalb des sozialdemokratisch-sozialistischen Spektrums (»Revolutionäre Sozialisten«, »Neu Beginnen«) und der Entwicklung eines illegalen Literaturvertriebs von der Tschechoslowakei in das Reichsgebiet hinein gewann die Sozialdemokratie wieder Attraktivität für entschlossen antifaschistische junge Leute im Inland. Als dieses Stadium erreicht war, existierten jedoch kaum noch gruppierte Fortsetzungen der alten Jugendorganisationen, und die inzwischen erreichte Perfektion der Verfolgung machte den Aufbau neuer Gruppen sehr schwierig. Immerhin waren es vielfach junge Leute, die nun Kontakt zu den sozialdemokratisch-sozialistischen Exilorganisationen suchten. Eine eigene Jugendarbeit konnte aber von dieser Perspektive her nicht oder nicht mehr entwikkelt werden.

Insgesamt läßt sich über die Jugendillegalität aus dem Bereich der Sozialdemokratie festhalten, daß auch hier zunächst oft unrealistische Einschätzungen der Entwicklung des Dritten Reiches vorlagen, gleichzeitig unter den jungen Sozialisten vielfach Unbehagen gegenüber der Politik der Weimarer SPD sich gerade nach der Machtergreifung des NS regte und zur Suche nach neuen organisatorischen und politischen Möglichkeiten veranlaßte. Für längere Zeit und mit breiterem Einfluß auf Jugendliche konnten sich sozialdemokratische illegale Gruppen wohl am ehesten dann halten, wenn sie »jugendgemäße« Lebensformen als »Wandervereine« u. ä. pflegten. Ansonsten war aber – anders als bei den konfessionellen und bündischen Gruppen – auch die sozialdemokratisch orientierte Jugendarbeit, ähnlich der kommunistischen, schon bald nach 1933 auf kleinste Zirkel zurückgedrängt. Auch hier war eine jugendspezifische Form der Illegalität zu wenig entwikkelt oder strukturell vorbereitet und der Zugriff der NS-Organe schon in der ersten Zeit nach der Machtergreifung zu brutal und nachhaltig, als daß sozialdemokratische Jugendgruppen in größerem Umfange hätten überleben können.

Erfolgreicher waren in dieser Hinsicht Gruppen, die auf eigene Faust örtlich versuchten, den Wander- und Fahrtenbetrieb der alten sozialistischen Jugendbewegung in irgendeiner Form aufrechtzuerhalten und damit die Fortsetzung sozialistischer Ideen zu verbinden. Hierfür zwei Beispiele aus Nürnberg:[5]

Im Nürnberger Stadtteil Gostenhof hatte bis zum Verbot eine recht starke Gruppe der SAJ bestanden. Nach dem März 1933 sammelten sich hier junge Leute, die nicht gewillt waren, die Unterdrückung ihrer Ideen und ihrer Lebensformen hinzunehmen. Wanderfahrten schienen die beste Möglichkeit, den freundschaftlichen Zusammenhalt und offene politische Diskussionen weiter zu pflegen. Im November 1933 gründeten die jungen Leute zu diesem Zweck ganz formell einen Verein unter dem Namen »Albfreunde«. Den Kern bildeten ehemalige SAJler, aber es kamen auch neugeworbene Jugendliche hinzu. Man traf sich zu wöchentlichen Heimabenden und machte gemeinsame Wanderungen, hielt Kontakt zu oppositionellen Kreisen, beschaffte sich eingeschmuggelte sozialdemokratische Zeitungen und Broschüren und diskutierte darüber. Die »Albfreunde« nahmen auch an getarnten Treffen der verbotenen Naturfreundejugend in der fränkischen Schweiz teil. Nach einer Verhaftungswelle gegen illegale Nürnberger Sozialdemokraten wurde die Gruppe politisch vorsichtiger, konnte aber ihre Existenz aufrechterhalten. Erst im Dezember 1935 flogen die »Albfreunde« auf; die Staatsorgane konnten zugreifen, weil die zwei Jahre zurückliegende Beteiligung an der Verbreitung von SPD-Emigrationsschriften nachgewiesen werden konnte. In einem Prozeß wegen Vorbereitung zum Hochverrat wurden im Mai 1936 14 junge »Albfreunde« aus Nürnberg verurteilt, einige von ihnen zu mehrjährigen Zuchthaus- bzw. Gefängnisstrafen.
In der Anklageschrift hieß es: »... Die sämtlichen Angeklagten stellten sich, teils durch Fortführung einer Unterabteilung der SAJ in Nürnberg in getarnter Form, teils durch die Zugehörigkeit hierzu, teils durch Verbreitung, Verkauf und entgeltlichen Erwerb illegaler, aus der Tschechei eingeführter Druckschriften der SPD, bewußt in den Dienst der von der Tschechei aus geleiteten, auf gewaltsame Entfernung der gegenwärtigen deutschen Regierung abzielenden Bestrebungen ... Im Sommer 1933 faßten die Beschuldigten ..., die in der SAJ Führerstellen innegehabt hatten, den Entschluß, eine als Wanderverein getarnte Organisation zu gründen, deren Zweck es sein sollte, ehemalige Angehörige der SAJ organisatorisch zu erfassen, ihnen die aufgelöste SAJ zu ersetzen, sie weiterhin marxistisch zu beeinflussen und die nach der Absicht der bezeichneten Gründer letzten Endes dazu dienen sollte, die Mitglieder des Vereins für den Fall des erwarteten gemeinsamen Umsturzes der SPD als revolutionäre Kämpfer zuzuführen ... Die Vereinsmitglieder kamen allwöchentlich einmal unter dem Vorwand des Musizierens zusammen. Bei den Zusammenkünften wurde an den in Deutschland bestehenden Verhältnissen Kritik geübt und die Erin-

nerung an die SAJ und an die politischen Vorstellungen des Marxismus wachgehalten ...«
Eine ähnliche, ebenfalls jugendbündisches Gruppen- und Fahrtenleben fortsetzende Gruppe in Nürnberg wurde im August 1936 »ausgehoben«. Hier handelte es sich um ehemalige Mitglieder einer Naturfreundejugendgruppe unter dem Namen »Falkenhorst«, die nach dem Verbot im März 1933 heimlich weitergeführt worden war, 1935 sogar ihren alten Namen wieder übernahm und sich als Wandergruppe darstellte. Die Gruppe machte Fahrten, sang die alten Arbeiter- und Wanderlieder und trug als Gruppenzeichen das Symbol der Naturfreunde, zwei ineinander verschlungene Hände. Zwei Jugendliche aus der Gruppe nahmen im Juli 1934 an der Arbeiterolympiade in Prag teil; eine Zusammenarbeit mit der Emigration oder mit illegalen linken Parteigruppen bestand jedoch nicht. Im Beschluß des Gerichtes hieß es über die Tätigkeit der Gruppe:
»... Die Angeschuldigten ... gaben sich mindestens in den ersten Jahres ihres Zusammenseins der Hoffnung hin, daß ein alsbaldiges Ende der nationalsozialistischen Regierung den Marxismus wieder aufleben lassen und die Naturfreunde wieder frei machen werde. Um sich in ihrer ablehnenden Haltung gegen den Nationalsozialismus und in ihrer marxistischen Grundeinstellung zu bestärken, übten sie ferner seit 1933 in der Gruppe abfällige Kritik an den Maßnahmen der nationalsozialistischen Regierung und suchten die führenden Männer des Staates und der Partei durch abfällige Witze verächtlich zu machen ... Die Angeschuldigten haben sich demnach bei der Fortführung der Naturfreundejugendgruppe bewußt nicht darauf beschränkt, unter Ausschaltung jeglicher politischer Tendenzen lediglich die bestehenden freundschaftlichen Beziehungen untereinander durch gesellige Zusammenkünfte und gemeinsame Wanderungen zu pflegen. Es kam ihnen vielmehr darauf an, die verbotene Organisation der Naturfreunde, soweit es ihnen im Rahmen der Nürnberger Jugendgruppe möglich war, trotz des Verbotes aufrecht zu erhalten und das politische Gedankengut der verbotenen Organisationen, insbesondere der aufgelösten ehemaligen SPD, zu bewahren ...«
Nach langer Untersuchungshaft wurden im Januar 1938 von den zunächst neun in Haft genommenen jungen Naturfreunden fünf zu insgesamt 13 Jahren Gefängnis verurteilt. Aus der Strafhöhe ergibt sich, wie ernst das NS-Regime solche Gruppen nahm, selbst wenn sie – wie in diesem Falle – keinerlei nach außen gerichtete politische Tätigkeit ausübten und keinen Kontakt zu illegalen Parteiorganisationen hatten. Die Verurteilten erlitten zusammen insgesamt 19 Jahre Haft in Kon-

zentrationslagern; einer von ihnen kam im Lager, zwei weitere kamen in der berüchtigten Strafdivision 999 ums Leben.
Gruppen dieser Art existierten zumindest in den Jahren 1933 bis 1935 in größerer Zahl. Einen Einblick in die illegale Tätigkeit sozialistischer Jugendgruppen geben auch die folgenden Auszüge aus einer Anklageschrift gegen eine Reihe von Mädchen und Jungen, durchschnittlich 19 Jahre alt, die im Juli 1937 in Hamburg wegen Vorbereitung zum Hochverrat verurteilt wurden:
»Die Genannten sind angeklagt, von Herbst 1934 bis zum Sommer 1935 fortgesetzt und zum Teil gemeinschaftlich handelnd das hochverräterische Unternehmen, mit Gewalt die Verfassung des Reiches zu ändern, vorbereitet zu haben, wobei die Tat sämtlicher Beschuldigter ... darauf gerichtet war, zur Vorbereitung des Hochverrats einen organisatorischen Zusammenhalt herzustellen oder aufrechtzuerhalten und die Tat der Beschuldigten G., W., R. usw. auf Beeinflussung der Massen durch Verbreitung von Schriften gerichtet war ...
Wesentliches Ergebnis der Ermittlungen: Im Zuge der mit dem 30. Januar 1933 einsetzenden staatlichen Umordnung wurde im Kampf gegen die marxistische Weltanschauung auch die sozialdemokratische Partei Deutschlands mit ihren Nebenorganisationen aufgelöst und ihr die Möglichkeit für einen Wiederaufbau genommen. Es ist gerichtsbekannt, daß sich ebenso wie bei der KPD und deren Nebenorganisationen ein großer Teil der maßgebenden Funktionäre der SPD in das Ausland, insbesondere nach Prag und Kopenhagen begaben und von hier aus den Kampf gegen den neuen deutschen Staat und gegen die diesen Staat tragende nationalsozialistische Bewegung fortführte. Es gelang der im Ausland befindlichen Parteileitung und verschiedenen Emigranten, Verbindungen zu den in Deutschland illegal arbeitenden SPD-Funktionären herzustellen. Auf diesem Wege wurden immer wieder Informationsmaterial und vor allem Hetzschriften in das Land gebracht, die hier verteilt wurden. Es bildeten sich kleinere Gruppen, die fortlaufend illegales Material bezogen und heimlich am Wiederaufbau der SPD arbeiteten. Aus dem illegalen Schriftmaterial geht mit aller Deutlichkeit eines hervor: die SPD sah in ihren früheren gemäßigten Kampfmethoden, in dem Abgehen von der eigentlichen revolutionären Linie, eine der Ursachen ihrer katastrophalen Niederlage ... Gegenstand dieser Anklage ist die Tätigkeit einer Gruppe von ehemaligen Mitgliedern der verbotenen Jugendorganisation der SPD, der ›Sozialistischen Arbeiterjugend‹. Nach dem Verbot dieser Organisation blieben die Mitglieder zusammen und vereinigten sich im Herbst 1933 mit einer Reihe von Mitgliedern der ehemaligen Arbeitersportvereinigung

›Fichte‹, die gleichfalls verboten war. Durch den gemeinsamen Eintritt in einen Turnverein hatte man die Möglichkeit, eine organisatorische Zusammenarbeit aufrechtzuerhalten.
Im Herbst 1934 wurde die politische Arbeit aufgenommen und dauerte bis zum Sommer 1935 an. Man bezog Schriften illegalen Inhalts und ließ sie reihum gehen. Weiter brachte man Gelder für die Unterstützung von Emigranten und von Angehörigen politischer Gefangener auf ... Beide Gruppen blieben zusammen und gingen weiter auf Fahrt, außerdem hatten sie ihre Zusammenkünfte ... Die Jungen trugen auf den Fahrten die in den ehemaligen marxistischen Jugendverbänden übliche Fahrtenkluft ... Im Sommer 1933 trafen sich beide Gruppen zufällig. Man erkannte sich als aus dem gleichen politischen Lager kommend und verabredete ein weiteres Treffen. Der endgültige Zusammenschluß erfolgte dann im Oktober 1933 ... Im Herbst 1934 setzte die eigentliche illegale Betätigung der Gruppe ein. Man traf mit H. zusammen, der zu einer Organisation gehörte, die sich mit der Verteilung von illegalen Flugblättern mit sozialdemokratischen Grundsätzen und teilweise auch deren Vervielfältigung beschäftigte, und deren Mitglieder, soweit man ihrer habhaft werden konnte, bereits am 5. 10. 1935 abgeurteilt worden sind. In diesem zum Abschluß gekommenen Verfahren hatte H. den G. als Empfänger der Schriften nicht angegeben, weil er ihn als seinen Freund nicht verraten wollte ... Die illegale Arbeit der Gruppe beschränkte sich in der Folgezeit nicht nur auf das Lesen von Hetzmaterial, vielmehr wurde auch über den Inhalt diskutiert. Außerdem wurden Geldsammlungen veranstaltet ... G. regte seine Kameraden auf den Abenden dazu an, selbständig über verschiedene Tageserscheinungen in staatsfeindlichem Sinne weiterzudenken. So gab er als Beispiel die erhöhte Erzeinfuhr Deutschlands im Zusammenhang mit einer Aufrüstung und der nach seiner Meinung damit wachsenden Kriegsgefahr an ... Auf Grund des zur Anklage gestellten Sachverhalts sind die Beschuldigten überführt, sich nach der Machtübernahme durch den Nationalsozialismus aktiv an den hochverräterischen Bestrebungen der ehemaligen SAJ beteiligt zu haben ...«.[6]
Bemerkenswert ist, daß die Jugendgruppen kleinerer sozialistischer Organisationen, die um 1933 außerhalb von SPD und KPD arbeiteten, sich mitunter nach 1933 besser hielten, als die Fortsetzungen der großen Arbeiterjugendorganisationen. Grund dafür mag sein, daß in diesen Gruppen das Element der Jugendbewegung oft stärker war als in den großen Organisationen, daß die Selbständigkeit der Jugendlichen also schon vor dem Verbot stärker geweckt war und daß die sozialistischen »Zwischengruppen« sich realistischer auf die Illegalität vorberei-

tet hatten als die großen Parteien. Man darf auch nicht übersehen, daß die illegale sozialistische Jugend oft scharfe Kritik am Verhalten der Arbeiterparteien vor 1933 und an der dem aufkommenden NS und seiner Machtergreifung gegenüber eingeschlagenen Taktik übte. Daß die Arbeiterbewegung dem Nationalsozialismus gespalten und ohnmächtig das Feld überlassen mußte, hat unter den jungen Leuten der politisch aktiven Arbeiterschaft Protest hervorgerufen. Von hier her wird verständlich, daß bei einem guten Teil der illegalen sozialistischen Jugend eine starke Neigung zur politischen Einheit der Arbeiterbewegung anzutreffen war – eine Tendenz, die keineswegs etwa auf taktische Bemühungen der Führung von KPD und Komintern zurückgeführt werden kann.

Zwar hat es auch unter der illegalen sozialistischen Jugend nach 1933 Gruppen gegeben, die abgegrenzt die Linien der 1933 bestehenden politischen Parteien (SPD, SAP, KPD) und Gruppen (ISK usw.) fortsetzten, aber es bestanden vielfach auch von 1933 an Gruppen, in denen sich junge Leute aus verschiedenen früheren Arbeiterorganisationen zusammenfanden und die, was z. B. illegales Material angeht, alles übernahmen, was irgendwie von sozialistischer Seite aus an antinazistischem Schrifttum herausgebracht wurde. Die oft vorzufindende Annäherung an die KPD galt dabei nicht so sehr dem damaligen Konzept dieser Partei sondern vielmehr der politischen Radikalität, die sie repräsentierte. Typisch für solche illegalen linken Jugendgruppen war etwa der sozialistisch-kommunistische Kreis in Südhessen, über den im folgenden berichtet wird.

Im Januar 1935 las man in den Frankfurter Zeitungen sensationell aufgemachte Berichte über einen Hochverratsprozeß mit dem Untertitel: »Fünf Angeklagte zu Gefängnis, drei zu Zuchthaus verurteilt«. In den Meldungen hieß es: »Die Verhandlung gegen die 21 Angeklagten in dem Hochverratsprozeß, der in Frankfurt vor dem zweiten Strafsenat des Oberlandesgerichts Kassel stattfand, ging Samstag zu Ende ... Unter den vielen Fällen, die vor dem Senat schon verhandelt worden sind, nahm ... dieser Prozeß eine besondere Stelle ein, weil die überwiegende Zahl der Angeklagten sich im Alter von 17 bis 21 Jahren befindet. Die Vorbereitung eines hochverräterischen Unternehmens sei das schwerste Verbrechen, dessen sich ein Deutscher schuldig machen könne ... Es wird den Angeklagten zur Last gelegt, daß sie sich an gegnerischen Diskussionsabenden beteiligten, an Wehrsportübungen teilnahmen, Beiträge für ihre illegale Gruppe sammelten, und Flugblätter verteilten.«[7]

In der Anklageschrift gegen diese Gruppe war zu lesen: »Der Staatspo-

Hochverratsprozeß in Frankfurt

Fünf Angeklagte zu Gefängnis, drei zu Zuchthaus verurteilt

* Die Verhandlung gegen die 21 Angeklagten in dem Hochverratsprozeß, der in Frankfurt vor dem zweiten Strafsenat des Oberlandesgerichts Kassel stattfand, ging Samstag zu Ende. Die Mehrzahl der Angeklagten wurde freigesprochen. Die übrigen Angeschuldigten vergingen sich gegen § 83 des Str.-G.-B. und wurden wie folgt verurteilt: der 22jährige Paul Grünewald, der 20jährige Günther Jörg und der 21jährige Karl Jelinek zu je dreieinhalb Jahren Gefängnis, der 36jährige Arnold Leetz zu drei Jahren Zuchthaus, der 35jährige Rudolf Schmidl zu drei Jahren Gefängnis, der 19jährige Hans Rissel aus Darmstadt zu drei Jahren zwei Monaten Zuchthaus und drei Jahren Ehrverlust, die 41jährige Ehefrau Marie Weingärtner aus Darmstadt zu drei Jahren Zuchthaus und drei Jahren Ehrverlust und die 21jährige Rosa Herrmann wegen Beihilfe zu einem Jahr Gefängnis. Die Untersuchungshaft wurde den seit Mitte Oktober in Haft weilenden Angeklagten voll angerechnet. Der Haftbefehl gegen die freigesprochenen Angeklagten wurde aufgehoben.

Die Urteilsgründe

wurden öffentlich verkündet: Unter den vielen Fällen, die vor dem Senat schon verhandelt worden sind, nahm, wie der Vorsitzende Senatspräsident Ziehr ausführte, dieser Prozeß eine besondere Stelle ein, weil die überwiegende Zahl der Angeklagten sich im Alter von 17 bis 21 Jahren befindet. Die Vorbereitung eines hochverräterischen Unternehmens sei das schwerste Verbrechen, dessen sich ein Deutscher schuldig machen könne. Nach der Rechtsprechung des Reichsgerichts und der Oberlandesgerichte macht sich derjenige eines solchen Verbrechens schuldig, der die Ziele der verbotenen kommunistischen Partei fördere oder unterstütze. Es galt, zu prüfen, ob die Angeklagten den Tatbestand erfüllten, ob sie subjektiv erkannten, was geschehen sollte, und ob sie Ziele verfolgten, die die kommunistische Partei förderten. Es kam dabei nicht darauf an, ob sie die Strafen, die auf die Tat stehen, kannten. Für die Strafbarkeit aller war maßgebend, daß sie die Ziele der KPD gefördert und gekannt haben. Bei den Angeklagten handelte es sich um junge, bisher politisch nicht organisierte Leute, alte Kommunisten waren jedenfalls nicht unter ihnen. Die Schutzbehauptung der Angeklagten sei nicht widerlegt, daß der flüchtig gewordene Pensionär Paul Müller der Hauptschuldige sei. Er war Leiter der Jugendabteilung des ZDA und hat sich an die Angeklagten herangemacht und allmählich versucht, einen illegalen Apparat aufzuziehen. Die Behauptung, daß die Angeschuldigten seinem weitgehenden Einfluß erlegen sind, sei nicht widerlegt. Es wird den Angeklagten zur Last gelegt, daß sie sich an Diskussionsabenden beteiligten, an Wehrsportübungen teilnahmen, Beiträge sammelten und Flugblätter verteilten. Es war so, daß sie sich im ZDA oder dem DHV kennen lernten, und daß sie nach Auflösung dieser Verbände zusammenkamen, weil sie keine Gelegenheit hatten, in der Hitlerjugend aufgenommen zu werden. Politik wurde erst im August 1934 in ihren Kreis hineingetragen. Es sollten zunächst Wochenberichte erstattet worden sein, aber der Senat hat diesen Berichten keine Bedeutung beigemessen, und es hat sich auch nicht feststellen lassen, daß an den Abenden überwiegend von Politik gesprochen wurde. Daß gesungen und gespielt wurde, ließ sich nicht widerlegen. Was in den Vorträgen gesagt wurde, hat sich nicht näher feststellen lassen. Der Senat hat dem auch keine weitergehende Bedeutung zugemessen. Zur Frage der Beitragszahlungen wurde von den Angeklagten behauptet, daß man Gelder zur Ermietung eines Raums für Skifahrten im Taunus und Unkostenbeiträge für die Wahlpropaganda sammelte. Daß es sich hier um getarnte Beiträge drehte, ließ sich nicht feststellen. Flugblätter wurden in einer Zahl von 300 Stück hergestellt. Sie sollten unter den Massen verbreitet werden. So weit sich die Angeklagten an der Herstellung dieser Blätter beteiligten, machten sie sich nach § 83 des Str.-G.-B. strafbar. Die Vorbereitung eines hochverräterischen Unternehmens liegt nur dann vor, wenn solche Flugblätter gegen Bezahlung oder zum Zweck der Weiterverbreitung angenommen werden.

Die Schuld der Angeklagten

Der Angeklagte Grünewald ist der Verbindungsmann gewesen. Er stand in Beziehungen zu einem Hauptfunktionär der KPD. Er hatte Verbindung zu dem flüchtigen Müller und hat von diesem einen Umschlag mit illegalen Schriften erhalten, den er weitergab, weil er ihn bei sich selbst nicht aufbewahren wollte.

Der Angeklagte Jörg beschaffte einen Abziehapparat und stellte die erste Nummer des „Jungen Kämpfers" her, für den er selbst Artikel schrieb. Er hat einen Artikel des Dimitroff erhalten und weitergegeben. Jelinek hat bei der Herstellung des „Jungen Kämpfers" drei Artikel geschrieben und auf Veranlassung der Frau Weingärtner einen Abziehapparat gekauft. Auch er war Leiter der Diskussionsabende und der Uebungen. Schmidl schrieb einen Artikel, von dem er wußte, daß er für ein Flugblatt bestimmt war. Die Angeklagte Herrmann beförderte Briefe und Schriften. Rissel hatte von Müller den Auftrag erhalten, den Zusammenhang mit seinen Freunden auszubauen und den illegalen Neubau zu schaffen. Frau Weingärtner hat die Verbindung zwischen Darmstadt und Frankfurt hergestellt. Sie stand mit einem Funktionär in Wetzlar in Verbindung und hat Briefe weiterbefördert und Bestellungen ausgerichtet. Leetz hat nicht aus unehrenhaften Motiven gehandelt, es wurde daher von einer EhrverlustStrafe abgesehen.

Das Gericht habe, so wurde am Schluß der Sitzung betont, weitgehende Milde walten lassen, soweit es sich um jugendliche und unreife Angeklagte handele. Der Senat habe sie als verführt angesehen. Bei den schweren Fällen war die Mindeststrafe zwei Jahre Zuchthaus.

Bericht der »Frankfurter Zeitung« vom 20. 1. 1935 über eine illegale sozialistische Jugendgruppe

lizeistelle in Frankfurt war schon seit geraumer Zeit bekannt geworden, daß das ZK der KPD Anweisungen zur Bildung einer Einheitsfront zwischen den Angehörigen der früheren sozialdemokratischen Partei und den Anhängern der illegalen KPD gegeben hatte. Nach diesen Anweisungen sollte auch in besonderem Maße versucht werden, Jugendliche beider Richtungen zu gemeinsamer illegaler Arbeit heranzuziehen ... Der Angeklagte G. stand als ehemaliger Jugendleiter im ›Zentralverband der Angestellten‹ auch nach der nationalen Erhebung in ständiger Fühlungnahme mit einem Kreis meist jugendlicher Personen, die früher im ZDA organisiert waren. Auf seine Anregung schlossen sich diese Personen erneut zusammen. Man traf sich wöchentlich in kleinen Zirkeln, erörterte die politischen Tagesereignisse, erhob monatliche Beiträge und veranstaltete an den Sonntagen gemeinsame

Fahrten, die auch der politischen Schulung und dem engeren Zusammenschluß dienten. Die männlichen Angehörigen der Gruppe führten an dem letzten Sonntag eines jeden Monats Geländespiele durch und übten sich bei diesen Spielen mit Handgranatenwerfen. Der Angeschuldigte. L. ließ sich insbesondere die Herstellung einer eigenen Zeitung, des ›Jungen Kämpfers‹, angelegen sein ... Der Angeschuldigte J. war Mitglied des ZDA und sympathisierte mit der SPD. Aus einem Brief an seine Mutter, dessen Beschlagnahme herbeigeführt wurde, ergibt sich, daß er einer der aktiven und führenden Köpfe dieses Kreises war, der auch keinen Hehl aus seiner bewußt staatsfeindlichen Tätigkeit macht. Er leitete nicht nur die Diskussionen an den abendlichen Zusammenkünften, sondern auch die von den männlichen Genossen veranstalteten Wehrsportübungen. Er ließ sich auch insbesondere über die Lehre des Leninismus aus. Er bestreitet auch nicht, daß er Gleichgesinnte um sich sammelte und mit ihnen Fahrten machte ... Er gibt auch zu, daß er an einen anderen Angeschuldigten die illegale Broschüre ›Elektrowärme‹ gegeben habe ... Die Angeschuldigte H., früher gleichfalls dem ZDA angehörig, ist die rührigste der weiblichen Angeschuldigten. Die Veranstaltung von Fahrten und Zusammenkünften gibt sie zu. Nach ihrer Darstellung erhob sie auch von den Angeschuldigten W. und L. monatliche Beiträge... Sie hat auch Treffs wahrgenommen und sich bemüht, in S. einen Abziehapparat zu erhalten. Auch an ihrer Arbeitsstätte ist sie durch staatsfeindliche Gesinnung, der sie wiederholt Ausdruck gab, aufgefallen, so daß man ihr die zur Last gelegte Tätigkeit zutrauen kann ... Die Angeschuldigte L. ist trotz ihrer Jugend politisch stark interessiert, wie sich aus der bei ihr beschlagnahmten kommunistischen Literatur ergibt. Sie verwaltete auch die einkassierten Beiträge; in der Wohnung ihrer Eltern fanden wiederholt Zusammenkünfte statt ... Der Leiter der Gruppe in Darmstadt war der Angeschuldigte R. Er war Mitglied des ZDA und des Reichsbanners ... Die Frankfurter Genossen habe er im Sommer 1934 kennengelernt ... Erst auf eindringlichen Vorhalt gab er zu, daß ein gefundener Brief an den früheren Leiter des ZDA gerichtet gewesen sei, weigerte sich jedoch, den mit dem Brief verfolgten Zweck anzugeben. Nach den Feststellungen der Polizei wollte der Angeschuldigte offenbar illegales Material erhalten ...«[8]

Nach ihren eigenen Berichten kamen die damals recht jungen Mitglieder dieser Gruppe zum größten Teil aus der SAP, der SPD und dem ZDA, nur wenige kamen aus der kommunistischen Jugend, die in Südhessen schon früh nach der Machtergreifung durch zahlreiche Verhaftungen zerschlagen worden war. Die Gruppe, von der hier die Rede

ist, bestand trotz ihrer unvorsichtig hohen Zahl fast zwei Jahre lang; zu ihr zählten zwischen 80 und 100 Jungen und Mädchen und einige etwas ältere Freunde, Studenten usw. Man hatte Verbindungen zu anderen oppositionellen Gruppen und hielt gelegentlich auch zusammen mit anderen illegale Schulungsabende. Der Gedanke, eine eigene Zeitung herauszubringen, entstand spontan aus der Gruppe heraus und wurde von den illegal tätigen älteren Genossen später als taktisch falsch kritisiert. Der ›Junge Kämpfer‹ wurde regelmäßig verkauft, allerdings an Leute, bei denen man Sympathie annehmen durfte. Außerdem übernahm man illegales Material u. a. von der KPD und der Gruppe ›Neu-Beginnen‹. Da die Gruppe viel auf Fahrt ging, hatte sie sich im nahen Taunus ein Skiheim in einem Bauernhaus eingerichtet; als es zum Prozeß kam, mußte auch der nichtsahnende Hauswirt dort allerlei Verhöre durch die Gestapo über sich ergehen lassen.
Gewiß war eine in solchem Umfange organisierte illegale Jugendarbeit taktisch recht naiv, aber es ist verständlich, daß es der Gefühlslage der Jugendlichen zunächst keineswegs entsprach, einen illegalen Dschungelkrieg zu führen, sondern daß sie möglichst ihre bis dahin gewohnten Lebensformen aufrecht erhalten wollten.
In einem Bericht eines der Mitglieder der Gruppe heißt es u. a.: »Am 1. Mai 1933 waren auch bei uns die Gewerkschaften von den Nazis aufgelöst und in die Deutsche Arbeitsfront überführt worden. Ichwurde einige Wochen darauf von einem Freund, der vorher Mitglied der ZDA-Jugend war, in einen Kreis junger Leute eingeführt, die nach dem Verbot der freien Gewerkschaften zusammenblieben, um zusammen zu wandern, zu diskutieren und – soweit es in ihrer Möglichkeit lag – gegen die Unfreiheit aktiv anzugehen. Ich hatte als junger Handwerksgeselle dem Deutschen Metallarbeiterverband bis zu dessen Auflösung im Mai 1933 angehört; ich hatte – damals 20 Jahre alt – Erich Kästner und Kurt Tucholsky kennengelernt, hatte die Bücher der Büchergilde Gutenberg gelesen und war in einem städtischen Lehrlingsheim in Gedankengängen erzogen worden, die humanistisch und sozial waren. Hinzu kam, daß ich einen jüdischen Vater hatte. Meine Gegnerschaft zum Nationalsozialismus war also erziehungs- und naturgegeben; versteht sich, daß mich der illegale Jugendkreis anzog. Als Gegner des Regimes traf ich dort geistesverwandte Menschen, zudem vorurteilslose Jungen und Mädel, während ich sonst doch infolge meiner verpönten Abstammung wenig Kontakte zu jungen Menschen im Dritten Reich finden konnte. Natürlich zog mich auch die Gefahr und die abenteuerliche Heimlichkeit der Gruppe an. Den Kern der Gruppe bildeten 15–20 junge ehemalige ZDAler. Die Gruppe war in einzelne

Fünfergruppen aufgeteilt, die sich regelmäßig zu Diskussionen und Wanderungen trafen. Die führenden Jugendlichen hatten nach der Zwangsübernahme des ZDA in den ›Deutschnationalen Handlungsgehilfenverband‹ sich in letzterem schnell Führungspositionen errungen und waren dort Leiter von Übungsfirmen und wehrsportlichen Übungen. So kam es, daß im Rahmen des DHV Übungsfirmen tätig waren, die restlos aus konspirierenden Oppositionellen bestanden ... Bei uns hatte der DHV eine Dienststelle, in der abends Übungsstunden für Schreibmaschine abgehalten wurden. Im Pförtnerzimmer des Hauses lag eine SA-Wache, weil das Haus früher Eigentum des ZDA war. Ich bekam nun vom Leiter unserer illegalen Gruppe den Auftrag, aus dem Übungszimmer eine früher dem ZDA gehörende Schreibmaschine herauszuholen, die wir zum Anfertigen der Wachsmatrizen für illegale Zeitungen benötigten. Ich zog einen blauen Schlosseranzug an und radelte mit meinem Rucksack zu dem Haus, ging an der SA-Wache vorbei hinein und in das Zimmer, in dem sich die Schreibmaschinen befanden. Im Nachbarzimmer, das durch eine Holztür getrennt war, hörte ich Stimmen. Schnell packte ich mir eine Maschine in meinen Rucksack und verließ das Haus wieder ungeschoren ... Auf diese Weise hatten wir unsere Maschine aus dem beschlagnahmten Gut zurück und konnten darauf illegale Schriften herstellen ... Der Vater eines zur Gruppe gehörenden Studenten war bei der Polizei. Der Sohn schrieb sich daraufhin eine Liste mit Adressen der Polizeibeamten unserer Stadt ab, und am 1. Mai bekamen die Polizeibeamten einen Maiaufruf gegen die Diktatur ins Haus gesandt ... Ich erinnere mich auch noch daran, daß wir uns einmal mit anderen Oppositionellen in einem abgelegenen Waldstück in einer Schonung trafen. Dort wurde eine Art Feier mit Rezitation und einer Ansprache gehalten. Ich selbst lag als Wache an einer nahen Landstraße, um den Versammlungsplatz abzusichern ... Einer meiner Freunde, der unmittelbar beim Druck des illegalen ›Jungen Kämpfers‹ von der Gestapo verhaftet wurde, hatte sich zu einem früheren Zeitpunkt von mir einen Bericht für diese Zeitung schreiben lassen. Ich hatte darin geschildert, wie wir als Arbeitsdienstler bei einer der damaligen Wahlen im Wahllokal in F.-H. veranlaßt worden waren, ohne Wahlurnen die Wahl durchzuführen, so daß man notgedrungen im Sinne der NS-Regierung wählen mußte, obschon viele von uns ganz anders dachten. Der Artikel war in der illegalen Zeitung erschienen und so später der Gestapo in die Hände gefallen. Beim Prozeß stellt sich dann mein Freund, der durch den Nachweis des Zeitungsdruckens ohnehin stark belastet war, vor mich und sagte aus, er hätte den betreffenden Artikel ohne mein Wissen allein auf Grund meiner mitangehörten Erzählung in die Zeitung gesetzt. Durch diese großmütige Entlastung seitens meines Freundes wurde ich dann wegen Beweismangels freigesprochen, da man keinen anderen triftigen Anklagepunkt gegen mich herausfinden konnte ... Wir hielten damals wie Pech und Schwefel zusammen. Viele Freunde wurden nicht gefaßt, da sie von den Verhafteten gedeckt wurden. Diejenigen, die in Freiheit blieben, ließen den Eltern unser Verhafteten Unterstützungen zukommen und sammelten – was auch schon gefährlich war – Geldbeträge, um die Verteidiger zu bezahlen. Unsere beiden Verteidiger konnten damals – im frühen Stadium des Dritten Reiches – noch kräftig für uns eintreten. Ich weiß noch, daß einer der Verteidiger in seinem Plädoyer sagte, daß die Stunde des alten römischen Reiches in dem Augenblick geschlagen habe, wo man dort auch Kinder und Jugendliche in die Kerker geworfen habe. Der betreffende Herr durfte dann allerdings anschließend in politischen Prozessen nicht mehr auftreten, – dafür sorgte die gleichgeschaltete Anwaltskammer ... Wir verloren den Zusammenhalt auch in späteren Jahren nicht. Allerdings kam vieles anders, als wir es uns 1934 in unseren jungen Köpfen ausgemalt hatten. Fremde Truppen erst konnten die Gewaltherrscher verjagen ... Berichtet sei noch, daß wir damals in unserer Gruppe oft die Lieder ›Ein neuer Frühling wird in die Heimat kommen‹, ›Auch die rauhen Wintertage gehen mal vorbei, dann wird's Mai‹ und ›Weit ist der Weg zurück ins Heimatland‹ sangen. Diese Lieder entsprachen so recht unserer damaligen Situation ...«[9]

Bleibt noch zu bemerken, daß die im Prozeß von den Richtern verhängten Strafen auch in diesem Fall keineswegs die einzige oder schlimmste Folge der Entdeckung oppositioneller Arbeit waren. So wurde z. B. der Leiter der Gruppe, von der hier erzählt wurde, nach Verbüßung seiner 3 1/2 Jahre Gefängnis sofort anschließend von der Gestapo zu jahrelanger ›Schutzhaft‹ ins KZ übernommen, und diese KZ-Haft war schlimmer als der Aufenthalt im Gefängnis ...

Aus einer illegalen linken Jugendgruppe im Rheinland wird berichtet: »Unsere Mitgliederzahl wurde nach dem Verbot natürlich kleiner; es blieben nur diejenigen, die unbedingt zu unserer Sache standen. Unsere Versammlungen mußten wir nun irgendwo im Wald abhalten. Flugblätter stellten wir auch weiterhin her. Bei der Märzwahl 1933 trugen wir sogar noch unsere antifaschistischen Abzeichen, bis einer von uns deshalb auf der Straße aufgegriffen wurde. Eines Tages wurde ein Junge aus unserer Gruppe verhaftet. Man führte ihn u. a. auch in unseren Steinbruch, weil man irgendwie erfahren hatte, daß dort etwas geschähe. Der Junge blieb aber fest und verriet nichts. Er wanderte dann

ins KZ. Unseren Abzugsapparat und unsere Schreibmaschine mußten wir nun an einem anderen Ort verstecken ... Querverbindungen zu anderen verbotenen und illegal weiterarbeitenden Jugendgruppen waren bei uns durchaus gegeben. So kamen wir auf unseren Fahrten zum Beispiel mit SAJ-Leuten zusammen. Auch mit jungen Naturfreunden. Politische Diskussionen und antinazistische Lieder hatten wir gemeinsam. Wir trafen uns oft am Wochenende mit Zelten oder mit Paddelbooten; überhaupt war ein wesentliches Kennzeichen unseres Lebens damals, daß wir auf Fahrt in die Wälder gingen, – während die HJ auf den Straßen marschierte! Wir trafen auch des öfteren Gruppen der Nerother, die abends am Lagerfeuer vor zahlreichem Publikum Lieder gegen die HJ sangen und viel Beifall dafür bekamen. Ich erinnere mich noch, wie wir einmal beobachteten, wie HJ und Polizeistreifen sämtliche Nerother abfingen und mit Autos in die Stadt ins Gefängnis schafften ...
Wir illegalen Jungen und Mädchen der verschiedenen früheren Gruppen legten uns damals selbst den Sammelnamen ›BDA‹ – d. h. ›Bund der Aufgelösten‹ bei. Auch mit einer Gruppe jüdischer Jugend kamen wir zusammen. Auf unseren Wanderungen wurden damals neue Lieder verbreitet, so etwa das Lied von den Moorsoldaten, das im KZ im Emsland entstanden war und von Heimgekehrten in unsere Gruppe gebracht wurde; oder wir sangen auf die altbekannte Melodie der ›Wilden Gesellen‹ folgenden Text:

Wir sind Verbrecher in eurem Staat
Und sind stolz auf unser Verbrechen
Wir sind die Jugend des Hochverrats,
An uns wir die Knechtschaft zerbrechen ...

Einzelne von uns machten Kurierfahrten, um illegales Material zu holen oder fertige Drucksätze, um selbst solches nachzudrucken. Dieses Material schleusten wir auch in unsere Betriebe. 1935 kam lokal eine neue Verhaftungswelle gegen die Arbeiterbewegung. Einer von uns, der den Verbindungsmann zur KPD abgab, wurde verhaftet. Wir beschlossen, von neuem schnell Flugblätter zu drucken, damit der Verhaftete entlastet würde, – dadurch, daß sich erwies, daß die illegale Arbeit von ihm nicht abhängig war. Als dieser Verhaftete einen Kassiber aus dem Gefängnis durch seine Mutter herausschmuggeln lassen wollte, ließ die Mutter den Zettel durch einen Zufall fallen, die Gestapo bekam ihn in die Hände und erhielt dadurch Kenntnis von einigen weiteren Namen unserer Gruppe. Sie war schlau genug, die so Bekanntge-

wordenen zunächst noch in Freiheit zu belassen, sie aber zu beobachten und dann, nachdem genug Material zusammengekommen war, uns zu verhaften. Wir hatten uns einen Tag vorher gerade noch fürs Wochenende zu einer Paddelfahrt verabredet ...«.[10]
In Württemberg war in den Jahren 1933–1935 eine illegale sozialistische Jugendgruppe aktiv, der sich auch Jugendliche aus katholischen Bünden und aus der Christlichen Pfadfinderschaft angeschlossen hatten. Die Gruppe machte Fahrten und Heimabende, verteilte illegales Material und stellte selbst antifaschistische Flugblätter her. Nachdem einige Mitglieder bereits 1934 und 1935 verhaftet worden waren, kam es 1937 zu einer umfangreichen Verhaftungsaktion und zum Prozeß gegen die Gruppe; 17 Angeklagte, Jungen und Mädchen zwischen 17 und 24 Jahren, wurden zu langen Gefängnis- und Zuchthausstrafen verurteilt. Angehörige dieser Gruppe erinnerten sich später an ihre Erlebnisse und Gedanken in der Haft:

»Fahrt ins Zuchthaus.
Wir redeten kein Wort mehr mit den alten Kameraden. Es ist doch schwer, Abschied zu nehmen. Wir schüttelten uns nur die Hände. Dann verließen die einzelnen Transporte die große Sammelzelle. Nur K.W., der aus dem KZ nicht wiederkam, und ich blieben zurück. Später wurden auch unsere Namen gerufen. Ein Wachtmeister kam und legte mir Handfesseln an. Dann brachte uns der Gefangenenwagen zum Hauptbahnhof. Als wir ausstiegen, umgab uns sofort eine gaffende Menschenmenge. Mit meinen kurzen Fahrtenhosen und den Handfesseln bot ich sicher einen tragikomischen Anblick. Bis wir den Schubwagen erreichten, mußten wir noch einmal durch ein Spalier von Menschen. ›Ein Politischer‹, raunte es durch die Reihen. Dann verschwand ich in einer Zelle des Schubwagens, der uns ins Zuchthaus bringen sollte. Wieder einmal schlug ein eisernes Tor hinter mir zu. Der erste Wachtmeister, den ich sah, schlug die Hände über dem Kopf zusammen und rief: ›Jesses! Jetzt komme scho d'Konfirmande ins Zuchthaus, ond au no g'fesselt. Ond der sieht gar net aus wie a Verbrecher!‹«

»Die hellen Nächte.
Die Tage zogen vorüber grau in grau
Winter um Winter verrann.
Heiße Sommer stiegen hoch und versanken.
Es blieb nur die Sehnsucht.
Es kam die Zeit, da floh mich der Schlaf. Ich kann nicht sagen, daß ich

abends nicht müde gewesen wäre nach der zehnstündigen Arbeitszeit. Die Anstaltskost reichte für uns eben aus, um den Status quo des Körpers erhalten zu können. Und so war ich jeden Abend froh, ins Bett zu kommen und ausruhen zu können. Glücklich vor allem auch, die Augen schließen zu können und der bitteren Wahrheit des Abgesperrtseins entfliehen zu können in die Traumwelt der Verheißung. Ich schlief leicht und bald nach dem Niederlegen ein. Doch regelmäßig um die Mitternachtsstunde erwachte ich. Den verlorenen Stunden hinter Mauern galt das Sinnen. Warum erlaubten die Justizherren mir nicht, daß ich ins Jugendgefängnis kam, um wenigstens meinen Beruf als Schriftsetzer weiter erlernen zu können? War es nicht genug, mich mit zweieinhalb Jahren Einzelhaft wegen meiner antinazistischen Gesinnung zu bestrafen, mußte man mir auch die Möglichkeit des Weiterlernens in meinem Beruf verweigern? Ich , der 16jährige Junge, hatte den Bestand des Staates bedroht! Weil ich das Beste gewollt und meine persönlichen Wünsche zurückgestellt hatte, wurde mir meine Jugend zerstört. Wo blieb mein Geigenspiel? Kamen sie wieder, die schönen Stunden des Zusammenseins mit den großen Meistern der Musik? Kamen sie wieder, die Fahrten im Kreise froher Kameraden? Werde ich nach diesen Jahren der Bitternis noch so empfinden können wie damals? Niemand war, der mir Antwort gab. Ringsum war Nacht. Ich konnte das Anwachsen des Mondes dabei verfolgen. Langsam wurden die hellen Streifen des Mondlichtes größer in meiner Zelle, während ich wachte und meinen Gedanken nachhing; langsam wurden sie auch wieder kleiner. Diese Stunden lösten die Zweifel, die die ersten Verhöre, die Selbstanklagen und die Verurteilung mit sich gebracht hatten. Hatte ich recht gehandelt, war es die Idee wert, für die ich litt, oder hatten diejenigen doch recht, die die Macht hatten und mich richteten? Mußte ich umkehren? Oder verpflichteten mich Wahrheits- und Gerechtigkeitsgefühl, weiter an meinen Ideen festzuhalten? Eine neue, unbekannte Kraft brachten mir meine Gedanken. Dies wurden meine hellen Nächte. Diese hellen Nächte machten mich endgültig zum Sozialisten ...«

Ein anderer der damals Verurteilten schrieb im Gedenken an ein mitverurteiltes junges Mädchen, das während der Haftzeit in eine Irrenanstalt überwiesen wurde und dort ums Leben kam:

»An Elisabeth!

Du bist den Leidensweg zu Ende gegangen, Elisabeth. Ich sehe noch Dein Bild vor mir, als Du vor dem Richter standest. Deine Schönheit und Jugend überstrahlte die Häßlichkeit der Umgebung. Deine Haltung überragte uns alle. Du nahmst die Taten des abwesenden Freundes auf Dich und decktest Deine Kameraden. Selbst die Feinde und Richter, die Deine Selbstbezichtigungen durchschauten, mußten sich vor Deiner menschlichen Größe neigen. Du gingst auf Jahre ins Zuchthaus. Wird das Geschehen im Zuchthaus sich eines Tages enträtseln? Deine Mädchenschultern waren der Last nicht gewachsen. Die Gesichter der Einsamkeit, der Gitter und Mauern bedrängten Dich. Oder waren andere, uns heute noch unbekannte Ursachen daran schuld, daß sich Dein Geist verwirrte? Besucher der Irrenanstalt erzählten uns, Du seiest ihnen wie eine Heilige unter den anderen Kranken erschienen. Deine auffallende Schönheit und Dein Lächeln gewannen alle Herzen für sich. Du lebtest schon im Reich Deiner Träume. Das amtliche Schreiben der Anstalt teilte uns mit, daß Du an Lungentuberkulose gestorben wärest. Aber wo ist Dein Grab, Elisabeth? Werden sie uns wenigstens Dein Grab finden lassen? Du wirst uns immer unvergessen sein.«[11]

Kirchliche Jugend abseits des NS

Für die evangelische Jugend in Deutschland war es um und nach 1933, im ganzen gesehen, schwieriger, zu einer klaren Position gegenüber dem Nationalsozialismus und der HJ zu kommen, als für die katholische Jugend. Die evangelische Kirche selbst bot nicht jenes ideologisch und organisatorisch geschlossene Bild, wie der Katholizismus es aufwies. Und während der katholische Volksteil in Deutschland vor 1933 seine politische Heimat durchweg in der Zentrumspartei hatte, stand die kirchlich gebundene protestantische Bevölkerung zu einem großen Teil den Anschauungen der NSDAP bzw. der ihr Hilfe leistenden Deutschnationalen Volkspartei nahe.

Es war schon angedeutet worden, daß nach der Machtergreifung des NS die evangelischen Jugendverbände durchweg den neuen Staat begrüßten und sich als Teil der »nationalen Bewegung« verstanden. Konflikte zwischen dem NS-Staat bzw. der HJ und der organisierten evangelischen Jugend ergaben sich zunächst nicht aus grundsätzlichen politischen, weltanschaulichen oder theologischen Gründen, sondern aus unterschiedlichen Auffassungen über den zukünftigen organisatorisch-institutionellen Charakter evangelischer Jugendarbeit. Das »freudige Ja zum Aufbruch der deutschen Nation«, das Ende März

1933 auf einer Bundeskonferenz des größten evangelischen Jugendbundes formuliert worden war, enthielt den Vorbehalt, daß evangelische Jugendarbeit auch weiterhin über ihre Struktur selbst bestimmen müsse. Dabei standen innerhalb der evangelischen Jugend zunächst recht divergierende Vorstellungen ungeklärt nebeneinander: Einerseits gab es Erwartungen, daß die evangelische Jugendarbeit als selbständige Teilorganisation innerhalb der Hitler-Jugend weiterexistieren und dort z. B. ihre volksmissionarische Tätigkeit, vom Staat unterstützt, ausdehnen könne; andererseits dachte man, daß die evangelischen Jugendverbände unabhängig von der HJ weitergeführt werden, sich dabei aber politisch als staatstreu oder gar nationalsozialistisch definieren sollten; drittens gab es auch die Konzeption, daß auf eine verbandsmäßige Sonderexistenz der evangelischen Jugend verzichtet werden könne, wenn die HJ der evangelischen Kirche die Aufgabe der Verkündigung unter Jugendlichen als gewissermaßen öffentliches Recht im Sinne einer protestantisch-nationalen Staatsauffassung zuweisen würde.[12]
Dementsprechend entwickelte sich im Verlaufe des Jahres 1933 das Verhältnis der evangelischen Jugendverbände zur HJ sehr unterschiedlich. Viele bisher den evangelischen Jugendverbänden zugehörige örtliche Gruppen oder Einzelmitglieder gingen zu den HJ-Einheiten über, motiviert durch die politischen Übereinstimmungen (die die Verbandsorgane der evangelischen Jugend oft in emphatischer Form betonten) und durch den Wunsch nach der »Einheit der Jugend«. Andererseits hatten die evangelischen Jugendverbände auch Zugewinne, gerade aus bisher nur locker organisierten Gemeindejugendgruppen, weil sie Rückhalt gegenüber dem Anspruch der HJ zu bieten schienen. Zugleich vollzog sich eine engere Verbindung der evangelischen Jugendorganisationen untereinander. Die an der Jugendbewegung orientierten Bünde »Bibel-Kreise« (BK), »Bund christdeutscher Jugend« und »Christliche Pfadfinderschaft« schlossen sich zu einer Arbeitsgemeinschaft zusammen; die »Jungenwacht« wurde ihre gemeinsame Jungenzeitschrift. (Die Zeitschrift »Jungenwacht« konnte für einige Jahre noch publizistisch im Sinne der bündisch-evangelischen Jugend weiterwirken; sie dürfte eines der wichtigsten Mittel des Zusammenhalts bewußt evangelischer Jungen in jenen Jahren gewesen sein und bekämpfte in geschickter Form die gegenchristlichen Ideologien des NS. Schriftleiter der »Jungenwacht« war damals eine zeitlang Hermann Ehlers; die Auflage der Zeitschrift stieg bis auf 15000 Stück – dann wurde sie 1938 verboten.)
Auch das Verhalten der HJ gegenüber der evangelischen Jugendarbeit

war 1933 zunächst noch sehr uneinheitlich; je nach den örtlich vorherrschenden Tendenzen standen bereitwillige Kooperation und feindseliger Druck nebeneinander. Aus Monatsberichten der Dekanate der evangelischen Kirche ergibt sich, daß im Sommer und Herbst 1933 in den vorwiegend protestantischen Gegenden an manchen Orten die Jungvolk- oder HJ-Einheiten geschlossen die evangelischen Gottesdienste besuchten; daß nicht nur in Einzelfällen HJ-Treffen mit einem Feldgottesdienst begannen; daß Pfarrer oder kirchliche Mitarbeiter Funktionen in der HJ übernahmen und Vereinbarungen über Bibelstunden getroffen wurden. Als z. B. im Juni 1933 in Nürnberg die feierliche Amtseinsetzung des neuen Landesbischofs stattfand, standen HJ und BDM Spalier. Bei solcherart Annäherungen spielte gewiß aufseiten der HJ auch die jeweilige regionale Situation mit; man versuchte in bestimmten Gegenden, gegen das noch bestehende Übergewicht des organisierten Katholizismus und insbesondere der katholischen Jugendverbände auch durch Kooperation mit protestantischen Gruppen und Institutionen anzugehen.

Die erwähnten Berichte zeigen aber auch, daß an anderen Orten bereits im ersten Jahr des Dritten Reiches die HJ in massiver Weise gegen evangelische Jugendgruppen vorging, deren Heime verwüstete, Veranstaltungen störte und auf jede mögliche Weise den Zusammenbruch der evangelischen Jugendverbände zu erreichen versuchte. Insgesamt verstärkte die HJ im Sommer und Herbst 1933 ihren Druck auf die evangelischen Jugendverbände. Mit einem Erlaß vom 29. 7. 1933 ordnete der Jugendführer des Deutschen Reiches an:

»Die gleichzeitige Mitgliedschaft von Hitlerjungen und Mitgliedern des Bundes Deutscher Mädel in konfessionellen Jugendorganisationen führt zu ständigen Unzuträglichkeiten, da sich die konfessionellen Organisationen nicht auf ihren eigentlichen kirchlichen Aufgabenkreis beschränken.

Ich verbiete daher mit sofortiger Wirkung die gleichzeitige Mitgliedschaft der Mitglieder der nationalsozialistischen Jugendorganisationen. Ich behalte mir ausdrücklich vor, meine Maßnahmen abzuändern, wenn sich die konfessionellen Jugendorganisationen auf ihren eigentlichen Aufgabenkreis beschränken.

gez. Baldur von Schirach«

In einem Bericht des damaligen Landesführers der Evangelischen Jugend Bayerns, Pfarrer Grießbach, vom 27. Oktober desselben Jahres wurde die Situation der evangelischen Jugend bereits sehr düster geschildert. Dort war die Rede von einer »ausgesprochen kämpferischen Haltung der HJ gegenüber den evangelischen Verbänden«, von Tätlichkeiten und einer HJ-Propaganda, die die baldige Auflösung der evangelischen Jugendverbände verkünde; der Bericht zog folgende Schlußfolgerung:

».... Es liegt auf der Hand, daß die Evangelische Jugend unter diesen Verhältnissen schwer leidet. Sie fühlt sich zu einer Jugend zweiter Klasse herabgewürdigt ... Unsere Jugend sieht sich wider Willen in eine Gegnerschaft zur HJ hineingedrängt. Sie wird irre im Glauben an die Gerechtigkeit der Staatsführung. Sie sieht sich vor die vom evangelischen Standpunkt aus unmögliche Entscheidung gestellt, ob sie mehr christlich oder mehr vaterländisch, mehr kirchlich oder mehr staatlich sein will ...«[13]

Der Vertrag über die Eingliederung der Evangelischen Jugend in die HJ, am 18. Dezember 1933 vom Reichsbischof Ludwig Müller gegen den Willen der meisten evangelischen Jugendverbände mit der HJ-Führung geschlossen, brachte eine negative Klärung der Lage. Zwar waren manche der ersten Reaktionen auf den Vertrag noch immer von den Illusionen geleitet, daß entweder die verbandliche evangelische Jugendarbeit doch wieder ihre Freiheit erhalten oder aber die HJ im Sinne der Evangelischen Kirche beeinflußt werden könne, aber schon bald wurde klar, daß beide Ziele abseits der politischen Realität des Dritten Reiches lagen. Der Evangelischen Jugend blieb nun nichts anderes übrig, als den Vertrag und damit die Unterdrückung der Jugendverbandsarbeit bei den Jugendlichen unter achtzehn Jahren hinzunehmen, jede Hoffnung auf eine »Verkirchlichung« der HJ beiseitezulassen und für die kirchliche Jugendarbeit neue Wege zu suchen. Proteste gegen den Eingliederungsvertrag, die aus den Jugendgruppen selbst kamen, blieben machtpolitisch wirkungslos. Aber auch Versuche, durch Berufung von Vertrauensmännern für die evangelische Jugend innerhalb der HJ die Folgen des Vertrags abzuschwächen, hatten praktisch kaum Konsequenzen.

Einige evangelische Jugendbünde – so der BK – lösten sich selbst auf, um ihren Jungen und Mädchen die automatische Überführung in die HJ zu ersparen. Andere Teile der evangelischen Jugend versuchten, im Rahmen des neuen Gesetzes weiterzuarbeiten. Im Abschiedsbrief des damaligen BK-Reichswarts Udo Smidt an die Jungen des BK hieß es:

»Der Bund gibt Euch frei und entläßt Euch aus den bündischen Formen einer festgeführten Jungenschaft. Keinen von Euch aber gibt der König frei, unter dessen Gebot wir unseren Bund gestellt haben ...«[14]

Die evangelisch-kirchlichen Institutionen versuchten überwiegend, anstelle der verbotenen jugendverbandlichen Aktivitäten nun gemeindliche Jugendkreise stärker aufzubauen.

Verbote konfessioneller Jugendarbeit

Anordnung des ›Reichsführers der SS Himmler als Stellvertretender Chef und Inspekteur der preußischen Geheimen Staatspolizei und politischer Polizeikommandeur‹, 1935:

»§ 1:

Allen konfessionellen Jugendverbänden, auch den für den Einzelfall gebildeten, ist jede Betätigung, die nicht rein kirchlich-religiöser Art ist, insbesondere eine solche politischer, sportlicher und volkssportlicher Art untersagt.

§ 2:

Für die konfessionellen Jugendverbände und ihre männlichen und weiblichen Angehörigen, einschließlich der sogenannten Pfarrjugend, gelten folgende Bestimmungen:

Es ist verboten,

1. das Tragen von Uniformen (Bundestracht, Kluft usw.), uniformähnlicher Kleidung und Uniformstücken, die auf die Zugehörigkeit zu einem konfessionellen Jugendverband schließen lassen.

Hierunter fällt auch das Tragen von Uniformen oder zur Uniform gehöriger Teilstücke unter Verdeckung durch Zivilkleidungsstücke (z. B. Mäntel) sowie jede sonstige einheitiche Kleidung, die als Ersatz für die bisherige Uniform anzusehen ist.

2. das Tragen von Abzeichen, welche die Zugehörigkeit zu einem konfessionellen Jugendverband kenntlich machen (PX-, DJK-Abzeichen pp.).

3. das geschlossene Aufmarschieren, Wandern und Zelten in der Öffentlichkeit, ferner die Unterhaltung eigener Musik- und Spielmannszüge.

4. das öffentliche Mitführen oder Zeigen von Bannern, Fahnen und Wimpeln, ausgenommen bei der Teilnahme an althergebrachten Prozessionen, Wallfahrten, Primiz- und anderen Kirchenfeiern, sowie Begräbnissen.

5. jegliche Ausübung und Anleitung zu Sport und Wehrsport aller Art.

§ 3:

Wer dieser Anordnung zuwider handelt oder wer zu einer solchen Zuwiderhandlung auffordert oder anreizt, wird gemäß §§ 33, 55, 56 des Polizeiverwaltungsgesetzes mit Zwangsgeld oder Zwangshaft bestraft. Unerlaubt getragene Uniformstücke oder Abzeichen, unerlaubt mitgeführte Banner, Fahnen oder Wimpel sind einzuziehen ...«

Die Evangelische Landeskirche in Bayern z. B. gab am 12. Februar 1934 Anweisungen zur künftigen kirchlichen Jugendarbeit heraus, die den verbleibenden Freiraum wie folgt umrissen:
»... Die Leiter unserer Jugendvereine haben sich dahin verständigt, daß die evangelische Jugend unter 18 Jahren in einer männlichen und einer weiblichen Säule des Evangelischen Jugendwerks zusammengefaßt werden soll und daß die religiöse und seelsorgerische Betreuung künftighin noch mehr als bisher gemeindemäßig eingestellt werde. Alle evangelische Jugendarbeit geschieht künftig im Auftrag der Landeskirche auf dem Boden der Gemeinde. Trägerin der örtlichen Jugendarbeit an den unter 18jährigen wird zentral Bibelarbeit sein, wozu noch Pflege des religiösen Liedes und des Volksliedes, Kirchenmusik, Sprechchor, evangelische Lebensschulung, Wandern, Rüst- und Freizeiten kommen sollen ...«
Im Jahresbericht des CVJM in Nürnberg für 1934 wurde dieser Schritt so beschrieben:
»... Verstummt sind ihre Trommeln und Pfeifen, erloschen ihre Lagerfeuer, die Fahnen wehen nicht mehr, aber heilig brennt es im Herzen: Das Wort sie sollen lassen stahn!«[15]
Die Umstellung der evangelischen Jugendarbeit von der Form der Verbände und Bünde auf die der kirchlichen Gemeindejugend vollzog sich in den einzelnen Landeskirchen mit recht unterschiedlichen Resultaten, in engem Zusammenhang mit den Auseinandersetzungen zwischen Deutschen Christen einerseits, Bekennender Kirche andererseits, wie sie ab 1933 den evangelisch-kirchlichen Raum in Deutschland vielfach beherrschten.
Zum Teil wurde versucht, bei unbedingter politisch-weltanschaulicher Loyalität dem NS gegenüber die kirchliche Jugendarbeit weiterzubetreiben, an anderen Orten, in anderen Kreisen der evangelischen Jugend hingegen wurde frühzeitig die weltanschauliche Auseinandersetzung mit dem NS aufgenommen. Von theologischen Positionen her ergab sich dann in den folgenden Jahren eine wachsende Welle der Distanzierung gegenüber dem NS unter der evangelischen Jugend, konzentriert auf die Unterstützung des Kampfes der Bekennenden Kirche durch junge Leute. Hierbei standen auch Teile des CVJM, so der »Westdeutsche Jungmännerbund« unter Pastor Busch, an vorderster Stelle. Die Bekennende Kirche hatte sich in der Abwehr gegenüber dem Versuch des NS-Regimes gebildet, durch die sogenannten »Deutschen Christen« und durch allerlei andere Vorstöße die Grundlage des evangelischen Glaubens in Deutschland zu zerstören, an die Stelle des Evangeliums eine sog. »Deutschgläubigkeit«, auf dem Vorrang von

»Blut« und Rasse basierend, zu setzen und die evangelischen Gemeinden zu willigen Handlangern des NS-Staates zu machen. Es ist hier nicht der Ort, Entwicklung und Bedeutung der Bekennenden Kirche zu schildern; wohl aber muß gesagt werden, daß es in erster Linie die Bekenntniskirche war, die dem Einbruch der NS-Weltanschauung in den deutschen evangelischen Volksteil und insbesondere in dessen Jugend erfolgreich entgegentrat und dabei auch wiederum vielfach die Unterstützung der Jugend selbst, der evangelischen Jugendkreise und ihrer Studentenschaft fand. Vom Evangelium her wurden die Maßnahmen des NS-Staates betrachtet und dort, wo sie göttlichem Gebot widersprachen, verurteilt. Eine wichtige Rolle in diesem Kampf spielte die Zeitschrift »Junge Kirche«, herausgegeben von Hans Lilje, die die Irrlehre »völkischer Religiosität« enthüllte und ständig über den Kampf zwischen bewußt evangelischen – und überhaupt christlichen – Kräften in Deutschland und dem Nationalsozialismus berichtete. Viele Beispiele bekenntnis-christlicher Kritik an den Zuständen im NS-Staat finden sich auch in der Zeitschrift »Jungenwacht«.
Da konnte man unter der Titelzeile »Protestantisch« lesen: »Man muß Gott mehr gehorchen als den Menschen ... Wir müssen Nein sagen lernen, überall dort, wo die Eine Bibel Alten und Neuen Testaments ein Judenbuch verderblichen Inhaltes und nicht germanischer Moral entsprechend sein soll, – überall dort, wo man uns durch Drohungen oder Versprechen zwingen will, nicht mehr zu Christus und zu unserem Glauben zu stehen ... Wir müssen protestieren, wo man von uns verlangt, irgendjemanden oder irgendetwas solches Vertrauen, solchen Glauben entgegenzubringen, wie sie allein Gott gebühren ...« Auch dieser Spruch war in der »Jungenwacht« zu finden: »Fürchtet Euch nicht vor denen, die den Leib töten und die Seele nicht mögen töten ...« (Solche Publikationen hatten dann zur Folge, daß die Zeitung »Der SA-Mann« von »Miesmacherei statt Seelsorge«, von »konfessionellen Stänkern und Schwätzern« und »politisierenden Pfäfflein« schrieb). In der »Jungenwacht« stand damals auch ein Gedicht, das in der Grundstimmung bezeichnend war für viele ähnliche Texte innerhalb damaliger HJ-gegnerischer Gruppen der kirchlichen Jugend:
»Wir sind ein kleines trutzig Heer / die Letzten von den Allerletzten / uns lockt kein heller Hornruf mehr / kein dumpftes Trommeln die Gehetzten.
Wir ziehen stumm durchs weite Land / und suchen, werben will'ge Hände / Der Kampf, der einmal war entbrannt / er ist noch lange nicht zu Ende.
Drum schlagen zäh wir uns voran / und lauter ruft das heiße Werben /

wir ringen hart um jeden Mann / daß er die Krone mög' erwerben. Wir sind ein kleines trutzig Heer / verloren, wie die Menschen sagen / und dennoch ziehn wir hin und her / für den, der an das Kreuz geschlagen.«[16]

Obschon die Opposition evangelischer Jugend gegen den Nationalsozialismus sich zumeist bewußt im Raum theologisch-grundsätzlicher Auseinandersetzungen hielt und sich rein kirchlicher Mittel bediente (Gottesdienst, Verkündigung, Bibelabende, Freizeiten, volksmissionarische Lager usw.), es auch durchweg (von der Ausnahme einiger evangelisch-bündischer Gruppen abgesehen) ablehnte, in die Illegalität zu gehen, gingen Staat, Gestapo und HJ immer stärker gegen diese Arbeit an.

Welche alltäglichen Konfliktsituationen sich für die kirchlich engagierten Jugendlichen daraus ergaben, macht der folgende zeitgenössische Bericht anschaulich:

»Es war am 4. Juli 1936 in Memmingen, da hatte eine Einheit der HJ den Besuch des Bannführers K. Er ließ bei einem Appell die Angehörigen der evangelischen Gemeindejugend hervortreten, um sie wegen ihrer Zugehörigkeit zum ›Jugendverein‹, wie er sie fälschlich nannte, zur Rede zu stellen. Er gab zu verstehen, daß für die HJ eine Berechtigung zur evangelischen Gemeindejugend zu gehören, nicht mehr bestehe. Ein Weg zum Himmel existiere nicht. Der Weg, der zum Himmel führen solle, führe nur dazu, daß sie kurz vor dem Himmel doch herunterfielen. Es sei nur *ein Weg*, der führe zu Adolf Hitler. Dann ließ er sich die Namen derer aufschreiben, die an den Veranstaltungen der Gemeindejugend teilnahmen, und stellte sie vor die Entscheidung: 8 Tage lang habt ihr Zeit zum Überlegen, es gibt nur eines: entweder ihr geht zur HJ oder zur evangelischen Jugend. Einen jungen Scharführer fuhr er an: ›Du bist ein schöner Führer, weißt du nicht, daß es verboten ist, zwei Organisationen anzugehören?‹ Zum Schluß mußten die heraustreten, die zur Gemeindejugend gehörten. Der Bannführer schrie sie in einer kurzen Rede an, die so begann: ›Ihr seid Trottel, ihr seid Schlappschwänze!‹ Im übrigen erging er sich noch in spöttischen und abfälligen Bemerkungen über die kirchliche Jugendarbeit und stellte derselben ein baldiges Ende in Aussicht. Dann trat er zu den anderen, die in Reih und Glied aufgestellt waren und nicht in die evangelische Gemeindejugend gingen, und lobte sie mit der schönen Anrede: ›aber *ihr* seid Pfundskerle!‹«[17]

Immerhin waren in den Jahren 1936/37 noch große Treffen der evangelischen Jugend zugelassen; damalige Landesjugendpfarrer berichten von Zusammenkünften mit zum Teil Tausenden von jungen Menschen zu Ostern und Pfingsten. Für die evangelische Jugendarbeit lag hierin eine wichtige Chance, über die einzelnen Gemeinden hinaus Zusammenhalt zu finden und durch das Treffen mit Gleichgesinnten in großer Zahl jugendliches Selbstbewußtsein auch gegenüber den Anfeindungen der HJ und des Staates aufrechtzuerhalten. In erstaunlich großem Umfange wurden von der evangelischen Kirche bis 1938/39 Bibelfreizeiten für Jugendliche durchgeführt. Auch hierin lag eine Möglichkeit, über die kirchliche Verkündigung hinaus und verstärkt durch das Zusammenleben mit Gleichaltrigen in einem »Freiraum« abseits der HJ, evangelische Jugend als » Gegenmilieu« zur NS-Sozialisation zu stabilisieren. Ohne Zweifel handelte es sich bei alledem nicht etwa nur um kirchliche Seelsorge für Jugendliche, sondern zugleich um die Gestaltung eines der HJ entrückten Lebensraumes durch die Jugendlichen selbst.

Protestantische Jugend unter dem NS-Regime

»Als Hitler an die Macht kam, schien es verhältnismäßig leicht, die protestantische Kirche und ihre Jugend gleichzuschalten. Der Protestantismus hatte nicht die Sicherheit und Geschlossenheit des Katholizismus. Besonders die Lutheraner waren aufgewachsen in einer Überlieferung der Obrigkeitsgläubigkeit. Liberalismus, Industrialisierung und Kapitalismus hatten die Kraft des protestantischen Glaubens geschwächt. Ein guter Teil des Volkes und der Jugend blieb der Kirche fern ... So schien die protestantische Jugend für den andringenden NS eine leichte Beute zu sein. Was hatte man ihm entgegenzusetzen? Ein großer Teil der Pfarrer selbst sah in ihm die wuchtige soziale und doch autoritäre Volksbewegung. Da marschierte das Volk, – da kämpften Begeisterung und Idealismus, – da stand die Nation auf, und das alles im Zeichen des ›positiven Christentums‹. Man wollte nicht wieder den Anschluß an das Volk verpassen! Viele junge Pfarrer, viele Mitglieder der protestantischen Jugendverbände traten deshalb den Formationen der NSDAP bei. Die allgemeine Gleichschaltung, die das NS-Regime nach dem 30. Januar und 5. März 1933 in allen Bereichen der deutschen Gesellschaft in die Wege leitete, sollte im Raume der protestantischen Kirchen durch die sog. ›Deutschen Christen‹ besorgt werden. Ihr Ansturm, ihre Ziele und Methoden brachten die Protestanten in Deutschland zur Besinnung. Die Methoden der ›Deutschen Christen‹ waren die der SA-Aufgebote, der Bespitzelung und Denunziation. Ihr Ziel war die totale Politisierung der Kirche im Sinne der NS, ihre Unterwerfung unter den heidnischen Rassismus. Das Hakenkreuz wurde über das Kreuz gesetzt. Damals, als zuerst der Kampf

um den Reichsbischof und die Reichskirche entbrannte, wurde von jungen Protestanten die ›Jungreformatorische Bewegung‹ gegründet. Sie war der Anfang der späteren Bekenntnisfront (Bekennende Kirche). Im Dezember 1933 erreichte der Kampf gegen die deutschchristliche Verfälschung evangelischen Bekenntnisses seinen Höhepunkt, – und zu diesem Zeitpunkt wurde die evangelische Jugend in die Staatsjugend ›eingegliedert‹. Große Teile der protestantischen Jugend haben diesen Akt als Auslieferung christlicher Jugend durch den Reichsbischof an Baldur von Schirach empfunden ... Seitdem gibt es die evangelischen Jugendverbände durchweg nicht mehr. Wohl aber gibt es weiterhin bewußt protestantische Jugend...
Es gibt weiterhin eine theologische Studentenschaft, die sich seit 1933 wesentlich gewandelt hat, die eine kämpferische Haltung aufweist und in ihrer Mehrheit heute auf der Seite der Bekenntniskirche steht. Im Sommer 1937 wurde eine große Anzahl von evangelischen Theologiestudenten, die entgegen dem Verbot des Reichskulturministers die Ergänzungsvorlesungen der Bekenntniskirche mitgemacht hatten, disziplinarisch verfolgt. Bis September des Jahres sind 70 von ihnen zum Verlassen der Hochschulen und zum Abbruch ihres Studiums verurteilt worden ... In einer großen Anzahl von Schulen sind nicht nur die Religionsstunden zahlenmäßig reduziert, sondern auch grundsätzlich Angehörigen der Bekenntnisfront fortgenommen worden. Einer immer wachsenden Anzahl von bekenntniskirchlichen Pfarrern ist das Betreten ihrer Gemeinden nach irgendeinem provozierten Zwischenfall verboten worden. Durch die Justiz des Dritten Reiches soll die Bekennende Kirche gleichzeitig als öffentlich-rechtliche Gliederung der evangelischen Kirche ausgeschaltet und damit auch von den Kirchenwahlen ausgeschlossen werden. Dieser Akt und Schritte des Regimes wie etwa der Niemöller-Prozeß sollen die protestantische Opposition auf kaltem Wege liquidieren ...
Als im Frühjahr dieses Jahres eine Versammlungswelle der Bekenntniskirche durch die deutschen Städte ging, waren die Versammlungen überfüllt und zwar auffallend stark von der Jugend besucht. Bei der Verbreitung von Aufrufen und Kanzelverkündigungen ist die protestantische Jugend stark beteiligt. Schon diese Betätigung ist heute illegal! Noch mehr gilt das von den Kreisen junger religiöser Sozialisten, die in verschiedenen Teilen des Reiches weiterhin regelmäßig zusammenkommen ...
Man muß sich hüten, den Kampf der Bekennenden Kirche und ihrer Jugend voreilig zu politisieren. Das hieße, den Mißbrauch der Religion, wie ihn die ›Deutschen Christen‹ praktizieren, wiederholen. Es ist nicht letztlich entscheidend, daß etwas Illegales geschieht, entscheidend ist, daß sich im jungen Protestantismus Menschen und Kreise finden, die unter allen Umständen und auf jede Gefahr hin ihrem Glauben und ihrem Gewissen treu bleiben.«

(Aus: Sonderinformationen deutscher Jugend, Dezember 1937)

Es versteht sich, daß die HJ und die Staatsorgane versuchten, auch diese Form »systemfremden« Jugendlebens zu unterdrücken und die Möglichkeiten evangelischer Jugendarbeit immer weiter einzuschränken. Wanderungen und Fahrten evangelischer Gemeindejugend wurden ab 1935 nicht mehr geduldet; die erwähnten größeren Treffen evangelischer Gemeindejugend waren nur bis 1937 möglich; im Jahre 1938 wurden dann auch Bibelfreizeiten verboten oder aufgelöst; ab November 1939 waren solche Veranstaltungen generell untersagt, mit der Begründung, die Jugendlichen würden auf diese Weise von »staats- und kriegswichtigen Aufgaben« abgehalten. Auch die kirchlichen Jugendzeitschriften wurden Schritt für Schritt beengt und schließlich unterdrückt. Der NS-Staat bemühte sich ferner, durch den Staatsjugenddienst die kirchliche Jugendarbeit zeitlich zu verdrängen. Für alle Veranstaltungen der Gemeindejugend galten zeitliche und räumliche Beschränkungen. So gab z. B. der Regierungspräsident in Ansbach am 23. Februar 1937 einen Erlaß heraus, wonach Zusammenkünfte der kirchlichen Gemeindejugend im Winter um 18 und im Sommer um 21 Uhr beendet sein mußten; an Tagen, an denen HJ-Dienst stattfand, durften kirchliche Jugendkreise nicht zusammenkommen. Vor der endgültigen Unterdrückung der Bibelfreizeiten waren die Veranstalter und Teilnehmer ständigen Schikanen ausgesetzt; es mußten Teilnehmerlisten mit Anschriften der Eltern eingereicht und Urlaubsgenehmigungen der HJ beigebracht werden. Nach einer Aktennotiz des bayerischen Landesjugendpfarramts wurden kirchliche Freizeiten nicht zuletzt deswegen aufgelöst, weil sich dabei Äußerungsformen der verbotenen Jugendorganisationen gezeigt hätten, so etwa weil bei Spaziergängen mehrere Jugendliche hintereinander zu zweien oder zu dreien gingen, was als Übertretung des Aufmarschverbots galt; oder weil viele Teilnehmer in kurzen Hosen gekommen waren, was als Übertretung des Uniformverbotes ausgelegt wurde. Die Staatsorgane wachten ängstlich darüber, daß die Beschränkung auf »rein kirchliche« Aktivitäten eingehalten wurden. Mit welcher Pedanterie man hierbei vorging, zeigt – ein Beispiel für zahllose ähnliche – der folgende Ausschnitt des Berichts des Regierungspräsidenten der Pfalz vom 8. Februar 1938:

»... In St. Julian und Hinzweiler wurde der Versuch gemacht, wieder protestantische Jugendorganisationen aufzuziehen. Die inzwischen durchgeführten Ermittlungen haben ergeben, daß der protestantische Pfarrer N. in der Zeit vor Weihnachten ziemlich regelmäßig Zusammenkünfte der männlichen und weiblichen Jugend organisiert hat. So fand noch am 23. Dezember 1937 in Hinzweiler eine Zusammenkunft des evangelischen Knaben- und Mädchenbundes (gemeint: der Gemeindejugend) statt. Auf dieser Zusammenkunft gaben Pfarrer N. und ein weiterer, nicht näher bekannter auswärtiger Pfarrer den Zweck dieser Zusammenkünfte bekannt. Es sollten Geschichten vorgelesen, Lieder gesungen, Unterhaltungsspiele geübt, Briefmarken gesammelt und die Bibel durchgenommen werden. Eine religiöse Betätigung war so gut wie gar nicht geplant ... Die Geheime Staatspolizei Neustadt a. d. W. ist über die Vorgänge unterrichtet ...«[18]

Zusammenfassend läßt sich zur Entwicklung der evangelischen Jugendarbeit unter dem NS-System sagen, daß der Eingliederungsvertrag die evangelischen Jugendverbände schon so rasch ihrer jugendlichen Basis beraubte, daß – anders als bei der katholischen Jugend – ein eigentlich jugendbündisches Leben evangelischerseits ab 1934 kaum noch existierte. Der erzwungene Rückzug in den innerkichlichen Raum erfolgte hier früh, und wir finden auf evangelischer Seite nur selten eine direkte illegale Fortführung von Jugendgruppen.

Zumindest dort, wo die kirchlichen Institutionen gegenüber dem NS-Staat ihre Selbständigkeit und Geschlossenheit behaupteten, bildete sich aber eine recht haltbare neue Form kirchlicher Jugendarbeit heraus, die auch als Lebenszusammenhang Jugendlicher gegenüber der HJ resistent blieb: Die evangelische Gemeindejugend umfaßte noch im Krieg viele Tausende von jungen Leuten und bedeutete für diese die Chance einer Sozialisation, die nicht den Normen des NS unterworfen war.

Die Herkunft der Opposition evangelischer Jugend des Dritten Reiches aus dem Kirchlich-Theologischen und die Austragung des Konflikts auf der Ebene weltanschaulich-religiösen Kampfes machen die Tatsache verständlich, daß Kontakte oppositioneller evangelischer Jugendkreise zu anderen antinazistischen Jugendgruppen sich relativ selten ergaben.

Ein Mitarbeiter der evangelischen Jugend in Darmstadt hat die damalige Entwicklung in einem Bericht nachgezeichnet, der in vielem als typisch für ähnliche Jugendkreise in der NS-Zeit gelten kann, soweit sie zur »Bekennenden Kirche« fanden:

»1933: Es bestehen in D. zahlreiche Gruppen: Gemeindejugend im Hessenbund, BCJ-Gruppen, CVJM, BK, CP und noch einige weitere Gruppen, daneben bestehen viele Mädchengruppen, die teils freie Gemeindejugend sind, teils dem Burckhardthaus angeschlossen sind, außerdem MBK und BCJ. Zusammen wird damals die Zahl der evangelischen Jugend in D. wohl 2000 überschritten haben. Die meisten dieser Gruppen waren aber locker gefügt und nicht eigentlich bewußt

evangelische Gruppen. Daher zeigten sich schon bald nach der Machtergreifung Hitlers hier starke Zerfallserscheinungen. Im Laufe des Sommers 1933 traten mehrere Großgruppen zur HJ über, und ihre Führer rückten in Führerstellen der HJ ein. Gerade ihnen gegenüber bestand in den folgenden Jahren von uns aus ein großes Mißtrauen. Der verbliebene Rest, der in der 2. Jahreshälfte zunehmend angegriffen wurde, war gezwungen, immer mehr von seinen äußeren bündischen Formen aufzugeben. Aber gerade dadurch vollzog sich eine stärkere Besinnung auf das Eigentliche unserer Aufgabe. Der BK hatte sich ohne nennenswerte Substanzverluste behauptet. Schon Ende 1932 hatte eine lebhafte geistige Auseinandersetzung mit der Weltanschauung des Rosenbergschen ›Mythos‹ begonnen. Das ›Altonaer Pastorenbekenntnis‹ fand damals schon in unseren Reihen ein lebhaftes Echo. Trotzdem bestand noch keine klare Gegnerschaft zum Dritten Reich, wenn man von einigen Ausnahmen absieht.
1934: Erst in diesem Jahre vollzog sich in zunehmendem Maße bei den Reiferen der Prozeß der grundsätzlichen Abkehr vom neuen Staat. Im Januar: Überfall der HJ auf eine große Filmveranstaltung des BK, der jedoch erstaunlicherweise mit Hilfe eines Überfallkommandos abgeschlagen werden konnte. Im Februar löste sich der BK für die Jungen unter 18 Jahren selbst auf, um einer Überführung in die HJ zu entgehen. Das verräterische und verlogene Abkommen zwischen dem sog. Reichsbischof und Schirach vom Dezember 1933 öffnete vielen die Augen über die Kampfmethoden des NS-Staates. Den meisten war es klar, daß man trotz der Auflösung nicht auseinandergehen könne. Aber das Jahr brachte schwere organisatorische Krisen; durch einen Anschluß an die Gemeinde Ost als ›Gemeindejugend‹ wurde versucht, eine Weiterarbeit wenigstens halbwegs zu legalisieren. In der Übergangszeit drohte ein Sprengungsversuch durch die HJ-Bannführung während einer geheimen Zusammenkunft; besonders unangenehm, weil diese Aktion durch den Verrat eines Sekundaners von uns hervorgerufen war. Die Weiterarbeit fand meist in kleinen Gruppen in Privatwohnungen statt. Mit Bildung der Bekennenenden Kirche schlossen sich alle unsere Jungen über 14 Jahren dieser kirchlichen Erneuerungs- und Widerstandsbewegung begeistert an und stellten sich für zahlreiche Hilfsdienste zur Verfügung.
1935/36: Der Schwerpunkt der Arbeit lag in dem Einsatz für die Bekennende Kirche. Wir wurden immer mehr deren Jugendgruppe. Dabei gab es laufend Zusammenstöße mit der HJ. Das wichtigste derartige Ereignis war zweifellos ein Handgemenge mit der HJ am Bahnhof in G. Dort hatten wir während eines ganzen Nachmittags mit über 20

Jungen von Haus zu Haus Flugblätter verteilt. Erst gegen Schluß bekam die HJ Wind, um was es sich hier handelte. Auf der Bahnhofstraße gab es dann einen für uns erfolgreichen ›Nahkampf‹. Der abfahrende Zug rettete uns aus dieser bedrohlichen Situation. Zu unserem größten Erstaunen hatte diese Sache kein Nachspiel ... Trotz der völligen Änderung der Verhältnisse war noch keine endgültige neue Form der Arbeit gefunden. Neue Jungen kamen nur vereinzelt in unsere Gemeinschaft. Es kam zu Führungskrisen und inneren Auseinandersetzungen. Trotzdem blieb die Arbeit lückenlos erhalten. Biblische Laienspiele, Freizeiten, ja sogar Großfahrten wurden durchgeführt, natürlich unter zeitgemäßer Tarnung.

1937 bringt den Höhepunkt der Umwandlungsprozesse. Wird der alte Weg sich totlaufen oder wird ein wirklicher Neuanfang möglich werden? Unter der Jahreslosung: ›Du aber gehe hin und verkündige das Reich Gottes‹ kommt es im September bei einer Besprechung im kleineren Kreise zu der entscheidenden Wende. Wir werden als Jungen-Gemeinde völlig neu beginnen. Es setzt nun eine große Werbung ein. Auf einer gewagten halbillegalen Freizeit konstituiert sich die neue Gemeinschaft. Im Pfarrhaus des Elisabethenstiftes wird im Keller ein eigenes, gutgetarntes Heim geschaffen. Eine ›Dienstschar‹ wird gebildet, d. h. eine Kerngruppe für den aktiven Dienst in der Jungen Gemeinde und der Bekennenden Kirche. Die planmäßige Arbeit findet in Dienstbüchern, die jeder führt, ihren Niederschlag. Zu anderen Gruppen in F., W. und O. wird wieder Verbindung aufgenommen. Eine sehr fruchtbare überörtliche Tagung hält uns Jugendpfarrer A.

1938: Es folgen nach Ostern Werbeaktionen mit umfänglichen Werbeheften unter den Konfirmierten von Haus zu Haus. Es ist ein freudiger aber schwerer Dienst. Oft werden wir mißhandelt, hinausgeworfen und beleidigt, aber es gelingt uns doch, viele für unsere Arbeit aufzuschließen. In der Paulus- und Johannes-Gemeinde werden weitere Gruppen gegründet. In dem ›Ruf‹ finden wir ein großartiges Verkündigungsspiel, das uns sehr zusammenschweißt und in viele Gemeinden führt. Die Planung der Arbeit wird immer klarer. Der Führungskreis ringt in zahllosen Gesprächen um den Weg in der Zeit des NS-Totalitarismus. Wir erkennen, daß dieser Staat den Untergang Deutschlands bedeuten kann. Im Sommer werden sechs von uns vor die Gestapo gestellt. Doch weiß man dort nur unbedeutende Dinge, wie wir erleichtert feststellen. In vielstündigem Verhör können wir uns immer mehr in die Lage des Angreifers manövrieren, so aus der Schlinge entrinnen und – wenn auch mit größter Vorsicht – weiterarbeiten. Im Herbst halten wir in den Anstalten von N.-R. eine Freizeit, die als Gemeinde-

dienst getarnt ist. Die Gestapo schlägt zu, als das Nest schon eine Viertelstunde wieder leer ist. Die Vernehmung von Pfarrer K. läuft glimpflich ab. Es gelingt uns, einen Verbindungsmann zu finden, der uns künftig vor Aktionen der Gestapo warnt. Pfarrer R. wird uns Ende 1938 von der Bekennenden Kirche hauptamtlich für die Arbeit in der Jungen Gemeinde zur Verfügung gestellt.
1939: Unsere Arbeit dehnt sich auf fast alle Gemeinden in D. aus. Im Frühjahr wird ein vorbereitetes größeres Treffen mit auswärtigen Kreisen verboten; da wir rechtzeitig gewarnt wurden, lief eine damit zusammenhängende Gestapoaktion ins Leere. An Himmelfahrt war ein Treffen aller zu unserer Jungen Gemeinde gehörigen Gruppen in D.-A. Dieses Treffen ist der äußere Höhepunkt unserer Arbeit in der NS-Zeit. Der Krieg ruft nun manchen aus der Führung ab. Aber die älteren Schüler übernehmen die Aufgabe. Ein ausgedehnter Rundbriefdienst wird geschaffen. Die Arbeit läuft in allen Teilen gesichert weiter.
1940: Trotz des Krieges geht dieArbeit recht erfreulich weiter. Urlauber und vorübergehend vom Wehrdienst Befreite helfen mit. Es wird ein Kreis für aus unserer Arbeit kommende Ältere gebildet. Ein neues Heim muß im Pfarrhaus der Schloßgemeinde geschaffen werden ... Auch dieses Jahr bringt eine umfängliche Rundbriefarbeit, Verkündigungsspiele, Wochenendfreizeiten, intensive Bearbeitung der Eltern, viele Diskussionen und Gruppenabende.
1941: Viele Freunde fallen im Laufe dieses Jahres, andere werden neu eingezogen, aber immer noch sind unter den Jungen sehr tüchtige Kräfte. Die Rundbriefarbeit wird z. T. von den Soldaten übernommen; die Arbeit in den Gruppen muß doch teilweise eingeschränkt werden.
1942/45: Das Jahr 1942 bringt weitere Einschränkung unserer Arbeit. Die Kriegsereignisse saugen zu viele Kräfte auf. Auch eine lückenlose Rundbriefarbeit wird schwierig. Der Schwerpunkt unserer Arbeit verlagert sich draußen ins Feld, wo viele in ihren Einheiten ihr Zeugnis weitergeben ...
Die Arbeit in den Jahren des Dritten Reiches schloß uns zu einer einmaligen Gemeinschaft zusammen, die uns alle nachhaltig prägte. Wenn auch unser Weg nicht in erster Linie im Felde der Politik lag, so fanden wir doch schon bald auch zu einem klaren Nein zu dem System des NS-Staates, das uns in Gemeinschaft mit denen stellte, die bereit waren, um der Wahrheit willen ihr Leben in die Schanze zu schlagen. Aktive Beteiligung an gegen den NS-Staat gerichteten geheimen Organisationen bestand unsererseits jedoch nicht ...«[19]
Die sperrigste und hartnäckigste Barriere, auf die der Monopolan-

spruch der HJ im Feld der herkömmlichen Jugendverbände stieß, ergab sich aus der traditionellen Stärke und Fortführung katholischer Jugendbewegung und Jugendarbeit nach 1933. Im Hinblick auf die Breite des oppositionellen Potentials und die Kontinuität des HJ-gegnerischen Milieus stellte – auf Reichsebene – höchstens die bündische Jugend in ihren verschiedenen Varianten ein ähnlich gewichtiges Problem für die Durchsetzung der Hitlerjugendsozialisation dar, wobei diese beiden Strömungen jugendlicher Opposition sich vielfach verbanden.
Gegenüber den evangelischen Jugendorganisationen hatten die katholischen Verbände den Vorteil, daß der ideologische Abstand zum NS bis zur Machtergreifung immerhin so groß war, daß auch nach dem 30. Januar 1933 gegenüber den Verlockungen einer »nationalen Einheit der Jugend« sofort starke Vorbehalte hervortraten. Zwar bekannten sich auch die katholischen Jugendverbände ab April 1933 zum »neuen Staat« und zur »nationalen Erhebung«, nachdem die wichtigsten von ihnen – ausgenommen der Schülerbund »Neudeutschland« – im Februar des Jahres noch einen Wahlappell zugunsten der Zentrumspartei unterstützt hatten. Dieses Einschwenken in die Loyalität gegenüber der »nationalen Regierung« entsprach dem allgemeinen politischen Kurs der katholischen Kirche in Deutschland, wie er u. a. in der gemeinsamen Erklärung der deutschen Bischöfe vom 28. März 1933 zum Ausdruck kam. Man hatte sich hier offenbar darauf eingerichtet, den Schutz der katholisch-kirchlichen Interessen nun nicht mehr über den »politischen Katholizismus«, also die Zentrumspartei und die BVP, sondern über den Abschluß eines Konkordats zwischen dem Vatikan und der neuen Regierung zu erhoffen.
Ohne Zweifel gab es auch in der Politik des NS-Regimes Komponenten, die ihre Entsprechung in der politischen Vorstellungswelt weiter Teile des deutschen Katholizismus einschließlich der Jugendverbände hatten, so vor allem die Ablehnung von »Liberalismus« und »Marxismus«, die Betonung der »nationalen Würde« und die Bevorzugung eines autoritären Staatstyps. Die Identifikation des deutschen Katholizismus mit der parlamentarischen Demokratie der Weimarer Republik hatte sich in den dreißiger Jahren ohnehin abgeschwächt, so daß auf der unmittelbar politischen Ebene keineswegs eine unbedingte Gegenposition zum NS bezogen wurde, als dieser zur Macht gekommen war. Andererseits war aber eine allgemeine weltanschauliche Ablehnung des NS vor 1933 beim deutschen Katholizismus – anders als bei der Evangelischen Kirche – vorherrschend; zugleich flossen in die späteren kirchenpolitischen Auseinandersetzungen mit dem NS-Staat katholi-

scherseits auch immer wieder Restbestände oder Traditionen demokratisch-politischen Denkens aus der Zeit vor 1933 ein. Für die katholischen Jugendverbände war es jedenfalls 1933 keine Frage, daß sie ihre Existenz und ihre Arbeit durchaus unabhängig von der HJ fortzuführen gedachten. Lediglich im Kreis oder Umkreis der Bischöfe gab es nach der Machtergreifung offenbar kurzzeitige Überlegungen, die katholische Jugend korporativ in die HJ zu überführen. Die HJ-Führung hätte möglicherweise an solche Hoffnungen, ähnlich wie bei der evangelischen Jugend, taktisch angeknüpft, um auf diese Weise der katholischen Jugendverbandstätigkeit ein schnelles Ende zu bereiten; die praktische Auseinandersetzung zwischen HJ und katholischer Jugend, die schon zu dieser Zeit überall eindeutige Fronten hergestellt hatte, ließ solchen Kalkulationen aber keinen Spielraum.[20]
Die NS- und HJ-Führung war im Frühsommer 1933, kurz vor dem Zustandekommen des Reichskonkordats, sehr darum bemüht, die katholischen Jugendverbände möglichst noch vor dem Abschluß dieses Vertrages zu destruieren. So wurden z. B. die schon bis zum Juni 1933 in weiten Teilen des Reiches herausgegebenen Erlasse zum Verbot öffentlicher Veranstaltungen der konfessionellen Verbände strikt praktiziert, und es kam vielerorts zur Besetzung von Heimen der katholischen Jugend, zur Sperrung von Konten der Jugendverbände und zur Beschlagnahme von Organisationsunterlagen. Das Verbot öffentlichen Auftretens der konfessionellen Verbände wurde in einigen Regionen auch nach der Paraphierung des Reichskonkordats noch zeitweilig aufrechterhalten; von Mitte September bis Anfang November 1933 war hier den katholischen Verbänden jede nach außen gerichtete Aktivität untersagt.
Die Berichte der Regierungspräsidenten und anderer staatlicher Dienststellen weisen bereits im Sommer und Herbst 1933 vielfach auf die offenen Konflikte hin, die sich zu dieser Zeit zwischen katholischen Jugendgruppen und der HJ oder anderen NS-Organisationen allenthalben abspielten. Daraus ergibt sich auch der Eindruck, daß die katholische Jugend den Repressionen mit verstärkter Werbung entgegenarbeitete. Besonderen Ärger erregte es, daß vielerorts die HJ-Einheiten von der Teilnahme an den Fronleichnamsprozessionen ausgeschlossen wurden (zu dieser Zeit legten viele NS-Organisationen noch Wert darauf, über die Beteiligung an kirchlichen Veranstaltungen für die Bevölkerung vertrauenswürdig zu werden). In einem Bericht des Bezirksamtes Eichstätt vom 20. Juni 1933 z. B. hieß es:
»... Daß unter diesen Umständen von der nationalsozialistischen Seite jeder Aufmarsch uniformierter Mitglieder katholischer Jugendvereine

als eine unglaubliche Herausforderung aufgefaßt werden mußte, ist wohl nicht weiter verwunderlich. Wenn nun auch Aufzüge und Versammlungen zur Zeit verboten sind, so wird die Werbung für die katholischen und der Kampf gegen die nationalsozialistischen Jugendorganisationen in der Stille noch weitergeführt werden. Da der Staat ein Interesse daran haben muß, daß die Jugend im staatsbejahenden Sinne erzogen wird, ist es allmählich höchste Zeit, daß denen die Jugend aus der Hand genommen wird, die sich nur widerwillig in den Staat einfügen oder ihn gar bekämpfen. Ein alsbaldiges Verbot aller nicht nationalsozialistischen Jugendverbände ist meines Erachtens ein Gebot der Stunde ...«[21]

Zum Spektakulum wurde der Gesellentag des katholischen Kolpingverbandes vom 8. bis 11. Juni 1933 in München, zu dem viele Tausende von Teilnehmern aus dem ganzen Reichsgebiet zusammengekommen waren. Trotz einer recht NS-freundlichen Programmatik und der Teilnahme des Vizekanzlers von Papen war diese Veranstaltung nur unter großen Schwierigkeiten erlaubt worden. Die politische Polizei verbot dann plötzlich die »Kluft« der Kolpingssöhne; SA-Kolonnen fielen über die Veranstaltungsteilnehmer her, rissen ihnen die Hemden vom Leibe, zerstörten ihre Fahnen und sorgten dafür, daß der Gesellentag vor der Schlußmesse abgebrochen werden mußte. Die Aktivitäten der Bayerischen Politischen Polizei und der Münchener SA trugen sehr zur Aufklärung über den wahren Charakter des neuen Staates bei den katholischen Jugendlichen bei.

Aus den Akten der Polizeidirektion München ist ein bezeichnender Fall überliefert: Ein Mitglied der »Sturmschar« des katholischen Jungmännerverbandes, wohnhaft in München, wurde am 20. Juli 1933 in Haft genommen, weil ein Brief von ihm entdeckt worden war, in dem er Ratschläge gegeben hatte, wie man die Auflösung der »Sturmschar« unterlaufen könnte, und über seine Erlebnisse beim Gesellentag berichtet hatte. In diesem Brief, gerichtet an einen auswärtigen Freund, hieß es:

»Vielleicht hält man wieder Haussuchung bei Dir und beschlagnahmt diesen Brief, dann wird man wenigstens die Wahrheit erfahren, die man sonst nicht erfährt ... Ich würde Dir gern noch weiteres erzählen, aber: O lieber Herrgott mach mich stumm, daß ich net nach Dachau kumm! Dachau ist ein schöner Kurort, 18 km von München, aber KZ-Lager für alle, die sich im Reden und Handeln nicht ›beherrschen‹ können ...«[22]

Der Briefschreiber kam daraufhin selbst ins KZ Dachau.

Am 1. Juli wurden in Preußen zum ersten Male Geschäftsstellen des katholischen Jungmännerverbandes mit der Begründung geschlossen, daß die »genannten konfessionellen Hilfsverbände des Zentrums staatsfeindlich sich betätigt haben und durch ihre Hetze die natürliche Eingliederung großer Teile des katholischen Volkes in das nationale Deutschland zu sabotieren suchten.« Regionale Verbote des Jungmännerverbandes und seiner Gliederungen mußten zwar nach einiger Zeit wieder zurückgenommen werden, aber das Stichwort ›staatsfeindlich‹ war gefallen. Auch die zentrale Führungszeitschrift der katholischen Jugend wurde schon 1933 zeitweise verboten. Die HJ-Führung startete eine Propaganda-Kampagne gegen die konfessionellen Jugendverbände; es waren ständig Aufrufe mit der Parole »Heraus aus den konfessionellen Sonderverbänden« zu lesen. Reichsjugendführer von Schirach erklärte bei einer Ansprache in einer hessischen Bischofsstadt:

»Hier in dieser Stadt sind jetzt wiederholt religiöse Feiern politisch ausgenutzt worden. Es haben katholische Demonstrationen stattgefunden, um Haß zu säen ... Die Jugend aber ist weder katholisch, noch protestantisch, sondern einfach deutsch ...«[23]

SS-Leute statteten zu dieser Zeit Heimabenden der katholischen Jungscharen robuste Besuche ab. Katholische Sturmscharführer wurden zeitweise in »Schutzhaft« genommen. Ähnliche Vorfälle wurden jeden Tag den bischöflichen Jugendämtern gemeldet. Die Ratifizierung des Reichskonkordats im September 1933 brachte zunächst keine Entspannung. Weiterhin berichten die Akten der katholischen Jugendämter von zertrümmerten Schaukästen, Körperverletzungen durch SA und durch SS, Beschlagnahmen von Eigentum der katholischen Jugendgruppe, Verhaftungen von Jungen und Geistlichen, von Hausdurchsuchungen und Radauszenen der HJ. Der Appell an die Rechtsstaatlichkeit und an die Polizei blieb wirkungslos; offenbar wollte man vollendete Tatsachen schaffen, bevor Ausführungsbestimmungen zum Reichskonkordat vorlagen.

Mit Ablauf des Jahres 1933 waren bei den katholischen Jugendverbänden die letzten Illusionen über ein mögliches Einvernehmen mit der HJ dahingeschwunden. Nun wurde mit viel Erfolg versucht, die eigene Jugendarbeit standfest gegen alle Angriffe des NS-Staates zu machen. Gerade im Jahre 1934 gewann der katholische Jungmännerverband mehr noch als bisher den Charakter einer attraktiven Jugendbewegung. Die katholischen Jugendverbände erlebten einen qualitativen Aufschwung und verloren auch kaum an Quantität. Die Zeitschriften aus der Zentrale der katholischen Jugendarbeit, dem Jugendhaus Düsseldorf, wurden in diesem Jahr zu den führenden Jugendpublikationen

Unerhörte Provokationen katholischer Jugendverbände

Trotz Untersagung öffentlicher Betätigung in Uniform fanden Aufmärsche und Herausforderungen der deutschen Staatsjugend statt – Neuer einschneidender Erlaß des Polizeipräsidenten

Köln, 29. Januar.

Nachdem am Donnerstag vergangener Woche durch den Kölner Polizeipräsidenten Lingens die von dem katholischen Jugendverband „Neudeutschland" beantragten Umzüge in Köln zur Aufrechterhaltung der öffentlichen Ruhe, Ordnung und Sicherheit untersagt worden waren und darüber hinaus am vorgestrigen Samstag den Gliederungen der Vereinigung „Neudeutschland" weiter jegliches Auftreten in Bundestracht verboten worden war, haben sich gestern dennoch erhebliche Ueberschreitungen der polizeilichen Verbote ereignet. Die letztgenannte Verfügung des Polizeipräsidenten ist noch im Laufe des Samstagnachmittags den Neudeutschen ausdrücklich übermittelt worden, so daß hier keine fahrlässige Uebertretung sondern

beabsichtigtes verbotswidriges Handeln

vorliegt!

Vor und nach der alljährlichen Verpflichtung der Bundesangehörigen der Neudeutschen in der Apostelnkirche zogen einzelne Gruppen mit Teilnehmern in Bundestracht geschlossen und singend durch die Straßen,

verteilten dabei Flugblätter und Zeitungen und betrieben zugleich Propaganda für die katholischen Jugendorganisationen. Mit entrollten Wimpeln und Fahnen, was beides ebenfalls streng untersagt war, durchzogen die Gruppen die Kölner Straßen und ließen sich unerhörte Beleidigungen der deutschen Staatsjugend, der Hitler-Jugend, zuschulden kommen!

Dabei kam es in der Mittelstraße zu Zusammenstößen zwischen Hitler-Jugend und Neudeutschen, bei denen seitens der Angehörigen der katholischen Bünde herabsetzende und aufreizende Aeußerungen fielen, die natürlich nicht unbeantwortet bleiben konnten.

Des weiteren ereignete sich an der Agnes-Kirche in Köln-Rippes ein zweiter Zwischenfall. Dort wurde unter der bewußt unzutreffenden Mitteilung, daß Hitler-Jugend die Pfarrei und die Kirche besetzt hätte, das Ueberfallkommando der Schutzpolizei in Anspruch genommen. Zuvor hatte sich zwischen einem Hitlerjugendführer und einem Geistlichen der St.-Agnes-Pfarre eine Unterhaltung abgespielt, die seitens der beteiligten Hitler-Jugend völlig ruhig und gemessen geführt worden war, bei der jedoch seitens dieses Geistlichen Ausdrücke wie:

„Die Hitler-Jugend ist eine total verhetzte Bande"

und

„nach drei Jahren sprechen wir uns wieder"

fielen. Die näheren Umstände sind bereits einwandfrei protokollarisch festgestellt, und die Staatspolizei ist mit der Klärung und Untersuchung beschäftigt.

Auf Grund dieser Ereignisse hat sich Polizeipräsident Lingens veranlaßt gesehen, noch in der Nacht von Sonntag auf Montag folgendes Verbot zu erlassen:

„Die Zwischenfälle am gestrigen Tage veranlassen mich, jede weitere Betätigung des Bundes „Neudeutschland" im Freien bis auf weiteres hiermit zu verbieten."

*

Wir hoffen, daß die angeordnete Untersuchung über die Vorgänge am Sonntag, die mit aller Sorgfalt und Schärfe geführt wird, endlich die Stellung der Hitler-Jugend eindeutig klarstellt. Es ist den konfessionellen Bünden endlich ins Bewußtsein zu rufen, daß die Hitler-Jugend die einzig anerkannte deutsche Staatsjugend ist und bleiben wird, und daß alle abfälligen Aeußerungen und erst recht alle beeinträchtigenden und provozierenden Handlungen als Versuche zur Untergrabung der Staatsautorität selber verfolgt werden!

(Westdeutscher Beobachter Köln, 29. 1. 34)

Eine NS-Zeitung berichtet über Auseinandersetzungen zwischen der Katholischen Jugend und dem NS-Staat

in Deutschland ausgebaut, die dank der spontanen Werbung durch junge Leute die HJ-Veröffentlichungen überflügeln konnten. Die katholische Jugendzeitung »Junge Front« (später »Michael«) steigerte ihre Auflage von 85 000 im Juli 1933 auf 200 000 im Juni 1934. Auch die für die Jüngeren gedachten Zeitschriften »Die Wacht« und »Am Scheidewege« gewannen enorm an Verbreitung.

Die erstaunliche Belebung der katholischen Jugendarbeit zu dieser Zeit war keineswegs etwa ein Resultat der Politik des Episkopats; auch im Jahre 1934 dachten zumindest einige der deutschen Bischöfe immer noch eher an ein Arrangement mit dem NS-Staat in Sachen Jugendarbeit. Diese Tendenz kam auch in den Verhandlungen zum Ausdruck, die im Juni des Jahres Vertreter des Episkopats mit den staatlichen Stellen und der Parteiführung über die Auslegung des Reichskonkordats im Hinblick auf die Jugendverbände führten; das Verhandlungsergebnis wurde sowohl von den Jugendverbänden als auch vom Vatikan als zu defensiv gewertet und nicht akzeptiert. HJ-Führung und Staatsorgane waren derweil bemüht, der katholischen Jugendbewegung durch eine Fülle einzelner Maßnahmen den Boden zu entziehen. Auf Eltern, Schulen und Lehrfirmen wurde Druck ausgeübt, um Jugendliche an der Mitarbeit in katholischen Jugendverbänden zu hindern. Nachdem schon 1933 die Doppelmitgliedschaft in der HJ und katholischen Jugendverbänden verboten worden war, wurden 1934 Angehörige katholischer Verbände auch von der Mitgliedschaft in der DAF ausgeschlossen, was für die Berufsausbildung oder den Berufsweg größte Nachteile mit sich brachte. Die politische Polizei verbot vielfach den freien Vertrieb der »Jungen Front« vor den Kirchen; als Ostern 1934 der Papst eine ermutigende Botschaft an die katholischen Jugendverbände Deutschlands gerichtet hatte, untersagten Behörden die öffentliche Verbreitung dieses Textes. Im Frühjahr 1934 preschten Bezirksregierungen mit Erlassen vor, die den katholischen Jugendverbänden für etliche Monate »Kluft«, Abzeichen und jede sportliche Betätigung untersagten. Es wurden ständig Einzelverbote von Veranstaltungen katholischer Jugendverbände ausgesprochen, Jugendheime beschlagnahmt und bündische Formen katholischer Jugendarbeit verfolgt.

Katholische Jugendliche wurden aus Lehr- und Ausbildungsverhältnissen entlassen, weil sie lieber in ihrer katholischen Gruppe weiter mittun, als sich der HJ anschließen wollten. Auch der Druck auf jene katholischen Geistlichen, die die katholischen Jugendgruppen weiterhin unerschrocken stützten, wurde stärker; zum ersten Mal wurde mit dem KZ gedroht. Ein Pfarrer schrieb damals an das Bischöfliche Jugendamt in Limburg: »Wieviel besser hätte ich es, wenn ich handelte

»Sondermitteilung! Vertraulich!«

»An alle Banne und Jungbanne im Standort! Essen, 8.8.1935

Betr.: Mitglieder der katholischen Jugendverbände

Zur Zeit habe ich an einigen großen höheren Schulen hier in Essen einen interessanten Versuch gemacht. Durch einen geeigneten Vertrauensmann habe ich eine genaue und vollständige Liste all der Schüler anfertigen lassen, nach Klassen geordnet, die heute noch katholischen Jugendverbänden angehören. Außerdem ist in diesen Listen angegeben, welchen Beruf der Vater hat und wo er beschäftigt ist. An dieser einen Schule (Burggymnasium – vertraulich!) machte ich nun die erschreckende Feststellung, daß über 120 Jungen noch aktiv in den katholischen Jugendverbänden tätig sind und daß von diesen noch 36 Schüler Söhne von Vätern sind, die städtische, staatliche oder Justizbeamte sind. Wir wollen uns jetzt unbedingt die Mühe machen und jede Schule nach und nach einzeln für sich unter die Lupe nehmen. Ich bitte dieses sofort, wie eingangs gesagt, zu veranlassen: die Listen in doppelter Ausfertigung. Ich gebe jeden Einzelfall getrennt, so daß auch zugepackt werden kann, an folgende Stellen: Schulbehörden, NSLB-Gau und Kreis, NSDAP-Gau und Kreis, Gebietsführung Düsseldorf. Selbstverständlich müssen die Listen sehr sorgfältig angefertigt werden.

Heil Hitler!
gez. Fritz Striewe
Standortführer«

wie manche meiner Nachbarn im Amt und mich um die katholischen Jugendgruppen nicht mehr kümmerte. Ich will aber fest bleiben ...«[23]
Ein HJ-Bannführer aus dem Westerwald ließ zu gleicher Zeit Flugblätter gegen die katholische Jugend verteilen, in denen zu lesen war: »Wer gegen uns, gegen die HJ ist, ist gegen Hitler selber. Und wer gegen Hitler ist, den werden wir zerschmettern.« Der Vertrieb der Zeitschriften der katholischen Jugend durfte nicht mehr öffentlich geschehen, es durfte auch nicht mehr für diese Zeitschriften geworben werden. Eine Frankfurter Zeitung meldete Anfang März 1934:
»Kampf dem Volksfeind! Wegen Vertriebs der ›Jungen Front‹ angezeigt! – – – C. Einige junge Leute von hier, Mitglieder des katholischen Jugendverbandes, wurden angezeigt, weil sie öffentlich die ›Junge Front‹ vertrieben haben. Diese Maßnahme wird dazu führen, daß der letzte Rest fanatischer Wühler, die die Volksgemeinschaft zu stören versuchen, beseitigt wird. Zur Warnung dienen soll diese Anzeige allen denen, die sich bisher in gleicher Richtung betätigt haben ...«[24]

Ostern 1934 hielten die katholischen Jugendbünde Sturmschar, Georgspfadfinderschaft und Deutschmeisterjungenschaft ein gemeinsames Reichstreffen im Rheinland. Da in den Regierungsbezirken beiderseits des Rheins die öffentliche Betätigung konfessioneller Gruppen bereits verboten war, verlegte man das Treffen auf einen Rheindampfer als sozusagen exterritorialen Ort. Die »Wacht« überschrieb ihren Bericht darüber mit dem Satz: »Irgendwo in Deutschland«, und am Schluß des Berichts stand: »Der Tag reift heran, wo sich unsere Bereitschaft bewähren muß.« Bei diesem Treffen gliederte sich die Deutschmeisterjungenschaft der Sturmschar und damit dem katholischen Jungmännerverband ein; zuvor schon waren die Gruppen der Kreuzfahrerjungenschaft in der Sturmschar aufgegangen. Deutschmeister- und Kreuzfahrerjungenschaft waren auf Grund ihrer Zugehörigkeit zum Kern der Jugendbewegung als erste katholische Jugendorganisationen durch das Verbot bündischer Jugend betroffen; ihre Eingliederung in die allgemeine katholische Jugend war deren attraktiver Entwicklung höchst nützlich. Ostern 1934 richtete der Papst ein Wort an die katholischen Jugendverbände Deutschlands, in dem es u. a. hieß: »Ihr habt in vorderster Linie für eure religiösen Ideale bereits große Opfer gebracht und bringt sie noch täglich. Wir sind voller Genugtuung über den Bekennermut, den ihr offenbart und die echt übernatürliche Gesinnung, von der ihr beseelt seid. Trotz alles Schweren, durch das euch die Vorsehung hindurch leitet und entgegen einer mit Lockrufen und mit Druck arbeitenden Propaganda für eine neue Lebensauffassung, die von Christus weg ins Heidentum zurückführt, habt ihr Christus und seiner Kirche den Schwur der Liebe und Treue gehalten ...«[25]
Die Auseinandersetzung zwischen HJ bzw. NS-Staat und katholischen Jugendverbänden spitzte sich im Jahre 1935 weiter zu. Die katholischen Jugendgruppen erhielten mancherorts Zuzug von Jugendlichen, die bisher in der HJ mitgemacht hatten; die Zeitschriften des Jugendhauses steigerten noch ihre Verbreitung. Ostern 1935 unternahmen fast zweitausend Jungen der katholischen Sturmschar eine demonstrative Fahrt nach Rom. Im Sommer 1935, kurz vor der Fuldaer Bischofskonferenz, lancierten Laienführer der katholischen Jugendverbände einen Artikel in der katholischen Emigrationszeitschrift »Deutsche Briefe«, in dem sie den Bischöfen nahelegten, zur Offensive gegen den NS überzugehen und das kirchliche Verbot der Zugehörigkeit zu den NS-Organisationen, das im Frühjahr 1933 aufgehoben worden war, wieder auszusprechen.[26]
Die HJ konzentrierte ihre Tätigkeit im Jahre 1935 auf den Kampf gegen die katholischen Jugendgruppen. Die Zeitung »Junge Front«

wurde zeitweilig verboten. Grund dafür war ein lokales Werbeschreiben, in dem es hieß: »Die ›Junge Front‹ will den Vormarsch der Wahrheit. Niemals wird einer sagen können: *Auch sie* hat uns belogen ...«
Über die Staatsorgane wurde der Druck auf die katholischen Eltern verschärft. In einigen Regierungsbezirken wurden die Beamten und Angestellten im öffentlichen Dienst angewiesen, ihre Kinder aus den katholischen Jugendgruppen herauszunehmen; den Handwerkskammern wurde nahegelegt, Lehrverträge nur noch zu genehmigen, wenn die Jugendlichen Mitglieder der HJ waren.
Trotz aller Repressalien verlor die katholische Jugendbewegung nicht an Attraktivität. Um dies an einem lokalen Fall zu zeigen, geben wir einen Bericht der katholischen Jugend des Bistums Münster aus dem Frühjahr 1935 wieder:
»Die sogenannte Frühjahrsoffensive der HJ, die nach Presse und Rundfunk einen Zuwachs von Tausenden Mitgliedern aus den katholischen Jugendverbänden in die Reihen der HJ gehabt haben soll, hatte ihre stärkste Werbeaktion in Essen eingesetzt. Wir geben darum hiermit das *wirkliche* Ergebnis der ›Frühjahrsoffensive‹ der HJ in Essen nach genauesten und zuverlässigsten Erhebungen bekannt:

Gesamtergebnis aus 53 Pfarreien in Essen

	unter 14 Jahren	über 14 Jahren
Aus katholischen Vereinen sind ausgetreten	160	22
davon traten zur HJ bzw. JV über	124	17
in katholische Vereine neu eingetreten sind	407	637
davon kamen aus der HJ	29	29

Geschlossene Gruppen, Gruppen mit Führern und einzelne Führer sind in ganz Essen *keine* übergetreten!
Es ergibt sich nach obigem ein Mitgliedergewinn für die katholischen Jugendbünde in Essen während der Offensive von 862 (unter und über 14 Jahre alt.)
Dabei ist zu berücksichtigen, daß in 31 von 53 Vereinen während der Offensive eine Neuaufnahme von Schulentlassenen nicht erfolgte.«
Im Sommer 1935 verboten die meisten Landesregierungen bzw. Regierungspräsidenten den konfessionellen Jugendverbänden alle Betäti-

gungen, die nicht als rein kirchlich-religiöse angesehen wurden, so insbesondere das Tragen von »Kluft« und Abzeichen, das geschlossene Auftreten in der Öffentlichkeit, das Wandern und Zelten, das öffentliche Mitführen von Fahnen und Wimpeln und jegliche Form des Sports. Diesem Erlaß lag eine Anweisung des Reichsführers-SS Himmler vom 23. Juli 1935 zugrunde.
Ein führender HJ-Mann schrieb hierzu: »Das gesamte Verhalten der katholischen Kirche, Überfälle aus den Reihen ihrer Jugendorganisationen auf HJ-Angehörige, hoch- und landesverräterische Angriffe katholischer Jugendführer gegen den NS-Staat, zwangen den Staat, aufgrund der ›Verordnung des Reichspräsidenten zum Schutz von Volk und Staat‹ (vom 28.2.1933) die Arbeit der katholischen Jugendorganisationen auf das ihnen eigene Gebiet der religiösen Erziehung zu beschränken. In Anlehnung an die preußische Polizeiverordnung gegen die konfessionellen Jugendverbände vom 23.7.1935 haben fast alle deutschen Länder Bestimmungen erlassen, in denen den katholischen Bünden untersagt ist: Auftreten in der Öffentlichkeit, Kluft, Abzeichen, Fahrten, öffentlicher Vertrieb von Zeitungen, jede Betätigung nicht rein religiöser Art ...«[27]
In den Zentren des deutschen Katholizismus, vor allem im ländlichen Milieu und in der Arbeiterschaft, war das jugendbündische Leben trotz dieser Verbote nicht ausgelöscht. Als ein Beispiel für zahllose ähnliche Feststellungen sei aus einem Bericht des Regierungspräsidenten von Schwaben vom 7. September 1935 zitiert:
»... Die Tätigkeit der katholischen Jugendorganisation ist attraktiver geworden. In der Stadt Augsburg sind sogar Austritte aus der HJ zu ihren Gunsten zu verzeichnen. Der Gegensatz zwischen HJ und den kath. Jugendorganisationen wird immer stärker. In der Stadt Augsburg wurden wegen Tragens einheitlicher Kleidung oder uniformierter Kleidungsstücke eine größere Anzahl Angehöriger katholischer Jugendverbände angezeigt ...«[28]
Die Entwicklung der Jahre 1933 bis 1935 hatte gezeigt, daß der NS-Staat trotz aller Druckmittel und polizeilicher Einschränkungen bzw. partieller Verbote nicht in der Lage war, die katholischen Jugendverbände zu verdrängen; in den überwiegend katholischen Gebieten Deutschlands hatten diese fast überall ihre Positionen halten und zum Teil sogar noch gegenüber der HJ ausbauen können. Kirchliche Traditionen und jugendliches Interesse an einer Alternative zur HJ wirkten hier offenbar zusammen, wobei die zuletzt genannte Motivation allem Anschein nach 1934/35 eher zunahm als schwächer wurde. Angesichts dessen machte sich die NS-Führung 1936 trotz des Reichskonkordats

daran, den katholischen Jugendverbänden alle noch bestehenden Wirkungsmöglichkeiten und jede restliche Legalität zu entziehen.
Die NS-Polemik gegen die katholischen Jugendverbände ging nun zu der Argumentation über, katholische Jugendbewegung und Kommunisten »arbeiteten Hand in Hand«. Da half es auch wenig, daß Kardinal Bertram als Beauftragter des deutschen Episkopats am 13. August 1935 in einem Schreiben an die zuständigen Reichsminister beteuert hatte, die katholische Jugend habe »unablässig gegen Marxismus, Bolschewismus und Kommunismus und gegen alle Feinde der öffentlichen Ordnung den Kampf geführt ...«
Die Gestapo nahm einige Kontakte zwischen katholischen Jugendführern und illegalen Vertretern des KJVD zum Vorwand einer Großaktion gegen die Zentrale der katholischen Jugendarbeit. Im Februar 1936 wurden 57 Laienführer und Seelsorger der katholischen Jugendverbände, darunter der Generalpräses Ludwig Wolker, verhaftet, das Jugendhaus in Düsseldorf wurde zeitweilig geschlossen. Zwar mußten viele der Verhafteten, so auch Wolker, nach etlichen Wochen mangels eines Tatbestandes wieder entlassen werden (gegen die übrigen wurde im April 1937 vor dem Volksgerichtshof in Berlin ein Prozeß geführt), aber der Staat hatte seine Macht demonstriert, und der Vorwurf der »katholisch-kommunistischen Einheitsfront« im Sektor der Jugendarbeit wurde nun zu einer wichtigen Waffe des Regimes gegen die katholische Jugendbewegung. Die deutschen Bischöfe wandten sich im Mai 1936 mit einem klarstellenden Hirtenwort an die katholische Jugend; zu diesem Zeitpunkt hatten sie allerdings die Hoffnung, die katholischen Jugendverbände am Leben erhalten zu können, bereits aufgegeben. Im April des Jahres war mit den vom deutschen Episkopat herausgegebenen neuen »Richtlinien für die Jugendseelsorge« der Prozeß der Umstellung der Jugendarbeit von den Verbänden und Bünden auf die innerkirchliche Ebene, vor allem die Pfarrgemeindejugend, eingeleitet worden. Im nachhinein läßt sich schwer darüber urteilen, ob die Bischöfe durch ein energisches, öffentliches Auftreten gegen die Unterdrückung der Jugendverbände den begrenzten Freiheitsraum für die katholische Jugendbewegung noch länger hätten aufrechterhalten können; in jedem Fall hätte ein solches Vorgehen einen massiven Konflikt zwischen Katholischer Kirche und NS-Staat hervorgerufen.
Im Jahre 1936 unterdrückte der NS-Staat auch das wichtigste öffentliche Organ der katholischen Jugendbewegung, die Wochenzeitung »Junge Front« bzw. »Michael«; die anderen Zeitschriften der katholischen Jugend wurden inhaltlich eingeengt und 1938 dann ebenfalls liquidiert. Auch das Ende 1936 verkündete »Gesetz über die Hitlerju-

»Mit Deutschem Gruß ...«

»Der Kultminister

Stuttgart N., 29. April 1937
Stadt der Auslandsdeutschen.

An die Ministerialabteilung für die Volksschulen

Betrifft: Verweigerung des Hitler-Grußes durch Schüler.
Bei aller Würdigung des Grundsatzes, daß der Glaube eines jeden eigenste Angelegenheit ist, die er nur vor seinem Gewissen zu verantworten hat, kann es doch nicht geduldet werden, daß durch angebliche Gewissensbedenken weniger Personen die Anordnungen der staatlichen Stellen durchkreuzt werden und die Volksgemeinschaft gestört wird. Ich kann nicht anerkennen, daß es aus Gewissensgründen unmöglich ist, den Deutschen Gruß darzubringen, und damit dem Führer und Kanzler des Deutschen Reiches Heil für seine Arbeit im Dienste des Volkes zu wünschen. Schüler, die sich auf Anweisung der Eltern weigern, den vorgeschriebenen Gruß zu erweisen, stören und schädigen die Schulgemeinschaft und können deshalb nicht in der Schule belassen werden. Da es aber andererseits auch nicht zulässig ist, solche Schüler, soweit sie noch im schulpflichtigen Alter sind, ohne die notwendige Schulbildung zu lassen und sie so der Gefahr der Verwahrlosung auszusetzen, muß in solchen Fällen die sofortige Fürsorgeerziehung in die Wege geleitet werden. Die §§ 62 und 67 des Reichsgesetzes für Jugendwohlfahrt vom 9. Juli 1922 geben dazu die gesetzliche Handhabe.
Die zuständigen Bezirksschulämter werden hiermit beauftragt, die Eltern, die nach den vorliegenden Berichten ihre Kinder dazu anhalten, die Erweisung des Deutschen Grußes zu verweigern in diesem Sinne und in allem Ernst aufzuklären. Verharren sie trotzdem auf ihrem Standpunkt, dann ist beim zuständigen Amtsgericht unter Mitteilung dieses Erlasses unverzüglich die vorläufige Fürsorgeerziehung gemäß § 67 des Reichsgesetzes für Jugendwohlfahrt zu beantragen.

gez. Mergenthaler.«

gend«, das den formellen Schritt zur Staatsjugend mit Totalitätscharakter bedeutete, richtete sich deutlich gegen die noch bestehenden katholischen Jugendverbände.
Am 29. April 1937 berichtete der »Völkische Beobachter« über den Prozeß gegen die 1936 verhafteten Führer aus der katholischen Jugendbewegung:
»In dem Strafverfahren gegen die katholischen Jugendführer aus Düsseldorf, die zu Funktionären des ehemaligen kommunistischen Ju-

gendverbandes hochverräterische Beziehungen zur Schaffung einer gegen den Bestand des neuen Deutschland gerichteten katholisch-kommunistischen Einheitsfront unterhalten haben, verkündete der Volksgerichtshof das folgende Urteil:
Die Angeklagten Clemens, Himmes und Schäfer wurden freigesprochen. Der Angeklagte Rossaint erhielt wegen Vorbereitung eines hochverräterischen Unternehmens unter erschwerenden Umständen elf Jahre Zuchthaus und zehn Jahre Ehrverlust. Der Angeklagte Steber wurde wegen des gleichen Delikts zu einer Zuchthausstrafe von fünf Jahren und fünf Jahren Ehrverlust verurteilt. Der Angeklagte Jülich erhielt wegen Vorbereitung eines hochverräterischen Unternehmens zwei Jahre Zuchthaus und zwei Jahre Ehrverlust. Wegen Beihilfe zur Vorbereitung eines hochverräterischen Unternehmens wurde der Angeklagte Cremer zu einer Gefängnisstrafe von einem Jahr sechs Monaten verurteilt; von der Anklage wegen Vergehens nach der Verordnung des Reichspräsidenten zum Schutz des Deutschen Reiches vom 4. Februar 1933 wurde er freigesprochen ...«[29]
Die klare Verurteilung nationalsozialistischer Grundsätze, die 1937 durch die päpstliche Enzyklika »Mit brennender Sorge« nun endlich erfolgte, fand vor allem bei der katholischen Jugend größte Zustimmung; bei der vom NS-Regime verbotenen Verbreitung dieses päpstlichen Schreibens stand die katholische Jugend an vorderster Stelle. Die NS-Regierung tat nun den letzten Schritt: Im Herbst 1937 wurden in einigen Ländern die katholischen Jugendorganisationen überhaupt aufgelöst; die restlichen Länder folgten schnell darin, im Jahre 1938 waren sämtliche katholischen Jugendverbände verboten und ihre Zentrale, das Jugendhaus Düsseldorf, aufgelöst.
Hier ein Beispiel für das Verbot und dessen Begründung:
»Geheime Staatspolizei
An den katholischen Jungmännerverband der Diözese Limburg
Auf Grund des § 1 der Verordnung des Reichspräsidenten zum Schutze von Volk und Staat vom 28.2.1933 löse ich mit sofortiger Wirkung den katholischen Jungmännerverband und die ihm angeschlossenen Vereinigungen einschl. aller Untergliederungen (Sturmschar, Jungschar, St. Georgs-Pfadfinder usw.) sowie den katholischen Schülerbund Neudeutschland in der Diözese Limburg auf und verbiete jede weitere Fortführung der vorgenannten Organisationen. Neugründungen mit gleichen oder ähnlichen Zielen sind untersagt. Das Vermögen wird beschlagnahmt. Die Gliederungen des katholischen Jungmännerverbandes und des Bundes Neudeutschland haben mit Duldung und Förderung des Bundesamtes in Limburg trotz wieder-

holter Warnungen und ... eingeleiteter Strafverfahren laufend gegen die Verordnung vom 23.7.1935 betr. Betätigung der konfessionellen Jugendorganisationen verstoßen. Sie haben, entgegen dem Verbot jeglicher nicht rein religiöser Betätigung Fahrten ausgeführt, dabei gezeltet, sowie alle Arten von Sport, wie Fechten, Boxen, Schießen usw. ausgeübt. Aus dem bei der kürzlich durchgeführten Aktion vorgefundenen Schriftmaterial hat sich zudem eindeutig der Beweis ergeben, daß die Mitglieder des katholischen Jungmännerverbandes bewußt in einem den nationalsozialistischen Staat ablehnenden Sinne beeinflußt wurden. Übelste Schmähgedichte und Hetzschriften gegen den nationalsozialistischen Staat und seine obersten Führer sind die Auswirkungen dieser staatsfeindlichen Schulung gewesen ...«[30]

Der erzwungene und seit 1936 von der Kirche in Gang gesetzte Formenwechsel der Jugendarbeit hin zur Gemeindejugendseelsorge bedeutete freilich nicht das Ende jeder Art von katholischer Jugendbewegung. Es wurde vielerorts mit Erfolg versucht, im engen Raum der Pfarrjugendseelsorge jugendlicher Gruppenbildung und jugendgemäßen Lebensformen heimlich Ausdruck zu verschaffen. Religiöse Jugendwochen, Einkehrtage und Exerzitien, Jugendgottesdienste für mehrere Pfarreien und Wallfahrten wurden als Möglichkeiten genutzt, den jugendlichen Erlebniszusammenhang über die einzelne Gemeinde hinaus zu bewahren. Bekenntnistage der katholischen Jugend, Bischofsjubiläen, Prozessionen und ähnliche Veranstaltungen wurden zu Demonstrationen gegen die Unterdrückung der katholischen Jugendbewegung. Auch in diese Betätigungsformen griffen die staatlichen Organe immer wieder repressiv ein. Da sich zu solchen Gelegenheiten oft Tausende von katholischen Jugendlichen versammelten, war die Polizei darauf angewiesen, »Rädelsführer« herauszuholen, denen vorgeworfen wurde, kirchliche Feiern in Protestaktionen gegen den Staat »umfunktioniert« zu haben.

Gleichzeitig gab es viele – und oft erfolgreiche – Versuche, geschlossene katholische Jugendgruppen trotz Verbot im »Untergrund« fortzuführen. Die Berichte der Gestapo und der staatlichen Stellen bringen empörte Hinweise auf Lieder, die damals in der katholischen Jugend gesungen wurden und in denen die Umstellung auf eine illegale Existenzweise der Gruppen anschaulich wird, wie etwa: »Die Trommel schlägt dumpf und ist Sturm im Land, die Kleider beschmutzt und zerrissen. Sind wir auch einsam und jetzt verkannt, wir werden die Fahne noch hissen.«

Die erwähnten amtlichen Berichte und Prozeßakten geben auch Auskunft über die Entdeckung illegaler bündischer katholischer Jugendgruppen, so etwa der verbotenen St. Georgs-Pfadfinder und des Schülerbundes Neudeutschland, oder über »Meßdienergruppen«, in denen tatsächlich das Gruppenleben der verbotenen Jungschar oder Sturmschar fortgeführt wurde.

Zu welchen äußersten Konsequenzen beharrliche Fortsetzung der verbotenen Jugendgruppen führen konnte, zeigt der Fall des Pfadfinder-Stammesfeldmeisters von St. Adalbero in Würzburg, Fred Josef, eines Halbjuden. Über ihn wird berichtet: »Er war ein begeisterter Jugendführer und ließ sich auch trotz Verbots und HJ nicht von seiner Aufgabe abhalten. Dreimal wurde er von der Gestapo verhaftet, das erste Mal Anfang November 1934. Er hielt beim Würzburger Bismarckturm eine Versprechensfeier ab. Anschließend überfiel HJ seine Buben, die unter dem Mantel ihre verbotene Tracht trugen. Er kam in Schutzhaft. Zeitungsartikel verleumdeten ihn. Der Richter wies ihn aus Würzburg aus. Er ging nach Pforzheim und widmete sich dort wiederum der Jugendarbeit. Am 26.10.41 wurde er wieder verhaftet. Ein Sondergericht in Mannheim verurteilte ihn am 26.1.42 zu einem Jahr Gefängnis wegen ›Weiterführung verbotener Organisationen und Bildung von Elitegruppen der Jugend in der Kirche und gegen den Staat.‹ In einem Steinbruch mußte er Zwangsarbeit verrichten. Nach seiner Entlassung arbeitete er wieder in Würzburg in der Jugendarbeit. Mit fünf Jungen seiner Pfadfindergruppe ging er auf Fahrt in die Rhön. Im Rucksack hatte er einen Wimpel mit Pfadfinderlilie, den sie über ihrem Zelt wehen ließen. Dies wurde gesehen und angezeigt. So wurde er am 13.11.42 zum dritten Mal verhaftet und kam ins KZ Auschwitz, angeblich weil er einer internationalen Pfadfinder-Untergrundbewegung gegen Hitler angehört hätte. Der erste Brief auf vorgedrucktem Formular sagte, daß es ihm gut gehe. Bald darauf folgte die Vorbereitung der Todesnachricht: ›Lungenentzündung‹. Am 21.1.43 kam die übliche Nachricht: ›An Rippenfellentzündung gestorben‹ ...«[31]

Bis weit in die Kriegsjahre hinein hielten sich in großem Umfange Fortsetzungen katholischer Jugendbewegung, teils am Rande der »innerkirchlichen« Legalität, teils illegal. Ein hierfür typisches Dokument ist ein »Beobachtungsbericht« des Augsburger-HJ-Streifendienstes für den Zeitraum vom 1. März bis zum 30. Juni 1940. Darin war zu lesen:

»... 23. März 1940. Passionsfeier der Jugend in St. Ulrich. Die Feier begann mit kirchlichen Liedern. Dann Ansprache. Hierin rief der Redner vor allem die Jugend auf, entgegen allen äußeren Schwierigkeiten stets treu für die Kirche zu kämpfen. Dann Gebete und Lieder. Teilgenommen haben rund 100 männliche Jugendliche, 150 weibliche.

Beim größten Teil dürfte es sich um Schuljugend (Volks- und Mittelschule) gehandelt haben ...
22. März 1940. Nachtveranstaltung – ›Stunde der Wache‹ der kath. Jugend im Dom ... Beginn 2 h. Von seiten der Pfarrjugend St. Ulrich waren 50 Jugendliche im Alter von 14–18 Jahren anwesend. In der Kirche sprach der Kaplan zum Thema ›Die Stunde der Wache‹. Er begann bei seinen Ausführungen mit dem Wachestehen der Soldaten, leitete das dann über in den geistig-religiösen Teil und ermahnte die Jungen, in dieser schweren Zeit besonders zur Kirche zu halten. Darauf folgten Lieder und Gebete. Ende 3 h. Die Veranstaltungen wurden die ganze Nacht durch von den Pfarreien durchgeführt, die sich stündlich ablösten. Vor der von uns besuchten Stunde war eine uns unbekannte Pfarrei im Dom mit 30 Jungen. Nach St. Ulrich kam die Pfarrei Hl. Kreuz mit rund 40 Jungen. Am Schluß der Stunden wurden die Teilnehmer ermahnt, sich aus gewissen Gründen schnell und lautlos nach Hause zu begeben ...
Überwachung der Pfingstfahrt der kath. Pfarrjugend St. Ulrich. An der Fahrt haben sechs Jungen dieser Gruppe teilgenommen. Die Verfolgung erfolgte per Rad bis Utting, wo die Gruppe im Garten des kath. Müttererholungsheims zeltete. Die Gruppe wurde von Samstag abend bis spät in die Nacht beobachtet. Besondere Beobachtungen konnten nicht gemacht werden. Das Auftreten in Utting erfolgte immer getrennt. Das Lager wurde am 12. Mai wieder abgebrochen ... Photos von der Gruppe konnten nur 2 Stück gemacht werden. Sie wurden mit Berichten an den Sicherheitsdienst abgeliefert ...«[32]
Was hier jugendliche Spitzel über eine einzelne Pfarrjugend zu berichten wußten, spielte sich in Tausenden von anderen Gemeinden ähnlich ab. Es war dem NS-Staat und der HJ nicht gelungen, die kirchlichen Ausdrucksformen katholischer Jugendbewegung zu vernichten – sie lebten untergründig weiter, wenn auch aufs äußerste eingeschränkt, ständig verfolgt und ohne jede Möglichkeit, sich öffentlich zu tradieren.
In einzelnen Fällen entwickelte sich aus dem oppositionellen Milieu katholischer Jugendbewegung auch unmittelbar politischer Widerstand gegen den NS-Staat. Stellvertretend für solche Vorgänge sei hier über eine katholische Lehrlingsgruppe aus München berichtet, der am 24. September 1942 vor dem Volksgerichtshof in München der Prozeß wegen Vorbereitung zum Hochverrat gemacht wurde.[33]
Die Jugendlichen hatten bis zum Verbot der Jungschar bzw. dem kathol. Jungmännerverein und dem Kolping-Gesellenverein angehört und kamen, wie die Urteilsschrift vermerkte, »auf diese Weise zu einer

den Nationalsozialismus ablehnenden Einstellung«. Sie hatten im Jahre 1941 dann ausländische Rundfunksender abgehört, antifaschistische Zeichen an Gebäude in München-Bogenhausen gemalt und Flugzettel hergestellt und verbreitet, auf denen Bilder und Meldungen von gefallenen Soldaten und von Zerstörungen in anderen Ländern abgedruckt waren und die Aufschriften enthielten wie: »Nieder mit Hitler – Volksverführer, Volksverräter« sowie »Hitler kann den Krieg nie gewinnen, er kann ihn nur verlängern!«.

Ende 1941 waren die Jugendlichen dazu übergegangen, eigene Sender zu bauen, auf denen sie versuchsweise Schallplattenmusik und antifaschistische Texte ausstrahlten. Aus Protest gegen die Zerstörung dieser Stadt durch die NS-Wehrmacht nannten sie ihren Sender »Rotterdam«.

Drei der Jugendlichen, zur »Tatzeit« sechzehn bzw. siebzehn Jahre alt, wurden zum Tode, einer zu acht Jahren Zuchthaus verurteilt. In zwei Fällen wurde die Todesstrafe im Sommer 1943 in eine Zuchthausstrafe umgewandelt; der Kopf der Gruppe aber, der Lehrling Walter Klingenbeck, wurde am 5. August 1943 in München-Stadelheim hingerichtet. Kurz vor seinem Tod schrieb er an einen seiner Kameraden: »Lieber Jonny! Vorhin habe ich von Deiner Begnadigung erfahren. Gratuliere! Mein Gesuch ist allerdings abgelehnt. Ergo gehts dahin. Nimm's net tragisch. Du bist ja durch. Das ist schon viel wert. Ich habe soeben die Sakramente empfangen und bin jetzt ganz gefaßt. Wenn Du etwas für mich tun willst, bete ein paar Vaterunser. Lebe wohl – Walter«.

Zusammenfassend: Für die katholischen Jugendgruppen im Dritten Reich erwies es sich als besonders günstig, daß sie zwischen 1933 und 1937 unter dem zeitweiligen Schutze des Reichskonkordats noch halb legal öffentlich existieren konnten, wenn auch auf vielerlei Weise vom Regime terrorisiert. In diesen Jahren bildete sich immer stärker ein erklärter Gegensatz zwischen Hitlerjugend und katholischer Jugend heraus, die katholischen Jugendgruppen intensivierten ihre Arbeit erheblich und nahmen gerade nach 1933 weit mehr als zuvor Elemente der Jugend*bewegung* in sich auf. Auch nach dem endgültigen und ausnahmslosen Verbot der katholischen Jugendverbände um 1938 existierten jugendbündische katholische Gruppen oder entsprechende Lebensformen im Rahmen kirchlicher Jugendarbeit in großem Umfange weiter, und es gelang den staatlichen Zugriffen nicht, solche Gruppen auszumerzen. Vielerorts gab es Querverbindungen zwischen katholischen Jugendkreisen und freien bündischen Gruppen in der Illegalität, mitunter auch Kontakte zu illegalen Zirkeln sozialistisch-kommunistischer Orientierung. Die starke Verankerung katholischer Jugendbewegung in ländlichen oder industriellen »Unterschichten« trug wesentlich zu ihrer Überlebensfähigkeit bei.

Abschließend soll wiederum ein exemplarischer Erlebnisbericht wiedergegeben werden, der die Entwicklung katholischer Jugend im Dritten Reich in einer Provinzstadt schildert:

»Von dem Verbot der Jugendgruppen bzw. ihrer Überführung in die HJ blieben in unserem Raum (Wetzlar) Ende 1933 nur die katholischen Jugendgruppen verschont. Der Abschluß des Konkordats gab unseren Gruppen in jener Zeit eine gewisse Stütze. Aufforderungen zum Übertritt in die HJ wurden daher nur von wenigen befolgt; dafür traten Mitglieder anderer aufgelöster Jugendbünde unseren katholischen Jugendgruppen bei. Da das formelle Verbot katholischer Jugendgruppen den Machthabern zunächst nicht opportun schien, setzte – wie überall – so auch in W. allmählich sich steigernder Terror ein, der am heftigsten zwischen Dezember 1933 und Ostern 1934 wütete, aber auch danach nicht abklang und z. B. Pfingsten 1935 zu zwei in jeder Beziehung ungesetzlichen Verhaftungen führte. Das Gruppenleben wurde hierdurch nicht beeinträchtigt, sondern eher gefördert. In den vorangegangenen Jahrzehnten hatte ein guter Teil unserer katholischen Jugend nur die alten Lebensformen eines ›Vereins‹ gekannt. Die nun neu hinzukommenden Mitglieder früherer bündischer Jugendgruppen und der äußere Terror, der zeitweise jede Zusammenkunft zu einem aufregenden und spannenden – wenn auch nicht ungefährlichen – Abenteuer machte, bewirkten eine außerordentliche Verlebendigung und Vertiefung des Gruppenlebens. Sturmschar und Jungschar sowie mehrere Gruppen des Bundes Neudeutschland arbeiteten bei uns in engster Notgemeinschaft und Freundschaft zusammen. Noch 1935 gehörten dazu etwa 130 Jungen.

Trotz äußerer Bedrängnis hatten wir regelmäßig Heimabende, Fahrten und Lager. Ab Anfang 1934 wurden äußere Demonstrationen unmöglich, dafür waren aber die kirchlichen Veranstaltungen der Jugend weit beachtete und von den Machthabern argwöhnisch bespitzelte Bekenntnisse. Eine Auseinandersetzung mit dem Wesen des NS drängte sich vor allem bei Gesprächen der Älteren und der Gruppenführer mit Notwendigkeit auf. Naturgemäß geschah es vor allem aus christlichen Wert- und Geschichtsbewußtsein, aber auch aus allgemeiner politischer Sicht. Enge Kontakte bestanden zu jenen Persönlichkeiten, insbesondere der katholischen Gemeinde, deren oppositionelle Haltung zum Nationalsozialismus bekannt war. Als Arbeitsmaterial war für uns das Schrifttum des Jugendhauses Düsseldorf, solange es heraus-

kommen durfte, wichtig, ferner das des Bundes Neudeutschland. Auch eigene Rundbriefe gaben wir heraus.
HJ, Partei und z. T. auch die Polizei versuchten mit allen Mitteln, die Arbeit der katholischen Jugend zu unterdrücken. Den Auftakt bildete ein Überfall durch die aus dem ganzen Kreise zusammengezogene HJ, die teilweise bewaffnet war, gelegentlich der gemeinsamen Winter-Sonnwendfeier 1933/34 der katholischen Jugend. Bespitzelung, Verfolgung und Unterdrückung folgten. Vätern, deren Kinder in unseren Gruppen waren, drohte die Entlassung. Gruppenführer und ältere Mitglieder wurden unentwegt bespitzelt. Ein freies Bewegen war kaum bei Tage, geschweige in der Nacht möglich. Überfälle auf einzelne oder auf Gruppen von uns erfolgten fortwährend; Polizeischutz für uns gab es dabei nicht. Ein katholischer Junge, der sich einmal vor einer großen Zahl von HJ-Führern in die Polizeiwache am Domplatz flüchtete, wurde trotz seiner Bitte um Polizeischutz aus der Wache hinausgewiesen, während draußen die HJ-Horde ihm auflauerte. Nach Heimabenden wurde das Haus, worin wir uns trafen, von starken HJ-Einheiten, umzingelt, die auch in das Haus eindrangen. Ich weiß noch, daß ein solcher Hausfriedensbruch einmal auch in meinem Elternhaus erfolgte, in das sich ein ND-Junge geflüchtet hatte, dem HJ nachdrängte. Offene Gegenwehr war nur in Einzelfällen möglich (Nahverteidigungsübungen gehörten mit zum Programm der Heimabende), auch war sie nicht immer ratsam. Nach offizieller Lesart bedeutete sie einen Angriff auf die Staatsgewalt, außerdem wurde sie mit wilden Überfällen großer HJ-Einheiten auf einzelne von uns beantwortet. Gegenüber dem heroischen Phrasengeklingel des NS waren diese Überfälle von stets stärkeren Gruppen auf die schwächeren demaskierend.
Folgendes eigene Erlebnis scheint mir bezeichnend für dieses feige Vorgehen: Etwa Anfang März 1934 suchte ich wegen der Vorbereitung unserer Osterfahrt unseren Kaplan H. im katholischen Pfarrhaus auf. Mein Besuch wurde durch die HJ-Spitzel weitergemeldet, und als ich nach Ende unserer Unterhaltung gegen 22 Uhr das Pfarrhaus verließ, war die Straße durch mehrere Gruppen abgeriegelt und der Heimweg versperrt. Dreimal wurde ich als einzelner von 30–50 Leuten umringt und niedergeschlagen, konnte aber jedesmal ausbrechen und schließlich in ein offenstehendes Parterrefenster entkommen, das zur Wohnung von Bekannten gehörte. Da dieser Vorfall sich in W. herumsprach, wurde ich öfter von ›wohlmeinenden‹ Erwachsenen angesprochen, doch endlich den Widerstand aufzugeben. Auf meine Erwiderung, wir seien doch im Recht, erhielt ich stets die gleiche Antwort:

Auch wir müßten uns doch endlich daran gewöhnen, daß nicht mehr das Recht, sondern die Macht gelte. In besserer Erinnerung sind mir da meine Klassenkameraden des Gymnasiums ...
Selbstverständlich war zumal den jüngeren Mitgliedern unserer Gruppen seiner Zeit eine letzte Einsicht in das diabolische und antihumane Wesen des NS nicht möglich. Es war keine große Opposition, die das Vaterland vom Tyrannen hätte befreien können. Aber man wollte das eigene Recht und die Freiheit, auch die der Religion, und man hatte – trotz mancher Ängste – einen jungenhaften Spaß an unserem eigenständigen und abenteuerlichen Gruppenleben. Damals kam jene Umdichtung in unsere Gruppen: ›Wir traben in die Weite/ das Fähnlein hängt im Spind/ Viel Tausend uns zur Seite/ die auch verboten sind ...‹
Selbst die Machtmittel des Staates konnten den Wunsch nach eigener Lebensform nicht unterbinden. Vernehmungen mit Protokollen auf der Polizei waren für uns etwas Alltägliches. Zumeist bezogen sie sich auf verbotene ›Demonstrationen‹, in verbotener Kluft, mit verbotenen Bannern oder Wimpeln. Mitwirkende Jugendliche mußten sich häufig solchen Prozeduren unterziehen, die wohl abschreckenden Charakter haben sollten. Vier Wochen vor dem Pfingstfest 1935 erfolgten in W. überraschend zwei Verhaftungen, und zwar die eines Kaplans und die eines unserer Jungenführer. Der letztere wurde ohne Begründung, ohne Haftbefehl und ohne Benachrichtigung der Eltern von der Arbeitsstelle weg nur mit Fahrtenhose und Sporthemd bekleidet verhaftet und sofort nach Frankfurt transportiert. Der Kaplan wurde Pfingsten wieder entlassen – wir erfuhren davon während einer trotz allem durchgeführten Pfingstfahrt –, der Junge erst zwei Wochen später. Eine Begründung für Verhaftung und Entlassung wurde ihnen nicht mitgeteilt. Gleichzeitige Untersuchungen und Vernehmungen selbst in der Volksschule wiesen darauf hin, daß der Vorwand der Aktion in einer Persiflage auf das Horst-Wessel-Lied bestand, die bei einem unserer Lager gesungen worden sei.
Lebendige Gruppen katholischer Jugend gab es überall in Deutschland. Bis zum Kriegsausbruch waren im Sommer fast täglich fremde Gruppen Gast bei unseren Jugendlichen in W., die diese zum Teil vor der Jugendherberge ansprachen. Zeichen war oft ein verstecktes PX, das von der HJ zum häufig gehörten Schlachtruf ›PX- verrecke!‹ mißbraucht wurde. Selbst im Kriege trafen und erkannten sich die Leute dieser Gruppen; in Kasernen, auf Truppenübungsplätzen und in den Einheiten gab es überall lebendige Zellen katholischer Jugend ...«[34]

Illegale ›bündische Umtriebe‹

Die »Bündische Jugend« bildete für die Führung des Dritten Reiches ein Zentrum der Jugendopposition. Dabei wurden unter diesem Sammelbegriff allerdings recht unterschiedliche Strömungen verstanden, deren Gemeinsamkeit in bestimmten Formen der jugendlichen Gruppe und in einem jugendlichen »Milieu« bestand, das vor allem in Fahrten, Liedern, Kleidung, Aufmachung der eigenen »Bude«, Vorliebe für »exotische« Literatur und einem spezifischen Stil des Verhaltens und des Umgangs seinen Ausdruck fand. Dieses Milieu war offenbar für Jugendliche so attraktiv, daß es in popularisierter Form auch die ab 1938/39 sich ausbreitenden oppositionellen »wilden« Jugendgruppen in großem Umfange prägte.

Vor der Machtergreifung des NS hatten, wie schon dargestellt, die Organisationen der (im engeren Sinne) Bündischen Jugend, also die Nachfahren der Wandervogelbewegung und der frühen Pfadfinderei, in ihrer Mehrheit keineswegs eine feindselige Stellung zum NS bezogen. »Nationale Erhebung«, »Besinnung aufs Völkische« und andere ideologische Komponenten des NS gehörten weithin auch zu den Standards der bündischen Gruppen vor 1933. Nach dem 30. Januar bekannten sich die meisten bündischen Führer zum neuen Staat. Allerdings gingen sie davon aus, daß innerhalb oder außerhalb der HJ die traditionelle Jugendbewegung weiterhin frei werde existieren können, und exakt hier lag dann auch später der Anstoß zum Konflikt mit dem NS.

Die HJ-Führung mußte, wenn sie die von ihr intendierte Jugenderziehung durchsetzen wollte, die freien Bünde und ebenso die bündischen Einflüsse in der eigenen Organisation möglichst restlos zu verdrängen bemüht sein.

Während unmittelbar nach 1933 die NS-Publizistik die Bündische Jugend vielfach als Wegbereiter des neuen Staates und die HJ als legitime Fortsetzung und zugleich »Aufhebung« der Jugendbewegung interpretierte, distanzierte sich die HJ-Führung bald danach von derlei »Verwandtschaft« und ging zu einer Argumentation über, wie sie in einer HJ-amtlichen Schrift formuliert ist: »Über die politische Zielsetzung der Bünde sei vermerkt, daß sie im wesentlichen oppositionell zur NSDAP gestanden haben, teilweise sogar unter Anlehnung an den Kommunismus.«[35] Nun traf diese Kennzeichnung zwar nicht für die Bündische Jugend vor 1933 insgesamt zu, wohl aber entsprach sie

Tendenzen, die in der Endphase der Weimarer Republik in den Bünden an Einfluß gewannen und insbesondere von der autonomen »Jungenschaftsbewegung« inspiriert von dem Jugendbund »dj.1.11« und dem Nerother Wandervogelbund getragen wurden. Diesen beiden Bünden vor allem galt denn auch der Haß der NS-Organe. In den Analysen und Anweisungen der HJ-Führung für den Umgang mit Bündischer Jugend wurden stets der Nerother Wandervogel als »internationalistisch« und »homosexuell zersetzend«, die »dj.1.11« als »östlich« und »bolschewistisch« geschildert, wobei »Homosexualität« und »Bolschewismus« als Etikettierungen für einen Lebensstil und eine Gedankenrichtung gesetzt wurden, die der NS kriminalisieren wollte, weil sie sich mit der Hitlerjugendsozialisation nicht in Einklang bringen ließ.

Die Unterscheidung zwischen einer im engeren Sinne »bündischen« und einer autonomen, jungenschaftlichen Richtung der Jugendbewegung, die schon für die Jahre vor 1933 in mancher Beziehung nicht einfach ist, läßt sich für die Zeit der Illegalität nicht mehr streng durchführen; die HJ pflegte beide Richtungen unter dem Begriff »bündisch« zusammenzufassen. Zudem waren in der Illegalität oft Angehörige verschiedener früherer Bünde in einer Gruppe zusammengeschlossen; dies gilt insbesondere für die Jahre nach 1936, als die Umwandlung des »Deutschen Jungvolks« und die Säuberung der HJ von »bündischen Elementen« der Illegalität freier Gruppen einigen Zuwachs brachten. Praktisch richtete sich nach dem Verbot aller freien Bünde in den Jahren 1933/34 der Angriff der HJ zunächst gegen bündische und jungenschaftliche Führer, Stilelemente und Gruppenformen in den eigenen Reihen. Im Schulungsblatt eines HJ-Gebietes hieß es z. B. im August 1934: »Gruppen, die nicht gewillt sind, die Haltung der Hitlerjugend zu pflegen, haben nichts in unseren Reihen zu suchen und müssen verschwinden. Wir müssen gegen diese hinterhältigen Saboteure unserer neuen deutschen Jugend arbeiten. Es darf nicht mehr vorkommen, daß die alten bündischen Gruppen unter sich Großfahrten machen ...; vor allem müssen wir die Führer, die die Urheber dieser HJ-feindlichen Arbeit sind, unschädlich machen, denn es besteht die Gefahr, daß sich diese Führer Nachwuchs für ihren geheimen bündischen Betrieb heranholen ...«[36]

Tatsächlich wurde das HJ-»Jungvolk« bis Ende 1935 personell und ideologisch von allem Bündischen »gesäubert«; zahlreiche Verhaftungen verliehen dem Nachdruck. In Einzelfällen traten Relikte bündischer Lebens- und Gruppenformen und bündisch beeinflußte Führer auch später noch im »Jungvolk« auf; im allgemeinen war aber ab 1935

klargestellt, daß bündisch-jungenschaftliche Gruppen nur außerhalb der HJ und auch dort nur illegal weiterexistieren konnten.
Diesen Versuchen galt nun der zweite repressive Schritt der HJ-Führung. Im Jahr 1936 wurden die Verbote bündischer Organisationen von den NS-Organen überall erneut publiziert: Dienstanweisungen der HJ-Führung verboten den Gebrauch von Stilmitteln der Jungenschaft (bestimmte Zeltformen, Instrumente, Kleidungsstücke); die weitere Veröffentlichung von bündischer Literatur, bündischen Liederbüchern usw. wurde unterdrückt. Für die Gestapo war mit der Auffindung derartiger Publikationen oder Requisiten bei Jugendlichen von nun an der Tatbestand staatsgefährdender Einstellung oder Aktivität gegeben. »Wille und Macht«, die Führerzeitschrift der HJ, »enthüllte« die »Umtriebe« der Jungenschaftskreise: »Die Auseinandersetzung mit der bündischen Jugend war jedoch mit dem Verbot noch nicht abgeschlossen. Immer wieder tauchten in der Folgezeit kleine Gruppen auf, die sich in geschickter Arbeit durch alle Verbote hindurch gerettet hatten. Vielfach wurde es offenkundig, daß die anarchistischen Kräfte der Vorkriegsjugendbewegung (gemeint: die freiheitlichen Strömungen im Wandervogel und die Freideutsche Jugend) stärker als zu erwarten gewesen waren, wieder lebendig geworden waren und sich sogar im NS-Reich durchzusetzen versuchten. Bis heute sind Versuche einer kulturellen Beeinflussung der deutschen Jugend in Lied oder Schrifttum zu beobachten, die mit einer Rußlandromantik kommunistische Propaganda verbinden ...«.[37]
In derselben Zeitschrift wurde ein Zusammenhang angegriffen, der der HJ-Führung als besonders gefährlich galt, nämlich die zunehmende Ausbreitung bündisch-jungenschaftlicher Strömungen in den noch halb-legal bestehenden katholischen Jugendverbänden: »Bündische Jugend ist heute Bolschewismus! ... Heute sind die illegalen bündischen Gruppen Träger des Bolschewismus. Sie, als schärfste Gegner der HJ, haben den Weg zur katholischen Jugend gefunden, beide haben einen gemeinsamen Feind: die Hitlerjugend! Diese bündischen Jugendverführer werden mit offenen Armen in die Reihen der katholischen Jugend aufgenommen und hetzen von dort aus gegen die Staatsjugend. Stelzer, einst Graphiker im Auftrag der kommunistischen Jungenschaft (gemeint ist der Jugendbund ›dj.1.11‹, dessen Leiter mit einigen Älteren sich 1932 der KPD und der ›Antifaschistischen Aktion‹ angeschlossen hatte), zeichnet heute eifrig im Büro der katholischen Jugendführung ... Es wird versucht, illegale Gruppen aufzustellen. Wir können die Drahtzieher erkennen, wenn wir das Brauchtum dieser Gruppen näher betrachten. Da werden russische Lieder gesungen,

man singt zur Balaleika, man schläft nicht im Zelt, sondern hat sich längst eine Kohte (durch ›dj.1.11‹ in die Gruppen eingeführte Form des Lappenzeltes) angeschafft, russische Tänze und Geschichten beleben die Gruppenabende ... Hier wird auf dem Umweg über die Kultur durch Lieder, Literatur und Brauchtum die Jugend zum Kommunismus hingeführt ... Es gibt heute noch einen Verlag, der ganz offen kulturbolschewistische Schriften herausgibt: Günther Wolff, Plauen. Man betrachte sich einmal die Themen: Rußland, Japan, autonome Jungenschaft und ostasiatische Ethik. Es ist an der Zeit, daß diesem Hochverrat ein Ende gemacht wird ...«[38]

Von 1936 an erfolgte der Kampf gegen die sogenannte »bündische Illegalität« in der Hauptsache durch die Gestapo; im Reichssicherheitshauptamt wurde eine eigene Dienststelle zur Bekämpfung solcher illegalen Gruppen eingerichtet. Die Staatsjugendführung brachte eine Reihe interner Dienstschriften zur Kennzeichnung und Bekämpfung bündischer bzw. jungenschaftlicher Illegalität heraus. In einem Bericht über die Arbeit des HJ-Streifendienstes, der 1937 in der Reichszeitung der HJ erschien, hieß es, daß der Streifendienst vor allem anhand von Original-Unterlagen, Publikationen und ähnlichem Material der freien Bünde in der Abwehr gegen illegale autonome Jungengruppen geschult werde; in derselben Zeitung wurden regelmäßig Berichte über die Entdeckung und Liquidierung illegaler Gruppen und z. B. auch über Demonstrationsakte solcher Jugendkreise (etwa anläßlich von Konzerten des Donkosaken-Chors) gegeben.[39]

Im Frühjahr 1937 meldeten die »Gaunachrichten« der NSDAP (Gau Westfalen-Nord): »Die Führer der Bünde haben sich größtenteils nicht bekehrt. Sie sind heute noch z. T. im alten Sinne tätig. Ein großer Teil von ihnen ist aufgrund des Heimtückegesetzes verurteilt, so besonders Robert Oelbermann. Ein Teil von ihnen hatte sich zum Schein in die HJ aufnehmen lassen und dort Zellen zu bilden versucht ... Besonders zersetzend wirkte durch ihre kulturbolschewistischen Bestrebungen die dj.1.11. Ihr Führer Eberhard Koebel, genannt Tusk, sitzt im Ausland und hetzt dort und hält auch die Verbindung mit seinen Anhängern in Deutschland noch aufrecht ...«[40]

In einer internen Dienstschrift der RJF zur Bekämpfung und Kennzeichnung jungenschaftlicher Illegalität hieß es: »Die Bünde wurden alle direkt oder indirekt von dem Führer der dj.1.11, Eberhard Koebel, beeinflußt. Im April 1933 riet Koebel dem Bund, ins Jungvolk einzutreten, um zu zersetzen ... Die Arbeit setzt in diesem Kreis sehr vielseitige Bildung der Führer voraus. Ein dienstliches Verhältnis eines Vorgesetzten im Gegensatz zu den Jungen ist unbekannt. Die Diszi-

plin in der dj.1.11 beruht auf freiem Gehorsam. Das Menschenmaterial ist von seltener Güte, keine andere Organisation, die ihm auch nur annähernd Ähnliches entgegenzustellen hätte ...«[41]
In einer Untersuchung eines jungen NS-Wissenschaftlers, die sich speziell mit der bündischen Jugend beschäftigt, las man u. a.: »Die Gruppen und Bünde, die dem Pfadfindergedanken nahestehen, wurden um 1933 innerhalb des Gesamtkörpers der bündischen Jugend (von den autonomen Jungenschaften) in eine einflußlose Rangstellung zurückgedrängt ... Tusk gelang es, überall Einfluß zu gewinnen und in sämtlichen Bünden richtete er große Verwirrung an ... Durch diese Einflüsse unterlagen die freien Bünde weitgehend völkischer Entfremdung und gegenvölkischen Tendenzen ... Tusk forderte einen Jungenstaat, jenseits aller geschichtlichen Traditionen, jenseits der letzten Kriege und ihrer Generale ... Graues Korps und dj.1,11 treffen sich schließlich auf einer Linie, die konkret gegenvölkischen Charakter annimmt. Das beweist auch ihre Mitarbeit an der Zeitschrift ›Gegner‹ ... Bezeichnend für die politische Haltung des ›Gegners‹ ist vor allem auch die Mitarbeit von Jugend ... Eine geistige Haltung, die gegenvölkische Tendenzen auslöst, ist auch beim Nerother Bund festzustellen. Es handelt sich hier um einen Stil internationaler Asphaltromantik, die ihren entsprechenden literarischen Ausdruck in der Drei-Groschenoper von Brecht und Weill gefunden hat ...«[42]
Wie manisch jeder mögliche Ansatz bündischer Gruppen beobachtet wurde, läßt sich exemplarisch dem folgenden Schreiben der Gestapo-Staatspolizeistelle München an das Bezirksamt München vom 2. März 1938 entnehmen: »Nach Mitteilung der Gestapo Berlin studiert N. ... an der Universität München Medizin und wohnt in München ... Er hat früher in Hamburg dem jüdischen Bund ›Schwarzes Fähnlein‹ angehört. Im Januar 1938 versuchte er mit Angehörigen der illegalen bündischen Jugend, gegen die Ermittlungen eingeleitet sind, Verbindung aufzunehmen. Ich ersuche, über N. sofort Postüberwachung zu verhängen und insbesondere Briefe, die als Beweismittel von Bedeutung sind, in dreifacher Abschrift hier vorzulegen. Darüber hinaus ersuche ich sorgfältige Beobachtung über die Tätigkeit und Gepflogenheiten des N. anzustellen und durch vorsichtige Ermittlungen unauffällig festzustellen, mit welchen Personen er verkehrt und was über dieselben in politischer, krimineller und sonstiger Hinsicht bekannt ist ...«[43]
Welche – heute außerordentlich harmlos erscheinenden – Tatbestände von der Staatsanwaltschaft als Beleg für ein Vergehen gegen die »Verordnung zum Schutze von Volk und Staat« vorgebracht wurden, zeigt z. B. das Protokoll eines Prozesses gegen Angehörige der kathol.

DEUTSCHE LANDSCHAFT 1937.

N° 1.

Die Pressestelle der »Hitler-Jugend« Gebiet: Ruhr/Niederrhein meldet unter dem 1. September 1937: » . . . Diese romantisch-revolutionäre Jugend bevölkert mit möglichst bunten Hemden, langen Haaren, aber desto kürzeren Hosenbeinen die Landstraße. Diese Kreise setzen sich nur aus solchen Jugendlichen zusammen, die nichts mit der Bewegung zu tun haben wollen . . . Die Leitung der Hitlerjugend hat einen Streifendienst organisiert, der Sonntags die Landstraßen abkämmt.«

Karikaturseite aus dem Novemberheft 1937 der antinationalsozialistischen Jugendzeitschrift »Kameradschaft«, in Brüssel herausgegeben, in Deutschland illegal verbreitet

»Sturmschar« in Dortmund Anfang 1937. Dort wurde als »Belastungsmaterial« angeführt: »... ein nach dem eigentlichen Heimabend noch zurückgebliebener Kreis von Jungen sang Lieder aus der ›Eisbrechermannschaft‹, dem Liederbuch der ›Südlegion‹ und anderen, vom bündischen Verlag Günther Wolff herausgebrachten Liederbüchern. Bei solchen Gelegenheiten wurde auch darüber gesprochen, in welcher Weise man Fahrten durchführen könne ... Pfingsten machten die Angeklagten eine Fahrt und übernachteten dabei in einer Kohte, in der auch Feuer angezündet wurde. Am Lagerplatz wurden Lieder aus Veröffentlichungen des Wolff-Verlages gesungen, ferner wurde aus dem im gleichen Verlag erschienenen ›Eisbrecher‹ ein Aufsatz vorgelesen ... Gegen Abend des 2. Pfingsttages fuhren die Angeklagten wieder, in einzelne Gruppen getrennt, nach Hause. In der Eisenbahn verteilten sie sich auf mehrere Abteile, um nicht aufzufallen ... Die Angeklagten unternahmen eine weitere Fahrt, wobei Lieder gesungen wurden, sie in den Wäldern umherstreiften und aus einem Buch vorlasen ... Kothe, Feuer und Teetrinken gehörten dazu ... Der Angeklagte N. wurde über die Anschaffung der Kohte befragt. Wie er dazu gekommen sei? Wie oft er sie benutzt habe? ...«
Etliche Wochen vor Beginn des Zweiten Weltkrieges ging durch die deutsche Presse folgende Meldung: »Der Reichsführer SS und Chef der Deutschen Polizei hat ... das Verbot der Bündischen Jugend neu gefaßt. Hiernach ist die Fortsetzung der Bündischen Jugend (Deutsche Freischar, Freischar junger Nation, Großdeutscher Bund, dj.1.11, Deutsche Jungentrucht, Österreichisches Jungenkorps, Graues Korps, Nerother Bund, Reichsschaft deutscher Pfadfinder, Deutscher Pfadfinderbund, Österreichischer Pfadfinderbund, Christliche Pfadfinderschaft, Deutsche Pfadfinderschaft St. Georg, Quickborn-Jungenschaft, Deutschmeister-Jungenschaft, Stromkreis, Grauer Orden, Freischar Schill und Eidgenossen, Bündischer Selbstschutz, Navajo usw.) untersagt. Wer es unternimmt, den organisatorischen Zusammenhalt einer der früheren Bündischen Vereinigungen aufrecht zu erhalten oder eine neue Bündische Vereinigung zu gründen, insbesondere, wer auf andere Personen durch Weitergabe von bündischem Schrifttum, Liederbüchern und dergleichen in diesem Sinne einwirkt, oder wer bündische Bestrebungen in anderer Weise unterstützt, wird gemäß § 4 der Verordnung des Reichspräsidenten zum Schutze von Volk und Staat vom 28.2.1933 bestraft«.[44]
An diesem Erlaß ist bemerkenswert, daß auch Bünde genannt wurden, die sich erst nach 1933 illegal gebildet hatten (so etwa Stromkreis, Grauer Orden, Navajo, Bündischer Selbstschutz).

Noch 1941 stellte eine Publikation der Reichsjugendführung fest: »Das Problem der Bündischen Jugend ist scheinbar nur noch von historischer Bedeutung. Die Praxis der Überwachungsarbeit hat jedoch gezeigt, daß diese Frage auch heute noch von höchster Bedeutung und Aktualität ist ... Die Hitler-Jugend hat sofort, nachdem sie die von der Bündischen Jugend her drohende Gefahr auf politischem und sittlichem Gebiet erkannt hatte, alle Maßnahmen zu ihrer Bekämpfung getroffen. Zu diesen Maßnahmen gehören insbesondere:

1. Vernichtung der Bünde, ihrer Organisation und ihres Schrifttums, Bekämpfung der Cliquen (spontane bündische Gruppen).
2. Ausmerzung bündischer Führer aus der HJ bzw. Verhinderung ihrer Aufnahme.
3. Ausmerzung bündischer Ideen, Führungs-, Organisations- und Erziehungsgrundsätze aus der HJ.
4. Aufklärung der HJ-Führer.

Der Kampf gegen die Bündische Jugend ist auf größtes Unverständnis in der Öffentlichkeit gestoßen. Er ist noch nicht beendet, sondern muß vielmehr bis zur endgültigen Ausmerzung – insbesondere der Neubildung von Cliquen – weitergeführt werden ...«[45]

Daß diese »Ausmerzung« am Ende des Dritten Reiches immer noch nicht gelungen war, trotz aller Verfolgungsakte, wird aus allen Dokumenten deutlich.

Besonders charakteristisch für die Situation im NS-Staat ist, daß gegenüber illegalen Jugendgruppen systematisch der Verdacht und Vorwurf homoerotischer oder homosexueller Neigungen oder Handlungen als Mittel der Repression benutzt wurde. Dabei sind wirkliche und fälschlich zugeschriebene Vorgänge im einzelnen oft nicht mehr zu unterscheiden; zu bedenken ist auch, daß die strafrechtlichen Bestimmungen und deren Auslegung in dieser Sache im Dritten Reich erheblich verschärft worden waren, offensichtlich auch in der Absicht, hieraus Handhaben gegen politisch mißliebige gesellschaftliche Gruppen (wie etwa den katholischen Klerus oder die bündische Jugend) zu gewinnen.

In ihren internen Verlautbarungen hat die HJ-Führung keinen Hehl daraus gemacht, daß es ihr nicht um moralische, sondern um politische Normen ging, wenn sie allenthalben nach gleichgeschlechterlicher »Zersetzung« suchte.

In einer von der HJ mit dem Vermerk »Vertraulich! Nur für den Dienstgebrauch!« eingesetzten und den Justiz- und Polizeiorganen als »Handreichung« dienenden Schrift eines HJ-Oberbannführers zum Problem »Gleichgeschlechtliche Handlungen Jugendlicher« hieß es einleitend: »Die Frage der Homosexualität im allgemeinen hat im letzten Zeitraum Staatsführung, Wissenschaftler wie auch öffentliche Meinung stark beschäftigt. Heute interessiert uns das Problem kaum von der Seite des Einzelwesens, sondern fast ausschließlich von der politischen Seite des Volksganzen aus ... Der Standpunkt, daß die homosexuelle Veranlagung eines Einzelwesens nur eine gerade diese Person angehende Sache sei, darf als überholt gelten. Der Streit um die Einstellung, ob Homosexualität als Krankheit oder als naturgewollte Variation der Sexualsphäre zu deuten ist, erscheint heute unwesentlich. Wesentlich ist, inwieweit Abnormitäten einzelner noch in der Richtung eines völkischen Lebens liegen oder ob sie gegen diese Richtung stehen. Die Frage ›normal‹ oder ›anormal‹ ist also eindeutig geklärt durch den Satz: Normal ist, was die Art erhält, anormal ist, was gegen die Erhaltung der Art steht. In gleichem Sinne sind die Begriffe ›Gut‹ und ›Böse‹ zu deuten. Nicht langwierige Untersuchungen nach der Ursache einer Tat und deren Erklärungen durch Eigenarten des Einzelwesens sind maßgeblich, sondern böse ist, was eine Gemeinschaft als böse und gegen ihre Interessen gerichtet empfinden muß. Jede gleichgeschlechtliche Handlung ist daher als ›krankhaft‹ im Sinne einer Volksgemeinschaft anzusehen, und jeder Mensch, der eine gleichgeschlechtliche Handlung begeht, verfällt den scharfen Auslesegesetzen bzw. Ausmerzegesetzen dieser Gemeinschaft ...«.[46]
Soweit die HJ-»Theorie« zur Gleichgeschlechtlichkeit, die eine Rechtsauffassung formulierte, die über das spezifische Problem hinaus für die NS-Weltanschauung bezeichnend war. Welchem gesellschaftlich-politischen Zweck die forcierte Verfolgung von »gleichgeschlechtlichen Tendenzen« im Dritten Reich diente, legte ein »Lagebericht« der Reichsjugendführung an einer Stelle ganz offen:
»... Bei der Bekämpfung der Bündischen Jugend aus *politischen* Gründen gelang mangels anderer gesetzlicher Grundlagen die Zerschlagung der Bünde fast immer auf dem Wege über ein Strafverfahren wegen Vergehens nach § 175 StGB ...«[47]
Prozesse gegen bündische und jungenschaftliche Gruppen fanden in den Jahren um und nach 1938 in großer Zahl statt – dennoch wurde die Existenz solcher illegalen Jugendkreise dadurch keineswegs eingeschränkt oder verhindert.
Im Jahre 1937 und in den folgenden Jahren führte die Gestapo umfas-

sende Aktionen gegen autonome und z. T. auch katholische Jungenschaftsgruppen in West- und Süddeutschland durch; viele junge Leute zwischen 16 und 18 Jahren wurden verhaftet, wegen »illegaler Gruppenbildung«, »Hochverrat« und »Zersetzung der Staatsjugend« verurteilt, in Haft gehalten, in Konzentrationslager eingewiesen oder später vorzeitig in Strafeinheiten der Wehrmacht eingereiht.
Von diesen Gruppen gingen Verbindungen zu Studentenkreisen oppositioneller Art, die sich vorwiegend aus früheren Angehörigen illegaler Jungenschaften zusammensetzten; ein solcher Studentenkreis war auch die Gruppe um die Geschwister Scholl in München, die 1943 ausgehoben wurde. Die Einzelheiten der Tätigkeit der »Weißen Rose« sollen hier nicht dargestellt werden; es sei nur daran erinnert, daß die Mitglieder der Gruppe Scholl durchweg aus der autonomen bzw. katholischen Jungenschaft kamen.
Die Geschwister Scholl waren bereits 1937, Willi Graf und seine Freunde 1938 wegen Fortführung der verbotenen Bündischen Jugend in Haft. Die Scholls waren durch Freundschaften mit Illegalen aus dem Jugendbund »dj.1.11« der HJ entfremdet worden; Graf gehörte zu dem illegalen Jungenschaftskreis »Grauer Orden«, über den später Fritz Leist berichtete: »... Die Gruppen, die ich geführt habe und mit denen ich durch viele Jahre zusammen war, haben sich über ganz Süddeutschland und Westdeutschland erstreckt, und es waren immerhin mehrere Hundert junge Menschen. Der Kampf gegen die Nazis begann am ersten Tag. Der erste Verhaftungsbefehl gegen Freunde von mir und mich wurde bereits im Herbst 1934 ausgestellt. Die erste Verhaftung mit einer ganzen Gruppe in Würzburg geschah im Winter 1934, und so ging es fort, bis eine größere Haftaktion im Winterhalbjahr 1937/38 einen ganzen Kreis von 14–25jährigen erfaßte. Ich war damals über ein halbes Jahr verhaftet. Aber auch da war der Kampf nicht beendet, einer meiner besten Freunde, der Student Willi Graf, der im Zusammenhang mit den Münchener Studenten hingerichtet wurde, gehörte zu meiner Gruppe und wurde auf meiner Bude gefaßt.«[48]
Von diesem illegalen Kreis aus bestanden enge Verbindungen zu Mitarbeitern des Jugendhauses Düsseldorf, der Zentrale der katholischen Jugendarbeit. In den katholischen Jugendverbänden (vor allem der Sturmschar) und Jugendzeitschriften (vor allem »Junge Front«, später »Michael«, und »Die Wacht«) war nach 1933 bis zum Verbot eine bündisch-jungenschaftliche Orientierung immer stärker geworden. Als »Verbindungsperson« zu freien illegalen Jungenschaftskreisen wirkte im Jugendhaus vor allem Josef Rick, über dessen Gruppe die Gestapo

zu berichten wußte, hier sei man »bemüht, bündisches Ideengut zur Grundlage der katholischen Jugendorganisationen zu machen« und »in kulturbolschewistischer Richtung schöpferisch tätig.«[49]
In enger Verbindung mit dem Jugendhaus Düsseldorf und zugleich dem führenden (1938 vom NS-Staat endgültig geschlossenen) bündischen Verlag Günther Wolff/Plauen arbeitete der »Stromkreis«, ein autonomer Jungenschaftskreis, dessen Führer bis 1933 zum Teil der »Deutschen Freischar« angehört hatten. Ein »Ehemaliger« berichtet über die Tätigkeiten der Gruppe: »... Unsere Gruppe war die letzte, die mit Günther Wolff vor der Liquidierung seines Verlages Kontakt hatte und für ihn arbeitete. Wir haben von hier aus die letzten ›Eisbrecher‹ redigiert. Wir haben eine weitere Zeitschrift, als Buch in verschiedenen Lieferungen getarnt, unter dem Titel ›Buch der Jungen‹ für G. Wolff gestaltet. Das war die letzte gedruckte bündische Zeitschrift unter dem NS. An den Zeitschriften des Jugendhauses Düsseldorf haben wir mitgearbeitet, ebenso an Klaus Frankens ›Speerflug‹, der letzten katholisch-bündischen Publikation, die bald nach Erscheinen vom NS-Regime beschlagnahmt wurde, aber schon längst überall in die Gruppen gefunden hatte. In meinem Buch ›Der schwarze Sturm‹, das als letzter Band der bündischen Spur-Bücherei bei Voggenreiter 1934 erschien, habe ich in Form einer Erzählung den Widerstand autonomer Jungengruppen gegen eine allmächtige Staatsjugend in getarnter Weise zu beschreiben versucht, – das Buch wurde dann bald auf Empfehlung der Reichsjugendführung von Voggenreiter zurückgezogen ... Unser Rückhalt in den Jahren des NS-Regimes waren unsere Auslandsfahrten. Hier trafen wir auch mit anderen Jungenschaftsgruppen zusammen, außerdem waren wir immer bemüht, im Ausland eine andere deutsche Jugend, als die HJ sie darstellte, zu repräsentieren. Natürlich hatten unsere Jungen Schwierigkeiten in den Schulen, natürlich sind wir auch verhaftet worden, haben Haussuchungen erlebt und uns mit HJ-Streifen ›auseinandergesetzt‹. Auf Vernehmungen hatten wir uns bewußt präpariert ... Am 1. 11. 1937 erlebten wir den unangenehmsten Knall. Da wurden, nachts um 12 Uhr, unsere Jungen von der Gestapo abgeholt. Wir waren am Abend gerade von einer Fahrt zurückgekommen. Verhaftet wurden dabei auch 14jährige Jungen; man hatte den 1. 11. ausgesucht, weil man uns Nachfolgeschaft der dj. 1. 11 nachsagte; außerdem hatten wir ausgerechnet eine Lapplandfahrt gemacht, was gleich schon Verdacht weckte ... Wir wurden ›kulturbolschewistischer Umtriebe‹ bezichtigt.«[50]
Während sich also auf der einen Seite in der Illegalität neue, geschlossene Jungenschaften bildeten, die an die autonome Jungenschaft vor

1933 anknüpften, entwickelten sich andererseits, zum Teil in Anknüpfung an den Nerother Wandervogel, neue Jugendkreise, die allerdings zumeist sehr viel lockerer und daher auch umfangreicher waren als die Jungenschaften. »Kittelbachpiraten« und »Navajos« waren solche Gruppen; auch die »Edelweißpiraten« hatten hier einen wichtigen Ursprung; darüber wird später noch Näheres gesagt. Hier sei nur ein Bericht der Justizpressestelle Düsseldorf vom 8. August 1937 wiedergegeben, der eine solche Übergangsgruppe zwischen Nerothern und »Edelweißpiraten« betrifft: »... Vor der Machtübernahme bestand in Westdeutschland eine wilde Wandergruppe, die sich ›Kittelbachpiraten‹ nannte. Nach der Machtübernahme traten die guten Elemente in Organisationen der NSDAP ein, während der verbleibende Bund immer mehr zu einem Sammelbecken unzufriedener und gegen die NSDAP eingestellter Personen wurde. Diese Tatsache war der Anlaß, daß die zuständigen Behörden den Bund verboten und jede Neubildung untersagten. Trotz Auflösung und Verbot dieses Bundes haben sich in Westdeutschland an verschiedenen Orten neue Kittelbachpiraten-Gruppen gebildet. In der Sitzung des Sondergerichts am Freitag hatten sich wieder einige Angeklagte zu verantworten, die sich trotz des Verbots zusammengeschlossen, das Brauchtum dieses Bundes gepflegt, wiederholt Fahrten und sonstige Zusammenkünfte abgehalten haben ... Die Verurteilten mögen unseren Jugendlichen eine Warnung sein! Nicht nur die Tätigkeit der Kittelbachpiraten, sondern überhaupt jede Fortsetzung der verbotenen bündischen Jugend wird streng geahndet ...«.[51]

Fließende Grenzen zwischen illegalen Nerothern und Edelweißpiraten, zwischen der »Weißen Rose« und jungenschaftlicher Illegalität weisen auf eine Tatsache hin, die kennzeichnend für die Situation der illegalen Jugendbewegung gegen den NS überhaupt ist: die enge Zusammenarbeit zwischen Gruppen verschiedener Prägung, die – wie am Kreis um die Zeitschrift »Kameradschaft« noch gezeigt wird – auch bis zu ehemals »nationalrevolutionären« und – wie etwa am Rossaint-Prozeß sich erweist – zu kommunistischen Jugendkreisen reichte. Diese Kontakte waren unter anderem durch zwei Bedingungen ermöglicht, die zugleich wichtige Züge der Jugendopposition gegen den NS überhaupt ausmachten: Einmal dadurch, daß bestimmte Stilelemente und Tendenzen der autonomen Jungenschaftsrichtung, die bereits um 1933 weit über den Kreis der freien Jugendbünde hinaus wirksam geworden waren, sich während der Illegalität in einem großen Teil der oppositionellen Jugendgruppen (gleich welcher Richtung) ausbreiteten. Zum zweiten dadurch, daß in der Illegalität bestimmte ständische bzw. soziale Abgrenzungen, die bis dahin in den Jugendbünden eine bedeutsame Rolle gespielt hatten, weitgehend entfielen und sich – trotz des Zustandes der Illegalität bzw. bei der katholischen Jugend der Halb-Legalität – durch die intensivere Einbeziehung gerade auch von Jungarbeitern in diesen Jahren attraktive Formen des Gruppenlebens entwickelten und die Typologie der Jugendbewegung durchaus um neue Erscheinungen bereichert wurde.

Die wichtigsten Gruppen innerhalb der aus der freien Jugendbewegung herkommenden Jugendillegalität waren, nach allem vorliegenden Material und zumal auch nach den »Gegnerbeschreibungen« der HJ-Führung und der Gestapo, die »autonome Jungenschaft« (konzentriert um dj.1.11) und der »Nerother Wandervogel«. Die Vorstellung, es handelte sich bei den illegalen Jugendgruppen dieser Richtungen einfach um organisatorische Fortführungen der Bünde und ihrer Gruppen, wie sie bis 1933 bestanden, wäre jedoch irrig. Das organisatorische Gerüst dieser freien Bünde war ohnehin immer recht locker gewesen; zudem war der Führungskreis der Bünde durch die erste Verfolgungswelle 1934 weitgehend zerschlagen worden. Jene Gruppen nach 1933, die sich z. B. als Fortsetzung der autonomen Jungenschaft oder der Nerother ansahen und die auch im Sinne dieser Bünde arbeiteten, hatten oftmals vor 1933/34 gar keine Verbindung zu den betreffenden Organisationen gehabt, setzten sich oft auch aus Angehörigen verschiedener früherer Bünde zusammen. Die Verbindung zum früheren Nerother-Bund oder zur dj.1.11 bestand oft nur im Kontakt mit Gruppen oder Einzelleuten, die von hierher geprägt waren, oft auch nur in einer Überlieferung durch Schriften und Lieder. Überhaupt verwischten sich die früheren Abgrenzungen in der bündischen und autonomen Jugendbewegung zur Zeit der Illegalität weitgehend. Man kann aber wohl sagen, daß der »Stil« der autonomen Jungenschaften und die damit zusammenhängende kulturelle und vorpolitische Tendenz sich bei den illegalen bündischen Jugendgruppen fast überall durchsetzte – auch bei jenen Gruppen, die zunächst anderen Traditionen entstammten.

Diese Tatsache wird leicht erklärlich, wenn man bedenkt, daß illegale Gruppen, die sich gegen die HJ halten wollten, ja nicht auf Gruppeninhalte verzichten konnten, die betont den Leitbildern und der Betätigungsart der HJ widersprachen. Ein solches Milieu aber war um 1933 innerhalb der freien Jugendbewegung am ausgeprägtesten bei der autonomen Jungenschaft und, in etwas anderer Art, beim Nerother Wandervogel gegeben.

Gestapo und Reichsjugendführung verschrien dieses Milieu, das wohl

»Entartete« Kunst

»... Kreise, die in der Nazizeit ihren eigenen Weg gingen, die zum Teil aus Gruppen der bündischen Jugend entstanden waren oder die sich um Menschen sammelten, die den Mut besaßen, ihre Überzeugung zu behalten und zu verkünden, gab es damals unter den jungen Menschen überall. Manchmal, etwa unter Soldaten, erkannte einer den anderen wie auf geheime Verabredung hin. Trotz aller Schwierigkeiten traf man sich auch während des Krieges noch (Ende 1942 waren wir in Berlin zu 20 beisammen, fast nur Soldaten, um eine Nacht lang vorzulesen, miteinander zu sprechen und zu singen), und trotz allem kamen noch Jüngere dazu, wenn es auch nicht mehr genug waren, um den Bestand zu halten. Wie groß der Anteil dieser Kreise an der gesamten Jugend war, kann ich nicht schätzen, aber ihr Anteil an der studentischen Jugend war sicher nicht unbedeutend ... Wir hatten unsere Sammlungen von Kunstpostkarten, Drucken und Bildbänden (an die Reihe ›Phaidon‹ sei erinnert), wir hatten Bilder von Franz Marc im Zimmer hängen oder in der ›eisernen Ration‹ im Gepäck, von Ernst Barlach, Käthe Kollwitz, van Gogh – durch ihn erfuhren wir, gegen des NS-Rosenbergs verächtliche Bemerkungen und geführt von Walter Bauers Begeisterung, was Malen bedeuten kann, was Leben bedeuten kann. Wir sahen bei glücklichen Besitzern Picasso, Nolde, Pechstein, Kubin und manches andere, wir kannten die Franzosen und die Bilder von Chagall bis Feininger ... Was verboten und nicht erwünscht war, schauten wir uns erst recht an. Ich durfte die zehn Jahre lang, die ich ihn kannte, jeden neuen Freund zu einem Kunsthändler mitbringen, der nicht nur über damals unerwünschte Schätze verfügte, sondern sie auch erklärte, uns zu ihnen hinführte, uns für sie gewann. Wir lasen nicht nur Wiecherts Reden, sondern alles Erreichbare, was uns für unseren Weg half. Einer von uns schrieb damals Melodien zu Klabunds Gedichten, die wir dann gerne sangen ...«

(Hermann Schlagintweit, in: »Das junge Wort«, Stuttgart, 1.4.1946)

die letzte Ausprägung der klassischen deutschen Jugendbewegung darstellte und gerade in den Jahren nach 1933 wirksam wurde, als »zersetzend«, »kulturbolschewistisch« und »gegenvölkisch« und taten alles, um seine Verbreitung zu verhindern. Jede Äußerung dieses Milieus wurde streng verfolgt. In der Tat ging dessen Qualität über das Kulturelle hinaus; der Gegensatz zur Ideologie des NS war von vornherein darin angelegt. Die Anziehungskraft dieses Milieus hat die »Reichsjugendführung« offenbar zu Recht als erheblich eingeschätzt. Publizi-

stisch dienten diesem Milieu vor allem Bücher, Liederbücher, Zeitschriften und Kalender des Verlags Günther Wolff und des katholischen Jugendhauses Düsseldorf, so lange sie erscheinen durften. Auch nach dem Verbot haben solche heimlich weitergegebenen und ängstlich vor dem Zugriff des Regimes verborgenen Veröffentlichungen den Stil freier Jugendbewegung weiterverbreitet und oft Anstoß zu oppositioneller Einstellung gegenüber Staatsjugend und NS-Ideologie gegeben. Illegale Rundbriefe, selbsthergestellte Liederbücher u. ä. der späteren Jahre des Dritten Reiches sind fast durchweg von hierher geprägt.
Bei Prozessen gegen entdeckte illegale Jugendgruppen im Dritten Reich versuchten die Anklagevertreter immer, derartige Stilelemente und damit sogenannte »bündische Betätigung« nachzuweisen.
Auch aus der oppositionellen bündischen Jugend sei im folgenden ein exemplarischer, Erfahrungen in Berlin beschreibender Bericht wiedergegeben:
»Von 1931 an – damals war ich 10 Jahre alt – war ich in der Bündischen Jugend, bis 1937, als unsere Gruppe zum zweitenmal durch die Gestapo ausgehoben wurde. Mit 15 Jahren war ich das erstemal in Gestapohaft und habe die Vernehmungen bei dem berüchtigten M.U. mitgemacht, der das Ressort ›bündische Umtriebe‹ bei der Gestapo leitete. Da wurden die Praktiken, die zur Zerstörung der bündischen Gruppen nach dem Verbot angewandt wurden, sehr offenbar. Zu den meisten illegalen Gruppen in Berlin hatte ich Kontakt, wenn man auch den größten Teil der Jungen nur mit dem Spitznamen kannte. Ich selbst habe zum Teil in mehreren Gruppen mitgearbeitet ... Einmal mußte ich, um einen Paß zu bekommen, beim Leiter des HJ-Streifendienstes in unserem Gebiet, Bannführer M. persönlich vorsprechen, weil man für den Paß die Unbedenklichkeitserklärung der HJ brauchte. Ich bekam diese aber nicht, weil besagter Bannführer eine umfangreiche Akte über mich angelegt hatte, die er hervorholte und mir erklärte, ich wäre ein Staatsfeind, weil ich im letzten Jahr viele Male vom Streifendienst der HJ beanstandet wurde. Ich habe als Zuschauer bei der Verurteilung eines Berliner Gruppenführers von dj.1.11 im Kriminalgericht unter der Menge gesessen; man hatte dem Betreffenden in der Haft beide Beine gebrochen und er wurde auf Krücken und Handschellen in den Saal geführt. Er bekam 6 Jahre Zuchthaus ...
Da ich sämtliche Aufführungen der Donkosaken in der NS-Zeit besuchte, wurde ich hinterher etliche Maße zusammen mit allen anderen, ›bündisch aussehenden‹ Jungen von der Gestapo zum Verhör gefahren. Um 1937 waren in Berlin noch etwa 30 Gruppen vorhanden, die illegale bündische Arbeit betrieben. Unser eigener Kreis war zu der Zeit

auf etwa 60 Leute angewachsen, von denen die älteren aus allen früheren Bünden stammten. Zur Tarnung waren wir einem Wanderverein beigetreten, der dem ›Reichsbund für Leibesübungen‹ angegliedert war und dadurch legal arbeiten durfte. Dieser Wanderverein war zunächst das, was wir etwas despektierlich als ›alten Latscherverein‹ bezeichneten, in dem naturbegeisterte Studienräte mit ihren Familien das Wandern zu Fuß pflegten. Dieser Verein bekam durch uns plötzlich einen enormen Reichtum an Mitgliedern, nachdem er bei den Nazis schon fast auf dem Aussterbeetat gestanden hatte, weil sich keine Leute mehr fanden, die bei all dem offiziellen Marschierrummel noch wanderten. Die Möglichkeit, hier in einem zugelassenen Verband relativ ungestört und gut getarnt arbeiten zu können, machte den ›Latscherverein‹ bei unseren Jungen sehr beliebt und er wurde plötzlich innerhalb eines Jahres um etwa 600 Mitglieder stärker. Die Verbandsleitung war hoch erfreut über das Aufblühen ihres Vereins und veranstaltete daraufhin zu Pfingsten einen ›Verbandswandertag‹, der kaum von einem bündischen Lager alten Stils zu unterscheiden war.
Trotzdem gelang es der Gestapo, unsere Gruppen aufzurollen. Die Gruppe, zu der ich gehörte, wurde 1937 in unserem Heim von der Gestapo kassiert. Zufällig kam ich an jenem Abend zu spät zum Heimabend und fand nur noch die versiegelte Tür vor, – wurde aber wenig später auch verhaftet. Mein Gruppenführer war über ein Jahr in Gestaposchutzhaft, mußte dann aber wegen Mangels an Beweisen freigelassen werden, freilich als ›politisch Unzuverlässiger‹ abgestempelt. Aus dem Wanderverein waren alle Jugendlichen auf Geheiß der Gestapo ausgestoßen worden. Ende 1938 wagten wir in kleinen Kreisen wieder die ersten Zusammenkünfte ... Einer unserer Leute war auch mit seiner Gruppe zum Pfadfinderjamboree 1937 nach Holland gelangt. Bei der Wiedereinreise nach Deutschland wurde er sofort verhaftet ...
Unsere eigene Gruppe nannte sich ›St. Georg‹, war aber keine konfessionelle Gruppe, sondern setzte sich aus Jungen verschiedener früherer Bünde zusammen. Engsten Kontakt unterhielten wir mit einer Jungenschaftsgruppe in unserem Bezirk. Außerdem hatten wir Verbindungen zu einer illegalen Gruppe der Trucht, zu illegalen Nerothern und zum Grauen Korps. In anderen Stadtteilen bestanden mehrere Gruppen der Jungenschaft, die sogenannte ›Rote Koppel‹, illegale Pfadfindergruppen usw. Diese Gruppen arbeiteten in der Regel bis zum Kriege, falls sie nicht vorher durch die Gestapo völlig zerrieben wurden. Vorsichtig wurden auch neue Leute geworben, wodurch aber doch viele Gruppen hochgingen; auch wurde versucht, in der HJ und

im Jungvolk unser Gedankengut zu verbreiten. Dies führte z. B. im Stadtteil M. bei einem Stamm des Jungvolks zu einem Putsch gegen die Bannführung, so daß der Stamm durch die Gestapo aufgelöst und die Führer gemaßregelt wurden. Einen Rundbrief haben wir erst im Kriege gehabt, um die Verbindung der jetzt verstreuten Leute unserer Gruppe möglich zu machen. Ein Informationszentrum unserer Gruppen war bis zum Krieg eine kleine Buchhandlung, deren Inhaber, ein früherer Wandervogel, unauffällig Nachrichten an verfolgte Gruppen weitergab, Verfolgte, die sich nicht zu Hause aufhalten konnten, irgendwo unterbrachte, Leuten, die aus dem KZ kamen, den Weg ins Ausland vorbereitete ...«[52]

Verbindungen zum Exil

Daß für die illegalen Jugendgruppen der Arbeiterbewegung, solange sie ihre Aktivitäten aufrechterhalten konnten und der Krieg die Verbindungen nicht abbrach, die Zusammenarbeit mit gleichgesinnten Kreisen im Exil und von dort her eingeschmuggelte Schriften wichtige Bezugspunkte abgaben, ist schon deutlich geworden. Hinzuweisen ist hier auch auf Versuche einer Kooperation oder Bündigung unterschiedlicher linker Jugendkreise in der Emigration, die u. a. zur Gründung der »Freien Deutschen Jugend« (1937 in Paris und London) als gemeinsamer Organisation linkssozialistischer und kommunistischer junger Emigranten führten.
Weniger bekannt ist, daß Emigranten aus der freien Jugendbewegung verhältnismäßig wirksame politische und publizistische Initiativen entwickelten und zeitweise auch in engem Kontakt mit illegalen Jugendgruppen im »Reich« arbeiteten.
Am 23. Juli 1943 wurde vom 5. Senat des Volksgerichtshofs in Berlin Theo Hespers zum Tode verurteilt. In der Urteilsbegründung hieß es: »Der Angeklagte hat als Emigrant in den Niederlanden von Ende 1933 bis Sommer 1934 an der Einfuhr kommunistischer und anderer marxistischer Hetzschriften in das Reich mitgewirkt. Er hat von 1936 bis zum Frühjahr 1940 zusammen mit dem Emigranten Ebeling am Aufbau einer bündischen Emigrantenorganisation mitgearbeitet, ihn bei der Herausgabe und Verbreitung von Hetzschriften unterstützt und für diese selbst Artikel geschrieben. Er hat weiter vom Herbst 1939 bis

April 1940 in England hergestellte Zersetzungsschriften, die den Willen des deutschen Volkes zur wehrhaften Selbstbehauptung untergraben sollten, in das Reich eingeführt. Er hat endlich vom Herbst 1939 bis Anfang Mai 1940 es fortgesetzt unternommen, sich militärische Nachrichten im Reichsgebiet zu verschaffen, und sie verraten. Er wird deshalb zum Tode verurteilt.«[53]

Dieses Urteil setzte den Schlußstrich unter eine umfangreiche, sich über acht Jahre hin erstreckende Verfolgungsjagd auf die Angehörigen einer antinazistischen, aus der bündischen Jugendbewegung kommenden Widerstandsgruppe, die teils im deutschen Inland, teils in der Emigration aktiv war. Das Zentrum der Tätigkeit dieser Gruppe lag im niederländischen Exil; hier erschien auch die längste Zeit hindurch das von dieser Gruppe herausgegebene Periodikum »Kameradschaft« als wichtigste Publikation der antinazistisch bündischen Jugendkreise nach 1933.

Theo Hespers kam aus der katholischen Jugendbewegung am Niederrhein, einem der für den politisch und sozial engagierten deutschen Katholizismus vor 1933 besonders aufgeschlossenen Gebiete, wo insbesondere die katholischen Arbeitervereine eine starke Bastion hatten. Die Auseinandersetzung zwischen dem aufkommenden Nationalsozialismus und NS-gegnerischen Katholiken war hier schon längst vor 1933 besonders heftig. Hespers war, neben seiner Tätigkeit in jugendbündischen Gruppen, in der »Christlich-sozialen Reichspartei« (Vitus-Heller-Bewegung) aktiv, die sich gegen Ende der Weimarer Republik in »Arbeiter- und Bauernpartei« umbenannte. Es handelte sich hier um eine linke, antikapitalistische Abspaltung von der großen katholischen Zentrumspartei; die »Christlich-soziale Reichspartei« bzw. »Arbeiter- und Bauernpartei« hatte in einigen Regionen, so im Rhein-Ruhrgebiet, in der Arbeiterschaft und in der katholischen Jugendbewegung eine durchaus beachtliche Anhängerschaft. Die Partei ging, ohne ihre weltanschauliche Gegenposition zum Marxismus zu reduzieren, zeitweilig Aktionsbündnisse mit den Kommunisten ein, was ihr den Zorn der kirchlichen Obrigkeiten zuzog. In der Zeit des Dritten Reiches spielten einige Aktivisten dieser Partei eine wichtige Rolle in Widerstandsgruppen der Arbeiterschaft.

Theo Hespers war nach der NS-Machtergreifung einer der ersten, die aus Deutschland fliehen mußten. Er ging in die Niederlande, zunächst in die Nähe von Roermond. Von hier aus entwickelte er einen regen illegalen Kontakt mit katholischen Jugendgruppen am Niederrhein und organisierte die heimliche Einfuhr von antinazistischen Schriften über die »grüne Grenze« nach Deutschland. In der Emigration hielt er gleichermaßen Verbindung zu antinazistischen katholischen Kreisen (so zu der in den Niederlanden von dem Jesuitenpater Friedrich Muckermann herausgegebenen Zeitschrift »Der deutsche Weg«) wie zu kommunistisch-sozialistischen Gruppen. Auf legalen und illegalen Reisen war Hespers darum bemüht, eine Einheitsfront der antinazistischen Jugendverbände bzw. ihrer illegalen Fortsetzungen in Deutschland und ihrer Gruppen in der Emigration zustandezubringen, zunächst mit der Vorstellung, daß auch die kommunistischen Kräfte hier gleichberechtigt mitwirken könnten. Auf dem im Sinne der Volksfrontstrategie ausgerichteten »Weltjugendkongreß« Ende August, Anfang September 1936 in Genf war Hespers einer der drei Repräsentanten der deutschen Jugend. In den Jahren danach löste sich Hespers aus der Zusammenarbeit mit den Parteikommunisten, weil er den hintergründigen Vormachtanspruch der KPD innerhalb der antinazistischen Bewegung nicht zu akzeptieren bereit war und die politische Strategie der KPD bzw. der Kommunistischen Internationale im antinazistischen Kampf in wesentlichen Punkten für falsch hielt.

In dieser Einschätzung, wie auch in der Herkunft aus der bündischen Jugend, traf er sich mit Dr. Hans Ebeling, einem anderen ehemaligen Führer aus der Jugendbewegung, der seit 1934 im Exil in Belgien bzw. in den Niederlanden lebte.

Ebeling war junger Offizier im Ersten Weltkrieg gewesen und kam aus einem konservativ-deutschnationalen Milieu. In den zwanziger Jahren gehörte er zur Leitung des rechtsstehenden »Jungnationalen Bundes« und beteiligte sich mit seinen Gruppen aktiv am Widerstand gegen die Besetzung des Ruhrgebiets durch französische Truppen. Er wurde deshalb von einem französischen Militärgericht in Abwesenheit zum Tode verurteilt. Im nationalistischen Lager der politischen Parteiungen der Weimarer Republik entwickelte sich Ebeling zu einem der Wortführer der »nationalbolschewistischen« Richtung, die Hitler des Verrats an den antikapitalistischen Ideen anklagte und zugleich den Autoritarismus der NSDAP ablehnte. Als Herausgeber der Zeitschrift »Vorkämpfer« gab Ebeling in den letzten Jahren der Weimarer Republik der Gegnerschaft zum NS mehr und mehr den Vorrang vor der ursprünglich mit dem NS gemeinsamen nationalistischen Position; insbesondere sagte er für den Fall der Machtergreifung des NS die innenpolitische Umwälzung in den Diktaturstaat und außenpolitisches Abenteurertum voraus. Der NS-Führung waren Politiker wie Ebeling besonders verhaßt, weil hier der Vorwurf des Mangels an »vaterländischer Loyalität« glaubhaft nicht gemacht werden konnte.

Aus dem Exil leitete Ebeling die illegale Fortführung seiner früheren,

1933 formell aufgelösten Jugendgruppen an und organisierte einen regen Informationsaustausch sowie den Versuch, in Dienststellen des Dritten Reiches antinazistische junge Leute einzuschleusen. Die regionale Verankerung der Gruppen Ebelings am Niederrhein erleichterte den illegalen Grenzverkehr; Pfingsten 1935 trafen sich die Leiter der Inlandsgruppen mit Ebeling in den Niederlanden. Im Herbst desselben Jahres griff die Gestapo zum ersten Mal in großem Maßstab zu; 30 bis 40 Angehörige der illegalen Gruppen des »Jungnationalen Bundes« wurden verhaftet. Im Juni 1937 kamen 12 Führer des heimlichen Bundes vor den Volksgerichtshof in Essen. Der Prozeß, wohl nicht zuletzt als Abschreckungsakt gegen oppositionelle Anhänger der bündischen Jugend gedacht, erfüllte den ihm zugedachten Zweck ganz und gar nicht. Die Angeklagten gingen in der Verhandlung zur offenen Argumentation gegen den NS-Staat über und beriefen sich dabei auf ihre unbezweifelbar patriotische Vergangenheit. Als einer der Angeklagten einen früheren Klassenkameraden des Josef Goebbels über die »nationale Gesinnung« des Reichspropagandaministers als Zeugen der Verteidigung verhören lassen wollte, starb er auf mysteriöse Weise in der Untersuchungshaft, angeblich durch Selbstmord. Zur Niederlage für das NS-System wurde der Essener Jungnationalen-Prozeß, weil es Ebeling und seinen Helfern im Exil gelang, »bürgerliche« Jugendverbände in Belgien, Großbritannien und den Niederlanden für eine Protestkampagne zu mobilisieren, was gerade deshalb in diesem Falle möglich war, weil hier nicht einem »kommunistischen Untergrund« der Prozeß gemacht wurde. Für die Aufklärung über den wahren Charakter des Dritten Reiches in den westlichen Nachbarländern Deutschlands hat die anläßlich dieses Prozesses betriebene Öffentlichkeitsarbeit erheblichen Stellenwert gehabt; für den NS-Staat war sie umso unangenehmer, als er zu dieser Zeit noch Wert darauf legte, sich dem Ausland gegenüber als relativ harmlos darzustellen. Dank der ausländischen Kritik gelang es, einen der Hauptangeklagten im Essener Prozeß vor der beantragten Todesstrafe zu bewahren (er bekam zwölf Jahre Zuchthausstrafe und ist 1943 an den Folgen der Haft gestorben). Aus der Hilfsaktion für die im Essener Prozeß angeklagten Jungnational-Bündischen entwickelte sich dann im Exil ein weitverzweigtes publizistisches und organisatorisches Netz der Sammlung antinazistischer Kräfte aus der Jugendbewegung, dessen Zielrichtung sowohl in der Beeinflussung von Jugendlichen in Deutschland als auch in der öffentlichen Warnung vor Hitler-Deutschland in den Exilländern lag. Zeitweise standen diese Aktivitäten unter dem Namen »Deutsche Jugendfront«; den publizistischen Ausdruck derselben bildeten die von

Theo Hespers und Hans Ebeling herausgegebenen Periodika »Kameradschaft« (Brüssel, dann Amsterdam, 1937 bis 1940), »Rundbrief der bündischen Opposition« (Amsterdam, 1937), »Sonderinformationen deutscher Jugend« (Amsterdam, 1937 bis 1939), und »fanal – zeitschrift oppositioneller jungenschaften« (Amsterdam, 1939/40).54
Das Geheime Staatspolizeiamt in Berlin hat im Februar 1942 einen umfangreichen internen Bericht über die »Deutsche Jugendfront« herausgebracht, der auf Quellen beruhte, die die Gestapo nach der deutschen Besetzung Belgiens, der Niederlande und Frankreichs für sich »erschließen« konnte.
In diesem Bericht hieß es u. a.:
»Bereits seit dem Jahre 1937 war bekannt, daß in den westeuropäischen Staaten Kräfte am Werk waren, die auf bündischer Grundlage versuchten, Zersetzungsarbeit gegen das Deutsche Reich zu leisten. Diese Tätigkeit machte sich vor allem dadurch bemerkbar, daß illegale Schriften nach Deutschland eingeführt wurden ... Es stand fest, daß es sich bei den betreffenden Personen um deutsche Emigranten handeln mußte, die aus der früheren deutschen Jugendbewegung hervorgegangen sind. Erst die Ermittlungen in der letzten Zeit, die durch die militärische Besetzung westlicher Feindstaaten ermöglicht wurden, haben eine Aufklärung erbringen können. Es konnte festgestellt werden, daß es tatsächlich deutschen Emigranten aus der bündischen Jugend gelungen war, im Ausland eine auf den gewaltsamen Umsturz in Deutschland ausgerichtete Organisation zu gründen, die sich ›Deutsche Jugendfront‹ nannte und die über die Länder Schweden, Dänemark, Holland, Belgien, Frankreich, England, Luxemburg, Schweiz, Tschechoslowakei verbreitet war und die auch in verschiedenen überseeischen Ländern Stützpunkte besaß.«[55]
Der Bericht weist dann auf zwei Prozesse hin, die 1941 vor dem Volksgerichtshof in Berlin gegen bündische Jugendgruppen in Deutschland geführt wurden, denen nachgewiesen werden konnte, daß sie in ihrer illegalen Tätigkeit mit dem »französischen Sektor« der »Deutschen Jugendfront« in Verbindung gestanden und antinazistische Publikationen nach Deutschland hineingebracht hatten; Initiator dieses Kontaktes war der damals in Paris im Exil lebende, aus der bündischen Jugendbewegung vor 1933 bekannte Schriftsteller K. O. Paetel. Paetel habe sich auch an der Gründungs-Vorbesprechung der »Jugendfront« in Paris beteiligt, die Ebeling betrieben habe. Dort sei auch Kontakt mit dem Emigranten Koebel-tusk (Gründer der »deutschen jungenschaft vom 1.11.«) aufgenommen worden, der als Redakteur für eine zu gründende Jugendzeitschrift vorgesehen gewesen sei. (Koebel blieb

aber in seinem Londoner Exil und gehörte dort zu den Gründern der Freien Deutschen Jugend). Zur endgültigen Gründung der Deutschen Jugendfront sei es am 17./18. Juli 1937 in Brüssel gekommen. Diskutiert worden sei der Gedanke, eine Art Emigrations-Führung der deutschen Jugendverbände zu bilden, sozusagen als Gegenstück zur NS-Reichsjugendführung. Hespers habe als Ziel der Deutschen Jugendfront in seinem Referat auf der Konferenz formuliert:
»Wir haben eine große gemeinsame Aufgabe: Sturz des Hitlersystems, Aufbau eines neuen Deutschland.«
Das in demselben Sommer in den Niederlanden veranstaltete Weltjamboree der Pfadfinder habe Ebeling benutzt, um Kontakte zum Internationalen Büro der Pfadfinder (Sitz London) zu knüpfen, in der Absicht, die illegal in Deutschland und die in der Emigration bestehenden bündischen Jugendgruppen als deutschen Zweig der Weltpfadfinderbewegung anerkennen zu lassen. Der Chef des Internationalen Pfadfinderbüros (Graf Teleki) habe sich diesem Gedanken zugänglich gezeigt. (Unbekannt war der Gestapo, daß beim Weltpfadfinderjamboree 1937 in den Niederlanden illegal auch Vertreter der verbotenen Pfadfindergruppen aus Deutschland teilnahmen und dort Kontakt mit Ebeling aufnahmen).
Bei weiteren Konferenzen habe sich gezeigt, daß eine Zusammenarbeit der bündischen Emigranten mit den Vertretern der KPD bzw. des kommunistischen Jugendverbandes nicht möglich war; daraufhin sei unter der Anleitung von Ebeling, Paetel und Hespers eine eigene Sammelorganisation NS-gegnerischer Repräsentanten der Jugendbewegung ohne die Kommunisten beschlossen worden, mit den folgenden nächsten Schritten: Herausgabe eines Informationsdienstes, Bildung eigener Jugendgruppen in der Emigration, Bildung von Hilfskomitees in Belgien, den Niederlanden und England; Herausgabe einer eigenen Jugendzeitschrift. »Dieses Programm ist in der Zukunft dann tatsächlich peinlich genau durchgeführt worden«, vermerkt der Gestapo-Bericht.
Gedeckt durch ein niederländisches Hilfskomitee, konnte die Gruppe um die »Kameradschaft« bis zum Beginn des Krieges einer ganzen Reihe in Deutschland verfolgter Bündischer zur Flucht verhelfen, sie in den Niederlanden unterbringen und in die politische Arbeit der Gruppe einbeziehen. Einige von ihnen wurden, als die Gefahr des Krieges immer deutlicher wurde, in außereuropäische Länder weitergeleitet, so u. a. nach Australien, wobei Kontakte zu den dortigen Pfadfinderorganisationen hilfreich waren. Andere Angehörige der um die »Kameradschaft« sich sammelnden Emigration junger Bündischer

aus Deutschland kamen 1940 bei den Emigrantentransporten in Frankreich um oder wurden in den Niederlanden, in Belgien und in Frankreich von der Gestapo gefaßt, 1942 auch Hespers. Gegen zwei Angehörige der Gruppe wurden Todesurteile ausgesprochen und vollstreckt. Ebeling konnte nach England entkommen.

Worin bestand die spezifische politische Sichtweise der Gruppe um die »Kameradschaft«, die sie in mancher Hinsicht von vielen anderen Kreisen der deutschen Emigration unterschied?

Sehr viel eindeutiger als die meisten sozialdemokratisch-sozialistischen oder linksliberalen und – zeitweise – auch als die kommunistischen Emigrationszeitschriften vertrat die »Kameradschaft« die Auffassung, daß jedes internationale Arrangement mit Hitler-Deutschland unmöglich, daß die kriegerische Auseinandersetzung mit dem NS-Staat unvermeidlich und die klare Entscheidung der deutschen NS-Gegner für eine Zusammenarbeit mit den, von Hitler-Deutschland aus betrachtet, »Feindmächten« notwendig sei. Den Anhängern der »Kameradschaft« hat diese Einschätzung der Lage mitunter auch im Kreis der deutschen Emigration den Vorwurf eingebracht, hier hätten sich ehemalige Jungnationale in »Landesverräter« verwandelt; tatsächlich war aber die eben umrissene Position nichts anderes als eine realistische, den machtpolitischen Gegebenheiten nicht ausweichende Konsequenz der Einsicht in den Charakter des NS-Systems, der Einsicht auch in die Tatsache, daß ein politischer Neubeginn in Deutschland nur als Ergebnis einer militärischen Niederlage des NS-Staates zu erreichen war.

Im August-Heft 1939 der »Kameradschaft« stand zu lesen:

»Wann wird die Kriegsmaschine in Bewegung gesetzt werden? Wann wird Hitler der Welt durch plötzlichen Einsatz die neue Überraschung bringen? ... Die deutsche Generalität folgt der dynamischen Kraft des von ihr mit in den Sattel gehobenen Nationalsozialismus. Sie ist nichts mehr als auch die übrige NS-Beamtenschaft, nur daß die Herren einen Säbel tragen ... Die diplomatische Gewohnheit des Hitler-Systems, sein dauernder Vertragsbruch, entspricht der Methode des Überraschungskrieges. Das eine ist nur das Vorspiel des anderen .. Die provokatorische Außenpolitik des Hitler-Systems ist das Vorbereitungsschießen vor dem Überfall, der vor der Kriegserklärung, die nie erfolgt, durchgeführt sein wird, aus ›heiterem Himmel‹, oder besser: eines Nachts ... Irgendeine ihm günstige Situation wird den Nationalsozialismus veranlassen, den kommenden Krieg – im Namen des Friedens natürlich – plötzlich vom Zaune zu brechen ... Im kommenden Krieg wird kein Volk neutral bleiben können. Sie werden alle bis zum letzten Mann und bis zum letzten Kind in die blutige Auseinandersetzung mit hineingezogen werden. Es gibt kein dümmeres Wort als neutral ... Wir müssen die objektive Zwangsläufigkeit, vor die wir als Deutsche gegen Hitler und seine Generale gestellt werden, sehen und danach handeln.«

Nur in ganz wenigen Zeitungen oder Zeitschriften der deutschen Emigration oder überhaupt der späteren Kriegsgegner Hitler-Deutschlands ist die unmittelbare Gefahr des Krieges und die Verlaufsform des Kriegsausbruchs kurz vor dem Überfall auf Polen so zutreffend prognostiziert worden wie in diesem, vermutlich von Ebeling geschriebenen Text.

Eindeutig war auch die Stellungnahme der »Kameradschaft«, nachdem der Krieg begonnen hatte: »Leider wird die Niederlage des Nazi-Systems nur eine militärische sein können. Aber sie erst wird den Weg frei machen zum Sturz Hitlers und seines Systems. Erst nach der Niederlage wird die Bahn frei – für Deutschland.« (»Kameradschaft«, November 1939).

Für die »Kameradschaft« war die Entscheidung gegen den NS-Staat zugleich die Entscheidung für die Mithilfe bei einem Kampf, der sich die militärische Niederlage Hitler-Deutschlands auch aus der Sicht der antinazistischen Deutschen zum Ziele setzen mußte: »Für uns als deutsche Opposition ist unser Platz klar vorgezeichnet. Wir stehen mit allen unseren Sympathien da, wo für die Freiheit gekämpft wird. Das bedeutet dann aber auch für uns, daß wir mit allen uns zur Verfügung stehenden Mitteln uns mit hineinstellen in diesen Freiheitskampf, daß wir nicht andere allein für uns kämpfen lassen, sondern selbst das unsere tun, in dem Bewußtsein, damit am schnellsten und besten zur Befreiung unseres deutschen Volkes aus der Diktatur zu verhelfen ...« (»Kameradschaft«, Februar 1940).

Eine solche Position war zum damaligen Zeitpunkt keineswegs typisch für die antinazistische deutsche Emigration in ihrer Gesamtheit.

Eine Besonderheit der Widerstandsgruppe um die »Kameradschaft« lag ferner darin, daß hier – im Unterschied zu manchen anderen Richtungen der deutschen Emigration – die deutsche Jugend nicht für die sozusagen »geborene« Anhängerschaft der HJ und des NS gehalten wurde, sondern für ein Potential, in dem sich zunehmend Opposition gegen den NS-Staat herausbilden werde. Diese Einschätzung resultierte nicht nur aus der Biographie der Träger der »Kameradschaft«, also aus ihrer jugendbewegten Herkunft, sondern sie war historisch-analytisch begründet. Die »Kameradschaft« prognostizierte, daß sich in lockerer Anknüpfung an die verbotenen Organisationen der bündischen Jugend und deren Lebensformen eine neue, NS-oppositionelle

Bewegung innerhalb der im NS-Staat nachwachsenden Generation ausbreiten werde. Den ganz alltäglichen Entstehungszusammenhang jugendlicher Opposition beschrieb die »Kameradschaft« so: »Eine Staatsmacht, die der Jugend des eigenen Volkes mißtraut, die Wälder und Landstraßen absucht, weil das freie Wandern ›staatsgefährlich‹ ist, eine Staatsmacht, die es nicht einmal gestattet, daß Mitglieder ihrer eigenen Staatsjugend(organisation) auf Fahrt gehen, wenn es nicht im Rahmen des Dienstplans derselben Gruppe befohlen ist (und dann ist es keine Fahrt, sondern lediglich eine militärische Übung), – um eine derartige Staatsmacht ist es traurig bestellt. So hat die (illegale) bündische Jugend stetigen Zuwachs ...«[56]

Im Gestapo-Bericht über die »Deutsche Jugendfront« war Karl Otto Paetel als einer der Aktivisten dieser gegen den NS-Staat arbeitenden Exil-Gruppe genannt worden.

Die im Dünndruck hergestellten »Schriften der jungen Nation«, die Paetel in Paris herausgab, fanden ihren Weg bis in die Hitler-Jugend. Diese Hefte Paetels, der bis zu seiner Flucht aus Deutschland eine Gruppe von »nationalrevolutionären«, aber antinazistischen jungen Leuten aus verschiedenen Jugendbünden von rechts bis links geleitet hatte, nahmen u. a. zu folgenden Themen Stellung: »Der Freiheitskampf des spanischen Volkes«, »Das Erbe der Jugendbewegung«, »Nationalsozialismus und Preußentum.«

Zusammenarbeit mit Paetel war eines der politischen »Verbrechen« einer illegalen Jungenschaftsgruppe im Rheinland, die aus der »Deutschmeisterjungenschaft« kam und mit dem »Grauen Orden« in Kontakt war. Die Führer und älteren Jungen dieser Gruppe wurden 1939 verhaftet und vom Sondergericht bzw. vom Volksgerichtshof, teils im gleichen Jahr, teils 1941 in Berlin wegen »Vorbereitung zum Hochverrat« verurteilt.[57]

Wie kam die Verbindung zwischen einer solchen illegalen Jugendgruppe und deutschen antinazistischen Emigranten zustande – wie wirkte sie sich auf die Tätigkeit der Gruppen im Inland aus? Einen anschaulichen Eindruck davon vermitteln folgende Aufzeichnungen und Auszüge aus einer Anklage- bzw. Urteilsschrift[58]:

»Tagebuch. Juni 1937. So kamen wir nach Paris. Müde und zerknittert, aber happy. Mein Schulfranzösisch, das merkte ich gleich, war hier nicht viel wert; nicht mal ein Glas Wasser konnte ich mir bestellen. So war ich froh, mit den Jungen aus B., die ich in der Bahn kennengelernt hatte, zusammen zu bleiben und in einer Jugendherberge untertauchen zu können. Weltausstellung – Louvre – Wein und Weißbrot am Seineufer – viele schöne Kirchen und Mädchen, in die Eddi und ich

uns laufend verliebten: ca c'est Paris! (Mein Französisch wird schon ansehnlicher!). Eines Tages begegnet uns ein mächtiger Aufmarsch. Tausende. Sie singen die Internationale. Die haben wir lange nicht gehört, und es geht mir durch Mark und Pfennig. Rote Fahnen und große Spanntücher. Wir werden mal wieder angequatscht (unsere kurzen Hosen fallen so auf), diesmal von zwei netten Mädchen ...«
Urteilsschrift des Sondergerichts in H. vom 3. 10. 1939: »Es handelt sich hierbei um die zwei jüdischen Emigranten Judith S. und Sulamith S. Die Jüdinnen hatten den Angeklagten K. und seine Freunde an ihrer Kleidung als Bündische erkannt und da sie, die Jüdinnen, früher ebenfalls der bündischen Jugend angehört hatten, angesprochen. Es wurde ein Zusammentreffen in der Jugendherberge vereinbart, auf dem dann allerlei gesprochen und auch viel gesungen wurde und zwar ausschließlich Lieder bündischen Inhalts. Es erfolgten dann an den nächsten Tagen mehrere Zusammentreffen mit den Jüdinnen. Durch Vermittlung derselben lernten der Angeklagte K. und seine Freunde unter einem Pseudonym einen gewissen Karl Paetel kennen, der in Paris als deutscher Emigrant lebt ...«
Anklageschrift: »Paetel, der Anhänger der sozialrevolutionären Bewegung ist, die die Zersetzung des Nationalsozialismus erstrebt, wird von der Staatsanwaltschaft Berlin steckbrieflich gesucht ...«
Urteilsschrift: »... Paetel versuchte dem Angeklagten K. wie auch seinen Freunden einzureden, daß die bündische Tätigkeit nicht das Ziel, sondern nur ein vorübergehender Zustand sein könne, daß man sich auch politisch betätigen müsse. Die politischen Ziele des Paetel waren, wie schon seine Emigranteneigenschaft vermuten läßt, staatsfeindliche. Er forderte seine Zuhörer auf, seine politischen Gedanken in Deutschland weiterzugeben und auf den Heimabenden der einzelnen Gruppen Politik zu treiben. Er riet insbesondere, die Presse zu lesen und die Verbindung untereinander aufrechtzuerhalten. K. und seine Freunde haben angeblich für die politischen Ziele des Paetel kein Interesse gezeigt, sind aber dennoch mehrfach mit ihm in Paris zusammengetroffen ...«
Anklageschrift: »Im Mai 1938 ging der Angeklagte K. auf die schon lange geplante große Fahrt. Zunächst ist er nach Berlin getrampt, hier suchte er einen L.K. auf, dessen Anschrift ihm Paetel gegeben hatte. L.K. war ebenfalls Angehöriger der dj.1.11 gewesen. Bei ihm machte der Angeklagte ferner die Bekanntschaft der A.K., die die gleichen Ideen wie Paetel vertrat. Von Berlin aus besuchte K. die Bekannten von seiner ersten Pariser Fahrt in B., mit deren Gruppe er dann noch eine Fahrt machte. Hierbei wurden bündische Lieder gesungen und literari-

sche Vorträge gehalten. Der Angeklagte trug dabei ein schwarzes Hemd mit Halstuch ... K. wanderte dann nach S., wo er weiter einen gewissen F.B. aufsuchte, der ebenfalls mit Paetel in Kontakt stand ...«
Urteil: »... Von der Schweiz begab sich dann der Beschuldigte als Tramp über Lichtenstein, Österreich, Jugoslawien, Bulgarien nach Konstantinopel und Athen. Von Athen aus fuhr er mit einem norwegischen Dampfer als Messejunge nach Frankreich und hielt sich etwa eine Woche in Paris auf, wo er wiederum mit Paetel und der S. zusammenkam. Nach seiner Rückkehr von dieser Großfahrt stand der Beschuldigte weiterhin in Schriftverkehr mit Paetel sowie den Jüdinnen. Die Briefe des Paetel lassen klar erkennen, daß es ihm darauf ankommt, innerhalb der Jugend Gruppen zu bilden und sie als Stoßtrupp gegen die Ideen des Nationalsozialismus zu verwenden ...«
Tagebuch: »Der Dampfer aus Kopenhagen legte in Lübeck an. Eine wilde Woche lang waren wir übermütig und frei gewesen. Deutscher Zoll! Und in unseren Tornistern wimmelte es von verbotenen Büchern und Schriften, die uns Walter Hammer aus Dänemark mitgegeben hatte. Mein Affe wurde ungeöffnet vorbeigelassen. Aber Eddi neben mir mußte alles auspacken. Was sind das für Bücher? ›Deutschland über alles‹ las der Zollbeamte, – ›in Ordnung‹. Mit weichen Knien wankten wir an Land. Ein Mann in weißem Regenmantel erwartete uns. ›Bist Du Alf K.? Ich bin Adam. Bei dir war Haussuchung. Alles ist gefunden, vor deiner Tür steht die Gestapo. Mach, daß du wieder über die Grenze kommst!‹ Hinter einem Schuppen leerten wir unsere Tornister von der verbotenen Lektüre. Die Fahrt nach Hamburg verlief ohne Zwischenfälle. Unterwegs Kriegsrat: Ich soll bei Eddi übernachten, in einem Park meine Mutter treffen, Devisen kaufen und dann über Flensburg flüchten ... In der Jugendherberge Flensburg wurde ich verhaftet ...«
Urteil: »Bei der Strafzumessung ist bezüglich des Angeklagten K. straferschwerend berücksichtigt worden, daß er sich in großem Ausmaße in bündischem Sinne betätigt hat. Er hat sich auf seinen Fahrten nicht gescheut, im Ausland mit Emigranten und Personen jüdischer Abstammung Verbindung aufzunehmen, obwohl ihm bekannt war, daß diese Personen ihn für ihre politischen Ziele gewinnen wollten. Ob und wie weit dieses den Emigranten und ihren Helfershelfern gelungen ist, konnte nicht festgestellt werden. Die Tatsache aber, daß der Angeklagte die Verbindung mit diesen Personen aufrechterhalten hat, zeigt, in welchem Umfange er dem ungebundenen Leben der bündischen Jugend bereits verfallen ist ...«.
Ein anderer Angehöriger dieses Jungenschaftskreises berichtet ergän-

zend: »Die beiden jüdischen Mädchen, die wir in Paris durch Zufall trafen (sie sahen unsere Jungenschaftsjacken und sprachen uns daraufhin an), waren früher in Berlin im Kreis der dj.1.11 gewesen. Sie brachten uns nun in Paris in Kontakt mit Paetel; daraufhin wurden 1937, 1938 und auch Ostern 1939 bei Fahrten unserer Gruppe in Frankreich politische Arbeitstagungen mit Paetel veranstaltet. Die antinazistischen Hefte unter dem Titel ›Schriften der jungen Nation‹, die Paetel in der Emigration herstellte und illegal nach Deutschland bis in die HJ hinein verbreitete, brachten wir von unseren Fahrten in Feldflaschen schwarz mit über die Grenze. Von Inlandstexten kursierten bei uns u. a. die Reden des Bischofs Galen und die Ansprachen Ernst Wiecherts. Obwohl wir mit einiger Vorsicht arbeiteten, z. B. uns bei unseren Fahrten immer erst auswärts trafen, ging dann im Herbst 1939 unsere Gruppe hoch. Anlaß dafür war der Besuch eines Konzerts des Donkosakenchors; da ein einzelner von uns schon einmal in anderem Zusammenhang wegen Verdacht hochverräterischer Tätigkeit verhaftet gewesen war, ließ sich die Verbindungslinie nun leicht herstellen. Aussagen versuchte die Gestapo u. a. aus einem 14jährigen Jungen unserer Gruppe herauszupressen. Einige Jüngere, die zunächst verhaftet gewesen waren, kamen später wieder frei; sieben Jungen aber blieben in Haft, fünfen davon wurde nach 18 Monaten Untersuchungshaft dann im September 1941 vor dem Volksgerichtshof in Berlin der Prozeß wegen ›Vorbereitung zum Hochverrat‹ gemacht. Strafverschärfend war dabei, daß wir unsere Zusammenarbeit mit Paetel selbst noch nach Kriegsausbruch aufrechterhalten hatten ... Da man mir selbst eigentlich nichts nachweisen konnte, kam ich mit eineinhalb Jahren Gefängnis davon; nach meiner Haftentlassung konnte ich später in Wiesbaden noch einmal eine illegale Jungengruppe aufbauen ...«[59]
Ein anderer der damals Beteiligten, zur Zeit der Inhaftierung 19 Jahre alt, erinnerte sich an seine Erlebnisse im Prozeß:
»Ich weiß nicht, ob die Sonne scheint oder der Himmel im grauen Nebel ertrunken ist. Seit Monaten haben uns kalte, hohe Mauern gefangen gehalten und jetzt soll Recht gesprochen werden. Das Gefängnisauto rumpelt durch Berlin. Es gibt darin nur winzige Zellen, keine Fenster, keinen Ausweg, und die Gesichter unserer Bewacher sind hart und abweisend. Wir werden scharf getrennt gehalten, im Hof des Volksgerichts ausgeladen, einzeln in dumpfe Kellerzellen abgeführt.
Trotz meines schlechten Gesundheitszustandes, des Hungers und der Einzelhaft zweier Jahre bin ich hellwach, weiß jeden Augenblick: oben wartet auf dich das blutdürstige Gericht, der ›Deutsche Volksgerichtshof‹. Ein Schlüssel rasselt an der Zellentür. Mitkommen! Auf

dem Gang stehen die Freunde. Wir grüßen uns stumm mit den Augen, wissen, daß wir in den nächsten Tagen nicht allein stehen werden, und das ist nach aller Einsamkeit der letzten Jahre schon sehr viel. Der Gerichtssaal oben ist hell. Große Fenster öffnen sich zu einem Park hin, lassen Bäume sehen und nahe Freiheit ahnen. Der Gedanke an Flucht springt sogleich auf und wird von der schmerzhaften Erkenntnis der Ausweglosigkeit zurückgedrängt. Wir werden auf die Anklagebank geführt. Schwer bewaffnete Polizei steht hinter uns. Hat der Führer so viel Angst vor dem Freiheitswillen einiger Jungen? Fühlt sich diese ganze gewaltige Staatsmaschinerie durch uns wenige einzelne, die sich nicht beugen wollen, so bedroht? Oben am Richtertisch sitzt schon der Reichsanwalt in roter Robe, darunter drohend das Schwarz der SS-Uniform. ›Aufstehen‹! Das hohe Gericht zieht ein, ordensgeschmückte Parteiuniformen. ›Hinsetzen‹. ›Im Namen des Deutschen Volkes ...‹ Die Personalien werden festgestellt. Einzeln stehen wir ›jungen Verbrecher‹ gegen die Autorität des Staates. Eine Welle von Haß schlägt über uns. ›Ihr habt es gewagt‹. Der Präsident hackt mit Fragen nach uns, die wir doch nur noch Haut und Knochen sind, vom Willen nach Leben und Freiheit mühsam zusammengehalten. Die Anklagereden des Reichsanwaltes beginnen ... Irgendwo im Zuschauerraum steht der Vater von Heli. Seine Blicken finden uns, versuchen Kraft zu geben. Von der Wand starrt das Bild des Diktators. Der Führer steht auf dem Höhepunkt seiner Macht. Und wir, das winzige Häuflein Jungenschaft, haben es gewagt, Widerstand zu leisten gegen seine braunen Heerscharen. Mich ergreift ein Gefühl der Verlorenheit, des Umsonst. Sollte doch alles sinnlos gewesen sein? War es Wahnsinn, sich nicht zu beugen, nicht mit den Wölfen zu heulen, wie es uns die alten und erfahrenen Leute immer gesagt hatten? Die größte Brutalität würde ja doch siegen. Wir dagegen sind Entrechtete, Verbrecher, Verräter. Selbst unsere Anwälte, bekannte und erfahrene Juristen, werden behandelt wie Muskoten auf dem Kasernenhof. In den Pausen gelingt es ihnen, uns etwas Brot und einige Zigaretten zuzustecken ... Die Richter wissen für den Grad unserer Verworfenheit keine Ausdrücke mehr zu finden. Immer wieder werden wir einzeln herausgeholt, vor die Richter gestellt, und mit endlosen Fragen und Beschimpfungen gequält. Wir kennen dies alles schon aus den monatelangen Verhören, diese Fragen nach unseren Fahrten, nach unseren Feunden und nach unserer Ansicht zum Attentat auf den Führer. Die Gesichter dort oben sind unbarmherzig. Das Wort Verbrecher kehrt immer wieder. Verbrechen gegen den Führer, gegen die Partei, gegen das ganze Deutsche Volk. Warum eigentlich? Wir haben geglaubt, daß dieses

Regime jede Freiheit unterdrückt und darum haben wir gehandelt. Ein Ermittlungsrichter nur, der Volksgerichtsrat G., der als Zeuge gegen uns aussagen soll, will uns gerecht werden. Ein Mann unter diesen Parteimaschinen! Einige Jahre später wurde auch er erschossen. Die Anwälte versuchen vergebens, sich in den Verteidigungsreden durchzusetzen. Sie werden angefahren, unterbrochen, in ihrer Redezeit beschränkt. Es ist ja doch alles umsonst. Bis zur Verurteilung warten wir in den Kellerzellen. Ein mitleidiger Wärter hat mich und Eddi zusammen eingesperrt. Jahre von Zuchthaus sind beantragt. Wir haben keine Hoffnung mehr. Ich lege die Hand auf Eddis Schulter. Wenigstens jetzt sind wir nicht allein.– Das Urteil erfolgt am späten Abend. Der Saal ist hellerleuchtet. Vertreter der Reichsjugendführung und ein Kursus von BDM-Führerinnen sind anwesend. Was wollen sie eigentlich hier? Wir wollten und werden doch nicht in ihren Reihen stehen. Wir haben unser Urteil entgegenzunehmen, jahrelange Zuchthausstrafen, Verlust aller bürgerlichen Rechte. So rächt sich der Staat an uns, weil wir es wagten, anders zu sein, als es der Führer bestimmt hat ... Später das Gefängnis in Moabit, halbdunkle Luftschutzbeleuchtung, in den Gängen endlose Reihen von Zellentüren. Alles Elend der kalten Mauern fällt über mich her. Wenn ich nur schlafen könnte! Wie ein riesiges Gebirge steigen die Jahre vor mir auf, unübersteigbar. Einige Tage später öffnet sich abends die Tür. Ich liege schon auf der Pritsche. Achtung, brüllt der Wärter, und ich fahre auf. Im Flurlicht stehen hohe HJ-Führer der Reichsjugendführung. Gut genährt, selbstzufriedene Gesichter. Wie sicher sie sind in ihren Uniformen! ›Hast Du es jetzt eingesehen? Es ist aus mit Euch. Wir haben das Kampfgebiet West gegen die Bündische Jugend geschaffen und werden endgültig aufräumen.‹ Was wollen sie nur. Es gibt keine Brücke mehr zwischen uns. Ich bin jetzt Zuchthäusler, Verbrecher, gehöre zum Abschaum der Nation. Dann begehre ich auf, glauben Sie, uns mit diesen Methoden überzeugen zu können? Sie mögen uns unterdrücken, Sie können vielleicht die Organisation zerschlagen. Sie mögen tun was Sie wollen, den Einzelnen werden Sie nicht fassen können! Ich rede, wie im Fieber. Vor meinem Ausbruch weichen sie zurück. Ich lege mich einfach nieder auf die Pritsche. Der Wärter will brüllen, die hohen Herren winken ab. Die Tür rasselt zu. Ich bin allein und weiß doch gerade jetzt, daß alles nicht umsonst sein kann ...«.[60]

Zwischen Swing und Edelweiß – ›wilde Jugendgruppen‹

Schon ab 1937/38, nachdem die HJ als Staatsjugend mit ihrer Großorganisation und ihrer zunehmenden Reglementierung dem Bedürfnis nach jugendlicher Selbstbestimmung in Kleingruppen immer weniger Spielraum gelassen hatte, kam in einigen Großstädten des Reiches als Gegenbewegung zur HJ eine oppositionelle jugendliche Gruppenbildung zum Vorschein. Oft ohne direkten Traditionszusammenhang mit der verbotenen Bündischen Jugend oder den ausgeschalteten Jugendorganisationen der Arbeiterbewegung, traten dabei gleichwohl bündische Stilelemente deutlich hervor, und das Milieu von Arbeitervierteln, in denen sich eine kritische Reserve gegenüber dem NS erhalten hatte, war ein wesentliches Rekrutierfeld dieser »wilden« Jugendgruppen.
Ein Beispiel dafür sind die sogenannten »Meuten« in Leipzig, deren »Rädelsführer« in zwei Verfahren, vor dem Volksgerichtshof in Berlin am 28. Oktober 1938 und vor dem 2. Strafsenat des Oberlandesgerichts Dresden am 22. und 25. Januar 1940, verurteilt wurden. Im Dresdener Urteil wurde über das »Wesen der Leipziger Meuten« u. a. folgendes festgestellt:
»Für das Land Sachsen war durch die Verordnung vom 31. März 1937 die ›Bündische Jugend‹ (BJ) verboten worden. Noch in demselben Jahre machten sich in Leipzig Gruppen von Jugendlichen bemerkbar, welche die verbotene BJ insofern nachahmten, als sie sich mehr oder weniger nach ihrem Vorbild einheitlich kleideten, so daß schon an der äußeren Aufmachung eine gewisse Zusammengehörigkeit erkennbar war. Die vollständige Tracht bestand bei den Burschen im Sommer aus einer kurzen Lederhose, einem buntkarierten Skihemd, einem Koppel und Lederhosenträgern, im Winter aus einer langen blauen Skihose und einer Slalombluse. Dazu wurden Bundschuhe und weiße Kniestrümpfe getragen. Unter diesen Jugendlichen befanden sich auch Mädchen. Ihre Tracht war bis auf den dunklen Rock, den sie statt der Lederhose trugen, derjenigen der Burschen ähnlich. Besonders beliebt waren bei Burschen und Mädchen rote Halstücher. An ihrem ›Geschirr‹ erkannten sich die Mitglieder dieser Jugendgruppen, für welche mit der Zeit der Name ›Meute‹ in Aufnahme kam. In Leipzig bildete sich eine ganze Anzahl solcher Meuten. Manche von ihnen hatten zahlreiche Mitglieder. Der Zeuge W. beziffert die Zahl der Jugendlichen, die zu diesen Meuten in irgendwelcher Verbindung standen, auf 1500. Die einzelne Meute trat nicht als eine fest geschlossene Einheit unter

von ihr gewählten Namen auf, vielmehr waren es mehr oder weniger lose Vereinigungen, deren Mitglieder nach den Örtlichkeiten, an denen sie sich vorzugsweise zu treffen pflegten, unterschieden wurden. Am bekanntesten sind die Meuten ›Hundestart‹, ›Reeperbahn‹ und ›Lille‹ geworden. ›Hundestart‹ hieß im Volksmund der alte Friedhof in Leipzig-Kleinzschocher, ›Reeperbahn‹ die Schlageterstraße in Leipzig-Lindenau wegen der dort befindlichen zahlreichen Kinos und Wirtschaften, und ›Lille‹ ist nach dem Lilienplatz genannt, wie im Volksmunde der Bernhardiplatz in Leipzig-Reudnitz hieß. An den genannten Orten kamen immer wieder dieselben jungen Burschen und Mädchen zusammen, so daß mit der Zeit jeder Kreis eines gewissen Zusammenhalts nicht entbehrte ... Zunächst war man geneigt, die Meuten als Auswüchse großstädtischen Rowdytums zu behandeln. Dann glaubte man in ihnen wegen ihrer Tracht eine Fortsetzung der verbotenen BJ sehen zu müssen. Schließlich stellte es sich heraus, daß den Meuten eine erhebliche innerpolitische Bedeutung beizumessen ist. Sie entwickelten sich – mindestens gilt es von einem Teil der Meuten – zu einem gefährlichen Gegenspieler der HJ und des BDM als der Staatsjugend. Gerade die bewußte Ablehnung der Staatsjugend war für viele Meutenangehörige der Anreiz, sich einer Meute zuzugesellen. In dem Bewußtsein des gemeinsamen Kampfes, den man gegen die Staatsjugend zu führen gedachte, fühlte man sich zueinander hingezogen ... Besonders die Disziplin in den nationalsozialistischen Organisationen war ihnen verhaßt. Es ist bekannt geworden, daß sie ein ungezwungenes und liederliches Leben, besonders auch in geschlechtlicher Hinsicht, führten ... Für die Meuten kennzeichnend wurde die Erfahrung, daß sie sich gerade in den Stadtteilen Leipzigs zusammenfanden, die zur Systemzeit als Hochburgen der marxistischen Parteien gegolten hatten. Die Wirtschaften, die sie besuchten, waren dieselben, in denen sich früher die kommunistische Jugend versammelt hatte. Einzelne der Meutenangehörigen kamen zu diesen aus den Kreisen des KJVD und der kommunistischen Jungpioniere. Sie pflegten die Tradition jener staatsfeindlichen Jugendgruppen. Den Neulingen erzählten sie von den Fahrten, die sie früher gemacht hatten und dem Lagerleben und organisierten weitere Fahrten, bei denen durch das gemeinsame Absingen marxistischer Lieder die Stimmung im marxistischen Sinne beeinflußt werden sollte. Man vermied den deutschen Gruß und ersetzte ihn durch den Gruß der Roten Jungpioniere ›Seid bereit – immer bereit‹, den man in einer verstümmelten russischen Übersetzung – bud cadoff – gebrauchte. Man wußte, wo und wann man sich traf, ohne daß es einer besonderen Verabredung bedurfte. Viele Angehörige der Meuten fanden sich regelmäßig an den bekannten Treffpunkten ein, manche an jedem Abend oder doch 2–3 mal in der Woche. Den Gesprächsstoff in den Gruppen, die sich auf diese Weise zusammenfanden, bildeten vielfach politische Erörterungen. Die Anregung dazu wurde Berichten entnommen, die ausländische Sender, insbesondere der Sender Moskau, über Ereignisse der Tagespolitik brachten ...«[61]

Der Volksgerichtshof und die Dresdener Richter behaupteten, daß die »Meuten« der Jahre 1937–1939 als eine Neubildung kommunistischer Jugendorganisationen zu betrachten und entsprechend zu verfolgen seien, räumten jedoch ein, daß eindeutig kommunistische Zielsetzungen nur bei einigen Meuten unter dem Einfluß einzelner Führer nachgewiesen werden konnten. Schon die in einigen Meuten gängigen Grußformeln (»Servus«, »by, by«) verwiesen auf ein anderes Genre. Gemeinsam sei aber auf jeden Fall das Ziel gewesen, die HJ aus bestimmten großstädtischen Vierteln zu verdrängen »und die Straße für sich zu erobern«.

Einer der Angeklagten erklärte in der Dresdener Hauptverhandlung, zur Gewinnung weiterer Mitglieder habe es keiner besonderen Aufklärungsarbeit gegen die HJ bedurft: »Die Jugendlichen waren alle schon anders eingestellt, die brauchten wir nicht erst bereit zu machen.« Die meisten Meuteangehörigen gehörten der HJ entweder nicht an oder entzogen sich dem HJ-Dienst. Sie verneinten vor Gericht, kommunistische oder andere politische Zielsetzungen verfolgt zu haben, räumten aber die Gegnerschaft zur HJ und Schlägereien mit HJ-Führern ein. »Sie waren alle scharfe Gegner der HJ und lehnten den Deutschen Gruß ab« resümierte das Dresdener Gericht und kam zu dem Ergebnis: Allein schon der Zusammenschluß in organisierten Gruppen außerhalb der HJ mit dem Ziel, durch den Zusammenhalt andere Bestrebungen der Jugendlichen als die der HJ zu fördern, verstoße gegen das Hitlerjugendgesetz.

Zur gleichen Zeit, etwa ein Jahr vor dem Krieg, machten sich auch in Westdeutschland vom NS so genannte »wilde Jugendgruppen« bemerkbar, die später als »Edelweißpiraten« in Erscheinung traten. Ihre Vorläufer hatten diese Gruppen in den illegalen »Navajos« und »Kittelbachpiraten«, die im Rheinland vor allem 1937 in einer Reihe von Verfahren verfolgt worden waren; hier ergaben sich Verbindungen zu Gruppen des vor 1933 besonders im rheinischen Raum vertretenen »Nerother Wandervogel«.

Eine andere Spielart jugendlichen »Cliquenwesens« trat, ebenfalls schon vor Kriegsbeginn, zum ersten Mal in Hamburg hervor. In einer späteren Denkschrift der Reichsjugendführung[62] heißt es dazu:

»Im Winter 1937/38 schlossen sich in Hamburg Jungen und Mädchen meist aus gehobenen Gesellschaftsschichten, die sich schon von der höheren Schule oder aus exclusiven Sport-Klubs kannten, beim Eislaufen zur sogenannten ›Eisbahn-Clique‹ zusammen. Man besuchte gemeinsam ein bestimmtes Lokal, trug auffällige Kleidung und schwärmte für englische Musik und englischen Tanz ...« Daraus ging später die »Swing-Jugend« hervor, über die im folgenden noch mehr zu sagen sein wird.

Über Vorgänge in Frankfurt heißt es in derselben Denkschrift der Reichsjugendführung:

»Im Februar 1939 wurde in Frankfurt von 14–20jährigen Jugendlichen, hauptsächlich höheren Schülern und Lizeumsschülerinnen, der ›Harlem-Club‹ gegründet. Der Name stammt von einer im Club besonders beliebten Negertanzplatte. Im Herbst 1939 wurde von den bei der Erntehilfe eingesetzten Mädchen ebenfalls in Frankfurt der ›OK-Gang-Club‹ gegründet. Der Zweck dieser beiden Klubs, die zusammen ungefähr 160 Jugendliche umfaßten, war die Veranstaltung von Festen, bei denen nach englischen Schlagerplatten getanzt und im übrigen wahllos Geschlechtsverkehr betrieben wurde. Für alles Englische bestand – wie bei der Swing-Jugend – besondere Vorliebe. Englische Sitten und Kleidung wurden nachgeahmt ...«.[63]

Obwohl die Denkschrift den »unpolitischen« Charakter solcher Clubs unterstrich, erblickte sie in ihnen gefährliche Gegenströmungen gegen das HJ-Erziehungsideal. Auch für München berichtete die Denkschrift über Entwicklungen vergleichbaren jugendlichen Cliquenwesens, sogenannte »Blasen«, die schon vor Kriegsbeginn, in Opposition zur HJ, größere Bedeutung erlangten:

»Diese ›Blasen‹ sind lose Zusammenschlüsse Jugendlicher zu gemeinsamer Unterhaltung und gemeinsamen Vergnügungen. Durch ihr geschlossenes Auftreten werden die ›Blasen‹ zu Beherrschern von Tanzböden oder Lokalen 2. Ranges oder bestimmten Plätzen und Straßenzügen. Das führt zu Anrempeleien und Schlägereien mit anderen ›Blasen‹ und gelegentlich auch mit Erwachsenen. Diese ›Blasen‹ sind in München seit Jahrzehnten vorhanden und bekannt, wenn auch früher nur in geringem Umfang. – Nach Einführung der Jugenddienstpflicht wurden sie in Opposition zur Hitler-Jugend gedrängt, da sie sich deren Zucht nicht unterordnen wollen. Das führte zu vereinzelten Schlägereien und Überfällen auf Hitler-Jugend-Angehörige (besonders des Streifendienstes) ... Seit etwa 1937 ist jedoch auch in München eine gefährliche Entwicklung festzustellen. Diese besteht darin, daß die Bandenbildung erheblich zugenommen hat und in den letzten Jahren eine ausgesprochene Modeseuche unter den Münchener Jugendlichen geworden ist ...«

In ihrer Zusammenfassung gelangte die Reichsjugendführung in der internen Denkschrift zu folgenden Feststellungen:

»Die Bildung von Cliquen, das heißt von Zusammenschlüssen Jugendlicher außerhalb der Hitler-Jugend, hat sich seit einigen Jahren vor dem Kriege, besonders aber im Kriege in einem Maße verstärkt, daß von einer ernsten Gefahr der politischen, sittlichen und kriminellen Zersetzung der Jugend gesprochen werden muß. Die Cliquen stehen zumTeil in offener politischer Gegnerschaft zum Nationalsozialismus und zur Hitler-Jugend ...«.

Zwar habe es derartige Zusammenschlüsse von Jugendlichen schon immer gegeben, aber erst mit der Entwicklung der HJ zur »Staatsjugend«, nach der vorangegangenen »Auflösung oder Einschmelzung der bündischen, konfessionellen und politisch-gegnerisch eingestellten Jugendverbände« in den Jahren 1933–1935 sei es »zu einer Unzahl wilder Cliquenbildungen«, vor allem im »Westen des Reichs« gekommen, wo »von der Reichsjugendführung in Zusammenarbeit mit Sicherheitspolizei und Staatsanwaltschaft eine besondere Zentralstelle West mit dem Sitz in Düsseldorf geschaffen werden mußte, die von 1937 bis 1938 bestand«. »Seit den Jahren 1936/37« habe sich aber »auch im übrigen Reich eine stärkere Bildung wilder Jugendgruppen bemerkbar« gemacht.

Bei der Untersuchung der Gründe dieser Entwicklung kam die Reichsjugendführung selbst zu bemerkenswerten Einsichten: »Im Entwicklungsalter (der ›Pubertät‹) gerät der Jugendliche mit wachsendem Selbstgefühl in Gegensatz zu den früher von ihm anerkannten Autoritäten, Elternhaus, Schule und zur gesamten Erwachsenenwelt. Gleichzeitig hat er das Bestreben, mit Gleichaltrigen und Gleichgesinnten eine Gemeinschaft zu bilden.«

Die Hitler-Jugend habe ihre Erziehungsarbeit zwar auch auf dieser psychologischen Grunderkenntnis aufgebaut, aber im Gegensatz zur Bündischen Jugend »die Jugendgemeinschaft nicht zum Selbstzweck« gemacht, sondern vor allem zum »Mittel der Erziehung der jungen Menschen zum kommenden Träger des nationalsozialistischen Staates«, weshalb innerhalb der HJ »für ein wildromantisch-ungebundenes Eigenleben wenig Raum« geblieben sei: »Dazu kommt, daß ein Teil der Jugendlichen sich von vornherein nicht in eine festumrissene Gemeinschaft wie die Hitler-Jugend einordnen will. Sei es, daß er anlagemäßig (!) asozial ist, daß er aus persönlichen Gründen den Eintritt in die Hitler-Jugend ablehnt, oder daß er aufgrund politischer oder

konfessioneller Beeinflussung, deren Träger in manchen Fällen noch das Elternhaus ist, sich gegen die Hitler-Jugend auflehnt.
Diese unruhigen Elemente sammelten sich außerhalb der Hitler-Jugend. Sie ergänzten sich durch viele, die wieder aus der Hitler-Jugend ausschieden, weil ihnen die dort geforderte Ein- und Unterordnung nicht behagte, oder die im Zeitpunkt der Überweisung vom Jungvolk zur Hitler-Jugend ›verloren gingen‹, weil sie es nicht fertigbrachten, sich in die neue Gemeinschaft einzuleben.«

Die jugendliche Cliquenbildung, so ein weiteres Fazit der Denkschrift, sei »eine ausgesprochen städtische Erscheinung«, auf »dem flachen Lande« spiele sie »keine Rolle«. Diese Feststellung traf freilich nur auf eine bestimmte Form »wilder Jugendgruppen« zu.

Der Bericht der Reichsjugendführung läßt einige der Gründe aus, die gerade unter der arbeitenden Jugend in den Städten, wie aus anderen Beobachtungen hervorgeht, zur »romantischen« Kompensation für das auferlegte Leistungssoll führten. Zu nennen sind hier die 1938/39 mit den Notdienstverpflichtungen einsetzende Praxis der Arbeitsämter, jugendliche Lehrlinge und Gesellen an unbeliebte Arbeitsplätze zwangsweise zu vermitteln, und die zunehmende Wochenstundenzahl der geforderten Arbeitsleistung in der Rüstungswirtschaft schon in den ersten Kriegsjahren. Zeugnisse über die sich daraus ergebende Arbeitsunwilligkeit unter Jugendlichen sind den Berichten der den Wehrkreiskommandos zugeordneten militärischen »Rüstungsinspektionen« und lokaler Wehrkreiskommandos zu entnehmen.

Die schon vor 1939 in den Großstädten, bei Jugendlichen sowohl aus den Unterschichten als auch aus »besser situierten« Kreisen, erkennbare Tendenz zur Absonderung von der HJ und von den Erziehungsnormen des NS-Regimes gewann durch den Krieg und vor allem seit 1941, nachdem die erste Welle der Sieges-Euphorie vorbei war und der totale Krieg sich bemerkbar machte, wachsende Bedeutung.

Nach dem Übergang der HJ zur Organisation mit Jugenddienstpflicht entwickelte sich im Verlauf des Krieges bei Jugendlichen zunehmend eine Renitenz gegen den HJ-Drill, Abneigung gegen die Unterdrückung jugendlicher Lebensbedürfnisse durch staatlich verordnete Kriegshilfsdienste und Arbeitsanforderungen, wobei die Grenzen zu herkömmlichen Formen jugendlichen »Bandenlebens« mitunter fließend waren. Dabei ist freilich zu bedenken, daß erst durch die NS-Gesetzgebung zum Teil neue, spezifisch totalitäre Normen von »Kriminalität« gesetzt wurden; als »verwahrlost« galt nun auch, wer sich den Zwängen der staatlichen Jugenderziehung verweigerte.[64]

Bereits im Januar 1940 beklagten die Teilnehmer einer internen

Dienstbesprechung der Spitzen von Sicherheitspolizei und SD, Reichsjugendführung und anderen Staats- und Parteidienststellen eine vehement ansteigende »Jugendverwahrlosung« und »Jugendkriminalität«.[65] Die Folgen derselben seien so schwerwiegend, daß auch die »Wehrfähigkeit« tangiert werde; notwendig seien strafrechtlich-polizeiliche Gegenmaßnahmen und eine Stärkung der Funktionsfähigkeit der HJ. Am 9. März 1940 erließ Himmler in Vertretung des Reichsministers des Innern eine »Polizeiverordnung zum Schutze der Jugend«, in der festgelegt war: Jugendliche unter 18 Jahren durften sich »während der Dunkelheit« nicht »auf öffentlichen Straßen und Plätzen oder an sonstigen öffentlichen Orten herumtreiben«; der Zugang zu öffentlichen Lokalen, Lichtspieltheatern u. ä. war für Jugendliche ohne Begleitung von Erziehungsberechtigen nach 21 Uhr generell, für Jugendliche unter 16 Jahren war der Lokalbesuch auch vor 21 Uhr verboten; Alkoholgenuß in Gaststätten wurde für Jugendliche eingeschränkt bzw. untersagt, ebenso für Jugendliche unter 18 Jahren der »Genuß von Tabakwaren in der Öffentlichkeit«.
Um bei der Sanktionierung von abweichendem Verhalten Jugendlicher flexibler und rascher zugreifen zu können, wurde mit Verordnungen des Ministerrats für die Reichsverteidigung vom 4. Oktober und 28. November 1940 ein neues Mittel eingeführt, der »Jugendarrest« (Arretierung von Jugendlichen durch jugendrichterliche oder polizeiliche Strafverfügung für höchstens einen Monat oder vier »Wochenendkarzer«). Roland Freisler, damals Staatssekretär im Reichsjustizministerium, begründete die Notwendigkeit des neuen Strafmittels, dem sich »ein weites Feld« eröffne, damit, daß die Richter in Jugendstrafsachen vor einer regelrechten Haftverhängung vielfach zurückschreckten bzw. auch bei Verurteilung diese Haft aussetzten:
»... Ein Gefängnis, das der Jugendliche gar nicht kennen lernte, nicht einmal sah, konnte ihn weder vor künftigen Taten zurückschrecken lassen, noch ihn zum Nachdenken über sich selbst veranlassen ... Die Wirkung der Verurteilung verblaßte ... unter dem den Verurteilten beruhigenden Eindruck, daß man ja nur eine Strafpolitik des ›als ob‹ ihm gegenüber betreibe ...«[66]
Freisler war es auch, der in einem Erlaß vom 24. Oktober 1941 die Oberlandesgerichtspräsidenten und Generalstaatsanwälte anwies, speziell gegen »fehlende Arbeitsdisziplin« Jugendlicher den Jugendarrest »als geeignetes Zuchtmittel« im beschleunigten Verfahrensweg und mit sofortiger Vollstreckung einzusetzen. Dabei sei darauf zu achten, daß im Jugendarrest die Jugendlichen »unbedingt zu harter Arbeit, die sie auch körperlich ganz beansprucht, nachhaltig angehalten

Jugendarrest als »Ehrensache«

Aus einem Lagebericht des Oberlandesgerichtspräsidenten in Düsseldorf vom 3.3.1942:

»Nach den bisher vorliegenden, meist von den Jugendrichtern herstammenden Mitteilungen konnte angenommen werden, daß der Jugendarrest durchweg auf die beteiligten Jugendlichen einen günstigen Eindruck gemacht und insofern ersichtlich erfolgreich gewirkt habe. Ein einigermaßen abweichendes Bild ergab sich jedoch aus einem längeren mir zugänglich gemachten Rundschreiben des Herrn Reichstreuhänders der Arbeit für das Wirtschaftsgebiet Westfalen, dessen Geschäftsbereich sich auch auf den Oberlandesgerichtsbezirk Hamm erstreckt, vom 23.12.1941, das sich auf die auszugsweise mitgeteilten Berichte der sämtlichen Arbeitsämter gründete. Die Mehrzahl dieser Berichte spricht sich hinsichtlich der Jugendlichen, über die Jugendarrest wegen Verstoßes gegen die Arbeitspflicht (Arbeitsdisziplin) verhängt war, dahin aus, daß eine spürbare und sogar jede Schockwirkung der Verhängung und des Vollzuges von Jugendarrest nicht zu erkennen gewesen sei. Meist wird dies freilich darauf zurückgeführt, daß die ergriffenen Maßnahmen zu spät oder zu milde gewesen seien. Dabei wurde zwar anerkannt, daß in der anfänglich vermißten Beschleunigung bei Verhängung und Vollzug später eine wesentliche Besserung eingetreten sei, anderseits aber die Meinung vertreten, daß der Wochenendarrest durchweg eine nachhaltige Wirkung auf die Betroffenen vermissen lasse. Mehrfach wurde sogar berichtet, der Wochenendkarzer sei eine Maßnahme, deren Erleben von vielen Jugendlichen als ›Ehrensache‹ oder als eine ›romantische Angelegenheit‹ bezeichnet werde; es seien Äußerungen gefallen wie die: ›Jeder ordentliche deutsche Junge müsse auch einmal im Jugendarrest gewesen sein‹ ...
Im ganzen genommen hätten die Arbeitsvertragsbrüche der Jugendlichen seit der Einführung des Jugendarrestes nicht abgenommen; in einzelnen Berichten war angegeben, daß die Betroffenen rückfällig geworden seien. Viel wirksamer als der meist angewandte Wochendkarzer hätte sich die Verhängung von Schutzhaft oder Arbeitserziehungslager wie überhaupt der unerbittliche Zwang zu harter Arbeit erwiesen ...
Derselbe Treuhänder der Arbeit hat ferner hierhin eine an die Gauleitungen, Provinzialchefs und sonstige Behörden seines Bezirks gerichtete Rundverfügung über die Bekämpfung von Disziplinlosigkeit in den Betrieben mitgeteilt, die eine Zusammenstellung über die Strafmaßnahmen im Jahre 1941 enthält. Hiernach waren 1771 Anträge auf Schutzhaft und 1693 Anträge auf Einweisung in ein Erziehungslager gestellt, von denen am Jahresende nur noch 283 und 286 unerledigt waren. Hierzu bemerkt der Reichstreuhänder, wenn berücksich-

tigt werde, daß die Erziehungslager zum großen Teil voll besetzt seien und daß sich auch ein gewisser Teil von Bummelanten um Ende des Jahres noch in Schutzhaft befunden hätten, so sei mit besonderer Befriedigung festzustellen, daß durch das schnelle Arbeiten der Stellen der Geheimen Staatspolizei die Erledigung der Anträge rasch erfolge. Erwähnt wird aber auch eine erfreulich schnellere Behandlung der Jugendarrestsachen. Aus einer der Rundverfügung beigefügten Zusammenstellung ergibt sich, daß im Gau Düsseldorf (der sich ungefähr mit den Landgerichtsbezirken Düsseldorf, Wuppertal, Krefeld und M.-Gladbach deckt) wegen Verletzung der Arbeitspflicht 291 Strafanträge gestellt waren, davon 120 Anträge auf Verhängung von Jugendarrest (wovon 91 zum Jahresschluß erledigt waren), ferner 330 Anträge auf Verhängung von Schutzhaft, 544 betreffend Arbeitserziehungslager, 5 betr. Unterbringung in Konzentrationslager und 1 betr. Jugenderziehungslager, 9 betr. Wirtshausverbots und 34 betr. Verhängung von Ordnungsstrafen.«

werden«. In einem Erlaß vom 3. Dezember 1941 stieß Freisler noch einmal nach: »Die Güte und Schlagkraft der Jugendstrafrechtspflege wird zur Zeit weitgehend nach ihrer Wirksamkeit bei der Bekämpfung der Vergehen gegen die Arbeitsdisziplin bewertet.«

Am 24. November 1942 gab der Reichsführer-SS und Chef der Deutschen Polizei einen Runderlaß heraus, wonach auf Antrag der zuständigen HJ-Dienststellen die staatlichen Polizeibehörden zur »Erzwingung der Jugenddienstpflicht« eingesetzt werden sollten. Gegen die Erziehungsberechtigten sei ggf. Zwangsgeld oder ersatzweise Zwangshaft zu verhängen, gegen die Jugendlichen selbst müsse ggf. mit polizeilicher Vorführung zum Dienst, Zwangsgeld und Jugendarrest vorgegangen werden, in Fällen von »Unerziehbarkeit« auch durch Einweisung in die Fürsorgeerziehung.

Da es bei der Durchführung des Jugendarrestes offenbar einige Schwierigkeiten gab, empfahl der Reichsführer-SS und Chef der Deutschen Polizei mit einem Runderlaß vom 1. Juli 1943, bei »geringfügigen Verfehlungen Jugendlicher« Arbeitsauflagen (Arbeitsleistungen von Jugendlichen in der Freizeit) als »Zuchtmittel des Jugendrichters« anzuordnen.

Aus Unterlagen des Reichsministers der Justiz und des Statistischen Reichsamtes geht hervor, daß die erfaßte Jugendkriminalität in den Kriegsjahren ständig anstieg. Im Jahre 1941 wurden im Reichsgebiet 37853, im Jahre 1942 gar 52426 jugendliche Personen rechtskräftig verurteilt. Die Kriminalitätsquote bei Jugendlichen lag damit ganz erheblich über der aus den Jahren 1939 bzw. vor 1933. Dabei machten Zuwiderhandlungen von Jugendlichen gegen Rechtsvorschriften, die sich aus dem besonderen Charakter des politischen Systems oder der spezifischen Militarisierung der Lebens- und Arbeitsverhältnisse im Krieg ableiteten, einen erheblichen Anteil aus, so insbesondere Vergehen gegen Arbeitsdisziplinvorschriften und gegen Strafrechtsverordnungen »zum Schutze der Wehrkraft des deutschen Volkes«, hierbei wiederum speziell gegen das Verbot des Umgangs mit Kriegsgefangenen.

Auch in den Berichten der Justizbehörden wurde die Zunahme des bis zur Kriminalität reichenden abweichenden Verhaltens von Jugendlichen seit Beginn des Krieges vielfältig beklagt. Wir geben dafür einige typische Beispiele:[67]

Der Oberstaatsanwalt München I am 7. Dezember 1939:

»... Seit Kriegsausbruch und dem Einsetzen der nächtlichen Verdunkelung haben Jugendgericht, Stadtjugendamt und Jugendstaatsanwaltschaft in München übereinstimmend die Beobachtung gemacht, daß die Kriminalität der Jugendlichen bedenklich im Steigen begriffen ist. Es zeigt sich mehr und mehr, daß die verdunkelte nächtliche Großstadt für die halbwüchsige Jugend der Schauplatz romantischer nächtlicher Streifzüge wird, die leicht einen kriminellen Charakter annehmen ... Dabei sind es gerade die 14–15jährigen, die bei diesen Untersuchungen mit eine führende Rolle spielen ...«

Der Oberlandesgerichtspräsident München im April 1942:

»... Ernste Sorge erwecken die zunehmende Disziplinlosigkeit und Verwahrlosung der Jugendlichen, über die von der Mehrzahl der mir unterstellten Gerichte lebhafte Klage geführt wird. Vor allem auf sittlichem Gebiet lockern sich die Anschauungen der Jugendlichen und hier wieder in besonderem der Mädchen vielfach in geradezu erschreckendem Maße. Die Jugendlichen treiben sich oft bis spät in die Nacht hinein auf den Straßen und in Lokalen herum und hören Dinge, die sie noch nicht verarbeiten können und die einen verderblichen Einfluß auf sie ausüben ...«.

Als Gründe für die zunehmende Verwahrlosung der Jugend nannte der Münchener Präsident: Abwesenheit der Väter, Überarbeitung der – meist berufstätigen – Mütter, zu frühe Eingliederung der Jugendlichen in den Arbeitsprozeß, pädagogische Mängel bei manchen HJ-Führern. In diesem Zusammenhang wurde unter Hinweis auf Äußerungen von Jugendrichtern die Frage aufgeworfen, »ob der Grundsatz ›Jugend muß sich selbst erziehen‹ wirklich berechtigt auch nach dem Kriege aufrecht erhalten werden sollte ...«.

Der Oberlandesgerichtspräsident Bamberg, meldete im März 1943:
»... Der Anfall an Jugendstrafen steigt, ein Zeichen der immer noch wachsenden Verwilderung der Jugend ... Besonders zahlreich sind selbstverständlich Zuwiderhandlungen Jugendlicher beiderlei Geschlechts gegen die Polizeiverordnung zum Schutze der Jugend: Das nächtliche Herumstreunen auf den Straßen und der Besuch von verbotenen Filmveranstaltungen und von Gasthäusern nehmen bedenkliche Formen an ...«.
Der Oberlandesgerichtspräsident Nürnberg im März 1943:
»... Das Jugendgericht Nürnberg klagt über die zunehmende Verwahrlosung der weiblichen Jugend. In fast allen Strafverfahren und Fürsorgeerziehungsverfahren zeige sich, daß Mädchen im Alter von 12 bis 17 Jahren hemmungsloser und triebhafter geworden sind als früher. Das Verantwortungsbewußtsein gegenüber Arbeit und Pflichterfüllung sinke in demselben Maße wie die Vergnügungssucht und der Trieb nach sexuellem Ausleben steigen. Die Einstellung der Eltern zu der sittlichen Verwahrlosung ihrer Töchter sei vielfach ein trauriges Kapitel ...«.
Der Generalstaatsanwalt München, im Oktober 1944:
»... Verstöße gegen die Arbeitsdisziplin nahmen vielfach zu; besonders sind es hier Jugendliche und Frauen, die sich den kriegsbedingten Anordnungen nicht fügen wollen ... Die Jugendkriminalität weist eine dauernde Zunahme auf. Dabei wird aus dem Bezirk des Oberstaatsanwalts München II vor allem eine Steigerung der Anzeigen wegen Arbeitsvertragsbruchs vermerkt, die teilweise auf eine Lockerung der Arbeitsdisziplin, teilweise aber auch darauf zurückzuführen ist, daß Jugendliche, deren Eltern in den Landkreisen wohnen, bestrebt sind, ihren Arbeitsplatz in der luftgefährdeten Großstadt aufzugeben. Aus diesem Bezirk wird auch eine Zunahme von Anzeigen gegen jugendliche Ausreißer gemeldet, die sich ohne Arbeit und Einkommen mit Vorliebe in den Gebirgsgegenden, in Grenznähe herumtreiben ...«.
Die in all diesen Berichten konstatierte Zunahme der Jugendkriminalität (im Sinne der damals geltenden Definition) weist darauf hin, daß gerade bei den jungen Leuten der Unterschichten das NS-System an Kredit verlor. Das von der NS- und HJ-Führung reklamierte »heroische Verhalten« der Jugend im Krieg war keineswegs bei der Gesamtheit der jungen Generation zu finden; im Verlaufe des Krieges wuchs vielmehr, insbesondere bei der arbeitenden Jugend, eine Tendenz an, sich auf Leistungssteigerung und Verzicht auf Freizeit nicht länger einzulassen und sich auf eigene Faust Entlastung und Genuß zu verschaffen, ein Bestreben, das rasch in Konflikt mit den NS-staatlich gesetzten

Normen des Jugendlebens geraten mußte, das zum Teil aber auch zur Abkehr von überlieferten bürgerlichen Moralvorstellungen führte, deren Glaubwürdigkeit durch die Kriegserlebnisse ohnehin erschüttert worden war.
Die in den Berichten oft zitierte »Polizeiverordnung zum Schutze der Jugend« sollte die Jugendlichen »von der Straße bringen« und aus den Lokalen und Kinos verdrängen; sie war aber gleichzeitig auch als vorbeugende Maßnahme gegen spontane Gruppenbildung unter Jugendlichen der städtischen und ländlichen Unterschichten eingesetzt, erfüllte den ihr zugedachten Zweck jedoch nicht: Sie rief eher zusätzliches Widerstreben Jugendlicher hervor. Auch dies ist durch Berichte der Dienststellen von Staat und Polizei vielfach belegt.[68]
Die SD-Außenstelle Würzburg meldete am 22. Oktober 1940:
»... Im Landkreis Würzburg wurden seit Bestehen der Verordnung (also in etwa 6 Monaten) bis jetzt etwa 200 Jugendliche gebührenpflichtig verwarnt. Zu erwähnen ist besonders, daß seitens der Nichtmitglieder der HJ ein gewisser Oppositionsgeist gegen die Bestimmungen der Verordnung zu Tage tritt ...«.
Die SD-Außenstelle Friedberg meldete am 16. November 1942:
»... Meldungen aus den Landgemeinden zeigen, daß auch dort die Jugendverwahrlosung erschreckend zunimmt. Die Jugendlichen zeigen sich vielfach als frech und anmaßend, die Bestimmungen des Jugendschutzes werden ... nicht eingehalten. Selbst HJ-Führer sind meist machtlos ...«.
Im März schrieb der Landrat von Bad Tölz:
»Immer wieder wird von den Gendarmerieposten geklagt über das zügellose Verhalten der Jugendlichen, deren Herumstreunen während der Dunkelheit, ihre verbotenen Kinobesuche, über den hemmungslosen Geschlechtsverkehr erst 15- und 16jähriger und die Unbotmäßigkeit gegenüber Eltern, Arbeitgebern usw. Die Schule scheint jeden Einfluß verloren zu haben und das Elternhaus einen großen Teil. Sagt der Gendarm etwas, dann antworten die Burschen, sie kämen jetzt zum Arbeitsdienst oder zur Wehrmacht und hätten sowieso dann nichts mehr von ihrer Jugend, und die Mächen lachen bloß ...«.
Ein symptomatisches Beispiel für den Versuch, die vielfach widerstrebenden Jugendlichen wenigstens äußerlich zu dem gewünschten »soldatischen Typ« zurechtzustutzen, findet sich in einem Bericht des Kreisschulungsamtes der NSDAP Eichstätt vom 15. März 1944:
»Starke Mißbilligung unter der Jugend selbst wie auch in der Bevölkerung hat die Art und Weise der sogenannten ›Haarschnitt-Aktion für Jugendliche‹ durch die hiesige (HJ-)Bannführung ausgelöst. Der

Bannführer ... erließ an sämtliche Friseure der Stadt Eichstätt folgendes Schreiben: ›Angesichts des heldenhaften Kampfes, den heute der deutsche Soldat an allen Fronten führt, ist es eine Selbstverständlichkeit, daß vor allem die deutsche Jugend in der Heimat sich sowohl in ihrer Haltung als auch im äußeren Auftreten dieses Kämpfertums würdig erweist. So ist es für die Hitler-Jugend untragbar, daß es u. a. noch Jungen gibt, die das Erscheinungsbild der deutschen Jugend dadurch verunglimpfen, daß sie mit einer weiblichen Tangofrisur oder einer sog. Künstlermähne herumlaufen. Die ist undeutsch und entspricht nicht der soldatischen harten Zeit, in der wir leben. Ich habe deshalb angeordnet, daß im Bann Eichstätt ab sofort jeder Jugendliche kurzen Haarschnitt zu tragen hat. Wer sich dieser Anordnung widersetzt, wird nach der Kriegsdienstanordnung der Hitler-Jugend wegen Befehlsverweigerung bestraft ...‹ Besondere Beachtung fand dieses Schreiben, als man in der Stadt erfuhr, daß auf der Banndienststelle und im Dienstzimmer des Bannführers gewalttätig ›Haarschuren‹ vorgenommen wurden ...«

Von der Ausbreitung eines diffusen Unbehagens und Protestes gegen die HJ und in der HJ in den letzten Kriegsjahren berichtet der Historiker Hansjoachim Koch aufgrund eigener Erlebnisse: »Es wurde bereits bemerkt, daß Bandenbildungen innerhalb der Hitler-Jugend-Einheiten durchaus nicht selten waren und besonders bei solchen, die täglich den Realitäten des Krieges ausgesetzt waren, z. B. den Luftwaffenhelfern. Es war für ein Mitglied des HJ-Führerkorps nicht ratsam, sich in einem Flakbunker sehen zu lassen oder bei den mit Aufräumarbeiten beschäftigten Hitlerjungen nach Bombenangriffen, sonst hätte er sich Angriffen und Beschimpfungen ausgesetzt, zu denen sich sonst wohl kein anderer deutscher Zivilist getraut hätte, es sei denn, er wollte sich unbedingt in ein Konzentrationslager einsperren lassen. Ein Beispiel: Im April 1944, kurz nach einem schweren Bombenangriff auf München, war eine große Hitler-Jugend-Versammlung in einem Kino der Stadt einberufen worden. Viele Jungen kamen direkt von den Aufräumarbeiten in den Trümmern dorthin und wurden von einem geschniegelten HJ-Führer, noch dazu ein ›Preiß‹, wegen ihres ›liederlichen‹ Auftretens angeraunzt. Ein Murren erhob sich aus dem Zuschauerraum, dann ertönten Pfiffe, und es folgte ein begeistert grölendes Absingen der letzten Strophen eines der bekanntesten Lieder des Bauernaufstandes: ›Dem Ritter fuhr ein Schlag ins Gesicht/Und ein der Spaten zwischen die Rippen./Er brachte das Schwert aus der Scheide nicht/Und nicht den Fluch von den Lippen ...‹ Als der HJ-Führer es dann für klüger hielt, die Bühne zu verlassen, wurde sein

Abgang von dem beliebten Lied begleitet: ›Es zittern die morschen Knochen‹, nur wurde es in eingeweihten Kreisen mit leicht abgeändertem Text gesungen und begann: ›Es zittern im Arsch die Knochen.‹...«[69]
Die Bedingungen des Krieges trugen dazu bei, daß die in einigen Großstädten des Reiches schon vor 1939 bemerkbaren »Cliquen« von Jugendlichen erheblich zunahmen. Teils veränderte sich auch ihr Charakter. Eine vertrauliche Denkschrift, vom Referat ›Überwachung‹ im Personalamt der Reichsjugendführung im September 1942 wegen dieser der HJ-Führung immer bedrohlicher erscheinenden Entwicklung zusammengestellt, bemerkte:
»Diese Entwicklung stieg erneut mit Ausbruch des Krieges. Seitdem erreicht das Cliquenwesen in verschiedenen Teilen des Reiches einen Umfang, der die Reichsjugendführung und die örtlichen Führungsstellen der Hitler-Jugend veranlaßte, gegen Ende des ersten und zu Beginn des zweiten Kriegsjahres in größeren Aktionen (vor allem im Rahmen der Überwachung des Fahrtenwesens) in Zusammenarbeit mit der Sicherheitspolizei und Justiz gegen die Bandenbildung Jugendlicher einzuschreiten. In der Folge ergab sich – vermutlich durch die Schockwirkung dieses Vorgehens – eine mehrere Monate anhaltende Beruhigung. Im Verlauf des Jahres 1941 tauchten jedoch die wilden Zusammenschlüsse Jugendlicher aller Art erneut auf und erreichten in den Großstädten einen Umfang an Verwahrlosung und Kriminalität, der nunmehr eine auf das ganze Reich ausgedehnte planmäßige Überwachungs- und Bekämpfungsaktion ... erforderlich machte«.[70]
Die Reichsjugendführung unterschied bei der Untersuchung Zusammenschlüsse »mit vorwiegend krimineller Tätigkeit« von solchen »mit politisch-weltanschaulicher gegnerischer Grundhaltung« und »vorwiegend auf ausschweifendes Vergnügen« gerichtete Gruppen. Sie räumte aber ein, daß »die Übergänge zwischen den einzelnen Gruppen fließend« seien und daß z. B. auch die Swing-Gruppen »durch ihre haltungsmäßig bedingte Ablehnung jeder Beschränkung der persönlichen Freiheit (auch des Hitler-Jugend-, Arbeits- und Wehrdienstes) sehr bald in einen scharfen Gegensatz zur Hitler-Jugend und dem Nationalsozialismus gekommen« seien. Ebenso wie die »aus weltanschaulich-politischen Überzeugungen sich bewußt als Gegner des NS verstehenden Cliquen« lehnten auch die Swing-Gruppen und andere ihnen verwandte Zusammenschlüsse, die »den zahlenmäßig weitaus größten Teil der zur Zeit auftretenden Cliquen« bildeten, »Staat und Bewegung« ab, besäßen aber »kein fest umrissenes gegnerisches Programm«. Sie stellten »für die übrige Jugend« gleichwohl eine große

Gefahr dar, da sie auf diese »eine starke Anziehungskraft« ausübten, der die örtlichen HJ-Führer oft nicht genügend entgegentreten könnten.

Die Gründe für diese Entwicklung lägen oft in Mängeln der HJ-Arbeit selbst:

»Durch den mit Kriegsbeginn verstärkt einsetzenden Führungsmangel wurde der Dienst vielfach einseitig und ungenügend. Die Gestaltung und Durchführung des Dienstes liegt seitdem stark auf den Schultern der unteren Führerschaft, die ihres Alters wegen Arbeits- und Wehrdienst noch nicht abgeleistet hat, naturgemäß häufig wechselt und daher in Eignung, Wissen und Können sehr unterschiedlich ist. Oft müssen Jungen als Einheitsführer eingesetzt werden, die – bei aller Anerkennung ihrer Leistung im einzelnen – ihrer Aufgabe noch nicht gewachsen sind. Oft beschränken sie sich darauf, bei jedem Dienst ›Ordnungsübungen‹ zu machen, weil die wenigen Kommandos sich rasch einprägen und durch den militärischen Akzent eine Autorität vorgetäuscht werden kann, die nicht vorhanden ist. Der junge Führer glaubt vielfach, durch forsches Auftreten der Mühe enthoben zu sein, sich echte Anerkennung zu erzwingen. Das macht selbst dienstwillige Jungen sehr bald dienstmüde und drängt die Aktiveren in Opposition. Eine innere Erfassung der Jugendlichen wird durch den Hitler-Jugend-Dienst heute nur selten erreicht, die Jungen, die der Dienst nicht befriedigt, verfallen leicht dem Einfluß eines ›Cliquenbullen‹, der meist eine sehr vitale Persönlichkeit ist und auf die Jungen im Reifealter seine Wirkung oft nicht verfehlt. Selbst von Hause aus ›ordentliche‹ Jungen geraten auf diese Weise in Cliquen und ähnliche Zusammenschlüsse.

Verschärft wurde diese Entwicklung durch die Einführung der Jugenddienstpflicht im Frühjahr 1939. Es mußten alle Jugendlichen erfaßt und zum Dienst herangezogen werden, die bis dahin nicht freiwillig der Hitler-Jugend beigetreten waren. Das war an sich schon der schwer zu behandelnde Teil der deutschen Jugend, der der Hitler-Jugend gleichgültig oder ablehnend gegenüberstand ...

Diese Jugendlichen sahen nun die Drohung des staatlichen Zwanges vor sich, dem sie am besten zu entgehen können glaubten, wenn sie unter sich zusammenhielten. Durch die Bildung solcher ›Fremdkörper‹ wurde vielfach auch der Zusammenhalt bisher guter Hitler-Jugend-Einheiten zerstört und die Stamm-Hitler-Jungen in die Cliquen hineingezogen...«.[71]

In einer 44 Seiten langen Anlage führte die Denkschrift der Reichsjugendführung von September 1942 zahlreiche Einzelbeispiele für die

»Cliquen- und Bandenbildung in neuerer Zeit« an. Wir geben daraus einige der für unseren Zusammenhang bemerkenswertesten Beobachtungen aus verschiedenen Städten wieder:
In Hamburg habe eine aus 30 bis 40 Jugendlichen bestehende »Clique«, die sich »Totenkopfbande« nannte, seit dem Winter 1941/42 etwa 20 Überfälle auf Hitler-Jugend-Angehörige, vor allem des HJ-Streifendienstes verübt. Gegen 28 Angehörige der Gruppe sei im Mai vor dem Landgericht Hamburg Anklage erhoben worden. Seit Anfang 1942 sei ferner bekanntgeworden, »daß die Hamburger ›Tangojünglinge‹ und ›Nichtorganisierten‹, die offiziell in der Pflicht-Hitler-Jugend zusammengefaßt seien, einen Bund gegründet hatten mit der Bezeichnung ›Bismarck-Bande‹« Auch die Angehörigen dieser Gruppe hätten »planmäßige Überfälle auf Hitler-Jugend-Angehörige verübt.«
Vor allem aber habe in Hamburg aus den Ansätzen der schon vor dem Krieg gebildeten »Eisbahnclique« aus höheren Schülern die Swing-Jugend großen Zulauf gewonnen:
»Um die Jahreswende 1939/40 gründete die Flottbecker Clique eine eigene Amateur-Tanzkapelle und veranstaltete mehrere geschlossene Tanzfeste, zu denen Klassen höherer Schüler und Mitglieder der besten Hamburger Sportclubs geladen waren. Das erste dieser Tanzfeste im Februar 1940 wurde von 500 bis 600 Jugendlichen besucht, brachte bereits einen hemmungslosen Swing-Betrieb und war wochenlang Gesprächsstoff unter der Hamburger Jugend ... Zum Tanz wurde nur englische und amerikanische Musik gespielt. Es wurde nur Swing getanzt und gehottet ... Die Teilnehmer begleiteten die Tänze und Songs ausnahmslos durch Mitsingen der englischen Texte, wie auch überhaupt während des Abends versucht wurde, fast nur englisch und an einigen Tischen sogar französisch zu sprechen. Der Anblick der Tanzenden war verheerend. Kein Paar tanzte normal, es wurde in übelster Weise geswingt. Teils tanzten zwei Jünglinge mit einem Mädel, teils bildeten mehrere Paare einen Kreis, wobei man sich einhakte und in dieser Weise dann herumhüpfte, mit den Händen schlug, sogar mit den Hinterköpfen aneinander rollte und dann in gebückter Stellung, den Oberkörper schlaff nach unten hängend, die langen Haare wild im Gesicht, mit den Beinen herumschlenkerte. Als die Kapelle einmal einen Rumba spielte, gerieten die Tanzenden in wilde Ekstase, alles sprang wild umher und lallte den englischen Refrain mit. Die Kapelle spielte immer wildere Sachen. Kein Mitglied der Kapelle saß mehr, sondern jeder ›hottete‹ wie wild auf dem Podium herum ...
Ein späteres Tanzfest wurde polizeilich geschlossen; daraufhin verzichteten die Cliquen auf Großveranstaltungen und trafen sich künftig

68

DER JUGENDFÜHRER DES DEUTSCHEN REICHS
UND REICHSJUGENDFÜHRER DER NSDAP.

Berlin-Charlottenburg · Kaiserdamm 45 · Ruf 99 62 61

8. Januar 1942

An den
Reichsführer SS
Pg. H i m m l e r
B e r l i n   SW 11
Prinz Albrecht-Str. 8

Sehr verehrter Parteigenosse Himmler!

In Hamburg hat sich in den Oberschulen bzw. in der Jugend der Kaufmannschaft eine sogenannte "Swing-Jugend" gebildet, die zum Teil eine anglophile Haltung zeigt. Dieser Kreis umfasst einige Hundert Jugendliche, zum Teil auch Personen über 18 Jahre. Da die Tätigkeit dieser "Swing-Jugend" in der Heimat eine Schädigung der deutschen Volkskraft bedeutet, halte ich die sofortige Unterbringung dieser Menschen in ein Arbeitslager für angebracht. Die beteiligten Dienststellen haben bereits in Hamburg die entsprechenden Massnahmen in Betracht gezogen.

Beiliegend übermittle ich Ihnen zu Ihrer Kenntnis einige Berichte aus den Schulen. Ich wäre Ihnen für einen Hinweis an Ihre Hamburger Dienststelle sehr dankbar, dass mit den schärfsten Mitteln gegen die "Swing-Jugend" vorzugehen ist.

Heil Hitler!
Ihr

AR 883/6
RF

Der Reichsjugendführer fordert von Himmler »schärfste Mittel« gegen die »Swing-Jugend«

in kleineren Kreisen, bei Heimfesten usw. Jetzt begann erst der eigentliche Cliquenbetrieb. Man besuchte in Gruppen zu 20 oder 30 Jugendlichen kleine Barlokale, in denen nach englischer Musik getanzt wurde, traf sich zu gemeinsamen Unternehmungen, besuchte eine bestimmte Badeanstalt, traf sich zu gemeinsamen Ausflügen und Fahrten. Überall erregten die Cliquen-Angehörigen durch auffälliges Benehmen, Kleidung, mitgebrachte Koffergrammophone mit englischen Schallplatten und durch ihren betont englischen Tanzstil Aufsehen. Daraufhin wurde im Oktober 1940 eine sicherheitspolizeiliche Aktion gegen die Mitglieder der ›Swing-Jugend‹ durchgeführt, in deren Verlauf 63 Jugendliche festgenommen wurden. Die Ermittlungen entlarvten die ›Swing-Jugend‹ als illegale Vereinigung staats- und parteifeindlich eingestellter Jugendlicher ... Die männlichen Mitglieder wurden legitimiert durch ihre langen, oft bis zum Rockkragen reichenden Haare (Haarlänge bis zu 27 cm). Vorwiegend trug man lange, häufig karierte englische Sakkos, Schuhe mit dicken, hellen Kreppsohlen, auffallende Shawls, auf dem Kopf einen Unger-Diplomaten-Hut, über dem Arm bei jedem Wetter einen Regenschirm und als Abzeichen im Knopfloch einen Frackhemdknopf mit farbigem Stein. Auch die Mädchen bevorzugten eine lange, herabwallende Haartracht. Die Augenbrauen wurden nachgezogen, die Lippen gefärbt und die Fingernägel lackiert ... Bezeichnend für das Wesen der Swing-Jugend ist auch ihre Ausdrucksweise. Man redet sich untereinander an mit ›Swing-Boy‹, ›Swing-Girl‹ oder ›Old-hit-Boy‹. Man beendet Briefe mit ›Swing-Heil‹. Das Schlagwort ist ›lottern‹.
Schallplattenapparat und der ständige Erwerb der neu erscheinenden Tanzplatten gehört unbedingt zu einem Angehörigen der ›Swing-Jugend‹. Die Schallplatte spielte die Rolle des Buches. Sie wurde von Hand zu Hand verliehen ... Ähnlicher Beliebtheit erfreut sich der englisch-amerikanische Film. Die in diesen Filmen gezeigte Lässigkeit in Haltung und Lebensführung gefiel so, daß sich die Jugendlichen nach eigenen Angaben bewußt bemühten, einen verlotterten Eindruck zu machen.
Dementsprechend stehen die Angehörigen der ›Swing-Jugend‹ dem heutigen Deutschland und seiner Polizei, der Partei und ihren Gliederungen, der Hitler-Jugend, dem Arbeits- und Wehrdienst samt dem Kriegsgeschehen ablehnend oder zumindest uninteressiert gegenüber. Sie empfinden die nationalsozialistischen Einrichtungen als einen ›Massenzwang‹. Das große Geschehen der Zeit rührt sie nicht, im Gegenteil, sie schwärmen für alles, was nicht deutsch, sondern englisch ist. Der Gruß ›Heil Hitler‹ wird abgelehnt. Anläßlich der Gründung

der neuen Clique im Klubzimmer eines Lokals wurde unter dem Jubel aller Teilnehmer das an der Wand hängende Führerbild mit der Vorderseite zur Wand gehängt ...«.[72]
Wir haben diesen Bericht, der im übrigen vor allem auch die freien geschlechtlichen Beziehungen zwischen Jungen und Mädchen der ›Swing-Jugend‹ mit pedantisch versteckter Lüsternheit schildert, so ausgiebig zitiert, weil er als authentisches Dokument besonders aufschlußreich erscheint, nicht nur für das Spezifikum der in ihm beschriebenen jugendlichen »Gegenkultur« der »Swing-Jugend«, sondern auch als Selbstzeugnis der Mentalität seiner Verfasser und der HJ-Erziehungs- und Verhaltensnormen, an denen sie sich orientierten.
Die Denkschrift konstatierte schließlich, daß trotz der polizeilichen Maßnahmen auch noch im Jahr 1942 die »Swing-Jugend« in Hamburg weitere Anhänger gefunden, darüber hinaus aber auch in anderen norddeutschen Städten (Hannover, Kiel) sowie in Berlin, Dresden, Saarbrücken, Frankfurt Nachahmung gefunden habe.
Von noch größerer überlokaler Ausstrahlungskraft waren unter den oppositionellen jugendlichen »Cliquen« die sogenannten Edelweißpiraten mit ihren Schwerpunkten im Rhein-Ruhr-Gebiet. Die für die Beobachtung und Verfolgung dieser Gruppierung zuständige Stapoleitstelle Düsseldorf berichtete darüber Anfang 1943: »Im Frühjahr 1942 machten sich in der Öffentlichkeit Fahrtengruppen, bestehend aus männlichen und weiblichen Jugendlichen, bemerkbar, die durch ihre betont lässige Kleidung und Haltung allenthalben auffielen und Anstoß erregten. Verschiedene Angehörige dieser Gruppen trugen weiße Strümpfe, kurze Lederhose, buntes Fahrtenhemd, Halstuch und als äußeres Erkennungszeichen ein Edelweiß. Sie führten auf ihren Wanderungen Klampfen mit, sangen Fahrten- und bündische Lieder und übernachteten draußen in Zelten oder bei Bauern in Scheunen. Eine allgemeine sittliche Verwahrlosung dieser Jugendlichen machte sich besonders auf den Rheinwiesen, an den Talsperren des Bergischen Landes und an sonstigen Plätzen, wo eine unbeaufsichtigte Badegelegenheit vorhanden war, bemerkbar. Zwischen den beiden Geschlechtern herrschte ein Umgangston und eine Umgangsform, die jeglichen Anstandes entbehrte. Vielfach lagerten und badeten die Jugendlichen beiderlei Geschlechts völlig nackt zusammen. Weiter führten sie Garten- und Felddiebstähle aus; dort, wo sie mit HJ-Angehörigen in Berührung kamen und diese in der Minderheit waren, entstanden Schlägereien ...
Als die Zusammenrottungen der Piratenjugend größeres Ausmaß an-

nahmen ... wurde von der Staatspolizei Düsseldorf eine systematische vertrauliche Überwachung herbeiführt ... Am 7. Dezember wurde schlagartig mit der Überholung der einzelnen Gruppen begonnen und es wurden aufgelöst in:

Düsseldorf	10 Gruppen mit insgesamt	282 Jugendlichen
Duisburg	10 Gruppen mit insgesamt	260 Jugendlichen
Essen	4 Gruppen mit insgesamt	124 Jugendlichen
Wuppertal	4 Gruppen mit insgesamt	72 Jugendlichen

In über 400 Vernehmungen wurden 320 Jugendliche über ihre Zugehörigkeit und Betätigung innerhalb der wilden Gruppen befragt. Vorübergehend wurden 130 Jugendliche festgenommen ...«.[73]
Die Düsseldorfer Gestapo ging zu dieser Zeit noch von einem unpolitischen Charakter dieser Gruppen aus, die sich aus Gründen der Jugendromantik als Piraten bezeichneten, weil sie in Gegenwendung zum Kriegsdrill dem Ideal eines »freien Lebens« nachgingen, dem die HJ entgegenstand.
Noch aufschlußreicher als dieser Gestapo-Bericht ist die Aufzeichnung eines Kölner Jugendrichters über die Entwicklung der dortigen Edelweißpiraten vom November 1943: »Nach Kriegsbeginn verstärkte sich das Erscheinungsbild der Edelweißpiraten ... Die Jugend der Altstadt ... war sich jetzt noch mehr selbst überlassen. Sie traf abends, begünstigt durch Verdunkelungsmaßnahmen, zusammen und wartete auf den Alarm. Ein Musikinstrument war zur Stelle und damit bald eine ›Gruppe‹ begründet ... Diese Jungens, von Haus aus leichtsinnig, charakterlich schwach und disziplinlos, erlebten auf der Arbeit eine einschneidende Wendung. Die in immer steigendem Maße in Köln und Umgebung untergebrachten Ostarbeiter und Ostarbeiterinnen führten, obwohl zum Teil noch jugendlich, ein Leben, das ihnen mehr Freiheiten erlaubte als einem gleichaltrigen deutschen Jungen. Denn sie durften auch noch bei Dunkelheit auf der Straße herumstehen, dürfen auf der Straße rauchen und treiben sich paarweise in den Anlagen herum. In den Grüngürteln oder vor ihren Unterkünften pflegen sie ihre fremdländische Musik zu machen, ihre Lieder zu singen und Tänze aufzuführen. Das zog die deutsche Jugend an ... Die staatlichen Maßnahmen, insbesondere die Polizeiverordnung zum Schutze der Jugend, verboten den lieber zu Disziplinlosigkeiten und Abenteuern hinneigenden Jungens ein gleiches Treiben. Soweit hier nur der ›Schutzmann‹ störend in Erscheinung trat, hatten solche Zwischenfälle nichts besonderes an sich. Der Hitler-Jugend-Streifendienst und die

Jugenddienstpflicht brachten hierin aber einen neuen Gesichtspunkt. Denn diejenigen, die hier Disziplin und Ordnung forderten und das wilde Wandern außerhalb der HJ-Formationen unterbinden wollten, waren Altersgenossen. Die selbstverständliche psychologische Folge war: ›So was lassen wir uns nicht bieten‹. So kam es zu Schlägereien und Überfällen auf die HJ-Streife, auf Angehörige der Hitler-Jugend, Zerstörungen und Beschädigung von HJ-Heimen und ähnliches. Diese Jungens folgen allem, nur nicht dem Zwang. Sie wollen ›wilde Fahrten‹ machen und nicht eine geordnete Wanderung in Formation. Hierin liegt die Wurzel der oppositionellen Einstellung gegen die Hitler-Jugend und damit gegen den Staat ...«.[74]

Seit dem schweren Luftangriff auf Köln am 31. Mai 1942 und den folgenden Bombardements mit ihren Zerstörungen (auch derjenigen Lokale und Plätze, in denen sich die Altstadt-Jugend traf) habe, so führt der Berichterstatter weiter aus, die »Kriminalität« unter den »Edelweißpiraten« stark zugenommen. Als Leiter des Kölner Jugendarrestvollzuges habe er nach den »Terrorangriffen« beobachten können, »daß die Mehrzahl aller anfallenden Jugendlichen den Edelweißpiraten zuzurechnen war« und daß »der politisch-oppositionelle Einschlag sich verstärkt« habe. Bei alledem könne man von einer organisierenden Führung trotz des einheitlichen Auftretens der Edelweißpiraten in Köln nicht sprechen. Charakteristisch für deren Verhaltensformen seien außer den Gruppen-»Fahrten« die fast täglichen »Treffs« der zu einer Gruppe gehörenden Jugendlichen, meist nach Einbruch der Dunkelheit, an Straßenecken, in Torwegen oder Gastwirtschaften, wobei gemeinsame Lieder gesungen, Fahrtenerlebnisse erzählt und »über Straftaten berichtet wird, die jeder begangen haben will«. Das »Liedergut« der Edelweißpiraten gehe z. T. auf die Bündische Jugend zurück:

»Diese bündischen Lieder sind irgendwo aufgegriffen oder von älteren Brüdern oder Freunden, die jetzt bei der Wehrmacht sind, überliefert. Daneben ist die große Zahl von russischen Liedern, Steppenliedern und solchen, die sich mit russischen Sitten befassen, besonders auffallend. Dieses Liedergut verbreitet sich selten durch Aufzeichnung, meist durch mündliche Überlieferung. Ein bemerkenswerter Zug ist ferner die Angewohnheit, sich mit selbstgewählten Bei- oder Spitznamen zu rufen und zu kennen. Diese Namen sind durchweg dem mexikanischen, mittel- und südamerikanischen Sprachschatz, darunter auch dem untergegangener Völker, z. B. der Azteken entnommen. Hierin liegt ebenso wie bei dem Liedergut eine geistige Berührung mit den früheren Navajos vor ...«.[75]

Was im Vorstehenden für die Kölner »Edelweißpiraten« nach den Beobachtungen von Polizei, Justiz und HJ-Behörden dokumentiert wurde, charakterisierte offenbar die Mehrheit auch anderer großstädtischer spontaner Jugendgruppen, die die Denkschrift der Reichsjugendführung mit z. T. unterschiedlichen Bezeichnungen aufführte.
In Essen waren vom dortigen Landgericht im April 1940 Burschen zu 2–4 Wochen Gefängnis verurteilt worden, die »in Essen und Umgebung Cliquen gebildet und das Gedankengut und Brauchtum der verbotenen Bündischen Jugend gepflegt« und durch »Fahrten, regelmäßige Zusammenkünfte sowie das Singen bündischer Lieder aufgefallen« seien und der HJ in »scharfem Gegensatz« gegenüberstünden. Die Gruppe trage als Abzeichen Totenkopfring und Edelweiß. Sie nannte sich auch Edelweißpiraten. Ähnliche Gruppen bestünden noch »in einer ganzen Reihe von Essener Stadtteilen«. Auch für Duisburg und Oberhausen wurden ähnliche Vorkommnisse wie aus Essen gemeldet, ebenso für Krefeld.
Berichte über Edelweißpiraten in dem hier zitierten Material und ergänzende Hinweise in anderen Unterlagen der NS-Staatsorgane belegen die Existenz solcher Gruppen in fast allen Städten des Rhein-Ruhrgebietes; sie bestanden aber auch in anderen Regionen. Eine typische »Fallschilderung« aus NS-Sicht:
Im Juni 1940 wurde vor dem Landgericht Essen gegen eine Reihe Jugendlicher wegen »Vergehen gegen das Verbot bündischer Jugend« verhandelt. In der Begründung der gefällten Urteile wurde u. a. ausgeführt: »... Die Angeklagten sind Anhänger der bündischen Jugendbewegung und Angehörige einer jener wilden bündischen Gruppen, die an einer bestimmten Kleidung und bestimmten Abzeichen – z. B. Edelweißabzeichen – zu erkennen sind. Zu dem Programm dieser bündischen Gruppen gehört es u. a. gemeinschaftlich auf Fahrt zu gehen, um auf diese Weise den Zusammenhalt aufrecht zu erhalten. Nachdem durch Beobachtungen des HJ-Streifendienstes festgestellt worden war, daß sich jeden Sonntag am ›Entenfang‹ bündisch eingestellte junge Leute aus verschiedenen Städten trafen, unternahm der Zeuge S., der Führer des HJ-Streifendienstes im Standort D. ist, am Sonntag, dem 21. Juli 1940 mit seiner Abteilung eine Streife zum ›Entenfang‹ und fand die Angeklagten dort vor, und zwar in Gesellschaft von zwei anderen Gesinnungsgenossen. Außerdem hielten sich in der Nähe auch noch andere, zum Teil bündisch gekleidete junge Männer auf. Die Angeklagten hatten in der Nacht zum Sonntag dort in einem Zelt übernachtet. Die Gruppe, zu der sie gehörten, war beim Eintreffen der Zeugen gerade in der Nähe des Zeltes mit Abkochen beschäftigt

... Sie wurden sodann auf Veranlassung des Zeugen S. von Kriminalbeamten festgenommen und dem Polizeipräsidium zugeführt ... Daß die Angeklagten ausgesprochen staatsfeindlich gesinnt sind, läßt sich nicht mit Sicherheit feststellen. Aber sie haben sich von der Staatsjugend abgesondert und durch ihre, in bündischem Geist unternommenen gemeinschaftlichen Fahrten die bündischen Bestrebungen bewußt unterstützt ... Hiernach sind die Angeklagten wegen Vergehens gegen § 4 der Verordnung zum Schutze von Volk und Staat vom 28. Februar 1933 in Verbindung mit der Verordnung betr. Verbot der Bündischen Jugend vom 20. Juni 1939 zu bestrafen ... Der Angeklagte H. war von 1934 bis 1936 Mitglied des kathol. Jungmännervereins und hat sich vor der Auflösung dieses Vereins wiederholt an Fahrten beteiligt. Etwa im Mai 1939 stieß er zu einer Gruppe, die von H.H. geführt wurde und zunächst noch keine besondere Bezeichnung führte. Es waren in der Hauptsache Jungen im Alter von 16–20 Jahren aus der Nachbarschaft, die allabendlich zusammenkamen. Hier wurde unter der Anleitung von H.H. gesungen und musiziert. Hierbei wurden vielfach verbotene bündische Lieder gesungen, die von einigen Jungen mit Klampfen begleitet wurden. Bei diesen Zusammenkünften wurden auch Fahrten verabredet ... Der Angeklagte ist bereits zweimal wegen Beteiligung an wilden Fahrten mit je vier Wochen Gefängnis bestraft worden ... Bei einem anderen Mitglied der Bande, 16 Jahre alt, wurde das ›Lied der Edelweißpiraten‹ gefunden. Es wurde in der Gruppe, zu der auch der Angeklagte gehörte, gesungen. Es stammt von H.H., der jetzt zum Heeresdienst eingezogen ist ...«[76]

Über die weitere Ausbreitung der Edelweißpiraten berichtete die schon erwähnte Denkschrift der Reichsjugendführung vom September 1942:

»Seit dem Frühjahr 1942 wurde in allen Bannen des HJ-Gebietes Düsseldorf die Feststellung gemacht, daß sich Jugendliche beiderlei Geschlechts wieder in erhöhtem Maße zu Cliquen zusammenschließen, Fahrtenbetrieb machen, vielfach gegen die HJ offen Stellung nehmen und die Arbeit der Einheitenführer der HJ untergraben. Teilweise ziehen solche Trupps in Stärke bis zu 30 Mann singend und klampfespielend durch die Städte. HJ-Führer werden überfallen, angepöbelt und sogar angeschossen. Die Uniformierung der Cliquen ähnelt der der früheren Bündischen Jugend. Besonders beliebt ist als Abzeichen das Edelweiß...

Ein Beobachtungsgroßeinsatz am 3.5.42 hatte folgendes Ergebnis: In 8 Ausflugsorten des Gebietsbereichs wurden insgesamt 55 Gruppen in Stärke von durchschnittlich 7–15 Beteiligten festgestellt. Meist waren

Jungen und Mädel gemischt. Fast alle Gruppen trugen nachgeahmte bündische Tracht, Klampfen und Balalaikas wurden mitgeführt. Bei den Kontrollen entwickelten sich teilweise Schlägereien ... Die Entwicklung ist in den letzten Monaten sprunghaft angestiegen. Zeltfahrten, die Jungen und Mädchen gemeinsam durchführten, sind beliebt. Die strafgerichtlichen Verurteilungen wegen verbotener bündischer Betätigung haben sich in der letzten Zeit gehäuft ...«.[77]

Auf welche Weise Kenntnis von den Edelweißpiraten unter die jungen Leute kam, zeigt ein Auszug aus dem Protokoll der Vernehmung eines 15jährigen Schiffsjungen aus Aschaffenburg: »Im Juni-Juli 1943 lagen wir mit unserem Schiff in der Werft in Köln-Mülheim. Wir waren dort zwei Monate. Bei dieser Gelegenheit kam ich wiederholt mit anderen Schiffsjungen und auch mit Jungens in meinem Alter, die in Mülheim wohnten und die ich weiter nicht kannte, zusammen ... Von diesen Jungen in Mülheim hörten ich und auch andere Kameraden, daß in Mülheim ein Club bestehe, der sich ›Edelweißpiraten‹ nennen würde und der staatsfeindlich eingestellt sei. Sie würden gegen die Hitlerjugend arbeiten und sie würden die Streifen der Hitlerjugend überfallen. Als Abzeichen würden die Angehörigen dieses Clubs das Edelweiß tragen und zwar entweder unter den Rockaufschlägen oder an den sogenannten Patschkappen zwischen Schild und Mützenstoff verdeckt. Zu diesem Club würden nicht nur Jungen, sondern auch Mädel gehören ... Als Kleidung sollen die Mädels tragen weiße Blusen, blaue Röcke, weiße Söckchen. Die Jungens sollen kurze Hosen tragen, blau- oder rotkarierte Hemden, Schaftstiefel und weiße Kniestrümpfe ... Diese Mülheimer Edelweißpiraten trafen sich gewöhnlich abends an der Rheinbrücke in Mülheim und zwar an dem freien Platz an der Kirche. Es waren dort, wie wir selbst beobachten konnten, gewöhnlich 40–50 dieser Jungen beisammen. Auch Mädels waren darunter. Sie spielten Musik und sangen Lieder. Ich entsinne mich, daß auch einmal abends ein Auto des Überfallkommandos der Polizei und Streifen der Hitlerjugend dort waren, wo 75 Angehörige dieses Clubs angeblich festgenommen worden sein sollen. Sie sollen nach Brauweiler gekommen sein, wo sich ein Arbeitslager befinden soll ... Ich muß zugeben, daß ich dem N. ein Schulheft zeigte, in welchem ich verschiedene Lieder aufgezeichnet hatte, die alle gegen die Nation eingestellt waren und bei denen es sich um solche Lieder handelte, die von den Edelweißpiraten gesungen wurden ... Diese Lieder hatte ich von den Edelweißpiraten gehört und auch niedergeschrieben ...«[78]

Die Aussagen des Jungen lassen recht anschaulich erkennen, welche jugendlichen Lebensformen unter dem System der HJ-Erziehung be-

reits als »staatsfeindlich« galten; sie lassen ahnen, weshalb solcherart »wilde Gruppen« für Jugendliche trotz schärfster Verfolgung attraktiv wurden.
Die vertrauliche Dienstschrift des Jugendführers des Deutschen Reiches vom 1. Januar 1941 über »Kriminalität und Gefährdung der Jugend« behauptete eine Verbindung »kriminell-asozialer« und »politisch-oppositioneller« Gruppenbildung unter Jugendlichen: »Beiden Gruppen ist die ablehnende Haltung zur HJ, wie überhaupt die Neigung, sich keinerlei Gemeinschaftserziehung zu beugen, eigentümlich. Es handelt sich also bei beiden um asoziale Erscheinungen. Zwischen den politisch-oppositionellen und den kriminell-asozialen Tendenzen kommt es daher zu Wechselwirkungen ... Diese Gruppen bilden eine erhebliche Gefahr für die Jugend und für die Erziehungsarbeit der HJ und sind daher in engster Zusammenarbeit mit der Polizei schärfstens zu bekämpfen ... Hochburgen der bündischen Cliquen sind die westlichen Gebiete ... Die Cliquen bilden mit ihrem zügellosen Treiben auch dadurch eine besondere Gefahr, daß sie eine erhebliche Anziehungskraft für alle nicht ganz charakterfesten Jugendlichen, auch für HJ-Angehörige haben, denen die straffe Disziplin und die Anforderungen des HJ-Dienstes nicht passen. Es muß daher ein rücksichtsloses Eingreifen, auch wenn der Tatbestand von Strafbestimmungen nicht erfüllt sein sollte, sowie die Schaffung von Jugenderziehungs- und Arbeitslagern für Unbelehrbare gefordert werden ...«.[79]
Das Jugend-KZ als konsequentes Mittel der Hitlerjugendsozialisation – das war am Ende aus dem Anspruch auf »Volksgemeinschaft« geworden ...
Es kann gewiß nicht darum gehen, aus heutiger Sicht die Gesamtheit jugendlicher »Cliquen« der Kriegsjahre als politischen Widerstand zu glorifizieren. Manche ihrer Aktivitäten wären auch unter normalen Verhältnissen als delinquent beurteilt worden. Dennoch fehlten bei fast keiner dieser »wilden Jugendgruppen« Motivationen, die in spezifischer Weise von den Bedingungen des NS-Systems hervorgerufen waren und in denen ein legitimes Widerstreben gegen den NS-Staat und die HJ zum Ausdruck kam. In diesen »Cliquen« regte sich in einer den »Unterschichten« gemäßen, d. h. ihnen möglichen Form der Protest gegen den Drill des HJ-Dienstes, gegen die Unterdrückung jeder freien Organisationschance für Jugendliche, aber auch das Gefühl von der Sinnlosigkeit des Krieges und der von NS und HJ propagierten »germanisch-deutschen Wertordnung« für die realen Lebensinteressen der Jugend.
Hinzu kommt, daß die terroristische Verfolgung freier Jugendgruppen

und die Umstände der Kriegssituation auch politisch-antifaschistisch motivierte Jugendliche oft dazu zwangen, durch Verhaltensformen von »Jugendbanden« Überlebensfähigkeit zu entwickeln. Zumindest die Jugendgruppen von der Art der »Edelweißpiraten« sind jedenfalls als eine Ausformung jugendlicher Opposition gegen den NS-Staat anzusehen, was sich auch in den dokumentierten Angriffen auf die HJ, in Kontaktnahmen zu »Fremdarbeitern« und Kriegsgefangenen, in bewußtem »Wehr-Defaitismus« und in ihren von HJ und Gestapo so sehr verfolgten Liedern zeigte, die ein freiheitliches, oft romantisches Bild des Jugendlebens jenseits des Zwangs von NS und HJ beschworen.

In diesen Liedern, in der Kleidung und bei den Fahrten und Zusammenkünften dieser Gruppen wurde bewußt an Traditionen der verbotenen Bündischen Jugend angeknüpft, wobei diese – gemessen an der Realität der meisten bündischen Organisationen vor 1933 – nun vielfach in das Milieu der Arbeiterjugend projiziert wurden.

In den Verfolgungsakten der Gestapo finden sich viele Aufzeichnungen von Liedern der Edelweißpiraten. Hier einige Verse daraus:

»Hei, wo die Burschen singen
und die Klampfen klingen,
und die Mädel fallen ein.
Was kann das Leben
Hitlers uns geben,
wir wollen frei von Hitler sein.«
»Des Hitlers Zwang, der macht uns klein,
noch liegen wir in Ketten.
Doch einmal werden wir wieder frei,
wir werden die Ketten schon brechen.«[80]

Querverbindungen zur politischen, mehr noch zur bündischen Illegalität trugen dazu bei, den zunächst oft »romantischen« Protest der »wilden Jugendgruppen« bewußt und politisch zu machen. In einem Brief vom Februar 1980 berichtet Michael Jovy (zu diesem Zeitpunkt Botschafter der Bundesrepublik in Bukarest) über seine Erlebnisse in der illegalen Jugendbewegung: »Ich wurde am 15. Dezember 1939 als Angehöriger einer illegalen Jungenschaftsgruppe von der Gestapo Köln verhaftet. Diese Gruppe gehörte zu einem damals über das ganze Reich verstreuten Widerstandskreis von Jungenschaftsgruppen und Einzelpersonen, die sich in den Jahren 1937 und 1938 insbesondere un-

ter dem Einfluß des bekannten deutschen Emigranten K. O. Paetel, der in Paris die ›Schriften der jungen Nation‹ herausgab, zum aktiven Widerstand gegen den Nationalsozialismus entschlossen hatten. Im Jahre 1941 fand eine Reihe von Prozessen gegen Angehörige dieser Widerstandsgruppen vor dem Volksgerichtshof in Berlin statt. Ich wurde im September 1941 wegen Vorbereitung zum Hochverrat verurteilt. 1943 befand ich mich auf einem Außenkommando des Zuchthauses Siegburg. Etwa im Sommer 1943 erzählte mir ein Mitgefangener, daß sein Sohn in Köln Mitglied einer illegalen Jugendgruppe sei und mich gern kennenlernen wollte. Da wir auf dem Gelände einer Tongrube verstreut arbeiteten, war es möglich, eine solche Zusammenkunft zu organisieren. Der damals etwa 15jährige heutige Kölner Gastwirt Jean Jülich erzählte mir, daß er in Köln-Sülz zu einer Gruppe von Jugendlichen gehörte, die sich Edelweißpiraten nannten, gegen die Hitlerjugend arbeiteten, illegal zusammenkämen und Fahrten durchführten. Von ihm erfuhr ich auch, daß es solche Gruppen in mehreren Stadtteilen gäbe, darunter auch in Ehrenfeld. Die Ehrenfelder seien besonders aktiv und hätten schon verschiedene Auseinandersetzungen mit Polizei und Hitlerjugend gehabt.
In dieser Zeit wurde ein Außenbau des Zuchthauses für uns in der Tongrube fertiggestellt, den wir selbst errichten mußten. Bei Einbau der Gitter arbeiteten wir so, daß an einer Stelle ein Mann hindurchschlüpfen konnte. Ich habe dann auch nachts mich mit den Angehörigen dieser Gruppe um Jean Jülich in einem alten Stollen getroffen. Dort haben wir beraten, daß ich nach Köln kommen solle. Die Jungen sollten sich nach einem Unterschlupf umsehen und Verbindung mit illegalen Gruppen, entlaufenen Fremdarbeitern, desertierten Soldaten aufnehmen, um sie in eine gemeinsame Widerstandsorganisation zu bringen. Ich habe die Jungen aufgefordert, gemeinsame Aktionen mit den Ehrenfeldern durchzuführen: wir brauchten Waffen, Munition, Lebensmittel, u. U. auch Geld. Die Nazi-Organisation in Köln müsse völlig durcheinandergebracht werden. Als Zielvorstellung schwebte uns vor, vor Ankunft der Amerikaner die Flucht der Parteigenossen und Gestapo-Beamten zu verhindern, Köln selbst zu befreien und die verantwortlichen Nazis den Amerikanern zu übergeben. In der Folgezeit kam es noch zu mehreren Treffen. Da ich am 1.7.1944 überraschend zum ›Bewährungsbataillon 999‹ eingezogen wurde, konnte die Flucht aus dem Zuchthaus nicht realisiert werden. Sie hätte noch intensivere Vorbereitung benötigt, zumal es hier um eine Sache von Leben und Tod ging. Die Gestapo wäre durch die Flucht eines politischen Gefangenen aus dem Zuchthaus Siegburg in außerordentlicher Weise

alarmiert worden. Die jungen Edelweißpiraten schafften es sogar, bis in die Kasernen von Baumholder zu kommen. Wir verschoben notgedrungen mein Kommen nach Köln auf einen sich aus den Umständen ergebenden Zeitpunkt. Die Jungen erzählten mir damals, daß die Ehrenfelder weitergearbeitet hätten, u. a. auch ein Wehrmachtsdepot überfallen hätten, daß immer mehr ›Fremdarbeiter‹, auch Deserteure zu uns fänden und daß inzwischen Waffen vorhanden seien, auch würde ein PKW in einer Garage in Ehrenfeld mit Panzerplatten versehen. Ich habe sie dann noch zu meiner Mutter in die Eifel geschickt, um Kleidung für mich und ein Musikinstrument zu holen, das sie für die Gruppenarbeit gebrauchen wollten. Inzwischen hatte ich auch von der Hinrichtung, besser gesagt Ermordung der Geschwister Scholl, Willi Grafs und anderer Freunde in Süddeutschland gehört. Auch waren mir die Vernichtungsaktionen in Buchenwald bekanntgeworden. Ich habe daher gefordert, daß zukünftig für jeden von uns einer der NS-Bonzen und der Gestapo sterben müsse, und das solle der Gestapo in Köln auch bewußt werden.
Bevor sich die Gelegenheit zur Flucht ergab, wurde das Bataillon 999 Ende September 1944 an die Front geworfen, Befehle, auf Zivilpersonen auf der anderen Seite zu schießen, wurden von den ehemaligen politischen Gefangenen einfach nicht zur Kenntnis genommen. Ich erhielt einen Schrapnellsplitter in die Hand und kam ins Lazarett nach Wittlich, fand einen verständigen Stabsarzt, der, nachdem er meine Geschichte vernommen hatte, mir zwar keinen Urlaub erteilen konnte, mich aber mit einem Sanitätsfahrzeug nach Bonn fahren ließ, um meine Mutter zu sehen. Von dort begab ich mich in der Nacht mit einem Fahrrad nach Köln. An der mir angegebenen Adresse, der Tante von Jean Jülich, erfuhr ich, daß alle Jungen von der Gestapo verhaftet worden seien und daß ich so schnell wie möglich fliehen sollte. Auch bei einer weiteren Adresse mußte ich mir von einer Mutter eines Jungen dasselbe sagen lassen. Da ich nach den von der Gestapo durchgeführten Verhaftungen keine Möglichkeit hatte, mich in Köln illegal aufzuhalten, ging ich an die Front zurück und zwang dort mit Hilfe eines 16jährigen Österreichers, den man mit 14 Jahren nach Dachau verschleppt hatte, weil sein Vater Kommunist sei, unsere zur Aufklärung entsandte Infanteriegruppe der ›Bewährungseinheit 999‹ zum Übertritt zu den Amerikanern.
Abschließend bleibt noch festzustellen, daß trotz der intensiven Verhöre durch die Gestapo keiner von den Edelweißpiraten meinen Namen preisgegeben hat, noch in den Aussagen irgend etwas über meine Existenz hat verlauten lassen.«[81]

Im Januar 1945 brachte der britische Sender BBC, von Nazigegnern in Deutschland damals viel (und manchmal unter Lebensgefahr) gehört, den folgenden Bericht: »Es erreichen uns viele Nachrichten vom Geist einer Revolte gegen die Nazis bei Burschen und Mädchen in Deutschland. Die Zahl dieser jungen Menschen, über ganz Deutschland verstreut, ist offenbar groß genug, um Himmler große Schwierigkeiten in einem kritischen Augenblick zu verursachen. Die deutsche Jugend unter zwanzig ist der Reglementierung, des Zwangs und der Propaganda des NS müde, sie will frische Luft, Freiheit und Wahrheit in ihrem Leben. Sie tut viel, die Älteren aufzuwecken und ihnen die Möglichkeiten einer Behinderung der Gestapo zu zeigen. In mehreren Städten sind diese antifaschistischen Burschen und Mädchen in enger Fühlung mit ausländischen Arbeitern. Manchmal kann man die Angehörigen der jugendlichen Opposition an bestimmten Zeichen erkennen. Das am meisten verbreitete Zeichen ist das Edelweiß unterm Rockaufschlag. Diese Alpenblume, die hoch in den Bergen blüht, wo keine andere mehr gedeiht, ist von jungen Deutschen als Symbol des Wiedererblühens der Freiheit in einem Lande gewählt worden, wo die Freiheit von Staats wegen tot ist ...«.[82]
In den Jahren 1946/47 erschien in Großbritannien un din den USA unter dem Titel »German Youth – Bond or free« eine Geschichte der deutschen Jugendbewegung, verfaßt von dem amerikanischen Soziologen Howard Becker, der als Angehöriger der US-Besatzungsverwaltung in Deutschland Zugang zu sonst schwer verfügbaren Quellen hatte. Aufgrund seiner Recherchen beschrieb Becker die »Edelweiß«-Jugendlichen als letzte, verbotene und dennoch wirksame Ausformung der Jugendbewegung, gewissermaßen als Erben des Wandervogels, die, durch den Faschismus gezwungen, politisch geworden waren. Becker konstatiert: »Die Edelweißanhänger taten viel, um die Kriegsanstrengungen der Nazis zu hemmen. Ihr Leben als Auflehnung gegen die Bestimmungen der Staatsjugend erzeugte nicht nur ständigen Ungehorsam gegenüber einem System, das sich ohne blinde Anerkennung von Autorität nicht existent halten konnte, sondern hielt auch die Überwachungsorgane und die Gestapo von Aufgaben fern, die den Kriegsaktivitäten zugute kommen sollten. Hitlerjugendführer, die ihren Zwangsdienst unbesucht fanden und dann umherkontrollierten, um die Drückeberger aufzustöbern, erlebten viele unangenehme Überraschungen ... Die Edelweißjugendlichen wandten viele Tricks an, um Sand ins Getriebe zu werfen; sie gehörten zu denjenigen, die am häufigsten das Verbot übertraten, ausländische Rundfunksendungen zu hören ...

Diese jugendlichen Ketzer waren verantwortlich für die Verteilung von Flugblättern umstürzlerischen Inhalts, für das Anmalen antifaschistischer Parolen. Rufe wie ›Nieder mit Hitler‹, ›Macht Schluß mit dem Krieg!‹ wurden hier laut ...«.[83]
Abschließend sollen zwei damals an »wilden Jugendgruppen« Beteiligte zu Wort kommen.
Ein Frankfurter Edelweißpirat erinnert sich: »Je mehr der Faschismus nach seinen Anfangserfolgen im Kriege dann in Schwierigkeiten kam, um so mehr wandte sich die Jugend, trotz Beeinflussung und Pflicht-HJ, gegen das Diktatursystem. Der Bombenkrieg verhinderte in den Städten, daß die faschistischen Überwachungsmechanismen voll zum Tragen kamen. Der Schreiber dieser Zeilen kam 1932 in die Volksschule. Er hatte also niemals das Jugendleben der Zeit vor der Diktatur kennengelernt. Aber seine Eltern, die sich in der Sozialistischen Jugendbewegung (SAJ) kennengelernt hatten, schilderten ihm in glühenden Farben das freie Jugendleben. Etwa 1941/1942, beim Besuch der Berufsschule in Frankfurt, kam er mit Mitschülern über den Bombenkrieg ins Gespräch. Da man bald an den kritischen Äußerungen zum Krieg und der Diktatur merkte, daß man gleichgesinnt war, wurde der Schreiber zu einer Taunuswanderung im Stile der alten Jugendbewegung eingeladen. Treffpunkt war der Rödelheimer Bahnhof. Sonntagsmorgens ging es mit dem ersten Zug nach Kronberg. Eine bunte Schar von Jungen und Mädchen mit Gitarren und anderen Instrumenten, in bunten Skihemden mit aufgenähten Edelweißblumen auf den Windblusen hatte sich zusammengefunden. Beim Besteigen des Zuges zeigte sich, daß ähnliche Jugendgruppen schon vom Hauptbahnhof Frankfurt her im Zug anwesend waren. Die Lieder, die im Zuge gesungen wurden, hatten nichts mit den offiziellen Mordbrennerliedern der Nazis zu tun. Meist waren es romantische oder alte Fahrtenlieder. Es gab auch Lieder, die aus Filmen entlehnt worden waren oder Texte, die zu schon existierenden Melodien mit oppositionellen Inhalten versehen wurden. Sicherlich konnte man an diese Weisen keine anspruchsvollen Maßstäbe anlegen, aber sie spiegelten die ablehnende Haltung breiter Jugendschichten gegen das faschistische System wider. Ein Beispiel sei hier aufgeführt: Nach der Melodie: ›Hofkonzert im Hinterhaus‹ wurde folgendes Lied gesungen: ›Kurze Haare, große Ohren/ so war die HJ geboren!/ Lange Haare, Tangoschritt –/ da kommt die HJ nicht mit! O-ho. O-ho!/ Und man hört's an jeder Eck'/die HJ muß wieder weg! O-ho, O-ho!‹
In Kronberg zerstreuten sich die Gruppen. Sie wanderten durch den Taunus und zelteten in entlegenen Tälern. Das Gruppenerlebnis, die

Romantik und der Reiz der Gefahr banden die Jugend fest aneinander. An den Sonntagnachmittagen fanden sich dann langsam die Gruppen in Kronberg wieder ein. Dort gab es ein Gartenlokal ›Zur Post‹. Hier versammelten sich oft Hunderte von Jugendlichen ... Man muß sich vorstellen, wie einem aus einer antifaschistischen Familie stammenden Jungen zumute war, wenn er plötzlich in einer auf dem Führerprinzip aufgebauten totalitären Gesellschaft in eine nur auf gegenseitiger Achtung beruhende Jugendgruppe aufgenommen wurde ...
Den Nazis blieb diese Entwicklung natürlich nicht verborgen. Sie kontrollierten an den Bahnhöfen in Frankfurt und in Kronberg alle ankommenden und abfahrenden Reisenden. Wenn sie Jugendlicher habhaft wurden, stellten sie die Namen fest, nahmen ihnen die bunten Schals und die aufgenähten Edelweiße weg. Oft schnitten sie den Jugendlichen die langen Haare auf Streichholzlänge ab. Diese Maßnahmen reizten natürlich den Widerstand der Jugendlichen. An dem Bahnhof von Kronberg gab es des öfteren regelrechte Schlägereien zwischen dem Streifendienst und den Jugendgruppen.
Das Hauptquartier dieses HJ-Streifendienstes in Frankfurt war im Cafe ›Odeon‹ in der Friedberger Anlage. Unter der Leitung eines Kommissars der Gestapo wurde dieser Streifendienst zur Beobachtung der Frankfurter Jugend eingesetzt. Fiel ein Jugendlicher bei einem Streifendienstler auf, so wurde er zu dem HJ-Bann bestellt. Der Bannführer residierte am Untermainkai in Frankfurt. Hier wurde festgestellt, ob der Jugendliche regelmäßig seinen HJ-Dienst abgeleistet hatte oder nicht. War der Jugendliche mehrmals unangenehm aufgefallen, so stand eine ganze Palette von Bestrafungen zur Verfügung. Diese Bestrafungen reichten von Strafdiensten über Wochenendkarzer bis zum vorgezogenen Wehrdienst. Ein bekannter Jugendkarzer war in Wabern in Oberhessen. (Die Jugend sang: ›Und der ganze Lu-Lu-Club löffelte Waberns Wassersupp!‹)...«.[84]
Ein ehemaliger Edelweißpirat aus Düsseldorf berichtet: »In dem Jahr, in welchem der Krieg begann, beendete ich die allgemeine Volksschule und begann eine Dreherlehre bei der Firma Losenhausen. Trotz der verschiedensten Formen des Drucks und der Schikanen, denen ich ausgesetzt war, weigerte ich mich, der HJ beizutreten. Es war keine politisch motivierte Weigerung: ich haßte nur den militärischen Drill und die Erziehung zum Krieg, die in der HJ betrieben wurde. Sicher hat dabei die Erziehung durch meine Eltern, die Sozialdemokraten und bewußte Antimilitaristen waren, eine große Rolle gespielt.
In Gerresheim, wo ich aufgewachsen bin, fand sich bald ein Kreis gleichgesinnter Jugendlicher zusammen.

Bald wurden der Ostpark und der Floragarten beliebte Treffpunkte. Dorthin fuhren wir an den Wochenenden, wenn wir keine Wanderungen unternahmen. Dabei trugen wir ganz bewußt bunte Hemden und Leinenhosen, um allen klar zu machen, daß uns Uniformen suspekt waren. Auch im Betrieb fand ich schnell Kontakt zu gleichgesinnten Jugendlichen. Ich kann mich daran erinnern, daß die Rede Hitlers zum Kriegsbeginn im Betrieb übertragen wurde. Sicher, es gab begeisterte Zustimmung, aber bei einem Teil der Jugendlichen auch erste Vorbehalte. Diese Vorbehalte wurden im Verlaufe des Krieges zu ernsten Zweifeln, angesichts der Bombenangriffe und der brutalen Überfälle der deutschen Wehrmacht auf andere Völker und Länder. Im Freundes- und Bekanntenkreis erhöhten sich die Zahlen der gefallenen Söhne und Brüder. Auch das verfehlte seine Wirkung nicht. Aus der Firma Losenhausen konnte ich einige Lehrlinge für unsere Gruppen gewinnen und zu unseren Treffen einladen.

Durch einen dummen Zufall bin ich bei einem solchen Treffen einmal glimpflich davongekommen: Obwohl wir gar nicht aus politischen Gründen zusammenkamen, hatte sich die Gestapo schon bald für uns interessiert. Sie hatte uns bereits zu Vernehmungen in die Leitstelle der Gestapo in der Prinz-Georg-Straße bestellt. Sie warnte uns: Schließlich, sagte sie, könnten wir auch in der HJ marschieren und unsere Lieder singen. Doch wir wollten mit den Nazis einfach nichts zu tun haben. Jetzt griffen sie zu drastischen Mitteln.

So waren wir mal wieder abends im Ostpark verabredet. Da ich noch etwas zu tun hatte, brach ich mit etwas Verspätung dorthin auf. Doch es war niemand mehr da. Nun, dachte ich, vielleicht waren die anderen im Floragarten. Aber auch da war niemand. Am nächsten Morgen kamen einige meiner Arbeitskollegen, die auch in unserer Gruppe waren, mit Hut oder Mütze zur Arbeit. Ich starrte sie verwundert an, denn üblicherweise trugen sie keine Kopfbedeckung. Sie zogen dann die Mützen ab und ich sah, daß ihre Köpfe kahlgeschoren waren. Sie erzählten mir, daß das das Werk der Gestapo gewesen sei, die ihnen am vorhergehenden Abend im Ostpark aufgelauert und sie zum Gestapokeller geschleppt habe. Das war eine raffinierte Methode der Nazis: eine Glatze zu haben, ist ein Kennzeichen, vergleichbar mit dem Judenstern. Dadurch sollten die Leute gleich sehen, daß sie jemanden vor sich hatten, der der Gestapo unangenehm aufgefallen war.

Mit der Zeit wurde mehr oder weniger passives Opponieren gegen die Nazis zu einem gewissen politischen Handeln und Denken. Dann kam ein entscheidender Einschnitt, denn wir erhielten 1940 oder 1941 Kontakt zu damaligen illegalen Funktionären der KPD...

Damals berieten wir, wie wir die vielen losen Zusammenschlüsse von Jugendlichen, die inzwischen Gegner von Hitler waren, organisieren und ihre Handlungen in bewußte politische Aktionen leiten könnten. Bei diesen Gruppen hatte es genau wie bei uns mit Wandern, Singen und gemeinsamen Spielen begonnen. Enger zusammengeschlossen hatten sie sich erst durch die Anfeindungen der HJ. Besonders nach der Verfolgung durch die Gestapo erkannten die meisten, welchen Weg sie gehen mußten. Nach vielen Diskussionen waren die meisten auch bereit, politisch mitzumachen.
In der folgenden Zeit traf ich mich häufiger mit zwei illegalen Funktionären der KPD. Beide sagten mir immer wieder, daß es für uns am wichtigsten war, den Willen der Jugendlichen zu stärken, nicht in den Krieg zu ziehen. Wir suchten praktisch die Zusammenarbeit mit allen Gegnern des Nazikrieges und allen, die die Schnauze voll hatten. So nahmen wir Kontakt auf zu Gruppen in anderen Stadtteilen und in anderen Städten des Rheinlandes, die wir von unseren Wanderungen her kannten. Wir alle hatten das Gefühl, etwas gegen den Krieg tun zu müssen ...«.[85]

Repressive Zugriffe des Staates

Besonderer Darstellung bedürfen die justiziellen, polizeilichen und sonstigen repressiven Methoden, mit denen das NS-System gegen die verschiedenen Formen jugendlicher Opposition und Nonkonformität vorging. Das Netz der Verfolgungsmaßnahmen und der dafür geschaffenen oder uminterpretierten Rechtsgrundlagen wurde im Laufe der Entwicklung des Dritten Reiches immer enger geknüpft, und wo rechtliche Legitimation des Handelns der Staatsorgane nicht zu konstruieren war, griff man zu »Sondermaßnahmen«. Das Instrumentarium der Unterdrückung und Verfolgung der Arbeiterjugendverbände, der konfessionellen und der bündischen Jugendorganisationen durch den NS-Staat ist bereits geschildert worden. An einzelnen Fällen wird auch schon deutlich geworden sein, daß die NS-Justiz gegen Jugendliche mit drakonischen Strafen vorging, dies insbesondere in der ersten Phase des Regimes, als jede illegale Fortführung der verbotenen Jugendorganisationen auf diese Weise zerschlagen werden sollte; dann wieder in den Kriegsjahren, als durch Brutalität gegen jede

Oppositionsregung in der Jugend der »Wehrwille« abgesichert bzw. aufgezwungen werden sollte. Dabei schreckten die NS-Sondergerichte nicht vor Todesstrafen gegen Jugendliche zurück. Bekannt ist auch, daß sich unter den Zehntausenden von Wehrmachtsangehörigen, die in den letzten Kriegsjahren durch Kriegs- bzw. Standgerichte abgeurteilt wurden, verhältnismäßig viele junge Menschen, also Neunzehn- bis Fünfundzwanzigjährige befanden.

Bei der Verfolgung jugendlicher Opposition wurden neben den üblichen staatlichen Organen (Polizei, Gestapo, SD, Justiz) auch Angehörige der HJ eingesetzt, so vor allem der 1934 geschaffene HJ-Streifendienst, dem HJ-interne und -externe Überwachungs- und Kontrollfunktionen zugewiesen waren.

Es wundert kaum, daß die NS-Staatsorgane sich nicht scheuten, gegen illegale oder – im Falle der katholischen Jugendverbände vor ihrem endgültigen Verbot – noch legale Jugendgruppen Jugendliche als Spitzel einzusetzen. Versuche dieser Art sind mehr als genug überliefert. Durch ein Informationssystem der Gestapo quer durch das Reichsgebiet wurden der Opposition verdächtige Jugendliche gewissermaßen »begleitet«. Hierfür ein recht alltägliches Beispiel:

Am 15. Januar 1937 gab die Gestapo-Polizeistelle Würzburg eine geheime Information an die Leitung des RAD-Lagers Jüterboog, in der es hieß:

»N.N. gehört dem (katholischen Jugendbund) ›Neudeutschland‹ an und ist ein durchaus staatsabträgliches Element, das vielleicht auch im Arbeitsdienstlager versuchen wird, für die katholische Aktion und für die Ziele Roms zu arbeiten. Er ist z. Zt. daran, einen Rundbrief auszuarbeiten. Ich bitte deshalb, seine Post genauestens zu kontrollieren und Abschriften der an ihn gelangenden Briefe hierher zu senden ... Weiter ersuche ich, vertraulich feststellen zu lassen, wohin sich N. N. nach seiner Entlassung aus dem RAD-Lager begibt und wo er Aufenthalt nehmen will. Er darf unter keinen Umständen von seiner Überwachung erfahren ...«.[86]

Die besondere Aufmerksamkeit der HJ-Führung galt der Überwachung des »Jugendfahrtenwesens« und schließlich dem Versuch, Fahrten Jugendlicher außerhalb des HJ-Betriebes generell zu unterdrükken. Nicht zu unrecht wurde angenommen, daß gerade bei Fahrten oppositionelle Jugendgruppen ihr eigenes Leben führen und auch miteinander Kontakt halten konnten. In der bereits zitierten Dienstschrift des Jugendführers des Deutschen Reiches vom 1. Januar 1941 wurde diesem Thema ein eigenes Kapitel gewidmet. Dort hieß es:

»... (Festzustellen ist), daß auch HJ-Angehörige in Zivil miteinander

oder mit selbstgesuchten Straßenfreunden Privatfahrten unternahmen. Daneben traten noch Fahrtengruppen unerfreulich in Erscheinung, die nur aus nicht der Hitler-Jugend angehörenden Jugendlichen bestanden ... Eine weitere Folge war, daß die selbständig auf Fahrt gehenden Jugendlichen und Nicht-HJ-Angehörige sich zu eigenen Cliquen und Gruppen zusammenschlossen, die auch die Fahrt selbst überdauerten. Es brauchten nur noch bündische Elemente zu einer solchen Gruppe stoßen, um eine bündisch-oppositionelle Clique entstehen zu lassen. Das wilde Fahrtenwesen ist daher heute nicht nur ein Gefahrenherd für die Verwahrlosung der Jugend, sondern kann auch zu einer politischen Gefahr werden ... In der Hitler-Jugend hat der Streifendienst sich schon längere Zeit vor dem Kriege der Überwachung und Säuberung des Jugendfahrtenwesens durch regelmäßige Streifen gewidmet. Die wesentlichen Überwachungsaufgaben auf diesem Gebiet sind: Überwachung der Jugendherbergen (Säuberung von unerwünschten Elementen), Überwachung der wilden Übernachtungsstätten, Bekämpfung des Trampens ..., Bekämpfung des Gemischtwanderns, Überwachung der Natur- und Feuerschutzbestimmungen, Überwachung der Grenz- und Sperrgebiete und des Auslandswanderns ... Ein besonderes Problem des Jugendwanderns ist das der wilden Übernachtungsstätten. Da die vorhandenen Jugendherbergen nicht ausreichen, werden Nicht-HJ-Angehörige in ihnen nicht mehr zugelassen. Die Hoffnung, dadurch gleichzeitig das wilde Fahrtenwesen etwas einzudämmen, hat sich nur in geringem Maße erfüllt. Die Jugendlichen sammeln sich in Übernachtungsstätten außerhalb der Jugendherbergen (Bauernscheunen, Zeltlager). Da sich unter ihnen auch Elemente befinden, die aus kriminellen und politischen Gründen dringend der Überwachung bedürfen, sind diese Übernachtungsstätten nicht nur Sammel- und Brutstätten für politisch-oppositionelle Bestrebungen, sondern auch Gefahrenherde .. krimineller Jugendgefährdung ...«.[87]
Die Dienstschrift wies empfehlend auf eine in Sachsen erlassene Polizeiverordnung hin, die das Übernachten Jugendlicher im Freien oder in Übernachtungsstätten außerhalb der Jugendherbergen grundsätzlich untersagte, zumindest abseits des HJ-Dienstbetriebes. Nach einer Fülle von für die HJ-Führung erschreckenden Berichten aus den einzelnen HJ-Gebieten schloß die Dienstschrift diesen Abschnitt mit dem Satz, daß »... die Bekämpfung des wilden Fahrtenwesens unbedingt geboten« sei.

Wie wenig die HJ-Führung trotz aller Mühen in der Lage war, die freien Fahrten Jugendlicher zu unterdrücken, wird auch aus Berichten von HJ-Streifendiensteinheiten deutlich. So meldete z. B. der Bannstreifenführer der HJ in Lindau am 10. September 1940: »Bei der Überwachung des Fahrtenwesens mußte immer wieder festgestellt werden, daß kaum einer einen HJ-Ausweis oder für die Übernachtung einen Jugendherbergsausweis bei sich hatte, ganz zu schweigen von vorschriftsmäßigen Ausweisen. Auf Fahrt gehen die Jungen durchschnittlich alle in Zivil, obwohl sich bei der Kontrolle herausstellt, daß sie Angehörige der HJ sind. Ganz verheerend sind die Käppchen und die Halstücher und es wäre wirklich an der Zeit, daß dieser Unfug verboten würde. Sehr viele gehen ohne Geld auf Fahrt ...«.[88]

Und der HJ-Streifendienst des Bannes Augsburg berichtete am 4. Juli 1940:

»Eine besondere Clique von Jugendlichen hat sich seit längerer Zeit im Westend gebildet. Es wurde an Pfingsten beobachtet, daß sich diese Bande zusammen mit den Jugendlichen vom ›Hohen Meer‹ und ›Regenbogen‹ gemeinsam mit Mädchen auf Fahrt begab. Ziel war der Ammersee und Uttig ... Die Übernachtung erfolgte, wie festgestellt werden konnte, gemeinsam mit den Mädchen in Gasthauszimmern und Heustadeln. Eine solche Gesellschaft, die in einem Stadel übernachten wollte, wurde von dem Uttinger Bürgermeister auf Betreiben der HJ-Streife vertrieben. Der Erfolg des alleinigen Verjagens mag aber bezweifelt werden ...«.[89]

Ab 1939 richteten sich die Bemühungen der NS-Staatsorgane und der HJ-Führung verstärkt auf die Zerschlagung der spontanen Gruppenbildungen Jugendlicher. In der internen Denkschrift der Reichsjugendführung über »Cliquen- und Bandenbildung unter Jugendlichen« vom September 1942 wurde angeregt, solche Gruppen schärfer zu überwachen und zu maßregeln, nicht nur durch den HJ-Streifendienst, sondern auch durch strafrechtliche Maßnahmen und Schaffung diesbezüglicher Rechtsgrundlagen. In diesem Zusammenhang hieß es:

»Eine tatbestandsmäßig gefaßte, mit Strafe bedrohte Festlegung des Unrechtsgehalts der Cliquenbildung unter Jugendlichen erweist sich auf Grund der geschilderten tatsächlichen Lage als notwendig. Sie ist bis jetzt nicht vorhanden. Strafrechtlich faßbar sind Cliquenangehörige bisher nur, soweit sie ausgesprochen kriminell sind (Diebes- und Erpresserbanden, Homosexuelle usw.), nach den dafür jeweils geltenden Strafbestimmungen. Der besondere Unrechtsgehalt, der in dem bandenmäßigen Zusammenschluß als solchem liegt, wird dabei nicht erfaßt. Das wird auch in gerichtlichen Entscheidungen immer wieder mit Bedauern festgestellt ... Zwar kennt das RStGB eine Reihe von Tatbeständen, bei denen auch die Tatsache des Zusammenschlusses bzw. der Zusammenrottung Gegenstand der strafbaren Handlung wird, doch betreffen sie entweder Delikte, die ihrer Art nach von Jugendlichen nur in wenigen Ausnahmefällen begangen werden, oder sie kommen aus juristisch-technischen Gründen (schwierige Beweisführung) nur selten zur Anwendung ... Die Geheime Staatspolizei hat sich energisch für die Bekämpfung des Cliquen- und Bandenwesens eingesetzt. Da – wie erwähnt – eine ausreichende Rechtsgrundlage nicht immer vorhanden war, hat sie mit den ihr zur Verfügung stehenden Sondermaßnahmen eingegriffen ...«.[90]

Die Reichsjugendführung wies ferner darauf hin, daß auch durch gerichtliche Entscheidungen, die sich darauf stützten, daß jede Bildung von Jugendgruppen außerhalb der Hitler-Jugend unter die Strafandrohung des Gesetzes gegen die Neubildung von Parteien vom 14. Juli 1933 falle, den »Cliquen« und »wilden Fahrtengruppen« nicht in jedem Falle beizukommen sei, und schlug deshalb vor, »eine besondere Strafbestimmung gegen Zusammenschlüsse Jugendlicher zu schaffen, deren Tatbestand weit genug ist, um alle unerwünschten Erscheinungen dieser Art, die mit den jetzigen Bestimmungen nicht faßbar sind, bekämpfen zu können.« Ferner sei den Polizeibehörden die Vollmacht zu geben, gegen spontane Jugendgruppen mit »sofortiger Heranziehung zu kurzfristigem Arbeitseinsatz«, »zwangsweisem Heimtransport«, »Meldepflicht auf der Polizeidienststelle zu bestimmten Tagen und Stunden« u. ä. m. vorzugehen. Schließlich sei an die Einführung von Jugenderziehungs- oder Jugendarrestlagern zu denken.

Der zuletzt genannte Weg zur Unterdrückung jugendlicher Opposition und Nonkonformität wurde in der Folgezeit mit den Runderlassen des Reichsministers des Innern vom 21. Dezember 1943 (»Arbeitserziehung der Jugend«) und des Reichsführers-SS und Chefs der Deutschen Polizei vom 25. April 1944 (»Einweisung in die politischen Jugendschutzlager«) verwaltungsmäßig bzw. »rechtlich« geebnet. Bis Kriegsende waren neben etlichen »Arbeitserziehungslagern« für Jugendliche als regelrechte Jugend-KZ's die »Jugendschutzlager« Moringen/Solling (Jungen) und Uckermark/Mecklenburg (Mädchen) eingerichtet; die jugendlichen Häftlinge in diesen beiden Lagern waren überwiegend noch aufgrund von Jugendkriminalität bzw. gescheiterter Fürsorgeerziehung eingewiesen.

Eine gewissermaßen abrundende Übersicht der verschiedenen Sanktions- und Repressionsmöglichkeiten gegen oppositionelle Jugendliche bot der Runderlaß des Reichsführers-SS und Chefs der Deutschen Polizei vom 25. Oktober 1944, der »streng vertraulich« an die in dieser Sache tätigen Staats- und Parteiorgane ging.[91]

Es wurden darin zur Anwendung empfohlen: Das Gesetz gegen Neu-

bildung von Parteien vom 14. Juli 1933 (das sich gegen unmittelbar politisch orientierte illegale Jugendkreise einsetzen ließ); die Verordnung des Reichspräsidenten zum Schutz von Volk und Staat vom 28. Februar 1933 (die dem Wortlaut nach der »Abwehr kommunistischer staatsgefährdender Gewaltakte« dienen sollte, tatsächlich aber, äußerst extensiv ausgelegt, gegen sämtliche gruppierten Aktivitäten Jugendlicher außerhalb der HJ Verwendung fand, auch wenn es sich um Gruppen ohne direkt politische Zielsetzung handelte); ferner die heranziehbaren Normen des Reichsstrafgesetzbuches (so etwa »Verabredung hochverräterischer Unternehmungen«, »Aufforderung zum Hochverrat und Bildung von organisatorischen Zusammenschlüssen zur Vorbereitung des Hochverrates«, »Geheimbündelei«, »Teilnahme an staatsfeindlichen Verbindungen«). Der Runderlaß der SS- und Polizeiführung, unterzeichnet von Kaltenbrunner, legte nahe, die »Verordnung zum Schutze von Volk und Staat« in Verbindung mit Erlassen anzuwenden, die sich daraus herleiteten, so »insbesondere dem Runderlaß des Reichsführers-SS und Chefs der Deutschen Polizei vom 20. Juni 1939 über das Verbot der Bündischen Jugend und die in den Ländern ergangenen Polizeiverordnungen gegen die konfessionellen Jugendverbände.« Das Rundschreiben konstatierte bedauernd, daß »das deutsche Strafrecht keine Bestimmung enthält, die die Cliquenbildung Jugendlicher an sich unter Strafe stellt«, wies aber ersatzweise auf folgende Strafrechtsnormen hin: Auflauf, Raufhandel, Bandendiebstahl, Landfriedensbruch, öffentliche Zusammenrottungen in Verbindung mit Nötigung oder Widerstand gegen Beamte. Anhand dieser Paragraphen des Strafgesetzbuches ließen sich spontane Jugendgruppen in der Regel kriminalisieren. Bei »arbeitsdienst- und wehrdienstfeindlicher Einstellung« von jugendlichen »wilden Gruppen«, so das Rundschreiben, seien noch zusätzlich Strafvorschriften der Kriegssonderstrafrechtsverordnung vom 17. August 1938 und der Verordnung zum Schutz der Wehrkraft des Deutschen Volkes vom 25. November 1939 sowie zum Schutz des Reichsarbeitsdienstes vom 12. März 1940 heranzuziehen. Als Rechtsgrundlagen für polizeiliche Maßnahmen könnten vor allem die Jugenddienstverordnung und die Polizeiverordnung zum Schutz der Jugend dienen, und gegen individuelle Äußerungen des Unwillens über den NS-Staat oder einzelne seiner Führer ließen sich ferner die Strafbestimmungen der »Verordnung zur Abwehr heimtükkischer Angriffe gegen die Regierung der nationalen Erhebung« vom 21. März 1933 sowie des »Gesetzes gegen heimtückische Angriffe auf Staat und Partei« vom 20. Dezember 1934 heranziehen.
Der Reichsminister der Justiz ergänzte diesen Runderlaß Kaltenbrun-

ners mit einer Verfügung vom 26. Oktober 1944, in der es u. a. hieß: »Unangebrachte Milde ist wegen der Gefährlichkeit der Cliquenbildung (Jugendlicher) fehl am Platze. Bei den Anführern und besonders aktiven Mitläufern werden meist längere Jugendgefängnisstrafen erforderlich sein. Soweit aber noch keine allgemeine Verwahrlosung vorliegt, ist häufig auch die Einweisung in ein Erziehungslager, die bisher auf die Bekämpfung von Disziplinlosigkeiten Jugendlicher am Arbeitsplatz beschränkt war, ein geeignetes Mittel, um auf den Lebenskreis des Jugendlichen abschreckend zu wirken und den Jugendlichen selbst zu Disziplin und Einordnung in die Volksgemeinschaft zu erziehen. Ist nach der Persönlichkeit des Jugendlichen mit den Mitteln des Jugendstrafrechts und der öffentlichen Jugendhilfe kein Erziehungserfolg mehr zu erwarten, so ist die Unterbringung in einem polizeilichen Jugendschutzlager anzuregen. Bei weniger beteiligten Mitläufern wird häufig mit der Zerschlagung der Clique die Ursache der Gefährdung weggefallen sein. Bei ihnen wird, soweit eine Ermahnung nicht ausreicht, meist die Erteilung von Arbeitsauflagen oder Weisungen oder Jugendarrest zur Erziehung genügen ... Die Wirkung von Maßnahmen gegen jugendliche Cliquen hängt entscheidend davon ab, daß ihre Anführer und die besonders aktiven Teilnehmer sofort aus ihrem Lebenskreis entfernt werden. Gegen sie ist daher, soweit nicht andere vorläufige Maßnahmen, z. B. die Unterbringung in Jugendarresträumen ... angezeigt sind, die Untersuchungshaft anzuordnen ...«.[92]

Diese ins Auge gefaßten und auch praktizierten »schärferen Mittel« der Bekämpfung der oppositionellen Jugendgruppen brachten offensichtlich nicht den angestrebten Erfolg. In dem schon zitierten Runderlaß vom 25. Oktober 1944 mußte der Reichsführer-SS und der Chef der Deutschen Polizei mitteilen:

»In allen Teilen des Reiches ... haben sich seit einigen Jahren und in letzter Zeit in verstärktem Maße Zusammenschlüsse Jugendlicher (Cliquen) gebildet. Diese zeigen zum Teil kriminell-asoziale oder politisch-oppositionelle Bestrebungen und bedürfen deshalb, vor allem im Hinblick auf die kriegsbedingte Abwesenheit vieler Väter, Hitler-Jugend-Führer und Erzieher, einer verstärkten Überwachung ... Cliquen sind Zusammenschlüsse Jugendlicher außerhalb der Hitler-Jugend, die nach bestimmten, mit der nationalsozialistischen Weltanschauung nicht zu vereinbarenden Grundsätzen ein Sonderleben führen. Gemeinsam ist ihnen die Ablehnung oder Interessenlosigkeit gegenüber den Pflichten innerhalb der Volksgemeinschaft oder der Hitler-Jugend, insbesondere der mangelnde Wille, sich den Erfordernissen des Krieges anzupassen ... Die Cliquen haben mehr oder weniger feste Treffpunkte und Wirkungsbereiche; sie gehen oft gemeinsam auf Fahrt. Den Cliquen gehören junge Burschen, mitunter aber auch Mädchen an. Zur Cliquenbildung kommt es u. a. durch die gemeinsame Zugehörigkeit zu einem Bezirk. Zunächst können derartige Zusammenschlüsse ganz harmlos sein, später jedoch, je nach den sich durchsetzenden Überzeugungen und Zielen, eine bedrohliche Entwicklung nehmen ... Im allgemeinen können innerhalb der einzelnen Cliquen drei verschiedene Grundhaltungen festgestellt werden, wobei jedoch beachtet werden muß, daß die wenigsten Cliquen nur eine dieser Grundhaltungen in ausgeprägter Form zeigen. Vielmehr führt die Betätigung auf einem Gebiet meist auch zu einer Betätigung auf dem anderen. Es sind zu unterscheiden: a) Cliquen mit kriminell-asozialer Einstellung. Diese äußert sich in der Begehung von leichten bis zu schweren Straftaten (Unfug, Raufhändel, Übertretungen von Polizeiverordnungen, gemeinsame Diebstähle, Sittlichkeitsdelikte, insbesondere auf gleichgeschlechtlicher Grundlage, usw.) ... b) Cliquen mit politisch-oppositioneller Einstellung, jedoch nicht immer mit fest umrissenem gegnerischen Programm. Sie zeigt sich in allgemein staatsfeindlicher Einstellung, Ablehnung der Hitler-Jugend und sonstiger Gemeinschaftspflichten, Gleichgültigkeit gegenüber dem Kriegsgeschehen und betätigt sich in Störungen der Jugenddienstpflicht, Überfällen auf Hitler-Jugend-Angehörige, Abhören ausländischer Sender und Verbreitung von Gerüchten, Pflege der verbotenen bündischen und anderer Gruppen, ihrer Tradition und ihres Liedgutes usw. Derart eingestellte Jugendliche versuchen häufig, zur eigenen Tarnung oder um die Möglichkeit zersetzenden Einwirkens zu gewinnen, in Parteiorganisationen einzudringen. c) Cliquen mit liberalistisch-individualistischer Einstellung, Vorliebe für englische Sprache, Ideale, Haltung und Kleidung, Pflege von Jazz- und Hotmusik, Swingtanz usw. Die Angehörigen dieser Cliquen stammen größtenteils aus dem ›gehobenen Mittelstand‹ und wollen lediglich ihrem eigenen Vergnügen, sexuellen und sonstigen Ausschweifungen leben. Dadurch kommen sie sehr bald in scharfen Gegensatz zur nationalsozialistischen Weltanschauung. Anforderungen von Hitler-Jugend, Arbeits- und Wehrdienst widerstreben sie und nähern sich sofern der unter b) charakterisierten Grundhaltung ... Anführer der Cliquen (Rädelsführer) sind ... ein oder mehrere Personen ..., die durch besondere Intelligenz, Initiative oder Roheit hervortreten. Sie sind teils in krimineller Hinsicht vorbelastet, teils entstammen sie den früher bündischen oder anderen politisch-oppositionellen Kreisen ...«[93]

Diese hypertrophe Gegnerbeschreibung von Jugendgruppen, deren besondere Anstößigkeit für die NS-Führung vor allem darin lag, daß sie außerhalb des beanspruchten Monopols der HJ-Organisation ein Sonderdasein führten und während des Krieges erheblichen Zulauf, z. T. auch von HJ-Angehörigen fanden, kann geradezu als klassisches Selbstzeugnis totalitärer Herrschaft gelten, aber auch als beweiskräftiges Dokument dafür, daß gerade gegenüber der Jugend das Programm einer völligen Gleichschaltung eine Wahnidee sein mußte, der am Ende nur der massenhafte Terror als Ausweg verblieb. Daß sich nach der Zerschlagung der traditionellen politischen, konfessionellen und bündischen Jugendorganisationen sowie als Reaktion auf die Erhebung der HJ zur Staatsjugend und die Einführung einer obligatorischen allgemeinen HJ-Dienstpflicht vielfältige neue Formen jugendlicher Nonkonformität und jugendlichen Gruppenlebens bildeten, die ein alltägliches »Alternativleben« zur NS-Sozialisation und zur HJ für sich in Anspruch nahmen, beleuchtet eindrucksvoll den Mißerfolg bei der Realisierung des totalitären Anspruchs der HJ. Diese »wilden« Jugendgruppen waren nicht zuletzt ein Protest Jugendlicher gegen den schon vor dem Kriege militärähnlichen HJ-Dienstbetrieb.
Als normative und habituelle jugendliche Gegenkultur zum immer weniger jugendgemäßen »Betrieb« der HJ verdienen die verschiedenen, in der zeitgeschichtlichen Forschung lange Zeit fast ganz vernachlässigten Äußerungsformen dieses Jugendprotestes gegen die Sozialisations- und Organisationsmuster des Dritten Reiches besonderes Interesse. Als eine Verweigerungs-Reaktion lassen sie gleichsam spiegelbildlich die »Defizite« der späteren HJ-Erziehung erkennen. Als Protestformen auf dem Grenzgebiet von politischer Opposition, unpolitischer Nonkonformität und Delinquenz, die sich u. a. auch in der Distanzierung von der vom Regime gepredigten Sexualmoral, in den »freien« Gruppennormen von Jungen- und Mädchen-»Banden« ausdrückten, zeigen sie auch, wie wenig der gängige, konventionelle Widerstandsbegriff ausreichend ist zur Erfassung der vielfältigen Resistenz-Erscheinungen in der NS-Zeit. In dem Maße, in dem das NS-Regime mit dem »Jugendschutzgesetz«, der Kontrolle von Jugendlichen durch Jugendarrest oder gar durch Jugenderziehungslager die Spontaneität jugendlicher Selbstbestimmung immer mehr unterdrückte, gewannen vornehmlich in den Großstädten während des Zweiten Weltkrieges die verschiedenen Spielarten jugendlicher Gegenkultur zunehmend an Bedeutung, begannen die HJ-Führung ebenso wie die Gestapo zu beunruhigen und veranlaßten sie zu immer schärferen Unterdrückungsmaßnahmen.

Bei den neu auftretenden spontanen Oppositionsgruppen Jugendlicher lag keineswegs eine planmäßige »Anleitung« durch Widerstandsgruppen Erwachsener im Sinne der verbotenen Parteien oder durch kirchliche Gruppierungen o. ä. vor, wohl aber waren personelle und literarische Überlieferungen aus den verbotenen linken und konfessionellen Jugendverbänden und Traditionen der Lebensformen bündischer Jugend wichtige Komponenten dieses dem NS entgegengesetzten Jugendmilieus. Interessanterweise vermittelten sich nun Verhaltensmuster der früheren Bündischen Jugend, die sich bis zu ihrem Verbot 1933 verhältnismäßig stark aus Gymnasiasten rekrutierte, stärker in die Oppositionsgruppen der großstädtischen und zum Teil auch der provinziellen »Unterschichten«-Jugend, während die spontanen Oppositionskreise der »gehobenen Mittelschichten«-Jugend sich im Laufe des Dritten Reiches stärker an ausländischen Formen des Jugendlebens orientierten.
Daß die Hitler-Jugendführung und die Staatsführung des Dritten Reiches auch die zugegebenermaßen unpolitischen Ausdrucksformen jugendlicher Nonkonformität und Gruppenbildung als ein Politikum ansahen und scharf bekämpften, offenbart schließlich auch, daß gerade in bezug auf das NS-Herrschaftssystem der enge Begriff des »politischen Widerstandes« einer Überprüfung bedarf. Wo das Wesen der totalitären Gleichschaltung in der Reglementierung und Ideologisierung fast aller Lebensbereiche bestand, konnten gerade die demonstrative Rückwendung auf das Privat-Gesellige außerhalb der Parteiorganisationen oder die »wilde« jugendliche Gruppe eine besonders wirksame Form der Resistenz und Immunisierung gegenüber dem Sozialisationsanspruch des Staates und der HJ bedeuten.

Aktionen im Krieg – gegen den Krieg

Die Opposition Jugendlicher gegen die hitlerdeutschen Zustände während des Zweiten Weltkrieges war nicht allein durch die beschriebenen »Jugendcliquen« von der Swing-Jugend bis zu den Edelweißpiraten bestimmt.
Daneben existierten bis in die Endphase des Dritten Reichs hinein klei-

nere und fester geschlossene illegale Gruppen antinazistischer Schüler und Studenten oder Bündischer Jugend im Stil der »dj.1.11« und ähnlicher Organisationen, verbotene oder ständig bedrängte Jugendkreise der Kirchen und – zahlenmäßig schwache – Untergrundzirkel von jungen Leuten mit sozialistisch-kommunistischer Überzeugung. Für die HJ und die Staatsorgane stellten die spontanen Oppositionsrichtungen in der Jugend gerade deshalb eine Gefahr dar, weil sie in ihrer Diffusität einen relativ breiten Rückhalt unter Jugendlichen hatten und sich gewissermaßen per »Ansteckung« ausbreiteten. Kleine, unmittelbar politisch aktiv werdende junge Oppositionsgruppen – wie etwa der Kreis um die Geschwister Scholl – wurden wiederum eben deshalb als bedrohlich angesehen, weil sie durch ihre öffentlichen Widerstandsbezeugungen spontan-oppositionelle Bewegungen in der Jugend stimulieren konnten – ein Problem, das sich bei noch längerer Kriegsdauer aller Wahrscheinlichkeit nach weiter zugespitzt hätte.
Die nachfolgenden Berichte und Dokumente weisen auf eine Variante jugendlicher Opposition hin, die sich unter den spezifischen Bedingungen des Krieges und der immer katastrophaleren Folgen desselben zum unmittelbaren Widerstand hinentwickelte; deutlich wird dabei aber auch, daß solche Aktivitäten zumeist ihre Herkunft in einem vorweglaufenden, gegenüber dem NS renitenten jugendlichen »Gegenmilieu« hatten.
In einer Anklageschrift gegen eine illegale Gruppe, die sich vor allem aus Studenten und Schülern in Hamburg zusammensetzte, die Ende 1944 verhaftet und im Frühjahr 1945 wegen Vorbereitung zum Hochverrat, Zersetzung der Wehrkraft usw. verurteilt wurden, hieß es:
»Die Angeschuldigten haben etwa von 1936 an bis zu ihrer Festnahme auf Leseabenden und in zahlreichen Gesprächen und in sonstiger Weise ein mit der nationalsozialistischen Weltanschauung nicht zu vereinbarendes Gedankengut bewußt gepflegt, eine innerpolitische Umwälzung im Reich erörtert und dann während des Krieges das Vertrauen zur Führung und den deutschen Widerstandswillen zersetzt sowie dem Feind genützt. K. und R. haben ferner Hetzschriften hergestellt und verbreitet, sowie mit anderen die Sprengung einer Brücke verabredet ... Sämtliche Angeschuldigten haben ferner die Nachrichten feindlicher Auslandssender abgehört und verbreitet ...
Auf den Leseabenden wurden verbotene oder unerwünschte Werke aus Schrifttum und bildender Kunst behandelt. Dabei wurden auch politische Fragen in einer den nationalsozialistischen Staat scharf ablehnenden Weise erörtert und offen darüber gesprochen, wie der Nationalsozialismus beseitigt werden könne ... Infolge dieser Anregun-

»Ausmerze-Aktion« an Hochschulen

»Der Reichsstudentenführer
Stabsführer – Th/Si.

München 33, den 21. April 43
Karlstr. 14

Rundschreiben St 16/43
Vertraulich!

An alle
Gaustudentenführer und an den
Verteiler der Reichsstudentenführung.

Betrifft: Weitere Urteile wegen Hochverrat u. a.

Durch Rundschreiben Nr. St 6/43 vom 23. Februar 1943 habe ich Todesurteile mitgeteilt, die in München wegen Hochverrat vom Volksgerichtshof verhängt wurden.

Zur gleichen Hochverrätergruppe gehörten zwei weitere Angehörige der Münchener Mediziner-Kompanien, sowie ein Professor der Psychologie der hiesigen Universität. In erneuter Verhandlung des Volksgerichtshofes wurden alle drei mit dem Tode bestraft. Sie waren führend an der Abfassung und Verbreitung von Flugblättern beteiligt, die in sieben Großstädten Süd- und Südwest-Deutschlands zur Sabotage in der Rüstung, zur Erhebung gegen die Staatsgewalt, und zur Bekämpfung der nationalsozialistischen Bewegung aufriefen.

Zehn weitere Personen erhielten schwere Zuchthaus- und Gefängnisstrafen, darunter zwei unreife Gymnasiasten, zwei Studenten und vier Studentinnen aus München, Stuttgart und Freiburg.

Sie haben zum Teil Beihilfe geleistet, ausländische Rundfunksender gehört, und trotz teilweiser Kenntnis der Vorgänge ihre Anzeigepflicht verletzt.

Damit dürfte die Aburteilung dieser Personengruppe im wesentlichen abgeschlossen sein.

Die Haupttäter waren auch diesmal Menschen, die bei strenger Auslese zum Hochschulzugang bereits auf Grund ihres äußeren Erscheinungsbildes, mehr noch auf Grund ihres Charakters abgelehnt worden wären. Einige können nur als körperlich und seelisch krankhafte Menschen bezeichnet werden, darunter vor allen Dingen auch der verurteilte Professor.

Die Systemzeit hätte in solchen Umständen Milderungsgründe erblickt. Der Nationalsozialismus dagegen bemißt die Strafe nach der Tat und der gezeigten Gesinnung, und hält damit untüchtiges und unwertes Leben dem gesunden Volkskörper fern.

Unter den Mitläufern und Mitläuferinnen befanden sich zweifellos einige gute Typen, denen es an entsprechender Führung gefehlt hat.

Hieraus kann man die Verantwortung ermessen, die derzeit jeder studentischen Führung aufgelegt ist. Idealistisch vorleben, und jedermann zu hingebender, aber im Grunde fröhlicher Arbeit bringen, wird uns noch immer die deutschen Studenten und Studentinnen gewinnen.

Es kommt daneben auch auf die Erfüllung unserer Fürsorgepflicht an. Viele junge Studenten und Studentinnen wissen so wenig Bescheid, daß man nur immer staunen muß, und tun dann in schwierigen Lebenslagen, in die sie plötzlich gebracht sind, das falsche. Zu unserer viel genannten politischen Erziehung gehören insofern auch ganz praktische Dinge, z. B. wie man sich verhält, wenn man ein hochverräterisches Flugblatt erhält, wie man auf hochverräterische Äußerungen erwidert, was man in einer Gesellschaft tut, in der plötzlich staatsfeindliche Äußerungen fallen u. a. mehr.

Auch dieser Prozeß hat wieder gezeigt, daß mancher aus Angst oder Unkenntnis den rechten Weg nicht findet, und mit der Zeit straffällig wird.

Ganz besonders veranlassen uns solche Fälle aber zur Sammlung unserer wirklichen politischen Aktivisten, die kräftig in jeden Winkel des Studententums hineinleuchten, und sich nicht scheuen, mit ihrer Muskelkraft auch einmal Feiglinge und Weichlinge aus den Hörsälen und Instituten hinauszuwerfen.

Jede Gaustudentenführung hat in dieser Hinsicht Aufgaben. An den meisten Hoch- und Fachschulen gibt es kleine Gruppen von Miesmachern. Die Drahtzieher zu zerschlagen, und die Mitläufer für uns zurückzugewinnen, ist eine Aufgabe, die kriegswichtiger, wenn nicht kriegsentscheidender ist, als das meiste andere, was in unserem Bereich derzeit geschieht.

Die Ausmerze-Aktion gibt im Sommer-Semester auch den rechtlichen Anlaß zu scharfem Vorgehen.

Heil Hitler
Thomas
Stabsführer«

gen beschäftigte sich K. auch außerhalb der Leseabende mit Werken der bezeichneten Art, vor allem mit solchen aus den letzten Jahren des 1. Weltkrieges und der ersten Nachkriegszeit ... Von den Angeschuldigten wurde zum Ausdruck gebracht, daß die gegenwärtigen politischen Verhältnisse geändert und dem Einzelnen möglichst viel persönliche Freiheit, insbesondere die der Meinungsäußerung gegeben werden müsse. K., L. und G. hörten gemeinsam Hetzsender wie den ›Deutschen Freiheitssender‹ ab und schickten an die Leitung desselben in Paris ein Schreiben, in dem zum Ausdruck gebracht wurde, daß man mit dem Inhalt der Sendungen einverstanden sei ... Bei seinem Studium an der Universität in B. nahm K. an einem neuen Kreis teil, wo gemeinsam Bücher kommunistischer Richtung, wie Schriften von Lenin, Maxim Gorki, Stephan Zweig usw. gelesen und besprochen wurden ... Mit den Typen eines Druckkastens, den er von der Angeschuldigten R. kaufen ließ, stellte K. Flugblätter mit den Sendezeiten und der Wellenlänge des ›Deutschen Freiheitssenders‹ sowie dem Aufdruck ›Gegen Hitler und den Krieg‹ her. Holztäfelungen in der Bahn und die Wand einer Fernsprechzelle versah er mit einem Stempelaufdruck über Sendezeit und Wellenlänge dieses Senders ... Im März 1940 erhielt K. von der Angeschuldigten S. einen Abdruck der Rede, die Thomas Mann anläßlich der Aberkennung seiner Doktorwürde durch die Universität Bonn gehalten hatte ... Von D. erhielt K. das Buch ›Revolution des Nihilismus‹ des früheren Danziger Senatspräsidenten Rauschning, in dem eine scharfe Kritik am Nationalsozialismus und an der Person des Führers geübt und die Notwendigkeit eines Sturzes der nationalsozialistischen Staatsführung betont wurde ... Die Angeschuldigte W. lernte K. 1942 durch ihre Tätigkeit als Verkäuferin in der Buchhandlung K. kennen. Da sie ebenfalls eine scharfe Gegnerin des NS-Staates war, traf sie sich in der Folgezeit mehrmals mit den Angeschuldigten K. und R. Bei einer dieser Zusammenkünfte las K. einige Stücke aus einem Buche von Tucholsky vor ... Bei einer anderen Zusammenkunft, bei der auch noch weitere Teilnehmer anwesend waren, sprach K. über die hochverräterische Tätigkeit der Geschwister Scholl in München. Für diese herrschten bei ihm und den anderen Teilnehmern Sympathien, weil, wie er sagte, ihr Mut zu bewundern sei, wenn sie sich auch taktisch falsch verhalten hätten. Bei dieser Gelegenheit verlas K. auch das von den Geschwistern Scholl verbreitete Flugblatt. ›Die weiße Rose III‹. Von einem Buchhändler erwarb K. in den folgenden Monaten 30–40 Bücher linksradikalen Inhaltes, darunter Werke Lenins, Bücher von Jakob Wassermann, Stephan Zweig, Heinrich Mann und H. G. Wells ... Ferner lernte K. den Studenten L. kennen, der eingehend über die Tätigkeit der Geschwister Scholl berichtete und auch für die Witwe des wegen der Scholl-Gruppe hingerichteten Professors Huber Geldspenden sammelte. Auch daran beteiligten sich K. und R. Ferner entschlossen sie sich, eine Zusammenstellung über die Tätigkeit des Kreises um die Geschwister Scholl, in einem sog. Bericht aus dem Wirken der deutschen Opposition, in das Ausland zu schaffen ... Auch die Angeschuldigte R. nahm etwa 10–15 mal an den Leseabenden teil, wobei insbesondere das Neue Testament und eine Schrift von Thomas Mann gelesen und im Anschluß daran soziale und politische Fragen erörtert wurden. Auch wurde von Sendungen des feindlichen Rundfunks gesprochen ... Die Angeschuldigte S. brachte dabei gegenüber K. und anderen Schülern zum Ausdruck, daß sie die

NS-Bewegung als einen mit ungesetzlichen Mitteln durchgeführten Staatsstreich ansähe, und sagte, der Reichstagsbrand sei von den Nationalsozialisten angelegt, um einen Vorwand zu haben, gegen politische Gegner in schärfster Weise vorzugehen. Sie schrieb dem NS eine ›absolute Geistesfeindlichkeit‹ zu, vermied es, im Geschichtsunterricht auf den Nationalsozialismus und die Rassenfrage einzugehen und bemühte sich, ihre Schüler vom Eintritt in die HJ abzuhalten. Das Auftreten und die Uniformierung in der HJ seien mit innerem Ernst und echter Lebensfreude der Jugend unvereinbar ... In Leseabenden vertrat sie die Meinung, daß die neue Art der Darstellung der Geschichte in der Schule Geschichtsfälschung sei und alles darauf ankäme, den Zugang zu den wahren Geschichtsquellen offenzuhalten. In weiteren Leseabenden wurde die Malerei von der Romantik bis zur Gegenwart behandelt, wobei Werke von Picasso, Pechstein und Feininger als wertvoll bezeichnet wurden ... An Literatur wurden Werke von Dostejewski, Romain Rolland, Thomas Mann, Franz Werfel, Klabund, Arnold Zweig usw. behandelt und zum Teil vorgelesen. Später trat die Literatur gegenüber der direkt politischen Diskussion in den Hintergrund. Die Angeschuldigte S. lobte die politischen Verhältnisse der Systemzeit und die Politik Briands, Stresemanns und Brünings, von dem sie hoffte, daß er wieder als Politiker tätig würde. Die deutsche Außenpolitik nach 1933 bezeichnete sie als bewußte Kriegsvorbereitung. Der Nationalsozialismus sei nur an die Macht gelangt, weil das deutsche Bürgertum und die Intelligenz völlig versagt hätten, insbesondere Zivilcourage hätten vermissen lassen. Die SS sei eine Art von organisiertem Untermenschentum. Der Dichter Erich Mühsam z. B. sei von ihr im KZ auf grausamste Weise gefoltert worden. Die HJ züchte einen furchtbaren und zynischen Menschenschlag heran, der laut, geistlos und meist haltlos sei. Den Reichsführer SS Himmler bezeichnete sie als ›Henker‹ und den Reichspropagandaminister Dr. Goebbels als ›infernalischen Meister der Lüge‹. Die Unterdrückung katholischer Verbände, so erklärte sie, stelle einen Bruch des Konkordats dar. Die Strafverfahren gegen Ordensgeistliche wegen sittlicher Verfehlungen seien lediglich Kampfmittel gegen die katholische Kirche. Auch die Maßnahmen des NS-Staates auf dem Gebiete der Kunst, insbesondere die Ablehnung der abstrakten Malerei und Bildnerei, wie sie durch die Ausstellung ›Entartete Kunst‹, zum Ausdruck komme, sei unverantwortlich...«[94]

Aus einer Gruppe Münchener Studenten wird rückschauend berichtet: »Wir hatten ursprünglich keine politische Überzeugung – woher sollte diese auch kommen? Das Elternhaus war auf Grund der terroristischen

Maßnahmen des Regimes mit Vorsichtsmaßregeln allerseits vollauf beschäftigt und war nicht in der Lage, in uns eine politische Überzeugung zu wecken, geschweige denn zu festigen. Wir waren ganz einfach ›dagegen‹. Unser Kreis, zumeist aus wohlbehüteten und wohlsituierten Häusern des Bürgertums kommend, war – ich möchte sagen: soweit ›gebildet‹, um zunächst die Verlogenheit der Pädagogen in der Schule, auf dem Gymnasium und auf der Universität zu erkennen. Zwei bis drei Jahre Heeresdienst machten den meisten von uns klar, daß man mit den von vielen unserer Lehrer und den vielen Lautsprechern ausposaunten Sprüchen keinerlei erträgliche Lebensformel finden konnte. Vor mir liegt ein Dokument jener Zeit, eine Art Gästebuch. Der Einband trägt den Titel ›Wilhelm Busch‹, um Unbefugte vom Einsichtnehmen abzulenken. Dieses Gästebuch, das bis auf wenige Seiten selbst die Gestapobeschlagnahme überdauert hat, enthält neben allerlei Unsinn ein paar Zeilen meines Freundes Hans Brückner, damals bei einer Luftwaffeneinheit stationiert, eingetragen zur Jahreswende 43/44:

›Fragment
Wenn irgendwo das freie Wort verboten
Und wenn die Dummheit schönste Früchte trägt,
Wenn in den Ämtern dummfreche Heloten
Ein blödes Schlagwort für das Volk geprägt,
Wenn die Gerechtigkeit zurechtgebogen,
Und ein Freund Großmaul große Reden schwingt,
kann man vom Volk, das man erst ausgezogen,
nicht noch verlangen, daß es fröhlich singt.

Nevertheless: we sing still!‹

... So snobistisch unser Kreis war, er bezeigte dennoch verzweifelten Wagemut. Wir hektographierten Flugblätter, verschickten sie mit der Post, verteilten sie nachts, streuten sie im Park aus. An der Hektographiermaschine und während der Flugblattverteilung arbeiteten wir mit Baumwollhandschuhen. Am anderen Morgen konnten wir dann oft selbst beobachten, wie Militär- und Polizeistreifen die Blätter wieder einzusammeln suchten. Eine zweite Flugblattaktion machten wir unter Anlehnung an das englische Flugblatt ›Die andere Seite‹, das wir vervielfältigten und verstreuten. Die Wirkung war erheblich! Gelegentlich wurden des nachts Häuserfronten und Straßen von uns mit antina-

zistischen Parolen beschrieben; die Farbe dafür beschafften uns französische Kriegsgefangene bzw. Zivilarbeiter ...«[95]
Eine junge Widerstandsgruppe, deren Entwicklung und Schicksal typische Seiten der kommunistischen Opposition während des Krieges aufzeigt, deren Besonderheit jedoch darin liegt, daß es sich um eine jüdische Gruppe handelte, war die »Gruppe Baum« in Berlin. Die jungen Leute, die sich in dieser Gruppe zusammenfanden, kamen aus dem kommunistischen Jugendverband und aus der jüdischen Jugendbewegung. Die Gruppe soll etwa 25 Mitglieder gehabt haben; nachdem sie im Frühjahr 1942 entdeckt worden war, wurden 14 ihrer jungen Mitglieder, im Durchschnitt 22 Jahre alt, zum Tode verurteilt und hingerichtet; einige weitere wurden zu langen Zuchthausstrafen verurteilt und ins KZ gebracht.
Die »Gruppe Baum« hatte oppositionelles Material hergestellt und verbreitet und im Frühjahr 1942 im Berliner Lustgarten die NS-Propaganda-Ausstellung »Das Sowjetparadies« angezündet. Es hat, Berichten zu Folge, in der »Gruppe Baum« damals lange Diskussionen gegeben, ob gerade eine jüdische Gruppe geeignet sei, eine solche ganz öffentliche Aktion durchzuführen, da bei einer eventuellen Entdeckung durch die Gestapo diese einen neuen Vorwand habe, jüdische Mitbürger zu »Untermenschen« zu erklären, die der »Ausrottung« bedürften. Schließlich behielt aber die Meinung Oberhand, daß man auf die spezifisch jüdische Zusammensetzung der Gruppe keine Rücksicht nehmen dürfte; das besondere Verdienst des Leiters der Gruppe, Herbert Baum, war es, seine Gruppe von Beginn an nicht in bloßen Abwehrgefühlen zu belassen, die durch das schreckliche Schicksal der Juden im damaligen Deutschland hervorgerufen wurden, sondern den jungen Menschen klarzumachen, daß die Verfolgung der Juden nur ein – wenn auch besonders schwerwiegender – Charakterzug des faschistischen Systems sei, und daß es deshalb darauf ankomme, dieses System an sich und seine Entstehungsursachen zu bekämpfen – gleich, ob man Jude oder Nichtjude war –, daß der Kampf nicht »den Deutschen«, sondern den Faschisten in Deutschland und überall gelten müsse.
Einen Einblick in diese Gruppe vermittelt folgender Brief: »Die Lektüre des Berichtes über eine Widerstandsgruppe der Jugend rief in mir viele trübe Erinnerungen hervor, insbesondere aber die an meine liebe Schulfreundin Marianne Prager-Joachim. Vom ersten Tage unserer gemeinsamen Schulzeit an hatten mich Mariannes Geradheit und Offenheit angezogen. Kompromisse gab es nicht für sie ... Marianne heiratete früh als eine der ersten unserer Gruppe, und wer sie je mit ihrem Mann zusammen sah, der wußte, daß diese beiden jungen Menschen

EIN DEUTSCHES FLUGBLATT

DIES ist der Text eines deutschen Flugblatts, von dem ein Exemplar nach England gelangt ist. Studenten der Universität München haben es im Februar dieses Jahres verfasst und in der Universität verteilt. Sechs von ihnen sind dafür hingerichtet worden, andere wurden eingesperrt, andere strafweise an die Front geschickt. Seither werden auch an allen anderen deutschen Universitäten die Studenten „ausgesiebt". Das Flugblatt drückt also offenbar die Gesinnungen eines beträchtlichen Teils der deutschen Studenten aus.

Aber es sind nicht nur die Studenten. In allen Schichten gibt es Deutsche, die Deutschlands wirkliche Lage erkannt haben ; Goebbels schimpft sie „die Objektiven". Ob Deutschland noch selber sein Schicksal wenden kann, hängt davon ab, dass diese Menschen sich zusammenfinden und handeln. Das weiss Goebbels, und deswegen beteuert er krampfhaft, „dass diese Sorte Mensch zahlenmässig nicht ins Gewicht fällt". Sie sollen nicht wissen, wie viele sie sind.

Wir werden den Krieg sowieso gewinnen. Aber wir sehen nicht ein, warum die Vernünftigen und Anständigen in Deutschland nicht zu Worte kommen sollen. Deswegen werfen die Flieger der RAF zugleich mit ihren Bomben jetzt dieses Flugblatt, für das sechs junge Deutsche gestorben sind, und das die Gestapo natürlich sofort konfisziert hat, in Millionen von Exemplaren über Deutschland ab.

Manifest der Münchner Studenten

Erschüttert steht unser Volk vor dem Untergang der Männer von Stalingrad. 330.000 deutsche Männer hat die geniale Strategie des Weltkriegsgefreiten sinn- und verantwortungslos in Tod und Verderben gehetzt. Führer, wir danken Dir !

Es gärt im deutschen Volk. Wollen wir weiter einem Dilettanten das Schicksal unserer Armeen anvertrauen ? Wollen wir den niedrigsten Machtinstinkten einer Parteiclique den Rest der deutschen Jugend opfern ? Nimmermehr!

Der Tag der Abrechnung ist gekommen, der Abrechnung unserer deutschen Jugend mit der verabscheuungswürdigsten Tyrannei, die unser Volk je erduldet hat. Im Namen des ganzen deutschen Volkes fordern wir von dem Staat Adolf Hitlers die persönliche Freiheit, das kostbarste Gut der Deutschen zurück, um das er uns in der erbärmlichsten Weise betrogen hat.

In einem Staat rücksichtsloser Knebelung jeder freien Meinungsäußerung sind wir aufgewachsen.

Vorderseite eines Flugblatts, das im Juli 1943 die britische Luftwaffe über Deutschland abwarf

ineinander das gefunden hatten, was andere ein Leben lang suchen. Bald darauf geriet ich in die Fänge der Gestapo und während außer meiner unmittelbaren Familie niemand sonst es wagte, irgendwie in Verbindung mit mir zu treten, war Marianne die einzige, die auf einer offenen Postkarte und mit ihrem vollen Absender mir schrieb, tapfer zu bleiben und nicht zu verzweifeln. Sie schloß mit den Buchstaben M.P. Das bedeutete aber nicht Marianne Prager, sondern war ein altes Zeichen der Verständigung zwischen uns und bezog sich auf Marquis Posa und seinen Ruf nach Gedankenfreiheit. Es war nicht weiter verwunderlich, daß Marianne und ihr Mann Heinz Joachim bald eine Gruppe Gleichdenkender fanden und beschlossen, etwas ›Drastisches‹ zu tun. Wie hoch ist dieser Entschluß zu bewerten, wenn man bedenkt, daß zu dieser Zeit alle Juden gezwungen waren, den weithin sichtbaren gelben Judenstern zu tragen, daß sie – soweit sie überhaupt noch unbeschadet in Deutschland leben konnten – nur bestimmte Ausgangszeiten hatten und daß jeder sich infolge des Terrors bemühte, so wenig wie möglich außerhalb seines Hauses zu sein. Zu dieser Zeit fand in Berlin eine Ausstellung ›Sowjetparadies‹ statt, die gegen Rußland gerichtet war. Marianne hatte mir oft gesagt, daß sie den Kommunismus genau so verabscheue wie den Nationalsozialismus – ›Zwang ist Zwang, gleich welchen Namen er trägt‹ –, aber diese Ausstellung wurde mit einer solchen Riesenpropaganda publiziert, daß die jungen Widerstandskämpfer sie als das geeignete Objekt für ihren Zweck ansahen. Zudem wurde die Zeit für sie immer knapper, täglich gingen die Juden-Transporte nach Osten, in die Vernichtung. So beschlossen sie, das ›Sowjetparadies‹ anzuzünden. War es ihre jugendliche Unerfahrenheit, waren es unglückliche Umstände, die zu ihrer Entdeckung führten ... Ich weiß es nicht. Sie wurden jedenfalls gefaßt und natürlich zum Tode verurteilt. Neben den anderen starb am 18. Juli 1942 Heinz Joachim auf dem Schafott, Marianne folgte ihm, 21 Jahre alt, am 24. März 1943...«[96]

Eine andere Gruppe, hier stellvertretend für manchen ähnlich aktivistischen Kreis, war die des Lehrlings Helmuth Hübener in Hamburg, die 1942 von der Gestapo ausgehoben wurde. Hübener war damals 17 Jahre alt; er wurde zum Tode verurteilt und hingerichtet. Drei seiner Freunde, im gleichen Alter, wurden zu zehn bzw. fünf Jahren Gefängnis verurteilt. Hübener selbst und zwei seiner Freunde gehörten der Glaubensgemeinschaft »Kirche Jesu Christi der Heiligen der letzten Tage« an; mag dies vielleicht – wir wissen es nicht – für das Motiv ihres Widerstrebens wichtig gewesen sein, ihre Tätigkeit selbst war ganz auf den politisch begründeten Widerstand gegen den NS gerichtet. In der Urteilsschrift über Hübener und seine Freunde, ausgefertigt am 27.

Jugendliche »Hochverräter«

Eine Meldung des Reichssicherheitshauptamtes vom März 1943:

»ILLEGALE JUGENDORGANISATIONEN

Von der Stapostelle Chemnitz wurden die in Magdeburg wohnenden 16 Jahre alten Werner Thomas und Hans Weiß festgenommen. Beide waren im Besitz von Handfeuerwaffen. Sie gehörten der illegalen Jugendorganisation ›Deutsche Volksorganisation‹ an, die hochverräterische Bestrebungen verfolgt und die Zersetzung der Hitler-Jugend zum Ziele hat.

In ihren Mänteln eingenäht wurden neben anderen illegalen Druckschriften folgende mit Schreibmaschine im Durchschreibverfahren hergestellte Hetzzettel gefunden:

1. Volksrecht: Das größte Glück auf Erden für jeden Menschen ist das Bewußtsein: Ich bin frei! Das größte Unglück für jeden Menschen ist die Tyrannei der Nazis. Darum Kampf den Unterdrückern.
2. Volksrecht: Ein Volk, was wahrhaft glücklich leben will, braucht völlige Ungebundenheit. Haben wir sie bei den Nazis? Nein! Nur Sklaverei und Zwangsherrschaft. Darum Kampf den Unterdrükkern.
3. Deutsche Jugend: Auch Du hast schon am eigenen Leibe Hitler kennengelernt. Zwangsdienst der HJ. und BDM, Jugendarrest usw. sind die besten Beispiele dafür. Auch für Euch kämpfen wir, für Eure Freiheit und Euer Glück. Verachtet alle Nazis und sucht sie zu belehren, denn nur der gemeinsame Kampf wird uns zum Siege führen. Vereint Euch mit uns, verlaßt für kurze Zeit Beruf und Elternhaus, damit Eure Zukunft gesichert ist und damit Ihr Euch ungebunden vorwärtsarbeiten könnt. Wir werden Euch führen und nicht eher ruhen, bis die deutsche Volksorganisation den Sieg davongetragen hat. Kameraden, versammelt Euch und wartet auf Eure Befehle, die Ihr freiwillig befolgen sollt. – Es lebe Deutschland.«

August 1942 nach Verhandlung vor dem 2. Senat des Volksgerichtshofs in Berlin, heißt es u. a.: »Im März 1941 brachte der Bruder des Angeklagten Hübener aus Frankreich ein Rundfunkgerät mit und stellte es bei den Großeltern auf, wo H. sich, da seine Eltern berufstätig waren, aufhielt. Der Angeklagte ließ das Gerät reparieren, und als er es einspielte, stieß er auf den sogenannten Deutschen Nachrichtendienst aus London. Er hörte die Sendung ab, fand an ihr Gefallen und unterlag ihrer Wirkung derart, daß er sie von nun an vier- bis fünfmal in der

Woche um 10 Uhr abends, wenn die Großeltern schliefen, anhörte. Den Inhalt erzählte er bei Gesprächen über Tagesfragen anderen Lehrlingen und Bekannten weiter. Seit Sommer 1941 verarbeitete H. den Inhalt der abgehörten englischen Sendungen zu Flugzetteln und Flugblättern. Zunächst wurden von ihm allmählich 13 verschiedene kleine, einseitig beschriebene Flugzettel hergestellt ... sie enthalten niederträchtige Beschimpfungen und Verleumdungen des Führers, Aufforderungen zu seinem Sturze sowie hetzerische Ausführungen zur Kriegslage. Zwei Flugzettel tragen die Überschriften ›Hitlers Schuld‹ und ›Hitler trägt die allgemeine Schuld‹. Sie enthalten die Behauptung, daß durch den uneingeschränkten Luftkrieg gegen die Zivilbevölkerung hunderttausend Wehrlose getötet worden seien, daß dieser Luftkrieg aber nicht von der englischen Luftwaffe, sondern vom Führer begonnen worden sei und seitens Englands nur die Vergeltung für Warschau und Rotterdam darstelle. Ein weiterer Flugzettel trägt außer dem umstürzlerischen Aufruf ›Nieder mit Hitler‹ die Worte ›Volksverführer, Volksverderber, Volksverräter‹, sowie das damals von der Feindpropaganda als Werbemittel für den Sieg den Feindmächten empfohlene V-Zeichen. In einem 5. Flugzettel ›Wer lügt?‹ werden die Berichte des Oberkommandos der Wehrmacht als Lüge hingestellt. In einem weiteren Flugzettel ›Einundeinehalbe Million‹ wird behauptet, daß bisher eineinhalb Millionen Deutsche in Rußland gefallen seien. Außerdem wird zum Abhören des Londoner Rundfunks aufgefordert und dessen Sendezeiten angegeben. Zwei weitere Flugzettel ›Man verschweigt euch ...‹ sprechen von schweren Verlusten einzelner deutscher Truppenteile in Rußland und schieben dem Führer die Verantwortung für das Schicksal der Witwen und Waisen zu ... H. stellte insgesamt etwa 60 Flugzettel her, einen Teil davon überließ er dem Mitangeklagten W. mit dem Auftrage, sie zu verteilen, ein Stück jeder Ausgabe ging an den Lehrling H.v.T., den Rest verbreitete H. im Stadtteil H., der vorwiegend von Arbeitern bewohnt wird, indem er sie in Hausfluren oder in Briefkästen warf ... W. hatte von H., als dieser das erstemal ihm Flugzettel gab, erfahren, daß es sich um Nachrichten handele, die der Sender London gegeben habe. Nichtsdestoweniger las er die Zettel und kam auch dem Auftrag, sie zu verbreiten, nach. Er warf sie im Stadtteil R., der ebenfalls zum überwiegenden Teil von Arbeitern bewohnt wird, in Hausfluren und Briefkästen und heftete auch einige an Haustafeln an. Einige Zeit nach der Herausgabe der kleinen Flugzettel begann H., die Vermerke, die er sich über den Inhalt der angehörten englischen Meldungen machte, alle acht bis vierzehn Tage zu ausführlichen Flugblättern zusammenzustellen. Insgesamt sind die

Entwürfe oder Vervielfältigungen 20 verschiedener Hetzschriften dieser Art verfaßt worden. Die Flugblätter enthalten außer den Meldungen über die Kriegslage gemeine Beschimpfungen und Verdächtigungen des Führers und seiner Mitarbeiter, hetzerische Angriffe gegen die Maßnahmen und Einrichtungen der nationalsozialistischen Staatsführung sowie die Aufforderung, durch den Sturz des Führers das Ende des Krieges herbeizuführen. Die Hetzschrift ›Hitlerjugend‹ enthält Verleumdungen der HJ-Führung sowie einen Aufruf zum Ungehorsam gegen die HJ-Vorgesetzten. In der Flugschrift ›Wochenendkarzer‹ wird zur Einführung des Jugendarrestes im Reich in hetzerischer Form Stellung genommen ... In dem Flugblatt ›Ich habe alles mit einkalkuliert‹ wird die Wollsammlung zum Anlaß genommen, in hetzerischer Form zur Kriegslage Stellung zu nehmen und eine englisch-amerikanische Offensive auf dem europäischen Festland angekündigt ... . Ferner enthält das Flugblatt Greuelnachrichten, die sich mit dem Tode des Generalfeldmarschalls von Reichenau, des Generalobersten Udet und des Obersten Mölders befassen ... In der Flugschrift ›Stimme der Heimat‹ wird versucht, kirchliche Streitfragen den feindlichen Zersetzungsbestrebungen dienstbar zu machen ... In der Hetzschrift ›1942 – das Jahr der Entscheidung‹ wird die Niederlage der Achsenmächte für 1942 vorausgesagt, das deutsche Volk zum Sturze seiner Staatsführung aufgefordert und werden die Erklärungen des Führers zur Kriegslage als unglaubhaft und ›inhaltslose Phrasendrescherei‹ hingestellt.
... Die Mehrzahl der Hetzschriften versah er mit der Aufschrift: ›Dies ist ein Kettenbrief – und darum weitergeben!‹ ... Im Januar 1942 trat H. an den Lehrling K. mit dem Ansinnen heran, ihm Flugblätter ins Französische zu übersetzen; über den Inhalt könne er ihm vorläufig nichts sagen. Da dem K. die Angelegenheit verdächtig erschien, lehnte er ab. H. erklärte ihm auch, daß er Flugblätter an politisch unzuverlässige deutsche Soldaten versende und die Übersetzung Kriegsgefangenen zustecken wolle ... Sämtliche Angeklagten haben zugegeben, das Verbot des Hörens ausländischer Sender und der Verbreitung ausländischer Rundfunknachrichten gekannt zu haben ... Daß ihre Tat nach gesundem Volksempfinden Strafe verdient, bedarf keiner Erörterung ... Hübener, der von seinem Vorgesetzten als ausgezeichneter und verlässlicher Mitarbeiter bezeichnet wurde, hat in der Verhandlung eine weit über dem Durchschnitt von Jungen seines Alters stehende Intelligenz gezeigt ... Bei dem Inhalt der von Hübener verfaßten Flugschriften würde niemand vermuten, daß sie von einem erst 16- und 17jährigen Jungen verfaßt worden sind. Auch die Überprüfung seines allgemeinen Wissens, seiner politischen Kenntnisse und seiner Urteils-

fähigkeit und sein Auftreten vor Gericht ergaben durchweg das Bild eines geistig reifen jungen Mannes ... Damit war der Angeklagte wie ein Erwachsener zu bestrafen ... Daß bei ihm ein besonders schwerer Fall vorliegt, ist insbesondere darin begründet, daß H. die Flugblätter in einem Arbeiterviertel der Stadt verbreitet hat, in dem infolge der schweren Luftangriffe die Gefahr einer zersetzenden Wirkung besonders groß ist, zumal auch heute noch nicht davon gesprochen werden kann, daß der Marxismus dort völlig ausgerottet ist. Der Gefährlichkeit seiner Propaganda und der Gründe hierfür war sich der Angeklagte bewußt ...«[97]

Bekanntmachung.

Der am 11. August 1942 vom Volksgerichtshof wegen Vorbereitung zum Hochverrat und landesverräterischer Feindbegünstigung zum Tode und zum dauernden Verlust der bürgerlichen Ehrenrechte verurteilte 17 Jahre alte

Helmuth Hübener
aus Hamburg

ist heute hingerichtet worden.

Berlin, den 27. Oktober 1942.

Der Oberreichsanwalt beim Volksgerichtshof.

Hinrichtungsplakat, 1942

Die ausführliche Wiedergabe jener Stellen dieser Urteilsschrift, die den Inhalt der von Hübener und seinen Freunden verbreiteten Flugblätter beschreiben, schien hier deshalb angebracht, weil auf diese Weise die wichtigsten Einsichten klar denkender Deutscher während der Kriegsjahre fast vollständig aufgezählt sind. Was der 17jährige Helmuth Hübener in Schreibmaschinendurchschriften seinen Alterskameraden und auch Erwachsenen zu bedenken gab, waren Überlegungen, die – oft vor sich selbst verborgen – viele deutsche Mitbürger in den Jahren 1941–42 anzustellen auch dann gezwungen waren, wenn sie in den Jahren davor den Nationalsozialismus für eine Chance gehalten hatten.

IV Ausblicke

Jugendsozialisation im NS-Staat und ihre Folgen

Ludwig Beck und Carl Friedrich Goerdeler, zwei führende Persönlichkeiten des Widerstandskreises, der am 20. Juli 1944 vergeblich versuchte, Hitler zu stürzen, formulierten 1941 ihre Vorstellungen über die deutsche Politik nach Hitler. Beck war im Kreis des 20. Juli für den Fall eines gelungenen Putsches als Staatspräsident, Goerdeler als Reichskanzler vorgesehen. Über die Pläne für den Umgang mit der Jugend hieß es in dieser internen Denkschrift:
»Aus der Hitlerjugend wird die Staatsjugend. Die Spitzenorganisation der HJ wird sofort aufgelöst, ihr Vermögen sichergestellt. An ihre Stelle tritt ein in Erziehungsfragen bewährter General ... In der Großstadt muß dies Zusammenfinden (der Jugend) organisiert werden. Es ist notwendig, um auch schon im jugendlichen Menschen das klassengelöste Gefühl der Volksgemeinschaft stark werden zu lassen. Nichtsdestoweniger bleibt die natürliche Grundlage der Jugendorganisation die Klasse und die Schule. In der Klasse ist der Turn- und Sportlehrer der gegebene Jugendführer. Für die Schule ist ein dazu besonders geeigneter Lehrer, der Soldat gewesen ist, mit dieser Aufgabe zu betrauen. Die Gleichaltrigen sind auch bezirklich zusammenzufassen. Zur Führung sind Offiziere berufen, die besondere pädagogische Begabung haben und für diesen Zweck besonders geschult werden. Solchen Kräften liegen auch die Gauzusammenschlüsse und der Reichszusammenschluß ob ...«[1]
Diese Sätze lassen auf eindrucksvolle Weise erkennen, wie unter den Bedingungen des Dritten Reiches auch kluge Gegner Hitlers die reale Entwicklung jugendlichen Lebens und jugendlichen Bewußtseins verkennen konnten. Die jugendpolitischen Absichten der Beck-Goerdeler-Denkschrift standen in einem ganz merkwürdigen Kontrast zur Wirklichkeit, dies sowohl im Hinblick auf die Hitler-Jugend, als auch im Hinblick auf die jugendliche Opposition zur Hitler-Jugend. Unter-

stellt wurde von Beck und Goerdeler offensichtlich, daß die Hitler-Jugend eine dem »Staat« entfremdete, fanatische junge Nationalsozialisten heranziehende Jugendorganisation sei, eben doch eine Art »Jugendbewegung«, die nach dem Sturz Hitlers abgelöst werden sollte durch das System einer eng mit der Schule verbundenen, von Militärs geleiteten »Staatsjugend«, ausgerichtet auf eine »klassenlose« Gemeinschaftserziehung, die in erster Linie als Körperertüchtigung verstanden wurde.

Mit den Erfahrungen, Einstellungen und Bedürfnissen, die junge Leute in der Zeit der Hitler-Jugend oder in Auseinandersetzung mit ihr gemacht und entwickelt hatten, und die sie in die neue Ära nach dem von Beck, Goerdeler und ihren Mitstreitern erhofften Sturz Hitlers eingebracht hätten, befanden sich solche Pläne kaum irgendwo in Übereinklang. Eher ist anzunehmen, daß durch das System der HJ-Sozialisation einerseits das Modell der »Jugendbewegung«, andererseits aber auch das Modell einer (konservativen) »Staatsjugenderziehung« seine Voraussetzungen verloren hatte; »tabula rasa« war wohl das eigentliche Resultat der Hitler-Jugend.

Diese Feststellung mag übertrieben scheinen, wenn man daran denkt, daß die Hitler-Jugend nur zwölf Jahre Zeit hatte, um auf die Mentalität der nachwachsenden Generation einzuwirken; in der Geschichte der Jugend ist dies ja eine kurze Phase. Zu berücksichtigen ist aber, daß jeder soziale Wandel »Wendepunkte« kennt, Situationen also, in denen zeitlich gerafft diese oder jene Entwicklungsrichtung sich durchsetzt oder diese oder jene Entwicklungschance abbricht.

Versuchen wir, unter diesem Aspekt noch einmal die Ergebnisse der historischen Untersuchung zusammenzufassen:

Als der Faschismus in Deutschland 1933 die Macht übernahm und seiner Jugendorganisation den Status eines konkurrenzlosen, auf alle Machtmittel des Staates gestützten »Einheits«-Verbandes gab, konnten dabei Motivationen aufgegriffen und politisch eingebunden werden, die schon in den Jahren vor 1933 bei großen Teilen der Jugend angelegt waren. Daß Jugendliche ihren eigenen, organisatorisch abgesicherten Raum in der Gesellschaft beanspruchen konnten, war schon zu Zeiten der Weimarer Republik ideologisch weithin akzeptiert und praktisch erprobt; Jugendbünde und Jugendverbände waren – weitaus stärker als in vergleichbaren Gesellschaften – selbstverständliche und selbstbewußte Bestandteile der deutschen politischen Kultur. Die für alle hochentwickelten Industriegesellschaften typische Verlängerung der Jugendzeit, die man als »Kulturpubertät« (Giesecke) oder als »psycho-soziales Moratorium« (Erikson) interpretieren kann, hatte in der deutschen Sozialgeschichte eine spezifische Ausformung entwickelt, nicht zuletzt in der Verallgemeinerung der Verhaltens- und Gesellungsmodelle der klassischen Jugendbewegung, wie sie um die Jahrhundertwende im Bürgertum aufgekommen war. Nicht so, als ob vor 1933 die Jugendgeneration insgesamt von den verschiedenen Jugendbünden und -verbänden »erfaßt« worden wäre; wohl aber läßt sich sagen, daß Leitbilder und Aktivitätsmuster der Jugendbewegung eine Art kultureller Hegemonie für die nachwachsende Generation gewonnen hatten, und damit verband sich auch ein vages Gefühl von der »Einheit der Jugend« oder das Bedürfnis, eine solche Einheit herzustellen. Für viele »bewegte« junge Menschen damals, bis weit in die konfessionellen Jugendverbände und zum Teil auch in die Arbeiterjugendbewegung hinein, hieß »Aufbruch der Jugend« zugleich »Erneuerung der Nation«, Abkehr von der konventionellen Politik »der Alten«, die sich, so erschien es vielen Jungen, als unfähig erwiesen hatte, mit den sozialen Krisen Anfang der Dreißiger Jahre fertig zu werden. Dies war die Ausgangslage für die Durchsetzung der Hitler-Jugend nach 1933, hier konnte sie anknüpfen, hier hatte sie aber auch, vom Herrschaftsanspruch des Faschismus aus betrachtet, ein Terrain zu »besetzen«, in dem sich sonst andere Strömungen hätten entwickeln können. Insofern reagierte der NS-Staat auch, indem er die Hitler-Jugend mit einem Monopol und einem totalen Erfassungsanspruch im Feld der Organisation der Jugend ausstattete, auf die dynamische Verfassung der Jugendgeneration, die er vorfand.

Der freiwillige Zustrom, den die HJ zeitweise und teilweise durchaus verzeichnen konnte, der »Idealismus«, der zumindest in den ersten Jahren des NS-Staates ihr zugutekam, die Attraktivität, die das Angebot der HJ für Jugendliche in bestimmten Lebensverhältnissen auch später noch enthielt – diese Erscheinungen sind plausibel erklärbar, wenn man bedenkt, daß in der Hitler-Jugend weitverbreitete Erwartungen der Zeit vor und um 1933 sich zu erfüllen schienen: »jugendbewegtes« Leben und Treiben wurde nun staatlich anerkannt und verfügbar auch für solche Gruppen oder Schichten von Jugendlichen, die in den Jugendbünden und -verbänden vor 1933 gewissermaßen zu kurz gekommen waren, also etwa für Jungen und Mädchen auf dem Lande und überhaupt für Mädchen, die in den Jugendorganisationen vor 1933 durchweg »unterprivilegiert« waren.

Eine jugendspezifische Organisationschance schien mit der Hitler-Jugend nun für die Gesamtheit der nachwachsenden Generation gegeben, soziale Abstände und Stadt-Land-Unterschiede oder geschlechtsgebundene Differenzen im Hinblick auf jugendverbandliche Aktivität

schienen beiseitegeräumt, die »Einheit der Jugend« schien angebahnt. Wenn bei einigen theoretischen Interpretationen des deutschen Faschismus, wie sie sich heute anbieten, der deutschen Gesellschaft nach 1933 ein »Modernisierungsschub« zugesprochen wird, abstrahierend von der Politik des NS, so ist, soweit es um die Geschichte der Jugend geht, damit der eben beschriebene Effekt gemeint, und bezeichnend ist, daß die Hitler-Jugend auch in den späteren Jahren des Dritten Reiches am wenigsten Widerstreben bei Jugendlichen in jenen Lebenslagen fand, die durch ein Nachholbedürfnis an jugendverbandlichen Organisationsmöglichkeiten geprägt waren.
Vom Anschein her läßt sich demnach sagen, daß die Hitler-Jugend nach 1933 eine Verallgemeinerung der Jugendbewegung bedeutete, eine Durchsetzung jugendverbandlicher Lebensformen für jeden Jungen und jedes Mädchen.
Allerdings – der Schein war trügerisch. Die Verallgemeinerung von Jugendbewegung im NS-System war zugleich Verstaatlichung, und das charakteristische Moment des Entwicklungsprozesses der Hitler-Jugendorganisation nach 1933 lag eben darin, daß diese Schritt für Schritt immer enger in NS-staatliche Zwecke eingebunden, in bürokratische Strukturen hineingezwängt und nach militärischen Reglements ausgerichtet wurde. Der Glanz jugendbewegten Lebens ging mehr und mehr verloren; am Ende war der Kriegseinsatz der einzig noch denkbare neue »Höhepunkt« der Geschichte der Hitler-Jugend.
Insofern war die scheinbare Verallgemeinerung von Jugendbewegung durch die NS-Staatsjugend in Wahrheit der Untergang des epochalen Modells jugendbewegten Verhaltens in der deutschen Sozialgeschichte.[2]
Die »Jugenddienstpflicht«, die in der Konsequenz der Entwicklung der Hitler-Jugend schon vor Kriegsbeginn lag, bot unter günstigen Bedingungen hier und dort noch Nischen für jugendbündisches Leben einzelner Jungvolk- oder Jungmädeleinheiten; vom System und von der durchschnittlichen Praxis der HJ her war aber der Anspruch auf »eigene Bestimmung« und »eigene Verantwortung« verdrängt.
Gerade die Führungsstruktur der Hitler-Jugend ist ein deutlicher Beleg dafür, wie in der Jugendbewegung vor 1933 entfaltete Bedürfnisse im NS-Staat verallgemeinert, formal durchgesetzt und dann inhaltlich entleert und damit historisch abgetan wurden; im System der NS-Jugenddienstpflicht war zwar in einem bis dahin nie gekannten Ausmaße »Jugend von Jugend geführt«, aber ein enges Netz von Dienstvorschriften entschied vorweg, wie und wohin zu führen war.
Die Hitler-Jugend und ihr Weg in die Jugenddienstpflicht hatten aber

nicht nur zur Folge, daß die Idee und das Verhaltensmodell der Jugendbewegung sozusagen historisch »verbraucht«, wurden; andererseits war durch die Verkehrung von Jugendbewegung in staatsjugendlichen Dienst auch das Konzept einer konventionellen, national-jugendpflegerischen Staatsjugendorganisation (wie es offenbar Beck und Goerdeler im Sinne hatten) abgewirtschaft. Nach allem, was jugendgeschichtlich dazwischen lag, war die Rückkehr zur vaterländischen Jugendpflege im Stile des »Jungdeutschlandbundes« aus der Zeit vor 1914 nicht mehr möglich. Im übrigen waren auch die schon erwähnten »Modernisierungseffekte« der HJ-Sozialisation nicht ungebrochen. Der Aufbau und Ausbau des BDM enthielt zwar eine Tendenz zur Gleichberechtigung von Mädchen, aber diese blieb begrenzt auf die Chance der Organisierung im Rahmen eines Staates und einer Staatsjugend, an deren »männlicher« Führung kein Zweifel erlaubt war, und allen emanzipatorischen Anwandlungen setzte das ideologisch festgeschriebene Frauenbild des NS enge Schranken. Hinzu kam, daß durch die Organisationsstruktur der HJ die Trennung von Jungen und Mädchen starr festgelegt war, weitaus strikter, als dies in Teilen der Jugendbünde vor 1933 der Fall gewesen war. Auch der Anspruch der HJ, in der »Einheitsorganisation« der Jugend schicht- und klassenspezifische Chancenungleichheit beiseitezuräumen, löste sich in der sozialen Realität nicht ein. Schon in der Jugendorganisation selbst konnten sich soziale Absonderungen erhalten, so vor allem als Reservate Jugendlicher aus gehobenen Schichten in den HJ-Sondereinheiten. Wichtiger noch war aber, daß die formale Einheit der Jugend in der HJ nichts an der sozialen Differenzierung der anderen Erziehungsinstanz, also des Schulwesens zu ändern vermochte. Sieht man von Karrieren und sozialen Aufstiegen über Parteifunktionen ab, so erfolgte die Zuteilung späterer beruflich-sozialer Chancen über das Qualifikationssystem Schule, und hier reproduzierte sich durchweg das herkömmliche Muster sozialer Ungleichheit. Der Nebenweg sozialen Aufstiegs über politische Karrieren, wofür die HJ einen Einstieg bot, stand quantitativ nur sehr begrenzt zur Verfügung, und er verlor an Durchlässigkeit, nachdem erst einmal viele Funktionen in der Partei und ihren Nebenorganisationen durch relativ junge Leute besetzt waren.

Sozialpsychologisch betrachtet, blieb der schicht- und klassenübergreifende Charakter der Hitler-Jugend freilich nicht ohne Effekt. Die HJ-Sozialisation trug, wie auch andere soziale Mechanismen des NS-Systems, dazu bei, die historisch gewachsenen Besonderheiten »bürgerlicher« und »proletarischer«, »städtischer« und »ländlicher« Jugendmilieus zu verwischen und zu verdrängen; was in den Jahren nach

1950 unter den begünstigenden Bedingungen des »Wirtschaftswunders« als Mentalität einer »nivellierten Mittelstandsgesellschaft« sich herausbildete, hatte in der Hitler-Jugendzeit (wie auch in den schicht-unspezifischen Sozial-Situationen von Arbeitsdienst, Militär usw.) vermutlich seine Vorbereitung. Ob diese, scheinbar soziale Spannungen abbauende und deshalb oft positiv gewürdigte, Entwicklungstendenz längerfristig gesellschaftspolitisch produktive Wirkungen hervorbringt, muß sehr bezweifelt werden; der Verlust gruppenspezifischer Identitäten bei Fortbestand sozialstukturellervUngleichheit und des daraus entspringenden Konfliktstoffes dürfte eher auf irrationale Lösungskonzepte hinauslaufen. Das »Alte« wurde weitgehend destruiert, aber damit verschwanden auch weitgehend die milieugebundenen sozialen Utopien der Arbeiterbewegung, des populistischen Konfessionalismus, des bildungsbürgerlichen Humanismus, ohne daß weiterführende, neue Utopien an ihre Stelle getreten wären – es sei denn, man wollte den Faschismus für eine solche Möglichkeit halten.

Wir hatten dargestellt, daß die Prägekraft des NS für die Herausbildung politischer Zielsetzungen bei Jugendlichen trotz aller Totalität des HJ-Systems keineswegs überschätzt werden darf; unsere vorläufige Interpretation der ideologischen Wirkung der HJ-Sozialisation, soweit diese gelang, war, daß es sich hier eher um eine Art Neutralisierung gehandelt habe, also um die Verhinderung politischen Nachdenkens und politischen Experimentierens. Auch hier liegt schon die Vorbereitung jener Verhaltensorientierung, die in der Bundesrepublik später auf den Begriff der »skeptischen Generation« gebracht wurde. Allerdings klammert dieser Begriff Fragwürdigkeiten aus; es ist zu bedenken, ob die unter dem NS-System bereits sich herausbildende Skepsis vieler junger Leute gegenüber jedweder gesellschaftlichen Utopie, die dann in den 50er und 60er Jahren oft als angenehme »Entideologisierung« belobigt wurde, sich nicht eng mit einer Weltanschauung verband, die auf scheinbar unpolitische Weise faschistische Grundorientierungen übernommen hatte: jenen Sozialdarwinismus nämlich, der in der HJ-Sozialisation auf die gängige und eingängige Formel gebracht war, daß »nur das Gesunde und Starke« sich durchsetze, während »alles Schwache und Kranke« zugrundegehen müsse. Vermutlich war es ein historischer Glücksfall, daß solche Verhaltensmuster in der Aufbauzeit der Bundesrepublik sich auf das vergleichsweise harmlose Feld wirtschaftlicher Aktivität konzentrieren konnten, mit einem ökonomischen Spielraum, der Klassen- und Gruppenkonflikte zweitrangig hielt. Zu fragen ist aber, in welchem Maße Utopieverlust

und sozialdarwinistische Verhaltensprägung, wie die HJ-Sozialisation sie mit sich brachte, an nachfolgende Generationen weitergegeben wurden und bei zunehmendem gesellschaftlichen Problemdruck erst ihre negativen Folgen zeigen werden.
In welcher Weise und in welchem Umfange bildeten die Oppositionsströmungen in der Jugend des Dritten Reiches ein Gegengewicht zur HJ-Sozialisation und ihren Folgen?
Hier ist zunächst daran zu erinnern, daß die schon im Ausgangspunkt antifaschistischen Gegner-Gruppen von Jugendlichen im NS-System, im wesentlichen illegale Fortsetzungen der Arbeiterjugendbewegung, unter den terroristischen Bedingungen des Dritten Reiches sich nur wenige Jahre als breitere Strömung halten konnten und dann bis auf kleine Widerstandszirkel zerschlagen waren. Die übrigbleibenden oder neu sich entfaltenden jugendlichen Oppositionsgruppen waren durch je besondere Konfliktsituationen geprägt: Die illegalen bündischen Jugendgruppen alten Stils waren durch das Bedürfnis bestimmt, gegen die immer mehr erstarrende, sich von jugendbewegten Elementen »säubernde« Hitler-Jugend den jugendbündischen Lebensstil der Endphase der Weimarer Republik aufrecht zu erhalten. Die konfessionellen Jugendkreise hatten ihre Motivation in der Abwehr weltanschaulicher Zugriffe des NS und der HJ; insbesondere bei der katholischen Jugend im Dritten Reich bestand aber darüber hinaus ein jugendliches Lebensmilieu, das stark von der Aufnahme jugendbewegter Impulse geprägt war. Die vom NS so genannten »Jugendcliquen« oder »wilden Jugendgruppen« vom Typ der Swing-Jugend oder der »Edelweißpiraten« entstanden vor allem in der späteren Phase des Dritten Reiches und im Protest gegen Zwang und Drill der HJ; teilweise nahmen sie nach 1945 in Westdeutschland sich durchsetzende, an angelsächsischen Mustern orientierte Leitbilder jugendlicher Freizeit vorweg, teilweise popularisierten sie bündisches Jugendleben unter den spezifischen Bedingungen des Diktaturstaates.
Das Ausmaß, in dem sich Jugendliche in diesen »Gegen-Kulturen« dem Sozialisationsanspruch des NS-Staates entzogen, war beachtlich, und für einen großen Teil der oppositionellen Gruppierungen Jugendlicher gilt, daß hier die deutsche Jugendbewegung in einigen Varianten ihren letzten jugendgeschichtlichen Ausdruck fand. Dem Faschismus in seinen Folgen konnte sich aber auch diese oppositionelle Jugendbewegung nicht entziehen; die vom System aufgezwungene Illegalität ließ öffentlichen Diskurs nicht zu und machte es den oppositionellen Richtungen in der Jugend unmöglich, ihren Protest in eine neue, für die Generation insgesamt sichtbar Utopie umzusetzen.

Die Bedingungen gesellschaftlicher Rekonstruktion nach 1945 waren der Weiterexistenz jugendbewegter Ansätze aus der Zeit des Dritten Reiches denkbar ungünstig; hinzu kam, daß die ernüchternden oder resignativen Wirkungen der Verwandlung von Jugendbewegung in den Staatsjugenddienst unverdientermaßen auch die NS-oppositionelle Jugendbewegung treffen mußten. So brach die Überlieferung jugendbewegt-bündischen Milieus auch in Westdeutschland wenige Jahre nach 1945 ab; Restgruppen dieser Art gewannen keinen gestaltenden Einfluß mehr auf Leitbilder und Verhaltensformen der nachwachsenden Generationen. Der Faschismus in Deutschland hatte in gewisser Weise auch die sozialen Grundlagen seiner Gegenbewegungen abgebaut. Ob »antiautoritäre« Strömungen in der Jugend Ende der 60er Jahre in ihrem Kern an Motive der einstigen Jugendbewegung anknüpften, ist zu diskutieren; keinesfalls gab es hier direkte Traditionslinien.
Aufs Ganze hin gesehen wird man feststellen müssen, daß Hitler-Jugend und NS-Jugendsozialisation die Chancen einer »Kultur-Pubertät«, oder anders gesagt: die Möglichkeiten eines gesellschaftlich produktiven Milieus jugendlich-gruppierter Selbstgestaltung fürs erste nachhaltig zunichte machten. Zerstörung war, in jeder Hinsicht, das Resultat des deutschen Faschismus.

V Anhang

Anmerkungen

I EINFÜHRUNG

1 Frühe Aufzeichnungen von Erlebnissen und Eindrücken aus der Zeit der Hitler-Jugend finden sich in folgenden Sammelbänden: Anthologie der deutschen Meinung – Deutsche Antworten auf eine französische Umfrage, hersg. von E. Mounier; Konstanz 1948. Generation ohne Sicherheit, hrsg. von der Arbeitsgemeinschaft »Wir alle«; Wiesbaden, o. J., um 1949. Jugend unterm Schicksal – Lebensberichte junger Deutscher, hrsg. von Kurt Haß; Hamburg 1950.
Spätere Erfahrungsberichte vor allem bei Hermann Glaser und Axel Silenius (Hrsg.), Jugend im Dritten Reich; Frankfurt 1975, und: Damals war ich vierzehn – Leben unter dem Hakenkreuz; Ravensburg 1981.
Literarische Bearbeitung des Themas:
Dieter Borkowski, Wer weiß ob wir uns wiedersehen; Frankfurt 1980. Peter Brückner, Das Abseits als sicherer Ort; Berlin 1980. Horst Burger, Warum warst du in der Hitler-Jugend?; Reinbeck 1978. Hansferdinand Döbler, Kein Alibi; Frankfurt 1980. Renate Finckh, Mit uns zieht die neue Zeit; Baden-Baden 1970. Max von der Grün, Wie war das eigentlich? Kindheit und Jugend im Dritten Reich; Darmstadt und Neuwied 1979. Eugen Oker, Und ich der Fahnenträger; München 1980. Wolfgang Paul, Das Feldlager; München 1980. Erinnerungen an die Hitler-Jugend in Österreich bei Ralf Roland Ringler, Illusion einer Jugend; St. Pölten – Wien 1977. Ein Roman über Erlebnisse HJ-oppositioneller Jugend: Hans Siemsen, Die Geschichte des Hitlerjungen Adolf Goers; zuerst erschienen in der Emigration, London 1940; Neudruck Berlin 1981.

2 Vgl. Peter von Zahn, Verrat an der deutschen Jugend, in: Die Frage der Jugend, hrsg. von Rudolf Schneider-Schelde, München 1946.

3 Als analytische Gesamtdarstellungen der Hitler-Jugend oder der Jugendopposition im Dritten Reich sind bisher erschienen: Hans Christian Brandenburg, Die Geschichte der HJ – Wege und Irrwege einer Generation; Köln 1968. Arno Klönne, Hitlerjugend – Die Jugend und ihre Organisation im Dritten Reich; Hannover und Frankfurt 1956. Derselbe, Gegen den Strom – Bericht über den Jugendwiderstand im Dritten Reich; Hannover und Frankfurt 1958. Werner Klose, Generation im Gleichschritt; Oldenburg 1964; Neubearbeitung Oldenburg 1982. Hannsjoachim W. Koch, Geschichte der Hitlerjugend; Percha 1975, teilweise auch neu unter dem Titel: Hitlerjugend, München 1981.

4 So Gottfried Griesmayr und Otto Würschinger, Idee und Gestalt der Hitlerjugend; Leoni 1979, S. 41. Ähnlich rechtfertigend: Erich Blohm, Hitler-Jugend – soziale Tatgemeinschaft; Vlotho 1979; Herbert Taege, ... Über die Zeiten fort – Das Gesicht einer Jugend in Aufgang und Untergang; Lindhorst 1978. Bei Taege wird allerdings zumindest der Widerspruch von Anspruch der HJ und Realität des Dritten Reiches zum Thema gemacht.

5 Wichtige Beiträge über das Verhältnis von Jugendbewegung und Nationalsozialismus in: Jahrbuch des Archivs der deutschen Jugendbewegung, Bd. 12, Burg Ludwigstein/Witzenhausen 1980.

6 Die folgenden Analysen und Dokumente stützen sich z. T. auf die folgenden früheren Veröffentlichungen des Autors: Arno Klönne, Hitlerjugend – Die Jugend und ihre Organisation im Dritten Reich; a. a. O. Derselbe, Gegen den Strom; a. a. O. Derselbe, Jugendprotest und Jugendopposition; in: Bayern in der NS-Zeit, hrsg. von Martin Broszat u. a.; Bd IV, München 1981. Derselbe, Zur bündischen Opposition im Dritten Reich; in: Jahrbuch des Archivs der deutschen Jugendbewegung, Bd. 12, a. a. O. Derselbe (Hrsg.), Jugendkriminalität und Jugendopposition im NS-Staat; Münster 1981.

7 Siehe vor allem:
Elke Nyssen, Schule im Nationalsozialismus; Heidelberg 1979. Harald Scholtz, Nationalsozialistische Ausleseschulen; Göttingen 1973. Manfred Heinemann (Hrsg.), Erziehung und Schulung im Dritten Reich; Bd. 1; Stuttgart 1980. Michael H. Kater, Hitlerjugend und Schule im Dritten Reich; in: Historische Zeitschrift, Bd. 228, München 1979, S. 572ff. Martin Klaus, Mädchen in der Hitlerjugend; Köln 1980.

II DIE HITLERJUGEND

1 Baldur von Schirach, Die Hitler-Jugend, Idee und Gestalt; Leipzig 1934, S. 26f.
2 Gottfried Neeße, Die Einigung der Jugend im Dritten Reich; in: Wille und Macht, Berlin, Heft 21/1936.
3 Arthur Axmann (Hrsg.), Hitlerjugend 1933–1943, Sonderdruck aus: Das junge Deutschland, Berlin 1943, S. 5.
4 Baldur von Schirach, a. a. O., S. 69. Hans-Helmut Dietze, Die Rechtsgestalt der Hitler-Jugend; Berlin 1939, S. 88.
5 Baldur von Schirach, a. a. O., S. 33f.
6 Gottfried Neeße, in: Wille und Macht, Heft 21/1936, S. 32
7 Siehe dazu Baldur von Schirach, a. a. O., S. 39. Näheres bei Manfred Priepke, Die evangelische Jugend im Dritten Reich 1933–1936; Hannover und Frankfurt 1960.
8 Vgl. dazu: Das junge Deutschland, Jahrgg. 1934, S. 430. Zum Gesamtzusammenhang vgl. Heinrich Roth, Katholische Jugend in der NS-Zeit; Düsseldorf 1959, und Barbara Schellenberger, Katholische Jugend und Drittes Reich; Mainz 1975.
9 Günter Kaufmann, Das kommende Deutschland. Die Erziehung der Jugend im Reich Adolf Hitlers; Berlin 1943, S. 42.
10 Vgl. Hans-Helmut Dietze, a. a. O.
11 Karl Otto Paetel, Das Bild vom Menschen in der deutschen Jugendführung; Bad Godesberg 1954, S. 41.
12 Arthur Axmann, a. a. O., S. 34.
13 Arthur Axmann, a. a. O., S. 35f.
14 Vgl. Das junge Deutschland, Berlin 1944, S. 83ff.
15 Gerhart Wehner, Die rechtliche Stellung der HJ; Leipzig 1939, S. 24.
16 HJ-Reichsbefehl, Berlin, Nr. 3/1941.
17 ebenda
18 Hans-Helmut Dietze, a. a. O., S. 176.
19 Hans-Helmut Dietze, a. a. O., S. 199, S. 206ff.
20 Vgl. Michael H. Kater, Hitlerjugend und Schule im Dritten Reich, a. a. O. Derselbe, Die deutsche Elternschaft im nationalsozialistischen Erziehungssystem; in: Vierteljahresschrift für Sozial- und Wirtschaftsgeschichte, Bd. 67/1980, S. 484ff.
21 Baldur von Schirach, a. a. O., S. 169f.
22 Vgl. das Dokument »HJ und Schule«, S. 52. Diese Hilfestellung der Schule für die Jugenderfassung in der HJ wird in der Literatur vielfach unterschätzt.

23 Das junge Deutschland, Berlin, Jahrg. 1943, S. 103.
24 HJ-Führerdienst des Gebiets Mecklenburg, Ausgabe November 1938.
25 Vgl. Adolf Hitler, Mein Kampf; siehe auch die Sonderausgabe der HJ-Führerzeitschrift »Wille und Macht« mit einer Auswahl von Hitler-Zitaten; Berlin 1939.
26 Näheres Hierzu bei Günter Kaufmann, a. a. O., S. 66, S. 115ff.
27 Zitiert nach: Aufbaudienst, Hrsg. Befehlsstelle Südost der Reichsjugendführung; Wien 1938.
28 Baldur von Schirach, a. a. O., S. 131.
29 Vgl. hierzu Helmut Stellrecht, Was heißt ein Führerkorps? In: Wille und Macht, Berlin Heft 11/1937.
30 Vgl. Martin Klaus, Mädchen in der Hitlerjugend, a. a. O., ferner Helga Braun, Der Bund Deutscher Mädel, in: Ergebnisse, Heft 15, Hamburg 1981.
31 Helmut Stellrecht, a. a. O.
32 Das junge Deutschland, Berlin, Jahrg. 1943, S. 190f.
33 Wilhelm Heußler, Aufbau und Aufgaben der NS-Jugendbewegung; Würzburg 1940, S. 25f.
34 Karl Otto Paetel, Das Bild vom Menschen in der deutschen Jugendführung; a. a. O., S. 44.
35 Wilhelm Heußler, a. a. O., Vgl. auch Jutta Rüdiger, Der Bund Deutscher Mädel in der HJ; in: Paul Meier-Benneckenstein (Hrsg.), Das Dritte Reich im Aufbau, Bd. 2; Berlin 1939.
36 Rudolf Schneider-Schelde, Die Frage der Jugend; München 1946, S. 95.
37 Zur Arbeiterjugendbewegung vgl. Erich Eberts, Arbeiterjugend 1904–1945; Frankfurt 1980. Zur katholischen Jugendbewegung: Peter Wagener, Die katholischen Jugendbünde in der Weimarer Zeit; unveröffentl. Diplomarbeit, Münster 1981.
38 Zitiert bei Paetel, Das Bild vom Menschen ..., S. 41.
39 Theodor Litt, Das Verhältnis der Generationen ehedem und heute; Wiesbaden 1947, S. 47 ff.
40 Zur Sozialstruktur der Angehörigen der NS-Organisation vor 1933 vgl. Peter H. Merkl, Die alten Kämpfer der NSDAP, in: Sozialwissenschaftliches Jahrbuch für Politik, Bd. 2, 1971.
41 Günter Kaufmann, a. a. O., S. 45.
42 Nikolaus J. Ryschkowsky, unveröffentl. Manuskript über Hitler-Jugend; 1955.
43 Baldur von Schirach, a. a. O., S. 76
44 Vgl. etwa: Hermann Giesecke, Vom Wandervogel bis zur Hitler-

jugend; München 1981. Walter Laqueur, Die deutsche Jugendbewegung; Köln 1979. Harry Pross, Jugend – Eros – Politik. Die Geschichte der deutschen Jugendverbände; Bern 1964.

45 Eduard Spranger, Pädagogische Perspektiven; Heidelberg 1952, S. 29. Vgl. auch die immer noch erhellenden Aufsätze von Hermann Mau und Max Gustav Lange zum Thema, in: pädagogik, Jahrgg. 2, Heft 7; Berlin 1947.

46 Vgl. Hermann Giesecke, a. a. O.

47 Siehe hierzu aus NS-Sicht: Luise Fick, Die deutsche Jugendbewegung; Jena 1939.

48 Vgl. Baldur von Schirach, a. a. O., S. 22. Siehe auch das Dokument »Auf dem Weg in den Faschismus«.

49 Vgl. Luise Fick, a. a. O., S. 212; siehe ferner die Zeitschrift »Pfad zum Reich«, Heft 1/1932.

50 Zu den »Nationalrevolutionären« vgl. Otto-Ernst Schüddenkopf, Nationalbolschewismus in Deutschland 1918–1933; Frankfurt 1972, sowie Karl Otto Paetel, Versuchung oder Chance; Göttingen 1965.

51 Eduard Spranger, a. a. O., S. 43ff.

52 Karl Otto Paetel, Das Bild vom Menschen ..., a. a. O., S. 41.

53 Arnold Littmann in: Will Vesper (Hrsg.), Deutsche Jugend – 30 Jahre einer Bewegung; Berlin 1934, S. 179.

54 Gottfried Neeße in Wille und Macht, Heft 21/1936. Zum Gesamtzusammenhang vgl. auch Michael H. Kater, Bürgerliche Jugendbewegung und Hitlerjugend in Deutschland von 1926 bis 1939, in: Archiv für Sozialgeschichte, XVII. Bd., Bonn 1977.

55 Eduard Spranger, a. a. O., S. 43.

56 Karl Seidelmann, Bund und Gruppe als Lebensformen deutscher Jugend; München 1955, S. 50f.

57 Vgl. hierzu und zum folgenden: Jahrbuch des Archivs der deutschen Jugendbewegung, Bd. 12, Burg Ludwigstein/Witzenhausen 1980.

58 Vgl. etwa: Kriminalität und Gefährdung der Jugend – Lagebericht vom 1. 1. 1941, hrsg. vom Jugendführer des Deutschen Reiches; Berlin 1941. (Nachdruck in: Arno Klönne (Hrsg.), Jugendkriminalität und Jugendopposition im NS-Staat; Münster 1981.) Ferner: Max Nitzsche, Bund und Staat – Wesen und Formen der bündischen Ideologie; Würzburg 1942.

59 Der Verfasser dieses Buches hat zeitweise auch diese Einschätzung vertreten; vgl. etwa: Arno Klönne, Der Pfad zum Reich, in: deutsche jugend; München, Heft 7/1953.

60 Eine gründliche Darstellung dieses Zusammenhangs fehlt trotz der Fülle von Literatur über den NS immer noch. Anregend, aber oft nicht exakt: George L. Mosse, Ein Volk – ein Reich – ein Führer. Die völkischen Ursprünge des Nationalsozialismus; Königstein 1979.

61 Arnold Littmann in: Will Vesper, a. a. O., S. 187.

62 Zitiert bei Manfred Priepke, a. a. O., S. 46ff.

63 Vgl. die Zeitschrift »Leuchtturm«, Köln, September 1933. Weitere Dokumente bei Hans Müller, Katholische Kirche und Nationalsozialismus; München 1963.

64 Vgl. dazu: Harry Pross (Hrsg.), Die Zerstörung der deutschen Politik – Dokumente 1871–1933; Frankfurt 1959. Hans Koch, Wege und Irrwege. Vom Geist des deutschen Bürgertums; Düsseldorf 1962.

65 Jugendführer des Deutschen Reiches (Hersg.), Kriminalität und Gefährdung der Jugend; a. a. O., S. 99ff.

66 Luise Fick, a. a. O., S. 223.

67 Jungvolk, Blätter deutscher Jungen; München, Heft 7/1934. Vgl. auch »Reichsbefehl der HJ«, Jgg. 1935, S. 273 (Verbotsliste bündischer Literatur).

68 Vgl. das Dokument »Säuberung des Jungvolks«, siehe auch: puls – Dokumentationsschrift der Jugendbewegung; Heidenheim, Heft 8, 1981.

69 Vgl. hierzu die literarische Bearbeitung bei Hans Siemsen, a. a. O.

70 Die HJ – Das Kampfblatt der Hitler-Jugend; Berlin, Ausgabe vom 19.9.1936.

71 Karl Mannheim, Diagnose unserer Zeit, Zürich 1951, S. 52.

72 Melita Maschmann, Fazit – Mein Weg in der Hitler-Jugend; München 1979, S. 153.

73 Martin Broszat u. a. (Hrsg.), Bayern in der NS-Zeit, Bd. I; München 1977, S. 546.

74 Ebenda, S. 524.

75 Ebenda, S. 550f.

76 Melita Maschmann, a. a. O., S. 151f.

77 Hermann Glaser und Axel Silenius (Hrsg.), a. a. O., S. 103.

78 Siehe die Quellenangaben und weitere Belege bei Arno Klönne, Jugendprotest und Jugendopposition; a. a. O., S. 61 ff.

79 Kurt Haß (Hrsg.), Jugend unterm Schicksal, a. a. O., S. 61ff.

80 Karl-Heinz Janßen, Eine Welt brach zusammen, in: Hermann Glaser und Axel Silenius; a. a. O., S. 88ff.

81 »Wir lernten, uns anzupassen«, in: jungenwacht – Evangelische Schülerzeitschrift; Wuppertal, Heft 8–9/1961.

III DIE GEGNER

1 Zur Geschichte des illegalen KJVD vgl. Karl Heinz Jahnke, Jungkommunisten im Widerstandskampf gegen den Hitlerfaschismus; Berlin 1977. Lebensbilder und Dokumente aus dem Widerstand vor allem der Arbeiterjugendbewegung: Derselbe, Entscheidungen – Jugend im Widerstand 1933–1945; Frankfurt 1970. Siehe auch Stephan Hermlin, Die erste Reihe; Berlin 1952. Informationen über illegale Arbeiterjugendgruppen im Ruhrgebiet bei Detlev Peukert, Ruhrarbeiter gegen den Faschismus; Frankfurt 1976 (in der Reihe »Bibliothek des Widerstandes«, Röderberg-Verlag; in dieser Reihe auch etliche weitere regionale oder lokale Darstellungen des Widerstandes mit Beiträgen über oppositionelle Arbeiterjugend).

2 Zitiert nach: Zentralrat der FDJ (Hrsg.), Zur Geschichte der Arbeiterjugendbewegung in Deutschland; Berlin 1956, S. 288f.

3 Ebenda, S. 301f.

4 Vgl. Wolfgang Uellenberg, Die Auseinandersetzungen sozialdemokratischer Jugendorganisationen mit dem Nationalsozialismus; Bonn 1981.

5 Vgl. Hermann Schirmer, Das andere Nürnberg; Frankfurt 1974, und Helmut Beer, Der Widerstand gegen den NS in Nürnberg 1933–1945; Erlangen 1975.

6 Anklageschrift des Generalstaatsanwalts beim OLG Hamburg gegen H. Güsmann u. a., im Archiv des Verfassers.

7 Frankfurter Zeitung, 20.1.1935

8 Anklageschrift des Generalstaatsanwalts in Kassel gegen P. Grünewald u. a., im Archiv des Verfassers

9 Original im Archiv des Verfassers.

10 Original im Archiv des Verfassers.

11 Siehe Das junge Wort, Stuttgart, Ausgabe vom 1.11.1946. Vgl. auch Willi Bohn, Stuttgart: geheim. Widerstand und Verfolgung 1933–1945; Frankfurt 1978, S. 73ff.

12 Vgl. Manfred Priepke, a. a. O., ferner: Heinrich Riedel, Kampf um die Jugend. Evangelische Jugendarbeit 1933–1945; München 1976.

13 Heinrich Riedel, a. a. O., S. 53f.

14 Vgl. Hans-Christian Brandenburg, a. a. O., S. 300.
15 Heinrich Riedel, a. a. O., S. 80.
16 Vgl. Arno Klönne, Gegen den Strom; a. a. O., S. 117.
17 Heinrich Riedel, a. a. O., S. 172.
18 Helmut Prantl (Hrsg.), Die kirchliche Lage in Bayern nach den Regierungspräsidentenberichten 1933–1943, Bd. V; Mainz 1977, S. 225.
19 Original im Archiv des Verfassers.
20 Vgl. Barbara Schellenberger, a. a. O., ferner: Johannes N. Zender, Neudeutschland; Freiburg/Br. 1949, S. 216ff.
21 Zitiert nach Evi Kleinöder, Verfolgung und Widerstand der katholischen Jugendvereine (Fallstudie über Eichstätt), in: Martin Broszat u. a. (Hrsg.), Bayern in der NS-Zeit, Bd. II; München 1979, S. 207f.
22 Vgl. Arno Klönne, Jugendprotest und Jugendopposition ..., a. a. O., S. 573.
23 Vgl. Arno Klönne, Gegen den Strom ..., a. a. O., S. 71.
24 Ebenda, S. 72. Vgl. auch Klaus Gotto, Die Wochenzeitung Junge-Front/Michael; Mainz 1970.
25 Vgl. Johann Neuhäusler, Kreuz und Hakenkreuz, Bd. II; München 1946, S. 294.
26 Vgl. Heinz Hürten (Hrsg.), Deutsche Briefe 1934–1938; Mainz 1969; Sonderausgabe vom 16.8.1935. Die »Deutschen Briefe« brachten insgesamt hochinteressantes Material über die Auseinandersetzung zwischen NS bzw. HJ und konfessioneller Jugend.
27 Gerhart Wehner, a. a. O., S. 87 f.
28 Quellennachweis und weitere Belege bei Arno Klönne, Jugendprotest und Jugendopposition; a. a. O., S. 575f.
29 Zu den Aktivitäten des Kreises um Rossaint vgl. Detlev Peukert, Ruhrarbeiter ..., a. a. O., S. 243 ff.
30 Näheres hierzu bei Arno Klönne, Gegen den Strom ...; a. a. O., S. 75f.
31 Zitiert aus: Karl-Werner Goldhammer, Der Kampf der NSDAP gegen die katholische Jugendarbeit in Unterfranken, in: Würzburger Diözesan-Geschichtsblätter, 37/38. Bd.; Würzburg 1975, S. 679.
32 Quellennachweis und weiteres Material bei Arno Klönne, Jugendprotest und Jugendopposition ...; a. a. O., S. 579.
33 Karl Heinz Jahnke, Entscheidungen ...; a. a. O., S. 86ff. Anklage- und Urteilsschrift im Bestand des Instituts für Zeitgeschichte, München.

34 Original im Archiv des Verfassers.
35 Kriminalität und Gefährdung der Jugend; a. a. O., S. 106.
36 Schulungsblatt des Gebietes Nordmark der HJ, Ausgabe August 1934.
37 Wille und Macht, Berlin, Heft 17/1935. Vgl. auch die Anklageschrift des ORA beim Volksgerichtshof Berlin gegen den Schüler H. Ludwig vom 16. 5. 1938; im Bestand des Instituts für Zeitgeschichte, München
38 Ebenda, Heft 21/1936.
39 Vgl. z. B. Die HJ, Berlin, 14. März 1936, sowie 16. Oktober 1937.
40 Gau-Nachrichten NSDAP Westfalen-Nord, Nr. 10/1937, S. 27f.
41 Vgl. Rolf Hennicker, Die Jugendverbände in der Bundesrepublik Deutschland, Stuttgart 1949.
42 So die Charakterisierungen der Jungenschaftsbewegung bei Max Nitzsche; a. a. O., S. 47ff.
43 Vgl. Arno Klönne, Jugendprotest und Jugendopposition ...; a. a. O., S. 588.
44 DNB-Meldung vom 28.7.1939, in den Tageszeitungen abgedruckt.
45 Kriminalität und Gefährdung der Jugend ...; a. a. O., S. 116.
46 Werner Gauhl, Gleichgeschlechtliche Handlungen Jugendlicher; o. O., o. J. (nach 1938), S. 9. Vgl. auch HJ-Oberbannführer Walter Tetzlaff, Homosexualität und Jugend, in: Der HJ-Richter, Folge 5, Berlin 1942.
47 Kriminalität und Gefährdung der Jugend ...; a. a. O., S. 113.
48 Brief an den Verfasser vom 17.12.1956. Vgl. auch Klaus Vielhaber, Gewalt und Gewissen – Willi Graf und die Weiße Rose; Freiburg/Br. 1964. Zur »Weißen Rose« München: Richard Hanser, Deutschland zuliebe. Leben und Sterben der Geschwister Scholl; München 1980. Ferner: Christian Petry, Studenten aufs Schafott. Die Weiße Rose und ihr Scheitern; München 1968. Klaus Drobisch (Hrsg.), Wir schweigen nicht; Berlin 1968. Karl Heinz Jahnke, Weiße Rose contra Hakenkreuz; Frankfurt 1969.
49 Vgl. Klaus Gotto, a. a. O., S. 220f.
50 Bericht im Archiv des Verfassers.
51 Sonderinformationen Deutscher Jugend, Heft 1, Amsterdam, Oktober 1937.
52 Original im Archiv des Verfassers.
53 Vgl. hierzu und zum folgenden die etwas ausführlichere Darstellung: Arno Klönne, Bündische Emigration und bündischer Wi-

derstand – Die Gruppe um die »Kameradschaft«, in: Kathinka Dittrich und Hans Würzner (Hrsg.), Die Niederlande und das deutsche Exil; Königstein 1982.

54 Die »Sonderinformationen deutscher Jugend«, eine wichtige Quelle zur Jugendopposition im Dritten Reich, sind nachgedruckt bei: Hans Ebeling und Dieter Hespers, Jugend contra Nationalsozialismus; Frechen 1966.

55 Geheimes Staatspolizeiamt Berlin, 22.2.1942, Bericht über die Deutsche Jugendfront: Kopie im Bestand des Instituts für Zeitgeschichte, München.

56 »Kameradschaft«, Amsterdam, Januar 1939.

57 Vgl. die Anklageschriften des Oberreichsanwalts beim Volksgerichtshof in Berlin gegen M. E. Jovy u. a., 16.4.1941, und gegen A. Broghammer u. a., 17.4.1941, beide im Bestand des Instituts für Zeitgeschichte, München.

58 Zitiert nach Werner Wille und Heinrich Sperl (Hrsg.), Aufrecht zwischen den Stühlen – Karl Otto Paetel; Nürnberg 1956, S. 25ff.

59 Bericht im Archiv des Verfassers.

60 »Ohne Recht«, in: feuer – eine schrift der jungen; Köln, 1950, Heft 7.

61 Vgl. Lothar Gruchmann, Jugendopposition und Justiz im Dritten Reich. Die Probleme bei der Verfolgung der »Leipziger Meuten« durch die Gerichte, in: Wolfgang Benz (Hrsg.), Miscellanea – Festschrift für Helmut Krausnick; Stuttgart 1980.

62 Reichsjugendführung – Personalamt/Überwachung (Hrsg.), Cliquen- und Bandenbildung unter Jugendlichen, Berlin, September 1943; diese Schrift ist abgedruckt bei Detlev Peukert, Die Edelweißpiraten – Protestbewegungen jugendlicher Arbeiter im Dritten Reich; Köln 1980.

63 Vgl. hierzu auch: Heinrich Schnittger und Christel Skworz, Edelweißpiraten und Swing-Jugend; unveröffentl. Staatsexamensarbeit, Bremen 1981.

64 Vgl. dazu auch Detlev Peukert, Arbeitslager und Jugend-KZ. Die Behandlung »Gemeinschaftsfremder« im Dritten Reich, in: Derselbe und Jürgen Reulecke (Hrsg.), Die Reihen fast geschlossen; Wuppertal 1981.

65 Bundesarchiv, Bestand R 22, 1189, Bericht des Reichsführers SS und Chefs der Deutschen Polizei.

66 Roland Freisler, Zur Handhabung des Jugendarrests, in: Deutsche Justiz, Berlin 1940, Ausgabe 51/52. Zum folgenden vgl. Bundesarchiv, Bestand R 22/1165.

67 Bundesarchiv, Bestand R 22; vgl. auch Arno Klönne, Jugendprotest und Jugendopposition ..., a. a. O., S. 596.

68 Ebenda, S. 598.

69 Hannsjoachim W. Koch, Geschichte der Hitlerjugend; Percha 1975, S. 332.

70 Cliquen- und Bandenbildung unter Jugendlichen, a. a. O.

71 Ebenda.

72 Vgl. hierzu auch das Interview mit Thorsten Müller in dem Tonband-Beiheft »Oppositionelle Haltung in der Jugend gegen den NS-Staat«, hrsg. vom Institut für Film und Bild in Wissenschaft und Unterricht, München 1981.

73 Stapoleitstelle Düsseldorf, Bericht »Wilde Jugendgruppen – Edelweißpiraten«, Bundesarchiv R 22/1177.

74 Denkschrift des Kölner Amtsgerichtsrats Pastor vom 7. 11. 1943, Bundesarchiv R 22/1177.

75 Zur Vorgeschichte der Kölner Edelweißpiraten: Hans Dieter Hehr, Jugend im Widerstand gegen den NS – Aufgewiesen an Kölner Beispielen; unveröffentl. Staatsexamensarbeit, Köln 1977. Zur Tätigkeit der Kölner Edelweißpiraten in der Schlußphase des Krieges: Matthias von Hellfeld, Edelweißpiraten in Köln; Köln 1981. Alexander Goeb. Er war sechzehn, als man ihn hängte; Reinbek 1981.

76 Kopie im Archiv des Verfassers. Vgl. auch Hans-Josef Steinberg, Widerstand und Verfolgung in Essen, Bonn 1969, S. 177.

77 Cliquen- und Bandenbildung unter Jugendlichen, a. a. O.

78 Staatsarchiv Würzburg, Bestand Gestapo Würzburg, H 7365.

79 Kriminalität und Gefährdung der Jugend; a. a. O., S. 122 ff.

80 Bundesarchiv, R 22/1177. Zu den Edelweißpiraten allgemein vgl. Detlev Peukert, Die Edelweißpiraten, a. a. O. Dirk Gerhard, Antifaschisten – Proletarischer Widerstand 1933–1945; Berlin 1976. Gerhart Werner, Aufmachen! Gestapo! Über den Widerstand in Wuppertal 1933–1945; Wuppertal 1974. Heinrich Schnittger und Christel Skworz, a. a. O.

81 Brief vom 20. 2. 1980, hier zitiert nach: baybachbote, Burg Waldeck, Heft 2/1980.

82 Der Text der Sendung wurde dem Verfasser szt. mitgeteilt von Hans Ebeling (London).

83 Howard Becker, Vom Barette schwankt die Feder – Die Geschichte der deutschen Jugendbewegung; Wiesbaden 1949, S. 220f.

84 Wolfgang Breckheimer, in: Arbeiterjugendbewegung in Frank-

furt 1904–1945; Frankfurt 1978, sowie in: Franz Neuland und Albrecht Werner-Cordt (Hrsg.), Die junge Garde – Arbeiterjugendbewegung in Frankfurt 1904–1945; Gießen 1980.

85 Werner Heydn, in: Karl Schabrod, Widerstand gegen Flick und Florian. Düsseldorfer Antifaschisten über ihren Widerstand 1933–1945;. Frankfurt 1978.

86 Staatsarchiv Würzburg, Bestand Gestapo Würzburg, H 1737.

87 Kriminalität und Gefährdung der Jugend, a. a. O., S. 171 ff.

88 Arno Klönne, Jugendprotest und Jugendopposition ..., a. a. O., S. 615.

89 Ebenda.

90 Cliquen- und Bandenbildung unter Jugendlichen; a. a. O.

91 Im Bestand des Bundesarchivs, R 22/1177. Vgl. auch Detlev Peukert, Die Edelweißpiraten, a. a. O.

92 Bundesarchiv, R 22/1177.

93 Ebenda.

94 Anklageschrift gegen Heinz Kurcharski u. a., vom 23.2.1945, vom Oberreichsanwalt beim Volksgerichtshof in Berlin. Vgl. zu dieser Widerstandsgruppe Ursel Hochmuth und Gertrud Meyer, Streiflichter aus dem Hamburger Widerstand 1933–1945; Frankfurt 1969, S. 387ff., sowie Ursel Hochmuth, candidates of humanity – Dokumentaion zur Hamburger Weißen Rose; Hamburg 1971.

95 Bericht im Archiv des Verfassers.

96 Zitiert aus der Zeitschrift »Aufbau«, New York, Ausgabe vom 11.1.1957. Vgl dazu Margot Picharski, Jugend im Berliner Widerstand – Herbert Baum und seine Kampfgefährten; Berlin 1978.

97 Kopie der Urteilsschrift im Archiv des Verfassers. Vgl. auch Ursel Hochmuth und Gertrud Meyer, a. a. O., S. 325 ff.

IV AUSBLICKE

1 Zitiert nach Bodo Scheurig, Deutscher Widerstand 1938–1944. Fortschritt oder Reaktion? München 1969.

2 Vgl. dazu Hermann Giesecke, a. a. O.

Zeittafel

IM WILHELMINISCHEN OBRIGKEITSSTAAT

1901 Gründung des Wandervogels, Anfänge der bürgerlichen Jugendbewegung

1904 Erste Organisationsansätze der Arbeiterjugendbewegung

1911 Gründung des ersten deutschen Pfadfinderbundes (vaterländische Jugendpflege)

1913 Jugendtreffen auf dem Hohen Meißner, »Freideutsche Jugend« als Weiterentwicklung bürgerlicher Jugendbewegung

IN DER WEIMARER REPUBLIK

1918 Differenzierung der bürgerlichen Jugendbewegung nach politi-
bis schen Strömungen;
1923 Eindringen der Ideen und Formen der Jugendbewegung in die
konfessionelle Jugend und in die Pfadfinderei;
Entwicklung der Arbeiterjugendbewegung zu zwei Hauptrichtungen hin (sozialdemokratisch, kommunistisch)

1923 Herausbildung der Bündischen Jugend in Fortsetzung der bür-
bis gerlichen Jugendbewegung
1926
1926 Gründung der Hitler-Jugend

1929 Herausbildung der Jungenschaftsbewegung (dj. 1.11. u. a.)

IN DER NS-DIKTATUR

1933 »Machtergreifung« der HJ:
bis Gleichschaltung der Jugendarbeit, Auflösung und Verbot aller
1934 anderen Jugendverbände (ausgenommen kathol. Jugendorganisationen)

1936 Gesetz über die Hitler-Jugend – Monopolisierung der Jugendarbeit bei der HJ

1938 Endgültiges Verbot auch der kathol. Jugendverbände

1939 Jugenddienstpflicht – HJ als Staatsjugenddienst

Abkürzungsverzeichnis

BCJ	=	Bund Christdeutscher Jugend (evangel. Jugendverband)
BDM	=	Bund Deutscher Mädel (im weiteren Sinne; Bezeichnung für alle in der HJ organisierten Mädchen; im engeren Sinne: die Organisation der über 14jährigen Mädchen in der HJ
BK	=	Bibelkreis (evangel. Schülerbund)
BVP	=	Bayerische Volkspartei
CP	=	Christliche Pfadfinderschaft (evangel.)
CVJM	=	Christlicher Verein junger Männer (evangel.)
DAF	=	Deutsche Arbeitsfront (Organisation aller „Werktätigen" im Dritten Reich)
DHV	=	Deutschnationaler Handlungsgehilfenverband (rechtsstehende Angestelltenorganisation)
DJ	=	Deutsches Jungvolk (Organisation der 10–14jährigen Jungen in der HJ), auch als »JV« abgekürzt
dj. 1.11.	=	Deutsche Jungenschaft vom 1.11. (1929 gegründeter Jugendbund)
DJK	=	Deutsche Jugendkraft (kathol. Jugendsportverband)
DNVP	=	Deutschnationale Volkspartei
DPSG	=	Deutsche Pfadfinderschaft St. Georg (kathol.)
DRK	=	Deutsche Rotes Kreuz
Gestapo	=	Geheime Staatspolizei, z. T. auch abgekürzt als »Stapo«
HJ	=	Hitler-Jugend (im weitesten Sinne: alle in diesem Verband erfaßten Jugendlichen; im engeren Sinne: die männlichen Mitglieder des Gesamtverbandes; im engsten Sinne: die Organisation der 14–18jährigen Jungen)
ISK	=	Internationaler Sozialistischer Kampfbund
JM	=	Jungmädel(bund) (die Organisation der 10–14jährigen Mädchen in der HJ)
JV	=	siehe DJ
KJVD	=	Kommunistischer Jugendverband Deutschlands
KLV	=	Kinder-Land-Verschickung
KPD	=	Kommunistische Partei Deutschlands
KZ	=	Konzentrationslager
MBK	=	Mädchen-Bibelkreis (evangel. Schülerinnenbund)

ND	=	Neu-Deutschland (kathol. Schülerbund)
NS	=	Nationalsozialismus
NSBO	=	Nationalsozialistische Betriebszellen-Organisation
NSDAP	=	Nationalsozialistische Deutsche Arbeiterpartei
NSLB	=	Nationalsozialistischer Lehrerbund
NSV	=	Nationalsozialistische Volkswohlfahrt
RAD	=	Reichsarbeitsdienst
RBWK	=	Reichsberufswettkampf
RJF	=	Reichsjugendführung (der HJ)
SA	=	Sturmabteilung (der NSDAP)
SAJ	=	Sozialistische Arbeiter-Jugend (sozialdemokratisch)
SAP	=	Sozialistische Arbeiterpartei (linkssozialistisch)
SD	=	Sicherheitsdienst (des NS-Staates)
SJVD	=	Sozialistischer Jugendverband Deutschlands (der SAP nahestehend)
SPD	=	Sozialdemokratische Partei Deutschlands
SRD	=	Streifendienst (der HJ)
SS	=	Schutzstaffel (der NSDAP)
VDA	=	Verein für das Deutschtum im Ausland
WE	=	Wehrertüchtigung (der HJ)
WHW	=	Winterhilfswerk (des NS-Staates)
WS	=	Weltanschauliche Schulung (der HJ)
ZDA	=	Zentralverband der Angestellten

Bibliographie

SELBSTDARSTELLUNGEN DER HITLER-JUGEND

Axmann, Arthur (Hrsg.): Hitler-Jugend 1933–1943 (Sonderveröffentlichung aus: Das junge Deutschland); Berlin 1942
Derselbe: Der Reichsberufswettkampf; Berlin 1938
Bolm, Hermann: Hitler-Jugend in einem Jahrzehnt; Braunschweig 1938
Bürkner, Trude: Der Bund Deutscher Mädel in der HJ; Berlin 1937
Dietze, Hans Helmut: Die Rechtsgestalt der Hitler-Jugend; Berlin 1939
Dörner, Claus (im Auftrage der RJF): Freude – Zucht – Glaube. Handbuch für die kulturelle Arbeit im Lager; Postdam 1937
Heußler, Wilhelm: Aufbau und Aufgaben der nationalsozialistischen Jugendbewegung; Diss., Würzburg 1938
Kaufmann, Günter: Das kommende Deutschland; Berlin 1943
Randel, Edgar: Die Jugenddienstpflicht; Berlin 1942
Reichsjugendführung (der HJ): HJ im Dienst; Berlin 1934 (später neue Auflagen)
Dieselbe: Mädel im Dienst; Berlin 1934 (später neue Auflagen)
Dieselbe: Pimpf im Dienst; Berlin 1934 (später neue Auflagen)
Sautter, Reinhold: Hitlerjugend. Das Erlebnis einer großen Kameradschaft; München 1942
Schirach, Baldur von: Die Hitler-Jugend, Idee und Gestalt; Leipzig 1934
Derselbe: Revolution der Erziehung; München 1938
Schnabel, Reimund: Das Führerschulungswerk der HJ; Berlin 1938
Stellrecht, Helmut: Die Wehrerziehung der deutschen Jugend; Berlin 1938
Derselbe: Neue Erziehung; Berlin 1942
Tetzlaff, Walter: Das Disziplinarrecht der Hitler-Jugend; Berlin 1944
Usadel, Geog: Deutschlands Erwachen. Die nationalsozialistische Jugendbewegung; Bielefeld 1934
Wehner, Gerhart: Die rechtliche Stellung der Hitler-Jugend; Diss., Leipzig 1939

DIE WICHTIGSTEN ZEITSCHRIFTEN

Das deutsche Mädel (Hrsg.: RJF); Berlin 1935–1943
Das junge Deutschland (Hrsg.: Jugendführer des Deutschen Reiches); Berlin 1933–1944
Die Hitler-Jugend – Kampfblatt der HJ (Hrsg.: RJF); Berlin 1935–1939
Junge Welt (Hersg.: RJF); Berlin 1939-1943
Reichsbefehl – Befehle und Mitteilungen für die Führer und Führerinnen der HJ (Hrsg.: RJF); Berlin 1933–1945
Wille und Macht (Hrsg.: RJF); Berlin 1933–1944

LITERATUR ÜBER DIE HITLER-JUGEND, NACH 1945:

Brandenburg, Hans-Christian: Die Geschichte der HJ. Wege und Irrwege einer Generation; Köln 1968
Ebeling, Hans und Hespers, Dieter (Hrsg.): Jugend contra Nationalsozialismus; Frechen 1966
Focke, Harald und Reimer, Uwe: Alltag unterm Hakenkreuz; Reinbeck 1980
Gamm, Hans-Jochen: Führung und Verführung. Pädagogik des Nationalsozialismus; München 1964
Glaser, Hermann und Silenius, Axel (Hersg.): Jugend im Dritten Reich; Frankfurt 1975
Heinemann, Manfred (Hrsg.): Erziehung und Schulung im Dritten Reich, Bd. 1; Stuttgart 1980
Klaus, Martin: Mädchen in der Hitlerjugend; Köln 1980
Klönne, Arno: Hitlerjugend und ihre Organisation im Dritten Reich; Hannover und Frankfurt 1956
Klose, Werner: Generation im Gleichschritt; Oldenburg 1964 u. 1982
Koch, Hannsjoachim W.: Geschichte der Hitlerjugend; Percha 1975
Derselbe: Hitlerjugend; München 1981
Lingelbach, Karl Christoph: Erziehung und Erziehungstheorien im nationalsozialistischen Deutschland; Weinheim 1970
Maschmann, Melita: Fazit. Mein Weg in der Hitler-Jugend; München 1979
Nyssen, Elke: Schule im Nationalsozialismus; Heidelberg 1979
Scholtz, Harald: Nationalsozialistische Ausleseschulen; Göttingen 1973

Schultz, Jürgen: Die Akademie für Jugendführung der Hitlerjugend in Braunschweig; Braunschweig 1978

LITERATUR ÜBER JUGENDOPPOSITION IM NS-STAAT:

Brandenburg, a. a. O.
Ebeling, a. a. O.
Hanser, Richard: Deutschland zuliebe. Leben und Sterben der Geschwister Scholl, München 1980
Hellfeld, Matthias von: Edelweißpiraten in Köln; Köln 1981
Jahnke, Karl Heinz: Entscheidungen. Jugend im Widerstand 1933–1945; Frankfurt 1970
Derselbe: Jungkommunisten im Widerstandskampf gegen den Hitlerfaschismus; Berlin 1977
Klönne, Arno: Gegen den Strom. Bericht über Jugendwiderstand im Dritten Reich; Hannover und Frankfurt 1958
Derselbe (Hrsg.): Jugendkriminalität und Jugendopposition im NS-Staat; Münster 1981
Peukert, Detlev: Die Edelweißpiraten. Protestbewegungen jugendlicher Arbeiter im Dritten Reich; Köln 1980
Priepke, Manfred: Die evangelische Jugend im Dritten Reich 1933–1936; Hannover und Frankfurt 1960
Riedel, Heinrich: Kampf um die Jugend. Evangelische Jugendarbeit 1933–1945; München 1976
Roth, Heinrich: Katholische Jugend in der NS-Zeit; Düsseldorf 1959
Schellenberger, Barbara: Katholische Jugend und Drittes Reich; Mainz 1975

Arno Klönne

Die deutsche Arbeiterbewegung

Geschichte, Ziele Wirkungen.
2. Auflage. 384 Seiten mit 48 Abbildungen.

»Zum erstenmal ist eine Gesamtdarstellung der deutschen Arbeiterbewegung als Sozialgeschichte entstanden, die diesen Namen auch verdient. Es ist der – erstaunlich gut gelungene – Versuch, den Prozeß der Organisierung und Theoriebildung innerhalb der Arbeiterbewegung einzubinden in den Gesamtzusammenhang wirtschaftlicher Entwicklungen, der Lebens- und Arbeitsverhältnisse.

Klönnes in seiner gesamten Anlage und Souveränität des Umgangs mit der Literatur konkurrenzloses Buch bietet jederzeit die Möglichkeit, in Auseinandersetzung mit anderen Lehrmeinungen die Stichhaltigkeit seiner eigenen Urteile zu überprüfen« (Frankfurter Rundschau).

Eugen Diederichs Verlag